Heinz Laube • Duell am geteilten Himmel

Heinz Laube

Duell am geteilten Himmel

2018
Carola Hartmann Miles-Verlag

Bibliografische Information der Deutschen Nationalbibliothek

Die Deutsche Nationalbibliothek verzeichnet diese Publikation in der Deutschen Nationalbibliografie; detaillierte bibliografische Daten sind im Internet über www.dnb.de abrufbar.

3. Auflage

© 2018 Carola Hartmann Miles-Verlag

www.miles-verlag.jimdo.com

email: miles-verlag@t-online.de

Umschlagmotiv: "Erben des Roten Baron" von Heinz Krebs. Öl auf Leinwand auf Holz.

Das Bild ist in einer limitierten Kunstdruckauflage im Format 89 x 62 cm erhältlich. Jeder einzelne Kunstdruck wurde von Erich Hartmann handsigniert, ist nummeriert und ausgestattet mit einem Echtheitszertifikat. Copyright: Aeromarkt Verlag GmbH - info@aeromarkt.de

Herstellung: Books on Demand, Norderstedt

Alle Rechte, insbesondere das Recht der Vervielfältigung und Verbreitung sowie der Übersetzung, vorbehalten. Kein Teil des Werkes darf in irgendeiner Form (durch Fotokopie, Mikrofilm oder ein anderes Verfahren) ohne schriftliche Genehmigung des Verlages reproduziert oder unter Verwendung elektronischer Systeme gespeichert, verarbeitet, vervielfältigt oder verbreitet werden.

Printed in Germany

ISBN 978-3-945861-35-6

Inhaltsverzeichnis

1	Sowjetische Truppen überfallen die Tschechoslowakei	9
2	Frieden, der kein Frieden ist	11
3	Erinnerungen an den Beginn (1956)	13
4	Kanada (1957)	17
5	Die neue Welt	20
6	Wieder in Deutschland (1958)	27
7	Duell am Himmel	35
8	Fighter Weapons Instructor (1961)	39
9	Starfighter, ja! Oder doch nicht?	47
10	Staffelkapitän im Jagdgeschwader 72 (1964)	53
11	Warum wollte ich eigentlich Jagdflieger werden?	63
12	Kommandeur Fliegende Gruppe (1967)	69
13	Bis an die Grenzen Europas	77
14	Stellvertretender Kommodore (1970)	91
15	Kommodore! (1974)	97
16	Eskalation im Bunker	113
17	Eine Kommandeurbesprechung	119
18	Generationswechsel	126
19	Oldenburg – und ein Blick zurück	141
20	Die Anti-Lärm-Liga	147
21	Ein schöner Tag	150
22	Fliegeralltag	153
23	Die kommunistische "Masche"	165
24	Wirtschaftsfaktor Geschwader	171
25	Geteilter Himmel	184
26	Die Fiat G-91 und die TACTICAL EVALUATION – TAC EVAL	199
27	Jetzt landen wir auch auf der Autobahn! (1977)	204
28	Flieger auf dem Boden	210
29	Intermezzo	222
30	Mit einer Nelke im Gewehr	227
31	Chancen	238

32	Erfolge des Geschwaders	241
33	Die Hoffnung stirbt zuletzt (1979)	246
	Nachwort (Rom 1984)	256
	Anmerkungen	257
	Anhänge	266
1	Begleitwort von Generalleutnant a.D. Ernst-Dieter Bernhard	266
2	Militärische Laufbahn	268
3	Geflogene Flugzeugmuster	270
4	Führungspersonal des Geschwaders	272
5	Einige Anerkennungen der Leistungen des Geschwaders	274
6	Die G-91 Geschwader und die F-86 Geschwader	279
7	Die fliegenden Waffensysteme	285
8	"Ich werde Kandidat der SED"	289
9	Erläuterungen einiger Begriffe	290
10	Literatur	292
	Zum Autor	294
	Danksagung	295

Was uns verbindet,
ist der Traum vom Fliegen.
Was uns bleibt,
ist die Erinnerung.

1 Sowjetische Truppen überfallen die Tschechoslowakei

„Angst!" Millionen Menschen sitzen vor ihren Radio- und Fernsehgeräten. Sie lauschen ohnmächtig und können kaum glauben, was sie da hören: Der Warschauer Pakt überfällt seinen eigenen Bundesgenossen, die Tschechoslowakei. Der Warschauer Pakt, das ist das Militärbündnis, in das die Sowjetunion ihre Satellitenstaaten in Europa und in Asien eingebunden hat. Eine halbe Million schwer bewaffneter Soldaten, hunderte Panzer und Kampfflugzeuge pressen mit Gewalt das Leben aus jenem vorsichtigen Demokratisierungsversuch, den die Welt nach diesem 21. August 1968 den „Prager Frühling" nennen wird.

Während die Soldaten aus der Sowjetunion, Polen, Ungarn und Bulgarien in der größten Militäroperation in Europa seit dem zweiten Weltkrieg binnen weniger Stunden die meisten strategisch wichtigen Orte in der Tschechoslowakei besetzen, warten Menschen im Westen fassungslos auf die nächsten Nachrichten. Einige wenige sitzen fest angeschnallt und startklar in den Flugzeugen der Alarmrotten der Militärflugplätze auf westdeutschem Boden. Steht Europa an der Schwelle zu einem neuen 'Welt'-Krieg?

In der Tschechoslowakei sterben in diesen Tagen 98 Tschechen und Slowaken sowie 50 fremde Soldaten – obwohl die Regierung unter Staatspräsident Ludvik Svoboda[1] auf jeden militärischen Widerstand von vornherein verzichtet und ihre Landsleute in einer Radioansprache aufruft, Ruhe zu bewahren.

Einer der Piloten in Alarmbereitschaft bin ich, die Hautperson dieses Buches. Von meiner Frau und unseren zwei kleinen Kindern getrennt, warte ich im Gewirr unterirdischer Bunker und Befehlsräume auf einen Angriff der Paktstaaten und auf den Einsatzbefehl zu einem Flug, von dem ich nicht zurückkommen könnte.

Die zarte Blüte, die mit dem Ersten Sekretär des Politbüros der tschechoslowakischen Kommunistischen Partei, Ministerpräsident Alexander Dubcek[2], gerade unter dem Namen „Prager Frühling" aufgegangen war, haben die Stiefel sowjetischer Soldaten brutal zertreten. Alle Staaten des sowjetischen Militärbündnisses Warschauer Pakt – mit Ausnahme Rumäniens – sind eingebunden in den Überfall auf den Bruderstaat.

Ist es tatsächlich nur die Angst der Sowjetunion vor einem Zerfall ihres kommunistischen Imperiums? Oder ist jetzt die Bundesrepublik Deutschland, unmittelbarer Nachbar der Tschechoslowakei, das nächste Angriffsziel der Sowjetunion? Weil die Machthaber um Leonid Breschnew[3] glauben, einem Angriff zuvorkommen zu müssen? 1941 hatte Adolf Hitler[4] die Sowjetunion überfallen und Josef Stalin[5] persönlich überrascht. Und das, obwohl der mit einem Überfall rechnen musste – seitdem Hitler es in 'Mein

Kampf' geschrieben hatte. Stalin war noch nicht vorbereitet. Er nahm fälschlicherweise an, dass Hitler im Osten nicht angreifen würde, bevor er im Westen gesiegt hatte. Den Wahnsinn eines Zweifrontenkrieges hatte Stalin klar erkannt – im Gegensatz zu Hitler. Diesen Wahnsinn hatte er ihm nicht zugetraut. Seit dieser Zeit blicken Stalin und seine Nachfolger mit geradezu krankhafter Angst vor einem erneuten Überfall – vor einer erneuten Fehleinschätzung – nach Westen.

Im Westen wissen die Wachsamen, egal ob in Politik oder Militär, dass die Sowjetunion eine drei- bis fünffache kräftemäßige militärische Überlegenheit über die Land- und Luftstreitkräfte des Westens geschaffen hat – zumindest in Mitteleuropa. Kann eine solche ungeheure Überlegenheit zur Versuchung führen, einen Erstschlag zu führen? Historisch ist sie jedenfalls immer ein eindeutiges Angriffssignal gewesen.

Diese Hochrüstung kann doch nur die Vorbereitung auf einen Überfall sein, um sich Westdeutschlands als nächstem Angriffsziel der Sowjetunion zu bemächtigen, so die Befürchtung. Hatte nicht Lenin schon seinen Kommunisten das Ziel für die Ausbreitung des Weltkommunismus vorgegeben? „Wer Deutschland hat, der hat die ganze Welt!"

Deutschland steht zum Glück nicht allein. Die Bundesrepublik ist in einem starken Verteidigungs-Bündnis eingebunden, der NATO (North Atlantic Treaty Organisation – Nordatlantische Verteidigungsorganisation). Aber reicht das? Überall herrscht Alarmstimmung, nicht nur in den Streitkräften des westlichen Bündnisses. Der bayrische Ministerpräsident Alfons Goppel[6] verlangt, dass endlich etwas geschehe. Für die Streitkräfte, die ihr Vaterland verteidigen sollen, eine hochdramatische Lage.

Stimmen die Berichte, dass tatsächlich schon einige Einheiten oder sogar Verbände der Bundeswehr scharf aufmunitioniert und selbstständig in die vorgesehenen Verteidigungsräume im bayrischen Wald verlegt wurden? Haben Truppenkommandeure die Initiative ergriffen, weil sie befürchteten, dass diplomatische Rücksichtsnahmen höchste militärische und politische Stellen noch lähmten? Selbstständiges Handeln, bevor es zu spät ist! Wird nicht Mitdenken und selbstständiges Handeln von den Offizieren der Bundeswehr erwartet? „Schnelles zupackendes Handeln erspart unnötige Opfer!" haben ihnen die Ausbilder immer eingehämmert.

Aber schnelles Handeln scheint nicht nötig zu werden. Die Lage beruhigt sich schnell. Allen fällt eine Zentnerlast von den Schultern. Moskau hat sein Terrorbündnis wieder einmal gefestigt – für zwei weitere Dekaden. Und dafür reicht Breschnew und dem sowjetischen Politbüro vorläufig die gewaltsame Unterwerfung der Tschechoslowakei, die den 'Prager Frühling' erstickt.

Das Gerücht geht um, dass der Kommandierende General des deutschen Korps in Ulm, Generalleutnant Karl Wilhelm Thilo, abgelöst worden sein soll. Er wird verantwortlich gemacht dafür, dass Teile seiner Truppen ohne Befehl an der Grenze zur Tschechoslowakei Abwehrbereitschaft hergestellt haben. „Er hat überreagiert", hört man. Aber man hört viel in Situationen wie dieser. Und dann stellt sich heraus, dass das Gerücht tatsächlich nur ein Gerücht gewesen sein kann. General Thilo bleibt noch bis 1970 auf seinem Posten.

Die Regierungen der NATO-Mitglieder haben sich darauf verständigt, jede Maßnahme zu unterlassen, die die Situation verschärft oder gar die Sowjets provoziert. Niemand ist an einer Eskalation interessiert. Also: Weiter tapfer lächeln. Politik ist ein eigenartig' Ding: 'Jetzt ist Ruhe die erste Bürgerpflicht' wurde schon im 19. Jahrhundert den Preußen suggeriert nach der verlorenen Schlacht von Jena und Auerstedt. Auch heute sollen die normalen Bürger der Bundesrepublik möglichst wenig in ihren Lebensabläufen beeinträchtigt werden. Vielleicht spüren sie überhaupt nichts von dem Ernst der Lage. Das wäre wohl das Beste, glauben manche Politiker.

Die Soldaten jedoch, egal ob jung oder erfahren, die geschworen haben, die Bundesrepublik Deutschland und das Recht und die Freiheit des deutschen Volkes tapfer zu verteidigen, die schlagen sich in diesen Tagen und Nächten herum mit Horrorszenarien einer atomaren Auseinandersetzung, in ihren Hauptquartieren – bei ihren Übungen und Planspielen –, in ihren Gefechtsständen und in ihren Bunkern. Eine Zeit, die sie prägt, so wie sie mich prägt.

Das führt – auf beiden Seiten des 'Eisernen Vorhangs' – zu ständig wachsendem Misstrauen. Gleichgültig, wie die andere Seite reagiert, es ist gefährlich. Genährt durch den ständig wechselnden Fortschritt in der Waffentechnik auf beiden Seiten liegt darin eine der realsten Gefahren für den Frieden. Wir befinden uns im 'Kalten Krieg'.

2 Frieden, der kein Frieden ist

„Kalter Krieg"! Dieser Ausdruck setzt sich für den Zustand durch, als sich NATO und Warschauer Pakt bis an die Zähne bewaffnet gegenübertreten. Für den Westen hat er sich nicht zu einem heißen Waffengang ausgeweitet. Noch bleibt es bei einem Krieg der Worte, einem Krieg der Drohungen.

Der Begriff 'Kalter Krieg' mag auf George Orwell, den britischen Schriftsteller, zurückgehen, der ihn 1945 in seinem Buch „You and the Atomic Bomb" benutzte, um eine Periode von „Frieden, der kein Frieden ist" zu beschreiben. Er bezeichnet eine ideologische Konfrontation zwischen den planwirtschaftlich gelenkten, von kommunistischen Diktaturen regierten Staaten vor allem Osteuropas und den marktwirtschaftlich und größtenteils demokratisch orientierten Staaten des Westens.

'Kalter Krieg' passte genau auf die Situation nach der Beendigung des Zweiten Weltkrieges und wurde aufgenommen und weit benutzt, z.B. 1947 von Bernard Baruch, damals Berater des amerikanischen Präsidenten, sowie von dem berühmten amerikanischen Journalisten Walter Lippmann in seinem 1947 erschienenen Buch 'Kalter Krieg'.

1955 war ein besonders wichtiges Jahr im 'Kalten Krieg'. Die Bundesrepublik wurde ein Vollmitglied der NATO und die Sowjetunion reagierte mit der Gründung des Warschauer Paktes. Die DDR, Polen, Ungarn, Albanien, Rumänien, die Tschechoslowakei und Bulgarien schlossen sich mit der UdSSR zusammen. Die europäischen Nationen standen sich nun bewaffnet bis an die Zähne gegenüber, Ost gegen West in zwei gut organisierten Militärbündnissen.

Für die Soldaten der NATO und auch die des Warschauer Paktes, für die Flieger der Luftwaffe und der Luftstreitkräfte der DDR, konnte jederzeit ein echter Krieg ausbrechen. Sie sahen den 'Kalten Krieg' von der „Front" aus. Sie standen in der ersten Reihe am „Eisernen Vorhang".

Winston Churchill[7] hat den Ausdruck „Eiserner Vorhang" bekannt gemacht als Bezeichnung für die undurchlässige Grenze zwischen den Blöcken und die Abschottung des Ostblocks gegen den Westen: „Von Stettin an der Ostsee bis Triest an der Adria hat sich ein Eiserner Vorhang über den Kontinent gesenkt." Zuerst benutzte er diesen Begriff im März 1946, knapp ein Jahr nach der bedingungslosen Kapitulation der Wehrmacht.

Aus deutscher Sicht bezieht sich die Metapher vor allem auf die 'Innerdeutsche Grenze', die die Bundesrepublik Deutschland und die Deutsche Demokratische Republik teilt. Jeder in den Streitkräften der Bundesrepublik, der diese bedrohliche Entwicklung miterlebt hat, ist von ihr geprägt. Auch ich, als ich 1968 als Pilot mit den Flugzeugführern meiner Gruppe in Alarmbereitschaft bei meinem Flugzeug sitze. Einige Jahre später übernehme ich große Verantwortung, als ich Kommodore des Leichten Kampfgeschwaders 43 in Oldenburg werde. Immer wieder bestimmen die Erfahrungen, die das westliche Bündnis mit dem Übergriff der Sowjetunion gemacht hat, das Denken und die Planungen der Allianz – und auch mein Denken. Über den Aufmarsch der sowjetischen Truppen in Mitteleuropa bin ich bis in Einzelheiten unterrichtet. Den deutschen Nachrichtendiensten und denen der Verbündeten bleibt kaum etwas verborgen. Ich weiß deshalb, dass man viel von mir erwartet: Es ist nicht nur der Betrieb eines Einsatzflugplatzes, für den ich nun verantwortlich bin. In den vielfältigen fliegerischen, militärischen und technischen Bereichen müssen alle Mann zu einer Crew zusammengeschweißt werden, zu einer ständig einsatzbereiten und immer verteidigungsbereiten Kampfgemeinschaft.

Mein Auftrag lautet: Der Fliegerhorst muss zu einer dreidimensionalen Verteidigungsstellung ausgebaut werden. Nicht nur vom Boden her, sondern auch aus der Luft droht Gefahr. Von meinen Kampfpiloten, dem Kern meines Geschwaders, wird höchste Professionalität verlangt: Sie sollen das befürchtete Heranrollen einer gegnerischen Feuerwalze schon im Vorfeld aufhalten. Flugstunden bedeuten Erfahrung und auch Sicherheit, sowohl für meine Kampfpiloten als auch für die, die für sie am Boden arbeiten. Also: „Fliegen, fliegen, fliegen!" So lernt jeder Flugzeugführer seine Waffenplattform „Jet" sicher zu beherrschen. Dann vermag er unter allen Wetterbedingungen mit einer Vielzahl von Bewaffnungen eine ganze Palette von Aufträgen sicher zu erfüllen. Aber bevor ich meinen Beitrag als Kommodore des Oldenburger Geschwaders zur Abschreckung weiterer sowjetischer Zugriffe im Westen des Moskauer Imperiums leisten kann, vergehen viele Jahre, als Soldat, als Flieger, als Mensch.

3   Erinnerungen an den Beginn (1956)

'Halbgötter in Uniform', so erinnere ich mich, haben mich 1956 im Fluganwärterregiment in Uetersen und an der Offiziersschule in Faßberg erzogen – mit Befehl und Gehorsam. Zum Antikommunismus wurde ich angehalten und auf jeden Fall zum Denken zum Wohle der Freiheit. Das habe ich problemlos verinnerlicht. Die eigentümliche Auslegung von Freiheit durch manche Hamburger erschüttert mich nicht weiter. Auch wenn sie dazu führt, dass uns Rekruten in Uetersen verboten wird, in Uniform auszugehen. Auch sonst wird uns fürsorglich empfohlen, das nahe Hamburg nur in Gruppen oder mindestens zu zweit zu besuchen. Seit Januar des Jahres hat mit dem Einrücken der ersten Freiwilligen der Aufbau der Bundeswehr begonnen. Die DDR hat auf die Wiederbewaffnung Westdeutschlands sofort mit der Offenlegung ihrer eigenen Aufrüstung geantwortet und die Gründung der Nationalen Volksarmee (NVA) bekanntgegeben. Aber das hat die Gegner der Bundeswehr auch nicht zu Verstand gebracht. Viele Deutsche sind eben noch nicht in der Gegenwart angekommen, denke ich. Dass sie die deutsche Wiederbewaffnung und die Bundeswehr überhaupt ablehnen, halte ich für ein Zeichen von Uninformiertheit und für mangelndes staatbürgerliches Bewusstsein. Ich bedaure das zutiefst. Offensichtlich ist diesen Leuten auch entgangen, dass nur wenige hundert Kilometer weiter im Osten eine bis an die Zähne bewaffnete sowjetische Streitmacht lauert und noch näher ein Satellitenstaat, der die gleichen Ambitionen hegt, wie die

Sowjetunion. Jetzt, wo die Sowjetunion gerade dabei ist, den Volksaufstand in Ungarn brutal niederzuschlagen, lässt es diese Leute nicht erkennen, wie gefährlich der Warschauer Pakt ist und dass glaubhafte Verteidigungsfähigkeit überlebensnotwendig und dringend erforderlich ist.

Die militärische Grundausbildung im Fluganwärterregiment in Uetersen betrachte ich als eine sportliche Herausforderung und als etwas, das meiner Vorstellung von 'einem gesunden Geist in einem gesunden Körper' gerade recht kommt. Deshalb lege ich auch Wert darauf, das Goldene Sportabzeichen und das Silberne Leistungsabzeichen der DLRG zu machen. Aber ich will ja Flieger werden. Nur – ich habe ein Problem, das in meiner Familie erblich zu sein scheint: Sowohl meine Mutter als auch meine beiden Schwestern vertragen es schlecht, in einem Auto oder in einem Omnibus zu fahren. Sogar in der Eisenbahn sind sie vorsichtig, aber da müssen sie sich wenigstens nicht übergeben. Auf einem Jahrmarkt mit einem Karussell zu fahren, geht gar nicht für sie. Diese Probleme habe ich zwar nicht, aber schon in der Schulzeit hatte ich mit einem empfindlichen Magen zu kämpfen. Vielleicht lag es an der Mangelernährung nach 1945. Auf jeden Fall habe ich gelernt, damit zu Recht zu kommen. Aber – würde mein Magen vielleicht nun auch rebellieren, wenn ich keine feste Verbindung mehr mit dem Boden unter den Füßen habe? Immer wieder zieht es mich in der dienstfreien Zeit in Uetersen auf das Rollfeld des Fliegerhorstes. Hier beobachte ich die kleinen Propellermaschinen und freue mich an den Starts und Landungen, wenn eine zivile Sportfliegergruppe abends und an den Wochenenden fliegt. Schließlich steht mein Entschluss fest: Ich werde meine eigene Fliegertauglichkeitsprüfung machen. Ich werde mir eine Stunde 'Fliegen' kaufen und feststellen, ob ich meinen Wunsch, Flieger zu werden, realistisch weiter verfolgen kann.

Gesagt – getan. An einem der letzten Wochenenden in der Grundausbildung finde ich einen der Piloten, der in seiner Piper Rundflüge anbietet. Ich bin doch recht angespannt und wohl auch nervös. Es steht ja viel auf dem Spiel für mich: Nicht nur Offizier, sondern auch Flieger will ich werden.

Ein schöner, sonniger Herbsttag, Windstille herrscht, und ein älterer, freundlicher Pilot – das wirkt beruhigend auf mich – hilft mir beim Einsteigen und mich fest zu schnallen. Er ist wohl ein Flieger in der alten Luftwaffe gewesen. Obwohl ich doch etwas verkrampft bin, habe ich mit jeder Minute mehr Spaß an dem Flug. Wie mir erst später bewusst wird, hat der Piper-Pilot wohl bemerkt, wie angespannt ich bin. Er fliegt schön koordiniert und ohne jegliche abrupte Manöver.

Mit der Landung überkommt mich eine große Erleichterung. Ein Stein fällt mir vom Herzen. Ja, ich werde meinen Herzenswunsch weiter verfolgen können. Ganz plötzlich hat sich für mich eine hoffnungsvolle Zukunft weit aufgetan. Nun bin ich schon zum Fahnenjunker befördert, bereits 21 Jahre alt. Zweimal durfte ich nach Fürstenfeldbruck in Bayern fahren. Beim Flugmedizinischen Institut der Luftwaffe konnte ich alle medizinischen und psychologischen Hürden ohne Schwierigkeiten hinter mich bringen.

Die Offizierschule in Faßberg wird für mich zu einer neuen Herausforderung, die jeden Tag zu einem neuen Erlebnis macht. Schon der Beginn ist abenteuerlich, denn es gibt noch keinen Lehrbetrieb. Die Lehrgangsteilnehmer machen erst einmal ein Praktikum als Möbelpacker. Eine Woche lang darf der zweite Offizierlehrgang der Luftwaffe in seinen Hörsaal und in die Unterkünfte nagelneue Möbel einräumen. Die Gebäude sind nach der Übernahme des Fliegerhorstes aus den Händen der RAF (*Royal Air Force*) neu instand gesetzt worden und völlig leer. Aber dann geht es wirklich los. Neben dem Unterricht dienen Planspiele im Hörsaal und Übungen in der Lüneburger Heide dem taktischen Verständnis und vertiefen die Ausbildung zum Offizier.

Ein Lichtpunkt besonderer Art stellt alle zwei Wochen die Busfahrt zur Tanzschule Bois in Celle dar. Sie wird auch nicht dadurch getrübt, dass sich meine attraktive Tanzpartnerin zwei Wochen vor dem Abschlussball mit einem anderen verlobt. Weniger trifft mich das auch deshalb, weil ich ihn nicht kenne und der Auserwählte nicht einer meiner Kameraden ist.

Bei der Verabschiedung des ersten Offizierlehrgangs der Luftwaffe lerne ich den Inspekteur der Luftwaffe persönlich kennen: Generalleutnant Josef Kammhuber hält eine Rede, die mich sehr beeindruckt. Kammhuber, schon Fliegergeneral im Weltkrieg, sollte als einziger Inspekteur später zum Viersternegeneral befördert werden.

Hauptmann Liebler, mein Aufsichtsoffizier, Inspektionschef Major Bühler, Major Ortwein, mein Lufttaktiklehrer, Lehrgruppenkommandeur Oberst von Casimir und Schulkommandeur Brigadegeneral Rudolf Lóytved-Hardegg – sie alle werden mit der Offizierschule und dem Heidestandort Faßberg bald Vergangenheit für mich. Ich will fliegen.

Inzwischen haben die ersten Wehrpflichtigen der Bundeswehr ihren Wehrdienst begonnen. Und für mich geht es jetzt richtig los! Ich meistere einen enorm wichtigen Schritt: Ich werde nach Hangelar bei Bonn kommandiert: 'Screening' an der zivilen Sportfliegerschule. Die Faszination der dritten Dimension! Zum Greifen nahe! Fliegen!

Die Luftwaffe hat damals noch keine solche 'eigene' Ausbildungseinrichtung, die der Auswahl ihrer zukünftigen Piloten dienen kann. Nach allen denkbaren Tauglichkeits- und sonstigen Tests ist das für den Fähnrich die erste fliegerische unter den vielen Vorauswahlen. Kleine einmotorige zivile Sportflugzeuge sind es, mit denen ich mit zehn anderen Fliegeranwärtern der Luftwaffe meine ersten Flüge absolviere. Auch ein richtiger Hauptmann in der Uniform der Luftwaffe erscheint an der zivilen Schule. Er kommt aus dem Ministerium, sagt er. Er ist schon etwas älter und er bringt „den Jungen" die ersten englischen Ausdrücke für den Flugbetrieb bei. „Green light from mobile" (*grünes Licht vom mobilen Kontrollturm*) und „cleared for take off" (*klar zum Starten*) sind seine Weisheiten, mit denen er die erwartungsvollen Eleven beeindruckt.

Wie im Traum vergehen die ersten Flüge und schon steht der erste Solo-Flug bevor, der Alleinflug. Ein erhebendes, ein großartiges Gefühl. Ich fliege! Und die Erde unter mir. Und ich bin allein mit meinem Flugzeug. Ich beherrsche die Maschine! Sie macht alles, was ich von ihr verlange – ohne Zögern. Und die Landung gelingt ohne Hopsen. Nun habe ich meinen ersten Alleinflug auf der Piper Cup bestanden. Ein Jahrhundertereignis, so scheint es mir. Mehr hinterher als während des Fluges läuft mir ein Schauer über den Rücken.

Mit Dieter Wasserkorth, meinem bewunderten Fluglehrer, folgt schon bald danach der letzte 'Prüfungsflug' – und dann: „Geschafft!"

Nur eine abschließende Qualifikation steht noch an, vor der eigentlichen so ersehnten wirklichen fliegerischen Ausbildung. In englischer Sprache, auf dem Fliegerhorst Uetersen, nahe Hamburg wird sie stattfinden. Nach wenigen Tagen intensiven Unterrichts ist hier ein Major des kanadischen Heeres die letzte Hürde. Aber der nimmt nicht einmal seine braunen Schaftstiefel vom Schreibtisch, als sich Fähnrich Laube zum entscheidenden Interview meldet. Er unterhält sich mit mir, lässt mich eine Seite aus einem kleinen englischen Buch vorlesen, das er vor seine Stiefel auf den Schreibtisch gelegt hat – und schließlich nickt er. Es muss wohl wie englisch geklungen haben, was ich ihm da vorgelesen habe. Der Ausbildung in Kanada zum Piloten steht jedenfalls nichts mehr im Weg.

Die Luftwaffe hat sich *(bis 1964)* noch nicht entschieden, wo sie die Jetausbildung für die Masse ihrer Piloten langfristig ansiedeln soll. Eine deutsche Variante, eine kanadische und eine amerikanische sind in der Diskussion. Am Ende machen die USA mit ihrem Angebot und die United States Air Force mit ihren unbegrenzten Möglichkeiten das Rennen. Insgesamt werden in Kanada nur wenige Lehrgänge mit deutschen Flugzeugführeranwärtern beschickt. Fähnrich Laube „gewinnt" jedoch einen kanadischen Joker.

4   Kanada (1957)

Im Oktober 1957 landet Fliegeranwärter Laube im kanadischen Montreal. Die Neue Welt! Während des kurzen Aufenthalts in der Provinz Quebec beeindrucken mich am meisten die eleganten franko-kanadischen Frauen. Sie scheinen alle schwarze Strümpfe zu tragen, und das finde ich sehr sexy.

Wir sind 22 deutsche Luftwaffensoldaten, die sich im Zug von Montreal auf den Weg nach London, Ontario, machen. Ich erinnere mich an Oberleutnant Otte, Leutnant Dieter Frese, die Fähnriche Eike Hilck, Manfred Fischer, Klaus Rühmann, Lothar Ruiffer, Dieter Illauer, Georg Müller, Harro Stegmann, Peter Steffens, Manfred Dreiskemper, Rainer Lingnau, Werner Bold, Jochen Schulz, und die Flugzeugführer-Unter-offiziere Dieter Kelle, Giese, Häcker, Hapke, Richter, Kranz, Schmidt und Eltzel. Von nun an gehören wir zum „Course 5710".

In London, unweit des Eriesees, beginnen wir, uns an die neue englischsprechende Umgebung zu gewöhnen. Wir sind erst die zweite Gruppe deutscher Flugschüler nach dem fürchterlichen Weltkrieg, die in Kanada in Erscheinung tritt. Dennoch: Der Empfang der Stadt London für die Deutschen soll ein herzliches Willkommen sein. Er findet am 3. Oktober 1957 statt, gleich am Tag nach unserer Ankunft.

Gespannt erwarten wir das aufregende Ereignis. Aber – keiner der vielen zivilen und militärischen Gastgeber, die sich im Offizierheim versammelt haben, scheinen sich an dem Abend um die Deutschen zu kümmern. „Für die wird doch der Empfang gemacht!", denke ich, mehr erstaunt als unzufrieden! In dem „englischen" Partygetümmel höre ich nur immer wieder „Piep! Piep! Piep!" Und als ich schließlich herausgefunden habe, was dieses „Piep" bedeutet, da ist für mich in dem Sprachengewirr klar: „Jetzt ist meine fliegerische Laufbahn zu Ende, bevor sie überhaupt begonnen hat!"

Was ist passiert? Die Sowjetunion hat von ihrem Weltraumbahnhof Baikonur den ersten künstlichen Satelliten in den Weltraum geschickt. Eine 58 Zentimeter große Kugel umkreist nun auf einer Umlaufbahn die Erde und schickt ihr „Piep!" für alle hörbar aus dem Weltraum in Richtung Erde. Ein großartiger und ein alle überraschender Erfolg der sowjetischen Raumfahrt.

„Aber – wozu braucht man jetzt noch Piloten?", denke ich. „Jetzt wird der Luftkrieg in den Weltraum verlagert. Mit Satelliten!" Der schöne Abend verläuft völlig anders, als ich es erwartet habe. Hat dieser 'Sputnik' meiner fliegerischen Laufbahn nun bereits ein Ende bereitet? Ich bin zutiefst enttäuscht.

Noch mehr enttäuscht, wenn nicht völlig frustriert wäre ich wohl gewesen, hätte ich da schon gewusst, was die Amerikaner zu dieser Zeit alles planen. Ihr „Project Horizon" fordert bereits, dass die USA den Mond „einnehmen" sollen. Beginnen wollen sie mit einer ersten Außenstation, von der aus die Erkundung und die wissenschaftliche Forschung betrieben werden können. Und wenig später soll ein auf dem Mond stationiertes „lunar based earth bombardment system" jeden Punkt auf der Erde beschießen können. Fertigstellung ist für 1969 geplant! *Naja, in dem Jahr sollte dann immerhin Neil Armstrong als erster Mensch den Mond betreten.*

Der Schreck, den der Sputnik verbreitet hat, ist schnell vergangen. Bald merkt der junge Flugzeugführeranwärter, wie falsch seine Befürchtungen sind. Niemand macht die geringsten Andeutungen, dass sich etwas mit der Ausbildung geändert hätte, oder dass die militärische Fliegerei von diesem Durchbruch im Weltraum betroffen wäre. Ohne Einschränkungen und ohne Probleme kann ich das Screening, eine Art kanadischer Vorauswahl in der RCAF Station Centralia (*Royal Canadian Air Force Flugplatz*), erfolgreich vollenden. Es unterscheidet sich wenig von dem deutschen Screening, das ich schon in Hangelar erfolgreich abgeschlossen habe. Geflogen wird hier auf der 'Chipmunk', dem zweisitzigen Propellerflugzeug De Havilland Canada DHC-1.

Natürlich nutze ich die für mich einmalige Gelegenheit, um jeweils mit ein oder zwei Kameraden mit dem allgegenwärtigen Greyhound-Bussystem Ausflüge in die Umgebung zu machen. Zwei dieser Reisen sind besonders spektakulär. Das ist einmal eine Fahrt zu den tosenden Niagara-Fällen und das andere ein Wochenendausflug nach New York. Das Empire State Building besteigen, „Tiffany" an der Kreuzung Fifth Avenue und 57th Street bestaunen und ein Konzert im Madison Square Garden dürfen auf keinen Fall in meinem Besuchsprogramm fehlen.

Dann, nach dem erfolgreichen Abschluss des Screening in Centralia, folgt eine spektakuläre 20-stündige Fahrt mit Canadian Pacific Railway und ihren zweistöckigen Panoramawagons durch den Präriegürtel und fast quer durch den ganzen amerikanischen Kontinent. Weit im Westen, in der Provinz Alberta am Fuße der Rocky Mountains, liegt das Ziel. Auf der RCAF Station Penhold erfolgt die weitere Schulung auf dem 'Yellow Monster', der einmotorigen Propellermaschine Havard Mark IV.

Auch für ihre eigene inzwischen anlaufende Flugzeugführerausbildung in Deutschland übernimmt die Luftwaffe in diesem Jahr insgesamt 135 dieser Maschinen, die in USA North American T-6 heißen. Die Luftwaffe erhält sie zu einem symbolischen Preis von je einer Mark. Sie sind die ersten eigenen Schulflugzeuge der jungen deutschen Luftwaffe.

Zu meinem 'Course 5710' gehören nun außer einer größeren Zahl sehr kameradschaftlicher kanadischer Flight Cadets auch vier dänische und ein norwegischer Flugschüler. Ich bekomme den dänischen Unteroffizier Kanne als Zimmergenossen auf unsere komfortable Zweimannbude. Durch die gemischte Zimmerbelegung stellen die Kanadier sicher, dass auch in der Freizeit möglichst nur englisch gesprochen wird. Dieser tägliche Umgang in englischer Sprache zahlt sich für mich in meinem ganzen Fliegerleben aus.

So ganz hat sich meine Sorge wegen des „Übelkeits-Gens" in meiner Familie noch immer nicht gelegt. Ich habe mir angewöhnt, morgens wenig oder gar nichts zu essen. Dennoch kann ich nicht verhindern, dass mir ab und zu „mulmig" wird. Als Abhärtung für meinen Magen verschreibe ich mir eine Spezialkur. Ich bin immer ein überzeugter Nichtraucher gewesen, aber irgendwo hatte ich gelesen, dass Rauchen den Magen unempfindlicher macht. Also beginne ich schon in Centralia PLAYERS zu rauchen. Das Zeug brennt auf der Zunge und schmeckt mir überhaupt nicht. Nach sechs Wochen beende ich dann auch den Selbstversuch – und nehme nie wieder eine Zigarette in den Mund. Inzwischen ist aber auch viel von meiner Anspannung überwunden und ich habe auch ohne Rauchen mehr Spaß an wilden Manövern bei der Fliegerei. Viel zu dieser positiven Entwicklung beigetragen hat einer meiner Fluglehrer, Flight Lieutenant Nielsen-Jones. Der britische Offizier hatte in der Royal Canadian Air Force eine Stelle gefunden, was offensichtlich kein Problem und im Commonwealth keine Seltenheit ist. Mit seiner ruhigen, verständnisvollen, beinahe väterlichen Art nimmt er den unerfahrenen Flugschülern und auch mir viel von ihrer Anspannung.

Und doch sollte mir in Kanada in der Harvard-Ausbildung einmal ein echtes Missgeschick passieren. Ich habe eine anspruchsvolle Solo-Mission mit Kunstflugmanövern und Spins, das ist Trudeln, treu und brav, also auftragsgemäß, fast zu Ende gebracht und mich gehörig gestresst. Da bekomme ich meinen Magen nicht unter Kontrolle und merke, dass ich mich übergeben muss. Was kann ich da noch tun? Bleibt nur der Handschuh! Ich ziehe meinen linken blaugrauen Lederhandschuh aus, und säuberlich fülle ich ihn nahezu voll. Niemand würde etwas bemerken, denke ich. Nun ist aber guter Rat teuer. Wohin damit? Das sollte einfach sein auf diesem Flugzeug, beruhige ich mich. „Einfach raus damit!" Geschwindigkeit reduzieren, Kabinendach ein kleines Stück öffnen, das geht bei der Harvard. Und – raus damit. Als ich den Handschuh nach links aus der Kanzel werfe, habe ich leider nicht daran gedacht, dass sich der Propeller von links nach rechts dreht. Der Handschuh bleibt zwar draußen, aber der nach rechts drehende Luftstrom umkreist mit dem Handschuh das Kabinendach und der Inhalt des Handschuhs kommt zu einem Teil wieder rechts durch die noch geöffnete Kanzel zurück ins Cockpit. Nun bleibt mein „Ausrutscher" doch nicht vor der Welt verborgen.

Wenigstens haben sich die Mechaniker der Ground-Crew über den Kasten Bier gefreut, den sie traditionell für das Reinigen des Cockpits bekommen.

5 Die Neue Welt

Die 'Neue Welt' stürmt auf mich ein. In erster Linie ist es natürlich das Fliegen und alles, was damit zusammenhängt: Die Eroberung der dritten Dimension, die Beherrschung einer Flugmaschine und das Gefühl, mehr zu sein als ein Mensch, der nur mit zwei Füßen auf der Erde steht. Aber dazu gehört noch vieles andere. Die Technik des Flugzeugs zum Beispiel, die ich kennen muss, wenn ich fliegen will, der viele und vielfältige Unterricht in den 'Academics', der Geruch von Kerosin, das Wetter, neue Kameraden, und – die englische Sprache nicht zu vergessen.

Aber das ist ein dienstlicher und arbeitsorientierter Aspekt. Ein ganz neues Erlebnis wird „die Neue Welt" – auch *vor* dem Fliegerhorst. Da stürmt ebenfalls so vieles Erstaunliche auf mich ein. Am auffälligsten empfinde ich wohl den Gegensatz zwischen Überfluss und Rückwärtsgerichtetheit. „Rückwärtsgerichtet?" In der 'Neuen Welt'?

Ja, ich empfinde zum Beispiel den Umgang der Kanadier (und genauso der US-Amerikaner) mit dem Alkohol als sonderbar verklemmt. Es gibt kaum ein Lokal, in dem man zum Essen auch ein Bier trinken kann. Da muss der Wirt eine 'Liquor License' haben und die ist offensichtlich sehr teuer – daher selten. Folge: Die Leute kaufen im 'Liquor Store' eine Flasche – sagen wir – Whisky. Alkohol erhält man nur im Liquor Store und da in einer braunen Papiertüte, die man dezent irgendwo zu verbergen sucht. Im Lokal stellt man sie unter den Tisch und schenkt sich dann heimlich daraus in ein Wasserglas ein. Offensichtlich noch ein Schatten aus den Zeiten der Prohibition, denke ich. Im Fliegerhorst führt das oft zu kuriosen Erlebnissen. Hier ist der Alkoholausschank nicht anders geregelt als bei uns. Schließlich sollen die Kadetten ihr Vaterland verteidigen, da dürfen sie wohl auch ein Bier trinken. Meine jungen kanadischen Fliegerkameraden haben jedoch noch keine Erfahrung mit Alkohol. Jetzt sind sie in der Messe uneingeschränkt dem auch noch sehr billigen Alkohol ausgeliefert, und natürlich vertragen sie nichts. In den ersten Monaten spielen sich da für uns Deutsche nicht nur in der Cadets Mess manchmal erstaunliche Szenen ab.

Dazu rechne ich auch die Selbstherrlichkeit, die sich in Nordamerika im Sport zeigt. „World Series"! So heißen Wettkämpfe, die lediglich zwischen Kanada und USA stattfinden im Eishockey, im Football, im Baseball und im Basketball. Die wollen wohl von den übrigen Erdteilen nichts wissen.

Und dann sind da noch die Franco-Kanadier. Die sind in der kanadischen Luftwaffe auf jeden Fall nicht rückwärtsgerichtet. Auf die schauen jedoch die Englischsprechenden herab, und – sie haben mit ihnen weniger gemein als die Bayern mit den Ostfriesen. Oder ist es doch das Gleiche?

Auf der anderen Seite der unglaubliche Überfluss allerorten. Es fängt mit der Unendlichkeit des amerikanischen Kontinents an, die ich als Flieger genau so grenzenlos empfinde wie als Fußgänger. Und dann das Essen: „Food" überall. Auch in sämtlichen Geschäften isst „man" immer. Und sonst: „'Mongolian Dinner', all you can eat." Riesensteaks, am besten jeden Abend. Kentucky Fried Chicken. Chicken in the Basket. Überhaupt, überall gegrillte Hähnchen zu lächerlichen Preisen – und ich habe noch nie eins in einem Lokal gegessen, bevor ich nach Kanada kam! Auch in der Messe steht für uns auf dem Speiseplan jeden Tag eine paradiesische Auswahl. Das eine „Truppenverpflegung" zu nennen, wie unsere Bezeichnung für das Essen der Soldaten ist, wäre eine Beleidigung.

Kommen da meine Hungerjahre wieder durch? Noch sind es kaum zehn Jahre her, da war ich so sehr unterernährt, dass man sogar bei der Schulspeisung, die für alle Schüler in diesen Jahren bereit gehalten wurde, Mitleid mit mir hatte. Jeden Morgen bekam ich eine doppelte Portion. Wahrscheinlich habe ich auch deshalb nie an unserer „Truppenverpflegung" etwas auszusetzen gehabt, während mancher Kamerad oft aus dem Meckern nicht herauskam.

Der Flugbetrieb im Winter bringt für mich immer wieder neue Erfahrungen. Ein besonderes Erlebnis ist das Fliegen bei einer Temperatur von minus 40 Grad Celsius. Der Himmel strahlt in einem leuchtenden Blau und in der Luft glitzern Eiskristalle, die wie kleine Insekten umherschwirren. Die Rocky Mountains scheinen zum Greifen nahe. Erst wenn der Flugzeugführer alle Checks beendet hat, werden die Hallentore geöffnet, während der Pilot im geheizten Cockpit sitzen darf. Dann wird das Flugzeug in die Kälte herausgezogen und sofort angelassen. Was in dieser Eiswüste passiert, wenn der Flugschüler irgendwo mit dem Fallschirm abspringen muss, wird kaum diskutiert. Jeder sitzt doch auf einem Paket mit der Überlebensausrüstung, das mit ihm am Fallschirm hängen soll, wenn er abspringt. Sogar ein kleines Zelt ist da eingepackt. Und dann ist ja die Havard „ein absolut zuverlässiges Flugzeug" – wissen die Fluglehrer.

Nicht nur mit Büffeln, Fliegen, Lernen, Tests und Aufsaugen all des Neuen vergehen die Monate in der Prärie am Fuße der Rockies. An fast jedem Wochenende bietet sich eine Fahrt zu der 100 Meilen entfernten Provinzhauptstadt Edmonton an – auch wenn daraus meist nur ein Kinobesuch wird.

Ich halte mich an Harro. Harro fährt auch deshalb gerne nach Edmonton „ins Kino", weil er Kontakt zu einer netten kanadischen Familie gefunden hat. Da wir immer gemeinsam erscheinen, lädt das Ehepaar auch mich ein. Ein Antrieb für Harro scheint eine unwiderstehliche Verlockung: die reizende 20jährige Tochter des Ehepaars.

Während der Harvard-Ausbildung in Penhold sind es aber drei Ereignisse, die darüber hinaus besonders aus dem Rahmen fallen. Sie bringen eine außergewöhnliche Abwechslung, und mich machen sie näher mit Land und Leute außerhalb des Militärflugplatzes bekannt. Es sind Banff, der Ski-Resort in den Rocky Mountains in der Weihnachtszeit 1957, die Calgary Stampede im Juli 1958 und ein dreiwöchiger Mid-Term-Leave im Sommer des Jahres.

Der Banff National Park ist schon vor mehr als 80 Jahren gegründet worden und deshalb auf dem ganzen nordamerikanischen Kontinent beispielhaft und einzigartig. Seine Schönheit überwältigt mich und ich bin glücklich, dass ich mit zwei Kameraden die Weihnachtsfeiertage in Banff verbringen kann. Grund zum Feiern gibt es auch. Noch rechtzeitig vor Weihnachten bin ich zum Leutnant befördert worden. Eine prominente Unterschrift ziert die schöne Urkunde mit 'Heinz Laube' in dicken Buchstaben und mit dem großen goldenen Bundesadler auf der Rückseite: Franz Josef Strauß hat unterschrieben. Das ist der Verteidigungsminister!

Ski fahren will ich nicht in Banff. Das ist mir zu riskant. Ich möchte keine Verletzung riskieren. Aber der Lake Louise ist auch im Winter eine atemberaubende Schönheit, und immer wieder aale ich mich mit den Kameraden im dampfenden, schwefelhaltigen Wasser des Außen-Pools vom Spring Hotel, während rings umher zum Greifen nahe die Rocky Mountains in glitzerndem, kalten Weiß fast 4000 Meter schneebedeckt aufragen.

Nach einem halben Jahr harter Arbeit sowohl im Hörsaal als auch noch mehr in der Luft im Flugzeug werden den „Flight Cadets" – so heißen alle wegen der kanadischen Kameraden, die erst am Ende der Ausbildung befördert werden – mit einem Mid-Term-Leave belohnt.

Alle kanadischen Kameraden – und ein paar heimwehkranke Deutsche – fahren nach Hause. „Wir" aber nicht. Wir gehen auf die große Reise – nach Süden. Harro Stegmann, Lothar Ruiffer, Jochen Schulz und ich haben beschlossen, gemeinsam etwas zu unternehmen. Nach Vancouver am Pazifik und dann nach Alaska, wird diskutiert, ebenso ein Flug nach Hawai oder ein Abenteuer-Urlaub in den Rocky Mountains. Dann fällt aber schnell die Entscheidung: „Mexiko" soll das Ziel sein. Harro wird seinen alten '46 Packard nehmen – 800 Dollar hat er gekostet. Wir übernehmen die Spritkosten. Harro gilt als ein erfahrener Fahrer, er soll auch allein am Lenkrad bleiben. Ich darf mich als Navigator beweisen. „Du hast ja auch im Fach Navigation immer so gut abgeschnitten." Die beiden Hinterbänkler sind für die Unterhaltung zuständig.

Auf geht es über die Grenze nach Montana, dann entlang des träge dahin fließenden Columbia River nach Seattle und zum Pazifik. Hier erreichen wir den kalifornischen Highway Number One, eine Teilstrecke der berühmten Panamericana. So heißt ein System von Schnellstraßen, das von Alaska, durch Kanada, die Vereinigten Staaten und Südamerika weiter und weiter nach Süden bis zum Feuerland führt. Für uns bringt die dreitausend Kilometer lange Fahrt, die wir geplant haben, alle paar Meilen neue Eindrücke. Die gewaltigen Riesen-Sequoia Mammutkoniferen wollen fotografiert werden, der Pazifik zieht immer wieder rechts am Highway vorbei und lädt zum Baden ein. San Franzisco bezaubert mit der Golden Gate Bridge, mit Fisherman's Wharf und der größten China Town in den USA. Dann erreichen wir Los Angeles, wo in dieser Zeit bereits fast ein Viertel der Einwohner Latinos sind. Hollywood besuchen wir und das San Fernando Valley – da gibt es Bekannte Harros. San Diego, den gewaltigen Marinehafen an der Westküste, und Miramar, die riesige Flugbasis des Marine Corps, muss man erleben – und dann – endlich Mexiko.

Ein dem Badminton ähnliches Federballspiel aristokratischer Azteken sehen wir uns an – und schließlich Tijuana. Der berüchtigte ärmliche Grenzort, dessen Gefängnis in amerikanischen Schlagern besungen wird, mit seinen allgegenwärtigen Prostituierten und ihrem abstoßenden, aber offensichtlich sozial abgestuften Angebot werden in Erinnerung bleiben.

Auf dem Rückweg sind wir nur noch zu Dritt. Jochen wurde vorzeitig nach Penhold zurückgerufen. Er muss noch einmal seine fliegerische Befähigung nachweisen, und als wir zurück kommen, ist er bereits vorzeitig wieder nach Deutschland heimgekehrt.

Aber unsere Rückfahrt gestaltet sich genau so abenteuerlich und abwechslungsreich wie die Hinfahrt. Die Mojave-Wüste, die ich fünf Jahre später noch einmal kennenlernen soll, als ich auf die F-104 umschule, empfängt uns nach dem Aufstieg von der Pazifikküste. Kandelaber-Kakteen ragen in den Wüstenregionen wie riesige Kerzen empor. Auf unserem Weg liegt das glamouröse Las Vegas mit den einarmigen Banditen und den Spieltischen in Caesars Palace. Hier bleiben wir erst einmal zwei Nächte. Dann geht es weiter zum Grand Canyon, das der Colorado River ausgeschabt hat. Bald nach der Mormonen Hauptstadt Salt Lake City erscheint schon wieder der Anblick der schneebedeckten Rockies. Wir fahren noch durch den Potato-State Montana, und nach drei Wochen sind wir wieder in Kanada. Für Harros alten '46er Packard, der uns brav tausende von Meilen gefahren hat, ist diese lange Reise doch etwas zu viel gewesen. Acht Meilen vor unserer Basis, der RCAF Station Penhold, in dem Flecken Ines Fail nämlich, gibt er seinen Geist auf. Auch mit viel Fachkenntnis Harros ist er nicht mehr zum Weiterfahren zu bewegen. Wir lassen ihn einfach am Straßenrand stehen – da haben auch noch andere einen letzen Parkplatz gefunden. Das letzte Stück des Weges legen wir im Taxi zurück. Der Mid-Term-Leave ist ein herrliches Abenteuer gewesen.

Bei unserer Rückkehr stellen auch wir Deutschen mit Befriedigung fest, dass die Amerikaner im Rennen um den Weltraum endlich nachgezogen haben. Sie haben ihren ersten Satelliten 'Explorer 1' im Weltall positioniert. Aber Erfolge in der Raumfahrt sind für mich keine Schreckensnachrichten mehr.

Dann nutze ich die Zeit, die Calgary Stampede zu besuchen. Das größte Cowboy Festival Kanadas, das ich natürlich sehen muss, angetan mit einem gelben Four-Gallon Cowboyhut und bunten Cowboy Stiefeln. In den spitzen Stiefeln kann ich jedoch wegen der hohen Absätze kaum laufen.

Die Ausbildung auf dem 'Yellow Monster' geht weiter. Commanding Officer ist Group Captain D. E. Galloway, ein kanadischer Gentleman. Unser oberster fliegerischer Vorgesetzter aber ist Wing Commander Joe. C. MacCarthy, der in meinen Augen dieses Attribut nicht für sich in Anspruch nehmen kann. Andere Qualitäten mag er jedoch haben. Ursprünglich Amerikaner und ein Rettungsschwimmer auf dem New York vorgelagerten Long Island, flog er im letzten Krieg in der Royal Air Force als Kommandant eines viermotorigen Avro Lancaster-Bombers. Zum Beispiel führte er eine Formation dieser Flugzeuge in einem spektakulären Tiefflugangriff auf die zwischen Bergen und Wäldern verborgenen gewaltigen Bauwerke der Talsperren im Weserbergland an. Im Rahmen der britischen Operation Chastise griffen 1943 in der gleichen Nacht achtzehn der britischen viermotorigen Langstreckenbomber unter der Führung von Wing Commander Guy Gibson die Dämme der Flüsse Möhne, Eder, Sorpe und Schwelme an. Es gelang ihnen, die gewaltigen Staumauern der Eder- und der Möhne-Talsperre zu zerstören. Ein Bravourstück der Besatzungen der Royal Air Force, denn der Anflug auf die Dämme war sehr schwierig. Die Lancaster-Bomber waren langsam und in dem bergigen Gelände auch nicht so beweglich, um rechtzeitig an Höhe zu gewinnen und die bewaldeten Bergkuppen zu überfliegen. Und dann wurde ja auf sie auch noch geschossen.

Die Lancaster mussten dabei auf etwa 20 Meter über dem Wasserspiegel fallen, um die Bomben bei einer Geschwindigkeit von 354 Stundenkilometern vor dem Damm auszulösen. Wie flache Steine, die man über das Wasser wirft, springen diese Rollbomben dann mehrmals auf der Oberfläche des Sees auf, bevor sie diese durchbrechen und die Staumauer unter Wasser treffen. Die Explosion erschüttert das Bauwerk, der Damm bricht und eine riesige Flutwelle schießt in das Tal.

Die Zerstörung der Möhne-Talsperre hat eine menschliche Katastrophe in den Tälern zur Ruhr hin verursacht, die über 2000 Opfer forderte. Heute würde man das als Terrorangriff bezeichnen.

Das Bomber Command verlor bei den Angriffen auf die Talsperren acht Lancasters. Wing Commander MacCarthy flog eine der Maschinen, die von diesem Einsatz nach England zurückkehrten, und er wurde mit dem Distinguished Flying Cross ausgezeichnet. Auch 15 Jahre danach genießt er in Penhold immer noch seinen Erfolg. Mit Vorliebe führt er den deutschen 'Flight-Cadets' persönlich im Kino den britischen Film „The Dam Busters" vor, der in England 1954/55 über diesen spektakulären Einsatz gedreht wurde.

Immer, wenn ich an Wing Commander MacCarthy denke, erinnere ich mich auch an andere wenig angenehme Geschichten in dieser Zeit. Der Wing Commander liebt es nämlich, die deutschen 'Cadets' mit besonders einfallsreichen 'Erziehungsmaßnahmen' zu bedenken, wenn dazu seiner Meinung nach ein Anlass besteht. Dazu gehört das Waschen der gelben Flugzeuge. Das mochte ja noch angehen. Aber auch das Putzen der Toiletten und das Aufwischen des Hallenbodens zählt zu seinen Anordnungen. Das kann natürlich keinem der deutschen Flugschüler gefallen, gleichgültig ob sie Offizier oder Unteroffizier sind. Aber keiner denkt daran, sich deswegen zu beschweren. Gibt es so etwas wie die Wehrbeschwerdeordnung der Bundeswehr überhaupt schon? Zudem ist der deutsche Verantwortliche für die Flugzeugführerausbildung in Kanada, an den man sich wenden könnte, sehr weit weg, denn Kanada ist groß. Major Roderich Cescotti[8] residiert in London, in der Provinz Ontario. Er ist den Unteroffizieren, Fähnrichen und Leutnants aber bekannt wegen seiner deutsch-englisch-deutschen „Luftfahrt Definitionen", die schon an der Offiziersschule der Luftwaffe Pflichtlektüre gewesen sind.

Für die Deutschen geht es nach erfolgreichem Abschluss der Propeller-Ausbildung weiter in die Provinz Manitoba zu den Düsenflugzeugen. Es ist die T-33 Silverstar[9], die wir liebevoll T-Bird nennen und die von Canadair in

Lizenz von Lockheed gebaut wird. Eine zweisitzige Variante des Lockheed F-80 Shooting Star, des ersten USAF Kampfjets, der im Koreakrieg eingesetzt war, bis die schnelleren F-84 und F-86 dort gegen die russischen MiG-15 und MiG-17 eingesetzt wurden. Kein rumpeliges Getöse des Propellers mehr, kein Öffnen des Kabinendachs, wenn es zu heiß wird, denn eine gute Klimaanlage sorgt für angenehme Temperaturen. Ein elegantes Gleiten im Luftmeer mit einer für mich „unglaublichen" Geschwindigkeit und mit Flügen in „ungeahnte" Höhen. Aber fliegerisch ist der Jet keine große Herausforderung für mich. Auf der RCAF Station Portage la Prairie schließe ich die fliegerische Ausbildung mit meinem ersten Düsenflugzeug ab. Der Base Commander, Group Captain Hiltz, heftet Leutnant Laube die gestickte Royal Canadian Air Force Flugzeugführerschwinge mit der britischen Königskrone an die Brust – und das bronzene deutsche Tätigkeitsabzeichen folgt umgehend.

Die nahe Provinzhauptstadt in der weiten und leer erscheinenden Prairie mit den ausgedehnten Getreidefeldern hinterlässt keinen besonderen Eindruck bei mir. Vielleicht liegt es auch daran, dass ich die Abende in der Stadt hauptsächlich im deutschen oder im polnischen Club zubringe. Dort herrscht eine fröhliche Atmosphäre. Es wird viel getanzt und die Mädchen freuen sich, einen Europäer als Gesprächspartner zu finden.

Eine aufregende Diskussion hält meine Kameraden und mich noch vor Ende des Lehrgangs in Atem. „Wir dürfen wählen, ob wir nach Deutschland zurück fliegen wollen oder ob das Cescotti-Büro in London, Ontario eine Schiffsreise buchen soll." Die Meinungen und die Argumente prallen aufeinander. „Ich möchte endlich so schnell wie möglich nach Hause. Also ich fliege." Das scheint die Meisten zu bewegen. Ich halte dagegen, „Ich habe es nicht eilig nach Hause zu kommen. Fliegen haben wir ja erst einmal genug können. Und so eine Seereise auf der Queen Mary wäre doch ein krönender Abschluss." Die meisten entscheiden sich für Fliegen und nur fünf für eine Schiffsreise. Unsere Wahl wird akzeptiert, aber auf die Seefahrer wartet in Montreal ein betagter kleiner, schwedischer 3.639 Tonnen Frachter. Mit ungläubigen und enttäuschten Augen schauen wir auf die kleinen Masten der schmalen „MS Sparreholm". Ich hatte es nicht für möglich gehalten, dass es das Cescotti-Büro in London, Ontario darauf anlegen würde, ein derart kleines Schiff für die Fahrt über den Atlantik ausfindig zu machen. Also nicht die Queen Mary, die immerhin eine Wasserverdrängung von 80.774 BRT hat, sondern die MS Sparreholm. Die sieben Tage dauernde Fahrt nach Rotterdam wird dennoch für mich zu einem schönen Erlebnis. Das Schiff weist nur ein paar Passagierkabinen auf. Eine exklusive Betreuung für die Flieger erwartet uns, denn wir sind die einzigen Passagiere. Der 'Dining Saloon' des Frachters verfügt über einen einzigen Tisch und ganze zehn Stühle. Am zweiten Tag, nachdem das Schiff den St. Lorenz Strom verlassen hat und im Atlantik in einen schweren Sturm gerät, speise ich allein mit den zwei Offizieren des Schiffs, dem technischen und dem Kapitän. Meine Kameraden haben es vorgezogen auf das Essen zu verzichten, bis sich der Sturm etwas gelegt und der Ozean beruhigt hat. Als besondere Einlage gießt der Schiffskoch an diesem Tag mit einer Gießkanne reichlich Wasser auf ein weißes ca. ein Zentimeter dickes Filztuch, denn bei dem schweren Seegang droht das Geschirr sonst vom Tisch zu purzeln. An zwei Tagen gibt es kein warmes Essen, sondern nur belegte Brote und Getränke – reichlich Bier aus der Flasche. Die beiden schwedischen Schiffsoffiziere sind gesellige Gesprächspartner.

Schließlich erreichen wir Rotterdam, den Zielhafen der betagten MS Sparreholm. Ich verabschiede mich von den beiden braven Seeoffizieren und dann geht es für uns mit dem Zug weiter – nach fast eineinhalb Jahren wieder nach Deutschland!

6 Wieder in Deutschland (1958)

Die Sowjetunion hatte schon im August 1957 den ersten Start einer Interkontinentalrakete bekannt gegeben. Das habe ich – wie wohl die meisten – nur am Rande zur Kenntnis genommen, denn dann wurde noch im Oktober der Sputnik die Überraschung des Jahres. Erst 1958, als wir noch in Kanada waren, konnten die USA nachziehen und im Februar ihren ersten Satelliten „Explorer 1" im All positionieren. Jetzt ist das Wettrennen im Weltraum voll im Gange und noch schauen wir Deutschen nur zu.

Zufällig zur gleichen Zeit als wir vom zweiten Kanada-Lehrgang zurückkehren, kommt auch ein berühmter Amerikaner nach Deutschland. Elvis Presley, schon bekannt und beliebt, macht nun seinen Wehrdienst in der Bundesrepublik. Er wird von der US Army so werbewirksam eingesetzt, dass ich mit Neid und Bewunderung auf die Amerikaner blicke. So stelle ich mir auch eine erfolgreiche Werbung für die Streitkräfte der Bundesrepublik vor.

Die Hoffnung stirbt zuletzt, kann ich Jahre später nur sagen, wenn nicht nur die Wehrpflicht in Deutschland abgeschafft, sondern sogar die meisten Musikkorps eingestampft werden, obwohl die Bundeswehr Werbung nötiger hätte denn je und sich die Bedrohung Mitteleuropas keineswegs in Luft aufgelöst hat. Und noch etwas ereignet sich in der Zeit, als wir uns wieder in Deutschland eingewöhnen: Wir werden mit einer beunruhigenden neuen Verschärfung des Kalten Kriegs in Deutschland konfrontiert.

In einer Note an die drei westlichen Besatzungsmächte Berlins, die USA, Großbritannien und Frankreich kündigt die Sowjetunion an, dass sie der DDR die Kontrolle über die Verbindungswege zwischen Westdeutschland und West-Berlin übertragen werde, wenn nicht innerhalb eines halben Jahres eine alliierte Übereinkunft zustande kommt, mit der Berlin in eine „Freie Stadt" verwandelt werden soll. Grundlage für diese Note ist die Aufkündigung des Viermächtestatus für Berlin und Gesamtdeutschland durch die Sowjetunion.

Natürlich wünschen weder die Bundesrepublik, noch Westberlin, noch unsere Alliierten, dass Westberlin nicht mehr Teil der Bundesrepublik bliebe. Da macht die Sowjetunion ihre Drohung wahr. Die SED-Führung sollte dann in der Folge versuchen, alliierte Rechte der Westmächte in Berlin einzuschränken. Als Folge standen sich im Oktober 1961 sowjetische und amerikanische Panzer am „Checkpoint Charlie" schussbereit gegenüber. Ein heißer Krieg schien greifbar nahe – wurde aber schließlich doch noch abgewendet.

Das wird uns jedenfalls auch noch die nächsten Jahre beschäftigen, aber jetzt sind erst einmal „die Kanadier" in Fürstenfeldbruck angekommen. In meiner Wahrnehmung scheint die Wiege der Luftwaffe schon auf uns gewartet zu haben. Wir sollen uns hier erst einmal wieder mit den deutschen Wetterverhältnissen vertraut machen – im Gegensatz zu dem kanadischen Kontinentalklima ein richtiges 'deutsches Sauwetter', und das besonders im Winter 1958/59. Nach einigen Wochen haben wir diesen Europäisierungskurs auf der doppelsitzigen T-33 erfolgreich zum Abschluss gebracht, deren kanadische Version wir bereits kennen. Wir haben sie ja gerade erst geflogen, finden sie aber einhellig pilotenfreundlicher, weil deren Triebwerk noch robuster konstruiert ist. Aber schon vor dem Ende des Lehrgangs bewegt eine heiße Diskussion unsere Gemüter. Damals konnte man nämlich noch persönliche Wünsche äußern, und die wurden oft auch erhört.

„Für welches Waffensystem sollen wir uns entscheiden?" „Was wollen wir in Zukunft fliegen?" „Wer will Jäger werden?" „Wer will Jagdbomber fliegen oder Aufklärer?" Ein Zeichen für den Geist, der bei den jungen Fliegern herrscht: Niemand zieht einen Einsatz als Transportflieger ernsthaft in Erwägung.

Ich habe mich für eine Jagdfliegerausbildung beworben und wieder geht ein Wunschtraum von mir in Erfüllung. Ich werde tatsächlich zur Waffenschule 10 nach Oldenburg in Niedersachsen versetzt: Jagdflugzeugführer auf der kanadischen F-86 Sabre[12] soll ich werden. Nebenbei muss ich *heute* feststellen, dass ich damit zum letzten Mal während meiner gesamten Dienstzeit längere Zeit in Süddeutschland gewesen bin.

Ein fantastisches Flugzeug wartet in Oldenburg auf mich. In all den Jahren, die ich fliegen konnte und bei all den Maschinen, die mich immer wieder heil nach Hause gebracht haben, habe ich nicht aufgehört, von diesem Traum von einem Jagdflugzeug zu schwärmen. Mit seinen schnittigen Pfeilflügeln und den Vorflügeln bleibt der Jäger im Kurvenkampf unübertroffen.

Der Anfang ist allerdings etwas gewöhnungsbedürftig, denn für die F-86 gibt es keine Doppelsitzer. Nach ein paar Stunden im Flugsimulator in Gros Tenquin, einer Basis der Royal Canadian Air Force (RCAF) in Lothringen, soll ich fit für den Solo-Flug sein. Das heißt, auch mein erster Flug mit der Sabre ist ein Soloflug. Ein „Chase-Pilot" folgt mir in einem zweiten Flugzeug, um eventuelle grobe Fehler durch „Zuruf" zu verhindern. Das könnte vor allem im Landeanflug notwendig sein. Aber mein Flug wird zu einem großartigen Erlebnis, er erhöht die Sensibilität und er stärkt das Selbstbewusstsein ganz erheblich.

Schon kurze Zeit später am 2. Juni 1959 kann ich in Oldenburg mit der von Canadair gebauten Sabre auch zum ersten Male im Sturzflug die Schallmauer durchbrechen. Nur zwölf Jahre sind vergangen, seit das Captain Charles „Chuck" Yeager am 14. Oktober 1947 als erstem Menschen mit einer Bell XS-1 gelungen war.

Die Oldenburger Waffenschule kann sich bei der Ausbildung der ersten Jagdflugzeugführer nicht nur auf die Unterstützung der kanadischen Luftdivision in Baden-Baden mit ihren Simulatoren auf ihren Basen abstützen, sondern auch auf die Royal Air Force. Die RAF ist der Hausherr auf dem Flugplatz Westerland auf der Insel Sylt. Ich werde zur Schießausbildung auf die Insel kommandiert und fliege mit britischen Flugzeugführern meine ersten Waffeneinsätze. Flightlieutenant Peter Hind ist es, der mich bei den ersten Luft-Luft Schießeinsätzen anleitet. Ich bin von den wilden und nervenaufregenden Manövern begeistert, die zum Schuss führen. Endlich kommt für den Jagdflieger seine wahre Bestimmung mit dem Jagdflugzeug als Waffe. So nahe wie möglich muss ich mit fast 800 Stundenkilometern an die Flagge heran, ohne mit ihr zusammenzustoßen oder die Meteor abzuschießen. Das Ziel – die Flagge – wird von einem doppelsitzigen zweistrahligen Trainer gezogen, der Gloster Meteor. Die Meteor war das erste britische strahlgetriebene Jagdflugzeug, das im Weltkrieg die Einsatzreife erlangte. „Die Piloten in der Meteor freuen sich sicher, dass sie zwei Triebwerke haben", denke ich dabei. „Sie können ja nie wissen, ob die jungen 'Jagdflieger-Lehrlinge' nicht doch mal mit ihren Geschoßsalven versehentlich eines der Triebwerke ausblasen."

Mit den Briten flieg ich auf der de Havilland Vampire und auf der Hawker Hunter. Beide Flugzeuge sind mit 30 mm Maschinenkanonen ausgerüstet, die einen ganz anderen Klang erzeugen als die 12,7 mm Maschinengewehre, die ich von unserer Sabre höre. Dabei bin ich besonders überrascht von der langsamen Feuergeschwindigkeit der Kanonen in der Vampire. Es hört sich an, als ob Oma auf dem Hof Teppich klopft. Welch ein Unterschied werde ich wesentlich später einmal feststellen, wenn das einer Kreissäge ähnliche Geräusch der sechsläufigen 20-mm Gatling-Maschinenkanone des Starfighters im Ohr vibriert. 4000 Schuss pro Minute! Wenn auch nur für Sekunden.

Neu ist für mich auch, dass ich zum ersten Mal das britische Konzept kennenlerne, auf ihren Doppelsitzern Seite an Seite mit dem zweiten Piloten im vorderen Cockpit zu sitzen. Mir gefällt es besser, wenn wir schon im selben Cockpit sitzen müssen, dann wenigstens hintereinander – und jeder mit seinen eigenen Instrumenten vor sich.

Noch im September 1959 kann ich die Ausbildung an der Waffenschule in Oldenburg erfolgreich abschließen. Jagdflieger bin ich jetzt. Mein Traum ist in Erfüllung gegangen. Leutnant bin ich in der deutschen Luftwaffe – und ich darf Jagdflugzeuge fliegen. Über den großen Ozean nach Amerika bin ich gekommen! Kanada! Und nun wieder zurück in der Heimat. Ist mein Leben nicht ein einziges Abenteuer geworden? Erst seit wenigen Jahrzehnten ist Fliegen für Menschen überhaupt möglich. Vor 60 Jahren ist noch kein einziger Mensch mit einem motorgetriebenen Flugzeug in der Luft gewesen. Und jetzt gehöre ich zu den Privilegierten, die der Schwerkraft entfliehen können und hoch hinauf steigen zu den Wolken am Himmel.

Ja, ich wollte Offizier werden – und Jagdflieger. Meine Heimat hatten sie mir weggenommen, als ich neun Jahre alt war. Nicht nur Schlesien, nein, ein Viertel Deutschlands! Ich bin vor den Sowjets geflohen, nur mit dem, was ich auf dem Leib trug, und was ich mit mir tragen konnte. Wo der Vater war und ob er noch lebte, wusste ich nicht – er war Soldat. Das letzte, das wir von ihm gehört hatten, war ein Brief aus Italien, in den er – „für Dich Heinz" – ein paar schwarz-weiß gedruckte Bilder des Benediktinerklosters auf dem Monte Cassino beigelegt hatte – bevor und nachdem es britische und amerikanische Bomber bis auf die Grundmauern zerstört hatten. „Hebe es gut auf", hatte er noch dazu seinem Sohn geschrieben. Auch in Deutschland griffen britische und amerikanische Flieger nicht-militärische Ziele an. Dem Angriff der Terrorbomber auf Dresden hatte meine Mutter mit uns Geschwistern um Stunden und mit viel Glück ausweichen können. Schließlich waren wir mit der Reichsbahn aus Niederschlesien in einen Umweg über das Riesengebirge und durch Böhmen „ins Reich" transportiert worden. Angriffe von tieffliegenden amerikanischen Jagdbombern hatten wir unbeschadet überstanden. Oberfranken wurde meine neue Heimat. Aber dann patrouilierten plötzlich auch hier sowjetische Soldaten bis in Rufweite vor dem Haus, in dem wir einen Raum zum Schlafen gefunden hatten. Bis hierher an die Zonengrenze im Landkreis Coburg, die dann Grenze zur DDR wurde, hatten die Sowjets mich verfolgt. Das alles hatte mich schon als zehnjährigen Jungen geprägt.

Ich fühlte mein Vaterland und auch mich und meine Familie bedroht. Da war ich doch berufen, mein Vaterland zu verteidigen! Ich wollte mitwirken an seiner Verteidigung, deshalb wollte ich Soldat werden.

Und jetzt fliege ich tatsächlich Jagdflugzeuge in der deutschen Luftwaffe. Ich bin unsagbar glücklich – und ich fühle mich unglaublich frei.

Und dennoch weiß ich nicht wirklich, wie glücklich ich eigentlich noch sein darf. Wenn ich nach der Flucht nur 500 Meter weniger weit nach Westen in Thüringen gelandet wäre, dann befände ich mich auf der anderen Seite des Eisernen Vorhangs. Und auf der anderen Seite stehen andere junge Männer, genau wie ich, die ebenfalls ihrem Vaterland dienen wollen. Damals weiß ich noch recht wenig, wie es denen geht, und kaum etwas über die Ausbildung der Flieger in den Luftstreitkräften (*LSK*) der Nationalen Volksarmee (*NVA*). Und ich weiß auch nicht, dass ich mich glücklich schätzen darf, nicht in einer solchen Parteidiktatur dienen zu müssen. Denn obwohl die Anforderungen, die an meine medizinische, physische, geistige und fliegerische Qualifikation gestellt werden, durchaus vergleichbar sind mit denen in der DDR, kommt dort noch ein weiteres Kriterium hinzu, das hier nie eine Rolle gespielt hat.

Schon die Qualifikation für die Offiziersausbildung in den Luftstreitkräften hängt nicht nur von der medizinischen Tauglichkeit ab, sondern vor allem von der politischen Zuverlässigkeit des Anwärters und von seiner sozialen Herkunft. Seine Chancen sind besser, wenn er aus der „Arbeiterklasse" kommt und wenn er eine Mitgliedschaft in der Freien Deutschen Jugend, FDJ, oder in der Sozialistischen Arbeiterpartei Deutschlands, der SED, nachweisen kann. Das trägt zu der zynischen Behauptung bei, dass im Auswahlverfahren für die Pilotenlaufbahn in der DDR die politische Zuverlässigkeit wichtiger ist als seine Qualifikation zum Offizier oder als seine fliegerischen Fähigkeiten. Denn immer wieder muss jeder Flugzeugführer auch nach bestandenen Prüfungen seine Vorgesetzten überzeugen, dass er ein gehorsamer Parteigenosse ist, der die kommunistische Ideologie vertritt und sie weiter verbreitet. Davon hängen dann auch sein Fortkommen und seine Beförderung ab.

In der Bundesrepublik gibt es derartiges nicht. Während dort das überzeugende Vertreten der kommunistischen Ideologie das entscheidende Kriterium bleibt, gibt es hier keine politische Indoktrination. Die Soldaten der Bundesrepublik schwören als Rekruten, „der Bundesrepublik Deutschland treu zu dienen und das Recht und die Freiheit des deutschen Volkes tapfer zu verteidigen". Aber danach wird es als selbstverständlich angesehen, dass sie das Grundgesetz vertreten. Nur wenn Anlass besteht, die Loyalität eines Einzelnen in Worten oder Taten anzuzweifeln, oder Kontakte oder Beziehungen zu kommunistischen Staaten, Personen oder Organisationen offenkundig werden, ist das von Interesse und gibt Anlass zur Besorgnis.

Es sind viele Jahre, in denen ich unbeeinflusst von der immer ehrgeizigeren Eroberung des Weltraumes meine fliegerische Erfahrung vervollkommnen kann – als Jagdflieger. Im Oktober 1959 werde ich zum Jagdgeschwader 72 versetzt, mit dem verlege ich von Oldenburg in den neuen Standort Leck, an der dänischen Grenze in Schleswig Holstein. Hier heirate ich auch.

Nun fliege ich Abfangeinsätze auf der F-86 hoch oben zwischen Deutschland und Dänemark, zwischen der Nordsee und der Ostsee. Es sind Jahre des Aufbaus der Luftwaffe. Nichts ist noch selbstverständlich. Das Personalamt oder die Luftwaffenführung entscheidet sich innerhalb acht Wochen dreimal um, wer eigentlich mein Staffelkapitän in der 1. Staffel sein darf. Auf dem Flugplatz gibt es eine einzige Halle. Die Flugzeuge sind im Freien Wind und Wetter ausgesetzt – und das so nahe an der salzhaltigen Luft der Nordsee. Die Unterkünfte sind noch nicht fertig gebaut, und die Möblierung beginnt erst anzulaufen. Die Truppenküche, ein Provisorium noch, schafft es dennoch alle zu verpflegen. „Aber wir schaffen das!" Und wir fliegen!

Dann melde ich mich 1960 zum Jagdgeschwader 71 'Richthofen'. Das Geschwader will die Zahl seiner Flugzeugführer den Anforderungen der NATO anpassen, also erhöhen, wie es für den Einsatz unter NATO-Kommando gefordert wird. Der Fliegerhorst in Ahlhorn in Niedersachsen bedeutet für mich vor allem, näher an der Mitte Deutschlands zu wohnen als es nördlich von Hamburg an der dänischen Grenze der Fall ist. Es gibt ja noch keine Autobahnen von Flensburg nach Süden und über die Elbe. Das erste Jagdgeschwader der Luftwaffe in Ahlhorn soll also der NATO unterstellt werden, als einsatzbereiter deutscher Jagdverband für die Luftverteidigung in Mitteleuropa. 1960 beginnen dazu die Vorbereitungen im JG 71 „Richthofen". Deshalb werden „angehende" Jagdflieger wie ich aus anderen Verbänden zugeführt, um die erforderliche Anzahl an Flugzeugführern zu erreichen. Ausgerüstet ist das Geschwader ebenfalls mit dem fantastischsten

Jagdflugzeug seiner Zeit, der Canadair Sabre F-86 MK VI. Nicht allzu lange vorher noch hatte die USAF mit der North American F-86 Sabre die Luftüberlegenheit im Koreakonflikt errungen.

Der Kommodore Major Erich Hartmann[13] führt das Jagdgeschwader 71 Richthofen so, wie ich glaube, dass er es vom Krieg her auf den Feldflugplätzen in der Sowjetunion gewohnt gewesen ist.

Wer genau hinhört, dem bleibt dann nicht verborgen, dass das nicht nur für manche von uns jungen Fliegeroffizieren gewöhnungsbedürftig ist. Major Wiese, ein Ritterkreuzträger, ist Kommandeur der Fliegerhorstgruppe des Geschwaders. Offensichtlich ein Offizier alter preußischer Schule. Er scheint seine Unzufriedenheit mit dem Führungsstil des Kommodore nicht für sich behalten zu wollen. Zeigt er sie zu deutlich?. Die Abneigung ist offensichtlich gegenseitig. Mit seinem jovialen Nachfolger Major Kaupisch-Jüchter, der aus dem Ammerland stammt und bald die Fliegerhorstgruppe übernimmt, versteht sich Hartmann aber sehr gut.

Die Flugzeugführer des Geschwaders, eine vor Kraft strotzende, fluggeile Truppe, die sich für die Besten halten, was die Luftwaffe zu bieten hat, blicken andächtig zu ihrem Kommodore auf. Er flößt ihnen den „Spirit" ein, den sie unter dem höchst dekorierten und erfolgreichsten Jagdflieger seiner Epoche zeigen wollen. „Spirit" heißt bei Erich Hartmann, bekannt als „Bubi", Einsatzfreude, Kampfgeist und überschäumend von der Faszination des Fliegens zu sein. Das schließt nicht unbedingt militärische Disziplin im soldatischen Alltag mit ein. „Bubi" Hartmann, wie ihn alle nennen, baut auf die Erfahrung, die er im harten Einsatz eines gnadenlosen Krieges gesammelt hatte. Was die Fliegerei angeht, da ist er ebenfalls gnadenlos. Er sorgt dafür – mit seinen Mitteln –, dass die Erfahrung seiner jungen Truppe mit den Flugstunden wächst und dass der kameradschaftliche Zusammenhalt gefestigt wird.

„Fliegen, fliegen, fliegen!" – und abends und nachts alles noch einmal erleben. In dem bei Fliegern äußerst beliebten Flieger-Pidgin-Englisch singen die Fighter Pilots am Abend: „Over the river over the Rhine fuel is running short and so is my time – show me home, home to the base I love."

Die Erinnerung daran, was das heute wieder einmal bedeutet hat, ergreift die Kameraden an der Bar: Bei einem der vielen „Luftkämpfe" über dem Rhein-Main-Gebiet, bei dem sich die norddeutschen Jäger mit ihren Sparringspartnern, den Kanadiern aus dem Raum Baden-Söllingen-Metz, messen. Extra Adrenalin fließt bei dem Gefühl, dass wahrscheinlich der eine oder der andere dieser kanadischen „Gegner" im Luftkampf einer meiner Fliegerkameraden aus der gemeinsamen Ausbildung in Kanada sein könnte. Zusammengetroffen am Boden bin ich aber in Europa nie mit einem von ihnen. Und wo wir den Song her hatten, weiß ich auch nicht mehr. Ich vermute aber, wohl ebenfalls von den Kanadiern.

Diese Luftkämpfe werden als eine gute Vorbereitung angesehen für den erwarteten Einsatz im Ernstfall. Die einfliegenden gegnerischen Bomber sollen abgeschossen werden, aber sie werden begleitet und beschützt sein von gegnerischen Jägern. Und die können mit den jetzt verfügbaren Waffen nur mit einer Taktik abgeschossen werden: Im Kurvenkampf hinter den Gegner in Schussposition kommen und dann feuern. Jetzt feuern wir mit der Schießkamera und filmen den Erfolg. Es ist auch die Zeit, in der Jagdflugzeuge noch nicht mit komplizierten, aber sehr effektiven elektronischen Apparaturen ausgerüstet sind, mit denen man gegnerische Flugzeuge auf große Entfernungen orten kann. Alles spielt sich bei den Tagjägern noch nach Sicht ab. Deshalb werden bei jedem Flug in großen Abfanghöhen auch immer die für die eigene Position verräterischen eigenen weißen Kondensstreifen über Sprechfunk ausgerufen, damit alle Kameraden in der Formation entsprechend informiert sind. Beim Steigflug, also beim Erreichen dieser Luftschichten, in denen sie entstehen, „In Cons!" (condensation trails), und beim Verlassen in größerer oder geringerer Höhe, „Out of Cons!"

Nach wilden Kurvenkämpfen hat sich der „hot Fighter Pilot" heute gerade erst aus dem Raum Frankfurt verabschiedet und auf den Heimweg gemacht, und da blinkt doch schon das rote Warnlicht „Low Fuel" alarmierend auf. Wie viele Meilen sind noch bis zum Heimatfliegerhorst zurückzulegen? Diese Flugstrecke kann nur durch fliegerisches Können, rechnerische Kalkulation und optimales „Fuel Management" geschafft werden, kaum durch Fliegen „according to the book".

Und regelmäßig verfolgt der Kommodore vom Kontrollturm aus den Flugbetrieb in Platznähe – und er greift unbarmherzig ein, wenn ihm etwas nicht behagt.

Dann erreicht den Flugzeugführer nach der Landung der Befehl „Sie sollen sich beim Kommodore melden." Der Aufstieg über die schmale Holztreppe auf den feldflugplatzmäßigen, hölzernen und wackelig aussehenden Kontrollturm ist gefürchtet. Und der Kommodore gibt sein Bestes, um die kaum gebändigten Flieger der ersten Stunde im Zaum zu halten und sie alle wohlbehalten am Abend an der Bar wieder zu treffen. In Ahlhorn treffe ich zum ersten Mal auf Rudolf Erlemann[11], den ich seit diesem ersten Zusammentreffen im Jagdgeschwader 71 Richthofen bewundere. Der Oberleutnant erscheint mir als Idealtyp eines Offiziers, kompetent, selbstbewusst, unerschrocken, eine Autorität eben. Zudem hat er gegenüber seinen Fliegerkameraden „leichte militärische Vorteile", wie er manchmal lachend selbst sagt, denn vorher hatte er schon beim Bundesgrenzschutz seine Offizierskarriere begonnen.

Beim morgendlichen Briefing, der gemeinsamen Vorflugbesprechung, verkündet der Kommodore: „Eine Sekunde Leichtsinn bedeutet ewige Finsternis!" Da erhebt sich ein gläubiger, unerschrockener Katholik, nämlich Oberleutnant Rudolf Erlemann, und beeindruckt die jungen andächtig lauschenden Flieger. „Herr Oberstleutnant", beginnt er, „da muss ich widersprechen! Es ist zutiefst unchristlich zu behaupten, dass man nach einer Sekunde Leichtsinn zur ewigen Finsternis verdammt wird."

Allgemeine leicht verhaltene Heiterkeit und dann – erwartungsvolles Erstaunen. Das wagt der? Wie wird der so weit über allen Stehende reagieren? Gespannt schauen sie auf den höchstdekorierten Jagdflieger. Aber der Kommodore – offensichtlich wenig beeindruckt und nur kurz etwas erstaunt – lächelt nur: „Erlemann, setz dich!" „Bubi" duzt alle Flugzeugführer. Danach fährt Hartmann mit seinem Briefing fort, ohne auf den Einwurf überhaupt einzugehen.

7 Duell am Himmel

Die Unterstellung des Jagdgeschwaders 71 Richthofen für den Einsatz unter NATO Kommando ist durch den Ernst der Lage am deutschen Himmel von hoher Priorität geworden. Das Erlebnis des Kapitänleutnant Winkler vom Marinefliegergeschwader 1 in Schleswig Holstein macht das eindrucksvoll deutlich. Der Marine-Pilot kommt mit seiner Sea Hawk aus Gibraltar. Er hat an einem Seemanöver mit dem US-Flugzeugträger Saratoga im Atlantik teilgenommen. Die Hawker Siddeley Sea Hawk MK-101 ist ein einstrahliges Kampfflugzeug, das bei der Bundesmarine als Abfangjäger, Jagdbomber und Aufklärer fliegt. Die Sea Hawk des Kaleu verfügt außer drei Zusatztanks auch über einen externen Behälter für Aufklärungsmittel an den vier Unterflügelstationen. Auf seinem Flug nach Schleswig Holstein überfliegt der Kaleu Hessen. Über ganz Deutschland liegt eine geschlossene Wolkendecke und mit Navigationssystemen der Vorväter plus starkem Westwind ist er auf seinem Rückflug – von ihm unbemerkt, so wird er später berichten – in einer Höhe von 11.000 Metern bei Eisenach über die Grenze in den Luftraum der DDR geschoben worden. Inzwischen ist ihm aber doch aufgegangen, dass er etwas weit vom Kurs abgekommen sein muss. Er dreht um und fliegt wieder in Richtung Westen.

Die sowjetische Luftverteidigung hat ihn jedoch schon im Anflug erfasst und sofort Abfangjäger auf den Eindringling in den Luftraum der DDR angesetzt. Die sowjetischen MiGs entdecken ihn in kürzester Zeit und identifizieren ihn.

„Kontakt!" melden sie ihrer Führungsstelle am Boden. „Kapitalistischer Jäger!" „Erbitten Feuererlaubnis."

„Feuer Erlaubnis!" heißt die Antwort.

Rummmmmms!! Gehen die Kanonen einer MiG-21 in kurzen Feuerstößen in Richtung Sea Hawk.

Der Pilot der Sea Hawk hat von den Sowjets nichts gehört und nichts gesehen, sagt er später aus. Aber die sowjetischen Jäger schießen nicht schlecht und beschädigen das Flugzeug erheblich. 17 Einschusslöcher beweisen es, allerdings können sie keine 'lebensgefährlichen' Schäden anrichten. Sie durchschießen jedoch eine der Hydraulikleitungen der Sea Hawk. Eine weiße Wolke Hydraulikflüssigkeit strömt in einer langen Fahne hinten aus dem Flugzeug. Für die Sowjets die Bestätigung, „Treffer!" Und fälschlicherweise „Er brennt!" Unter dem Deutschen liegt die geschlossene Wolkendecke, in der er jetzt in einer leichten Linkskurve abwärts aus den Augen der Sowjets verschwindet. Für die sowjetischen Jäger ist damit die Sache erfolgreich abgeschlossen: „Abschuss!" jubeln sie.

Als der Kapitänleutnant die Wolkenuntergrenze erreicht hat und sich der Schäden bewusst wird, erklärt er Luftnotlage, „Mayday. Mayday, Mayday!". Er fürchtet wohl, das Flugzeug aufgeben zu müssen. Dann stellt er jedoch fest, dass er es noch weiter kontrollieren kann. Die Radarleitstellen wollen ihn nach Fritzlar und dann nach Bremen lenken. Nach einigem Hin und Her steuert er den inzwischen nächsten Fliegerhorst an. Ahlhorn in Niedersachsen scheint am besten geeignet.

Wenig später erscheint unerwartet über Ahlhorn die besagte Sea Hawk in der Platzrunde und bittet um Landeerlaubnis. Der gute Kaleu hat inzwischen festgestellt, dass sich sein Fahrwerk weder hydraulisch noch manuell ausfahren lässt. „Kein Druck mehr auf den Hydraulikleitungen!" Kunststück – bei den Beschädigungen. Und die Hydraulikflüssigkeit ist ja in der langen weißen Fahne schon lange in den oberen Luftschichten verschwunden.

Der Pilot macht das einzig Richtige, er setzt auch an den Kontrollturm in Ahlhorn einen Notruf ab.

„Eine Sea Hawk der Marine in der Platzrunde!" „Was macht die denn hier?" „Aha, kriegt das Fahrwerk nicht raus!" Der Kontrollturm alarmiert routinemäßig den halben Fliegerhorst. Die ganze Notfallkarawane vom Abschleppfahrzeug über den Kran bis zum Krankenwagen rast zur Landebahn. Eilends legt die Feuerwehr einen Schaumteppich auf die Bahn. Auch Piloten, die nicht anderweit beschäftigt sind, sehen sich das Spektakel aus gehöriger Entfernung an.

Die Sea Hawk macht eine wunderschöne Bauchlandung auf der eingeschäumten Bahn. Der Pilot steigt unbeschädigt aus, und auch an dem Jet ist durch die Landung ohne Fahrwerk nur wenig Schaden entstanden.

Hinterher, am Abend, als die Flugzeugführer des Geschwaders wieder zu ihrer abendlichen „Nachbesprechung" an der Bar zusammen kommen, will einer gesehen haben, dass bereits während der Notlandung einige Leute auf dem Fliegerhorst eingetroffen sind, die weder Uniformen der Marine noch der Luftwaffe trugen. „Aber sie hatten viel 'zu sagen'". Die Sea Hawk wurde jedenfalls sofort nach dem Crash in einen Hangar verbracht. Aber der Aufklärungsbehälter sei separat abtransportiert worden, wird erzählt.

Als eine der Konsequenzen aus diesem Vorfall wird die ADIZ geschaffen. Die AIR DEFENCE IDENTIFICATION ZONE und eine westlich davor eingerichtete „Buffer-Zone" liegt nun wie ein langes etwa 80 Kilometer breites Handtuch als Flugüberwachungszone zwischen Bundesrepublik und DDR, von der Ostsee im Norden bis zur Grenze zu Österreich im Süden auf bundesdeutschem Gebiet auf westlicher Seite der Zonengrenze. Die ADIZ gilt für Flüge nach Instrumenten- und nach Sichtflugregeln gleichermaßen. Sie besteht bis zur Wende im Jahr 1989, um bei absichtlichen oder versehentlichen Annäherungen an die Grenze rechtzeitig zur Korrektur des Kurses eingreifen zu können. Jeder Flugzeugführer muss ständig die Notfrequenz mit abhören. Dort soll beim Einflug eines Militärflugzeugs in die ADIZ ein Codewort gesendet werden. Für alle in der Bundesrepublik auf Ostkurs befindlichen Flieger bedeutet dieses Codewort: „Turn West immediately!" „Wenden!" „ Alles fliegt Westkurs!" Damit ist für die deutschen Flieger noch ein Stück mehr des geteilten deutschen Luftraums tabu und die ADIZ wird die östliche Grenze ihres fliegerischen Himmels über Deutschland.

Es sieht ganz so aus, als ob die Sowjetunion ihre Luftverteidigung tatsächlich auch im eigenen Territorium in den Griff bekommt. Die USAF fliegt regelmäßig strategische Luftaufklärung selbst im Herzen der Sowjetunion mit der Lockheed U-2. Die U-2, ein düsengetriebenes Segelflugzeug, ist ein Höhenaufklärer, der im technisch-physikalischen Grenzbereich in einer Einsatzhöhe von über 20.000 Metern operiert. Sie verfügt über eine umfangreiche Spionageausrüstung.

Das ist eine ungeheure Demütigung für die Sowjets, aber weder ihre Abfangjäger noch ihre Raketen konnten bisher in diesen Höhen schon landesweit ein Flugzeug bekämpfen. Dass diese Provokation nicht zur Entspannung im Kalten Krieg beiträgt, ist klar.

Wenn diese U-2 Jets ihren Aufklärungsauftrag erfüllt haben, landen sie normalerweise in England. Gestartet sind sie meistens in der Türkei oder im

Iran. Nach einem oft neun Stunden langen Flug beginnen sie ihren Abstieg aus 65.000 Fuß Höhe bereits über dem Gebiet von Polen oder der DDR, weil sie da langsam – wohl auch aus Treibstoffmangel – in den Gleitflug übergehen. Aus heutiger Sicht ist nur zu verurteilen, dass auf diese Weise die Hoheitsrechte dreier Länder bedenkenlos verletzt wurden. Aber das sind noch andere Zeiten.

Bisher fliegen die kanadischen Waffenbrüder der U-2 zuweilen über der DDR mit der F-86 entgegen, erzählen sie, um die Aufklärer sicher während des Abstiegs in den Westen zu geleiten. Die Flugabwehr Raketentechnik der Sowjets ist auch hier noch nicht ausreichend entwickelt. Aber die sowjetischen Jäger können schon von einer – wenn auch niedrigeren Höhe aus – einen Abschuss versuchen. Das soll durch den Jagdschutz der Kanadier erfolgreich verhindert werden.

Am 1. Mai 1960 gelingt es jedoch der sowjetischen Luftabwehr die amerikanischen Verletzungen ihres Luftraums recht spektakulär zu stoppen.

Captain Francis Garry Powers wird in seiner U-2 mitten über der Sowjetunion von einer Flugabwehrrakete getroffen und abgeschossen.

Während eines Spionagefluges von Peshawar (Pakistan) nach Bodø (Norwegen) wird er von einer S-75-Boden-Luft-Rakete südlich von Swerdlowsk in einer Höhe von 20.000 m getroffen, kurz nachdem er das Gebiet um die kerntechnische Anlage Majak überflogen hatte. Die sowjetische Luftabwehr feuerte mehrere Raketen ab, und eine schaffte es. Powers wurde gefangengenommen und zu zehn Jahren Haft verurteilt.

Es ist das Ende der amerikanischen Spionageflüge über der Sowjetunion mit der U-2. Präsident Dwight D. Eisenhower ordnet an, die Aufklärung in Zukunft mit Satelliten durchzuführen.

Schon in den Jahren 1961 und 1962, also nur wenige Jahre nach der Neugründung der Luftwaffe, haben die deutschen Einsatzpiloten eine gewisse Professionalität erreicht. Da werden ihnen die ersten taktischen Überprüfungen ihrer Einsatzbereitschaft durch die NATO „angedroht". Sie finden tatsächlich statt. Nicht alles geht allerdings glatt. Es fällt manchem „erfahrenen Kriegsteilnehmer" in den Geschwadern schwer, in diesen Überprüfungen und den damit verbundenen Übungen, eine ernst zu nehmende, realistische Herausforderung zu sehen. Da ist zum Beispiel Hauptmann „Easy" Harms, ein passionierter Flieger und ein noch größerer Motivator junger Fighter Pilots. Der irritierte das heimlich angereiste TAC EVAL Team schon bei dessen überraschender Ankunft mit seinem Lieblingsspruch „Take it easy!" Argwöhnen doch die NATO-Offiziere, dass dieser Hauptmann – und mit ihm die gesamte Geschwaderführung – diese Überprüfung der Einsatzbereitschaft nicht mit dem nötigen Ernst angehen würde.

Die Kriegsgeneration sieht diese Alarmübungen überhaupt sehr gelassen. Diese Männer haben ganz anderes erlebt. Wenn man das ernsthaft überdenkt, mag ihre „Ruhe" auch verständlich sein. „Take it easy" ist nur ein Indiz dafür.

Als bei dem nächsten Kommodore des Jagdgeschwaders 71 Richthofen, einem Ritterkreuzträger, eine dieser vielen Überprüfungen nachts kurz nach Mitternacht beginnt, erscheint der mehr als zwei Stunden nach Alarmauslösung im Gefechtsstand. Dabei ist er als Erster vom diensthabenden Gefechtsstandoffizier alarmiert worden und wohnt nahe am Fliegerhorst. Für ihn ist das jedoch eigentlich früh genug, wie er weiß, um irgendwelche Führungsentscheidungen treffen zu können. Denn noch sind die Flugzeuge weder vollständig aufmunitioniert noch startklar gemacht. Da bedarf es eben keiner Befehle mehr, das läuft alles eingespielt ab nach einem allen wohlbekannten Plan. Auch kann sich die Alarmierungsphase lange hinziehen, bis alle Männer aus der Umgebung im Fliegerhorst eingetroffen sind und ihre Positionen eingenommen haben. Aber die einsatzwichtigen Männer des Geschwaders sind blitzschnell aus den Betten gesprungen, arbeiten an den Flugzeugen, sind auf ihrem Posten und sorgen für volle Einsatzbereitschaft. Die Piloten bereiten ihre Missionen vor und die Fliegerhorstgruppe beginnt, die Verteidigung rund um den Fliegerhorst aufzubauen. Dennoch glauben die NATO-Offiziere auch hier von der Führung nicht ernst genommen zu werden. Sie entdecken Eigelb im Mundwinkel des Kommodore, als er endlich im Gefechtsstand erscheint. „Hat der doch tatsächlich nach seiner Alarmierung noch zu Hause in aller Ruhe gefrühstückt!"

8   Fighter Weapons Instructor (1961)

Das JG 71 Richthofen verlegt 1961 nach Wittmund auf den neuen Flugplatz in Ostfriesland. Die längere Landebahn ist im Gegensatz zu der in Ahlhorn den Flugeigenschaften der F-104[14] angemessener.

Inzwischen hat sich die Luftwaffe nämlich für das Waffensystem F-104 Starfighter entschieden und soll fast 1.000 Flugzeuge dieses hochmodernen Jagdflugzeuges erhalten. Aber die neuen Maschinen laufen sehr schleppend zu. Vorläufig fliege ich weiter die F-86 Sabre. Mit jedem Einsatz wächst meine fliegerische Erfahrung. Inzwischen bin ich Vater einer Tochter. Ich bin selten zu Hause, und manchmal fällt es mir schwer, die Kohlen für das Heizen zu bezahlen.

Noch 1961 werde ich zusammen mit Oberleutnant Lothar Ruiffer zum Fighter Weapons Instructor Course nach Kanada geschickt. Wieder in Kanada! Ich fühle mich fast wie in meiner zweiten Heimat. Diesmal nehme ich erst auf der RCAF Station in Trenton, Ontario, an einem ausgezeichneten Pädagogik-Lehrgang „Instructional Technic" teil. Wir sollen ja „Lehrer" werden.

Dann fliegen wir nach Chatham, in der weit im Osten liegenden Provinz New Brunswick. Chatham gilt als „the Irish Capital of Canada". Aber davon merken wir nichts. Erfahrene kanadische Waffenlehrer lehren hier auf der Sabre MK V professionell den Waffeneinsatz auf Erdziele. Der Schießplatz, auf dem wir trainieren, befindet sich auf einer Lichtung umgeben von einem Wald mit herrlichen zehn Meter hohen Tannen, keine Viertel Flugstunde von der RCAF Station Chatham entfernt. Allerdings müssen die Flieger vorher eine vereiste Bucht des St.-Lorenz-Golf überqueren. Alles ist in ein makelloses Weiß gekleidet, das Höhenunterschiede verwischen lässt. Wir befinden uns im Monat Februar unweit der Labrador See.

Die zehn Meter hohen Tannen sind wichtig für das Verständnis meiner Reaktion, denn einige Anflugverfahren erfordern eine extrem niedrige Anflughöhe. Beim Skip-Bombing zum Beispiel – ein Bombenabwurf, bei dem die Bombe parallel zur Flugbahn nach dem Abprallen auf dem Boden ins Ziel fliegt – soll die Höhe etwa 15 bis höchstens 20 Meter sein. Ich hebe immer jedes Mal instinktiv meinen Hintern im Schleudersitz des Flugzeugs etwas an, weil er gefühlt die Spitzen der Tannen streift.

Die kanadischen Kameraden in unserem Lehrgang finden erstaunlich schnell Kontakt zu hübschen Schwestern aus dem nahen Krankenhaus der kleinen Stadt. Wahrscheinlich haben wir beiden Deutsche uns dumm angestellt oder wir haben die kanadischen Spielregeln nicht beherrscht. Jedenfalls ist uns das nicht gelungen – genau so wenig wie mir übrigens einige Jahre früher schon in Penhold während der Havard-Ausbildung. Praktischer Weise schieben wir auch jetzt unseren mangelnden Erfolg darauf zurück, dass ein Mann in Kanada ein Auto haben muss – und das hatte weder Lothar noch ich.

Ein äußerst beeindruckendes Erlebnis habe ich Ende März 1961. Die Landschaft an der Labrador-See ist immer noch in sattes Weiß gehüllt, das Wetter sonnig-kalt, aber die Landebahn längst geräumt. Der Flugbetrieb ist nicht eingeschränkt und der Winter scheint sich dem Ende zuzuneigen. Eines Morgens will ich wie gewohnt zur etwa hundert Meter entfernten Officers Mess zum Frühstück gehen. Vergeblich versuche ich, die Tür des Holzhauses zu öffnen, in dem ich mit einigen Kameraden wohne. Das Ding rührt sich einfach nicht. Ich hole Lothar Ruiffer zur Hilfe herbei, aber auch gemeinsam gelingt es uns nicht, die Tür auch nur einen Fuß breit aufzumachen. Es dauert etwas, bis wir begreifen, was passiert ist. In der Nacht hat ein Blizzard den Flugplatz heimgesucht und zehn Meter hoch Schnee abgeladen. Stellenweise hat der Wind 30 Meter Schnee aufgetürmt. Es sollte drei Tage dauern, bis die durch solche Naturereignisse eigentlich nicht zu überraschenden Kanadier den Flugplatz wieder einsatzbereit machen können. Inzwischen leiden die Bewohner des Hauses keine Not. Wir entdecken eine Dachluke, die sich öffnen lässt, und stampfen auf der unglaublich hohen Pracht zur Officers Mess, in die wir wieder durch eine Dachluke einsteigen. Und hier gibt es Essen und Trinken in Hülle und Fülle. Es ist auch das erste Mal, dass ich Sendungen auf einem Farbfernseher verfolgen kann, und das gleich jeweils einen halben Tag lang: „Fred Feuerstein", die Comic-Serie wird auch ein neues Erlebnis. Denn erst abends nach diversen Gin Tonics muss ich wieder durch die Dachluken zurück ins Bett.

Mit dem Ende des Winters geht auch der Lehrgang zu Ende. „Mit Erfolg abgeschlossen." Ich habe die Qualifikation zum „Waffenlehrer auf Jagdflugzeugen" in der Tasche.

Prägend für das Jahr 1961 ist der Bau der Berliner Mauer durch das Ulbricht-Regime der DDR, die die deutsche Teilung endgültig zementiert. Für mich bedeutet das erst einmal: Meine Hoffnung auf eine militärische Entspannung zwischen den Militärblöcken im Osten und im Westen, die ich immer noch gehegt habe, hat sich zerschlagen.

Zudem gewinnt die militärische Konfrontation eine völlig neue Dimension. Die Sowjetunion zündet im Oktober die Wasserstoffbombe *Zar* (AN 602) in Nowaja Semlja. Die Detonation mit 57 Megatonnen gilt bis heute als die stärkste jemals gezündete Wasserstoffbombe und erzeugte die größte jemals von Menschen verursachte Explosion. Bis heute noch ist das Gebiet um die Insel bei Archangelsk völlig verseucht.

Auch im Weltraum entwickelt sich das Jahr 1961 wieder zu einem richtigen Wettrennen. Im Februar schickt die Sowjetunion die Raumsonde *Venera 1* auf die Reise zur Venus. Im März startet sie erfolgreich Sputnik 10 mit dem Hund Swjosdotschka als letzten Test vor dem bemannten Raumflug. Im April ist es dann soweit: Im ersten bemannten Weltraumflug der Geschichte startet das Raumschiff Wostok mit dem Kosmonauten Juri Gagarin[20] an Bord.

Die Amerikaner bleiben nicht untätig. Nachdem John F. Kennedy als Nachfolger des legendären Dwight D. Eisenhower zum Präsidenten gewählt worden ist, fliegt Alan Shepard als erster Amerikaner ins All. Und so geht es weiter, mal die Amerikaner, mal die Sowjets.

Es sollte aber noch viele Jahre dauern, bis tatsächlich der Weltraum näher rückt und zum Einsatzbereich auch der Luftstreitkräfte wird. Dann kommt es auch zu einer zunehmenden Rolle der Drohnen im Luftkrieg, den vielseitigen unbemannten, ferngesteuerten Flugzeugen. Damals spricht jedoch noch niemand davon. Heute wissen wir, dass es nicht die Raumfahrt ist, sondern dass es die Drohnen sein werden, die weite Bereiche der vertrauten und von mir geliebten Fliegerei überflüssig machen.

Mir soll jedenfalls noch ein langes Fliegerleben vergönnt sein in vielen Einsatzverbänden der Luftwaffe. Für mich ist es abwechslungsreich, voller einmaliger Erlebnisse und – wie ich immer wieder sage – sehr, sehr schön.

Ein gutes Beispiel für die Fortschritte, die die Geschwader der Luftwaffe auf dem Wege zur vollen Einsatzbereitschaft machen, ist die Teilnahme an der International Air Firing Competition der NATO (Luftschießwettbewerb von AIRCENT) in den Jahren 1961 und 1962 in Leeuwarden, in den Niederlanden. Schon trauen sich die Jagdverbände zu, sich in internationalen Vergleichswettkämpfen mit den Partnern in der NATO zu messen. Für die jungen Jagdflieger ist die International Air Firing Competition eine solche Herausforderung und es wird ein erster Test.

Zwei Disziplinen sollen gewertet werden: Am wichtigsten natürlich das Schießen mit Kanonen oder Maschinengewehren auf ein von Holländern oder Engländern mit einem Jet gezogenes fliegendes Ziel, „die Flagge". Aber genau so gewertet und millimetergenau ausgewertet – gefilmt mit der Schießkamera im Flugzeug – werden Zielübungen auf das Flugzeug eines Kameraden (CINE WEAVE heißen diese Ausweichmanöver), die einen Luftkampf simulieren sollen.

Die Luftwaffe wählt die F 86-Sabre MK 6 für den Wettkampf aus. Die Flugzeugführer des JG 74 werden in die Auswahlvorbereitungen nicht mit eingeschlossen. Das Flugzeug F-86 K stammt zwar auch aus der Sabre-Familie, ist jedoch ein schwererer und behäbigerer Jäger und im Luftkampf, dem Kurvenkampf, schon auf Grund seines größeren Gewichts unterlegen. Der damaligen Bewaffnung mit Kanonen entspricht dieser Luftkampf, bei dem der Angreifende sich in die Sechs-Uhr-Position des Gegners, also hinter ihn, manövrieren muss, um schießen zu können. Die Angriffstaktik unterscheidet sich nicht allzu sehr vom Kurvenkampf im 2. Weltkrieg, nur kann das Kurbeln jetzt in 40.000 Fuß beginnen und endet oft so nahe an der Erdoberfläche, wie im Frieden gerade noch erlaubt ist.

Zu Unrecht wird die F-86 K des JG 74 von den anderen Sabre Fliegern mit ihrem überzogenen Selbstbewusstsein nicht für voll genommen. Da zählt im Denken der Jäger auch nicht, dass die F-86 K als Allwetterabfangjäger sogar über ein richtiges Radar und ein Triebwerk mit Nachbrenner verfügt. Im Gegensatz zu den anderen F-86 kann diese Sabre ihre Bewaffnung sogar auch allwetter- und nachtkampftauglich zum Einsatz bringen.

Oberleutnant Laube wird ausgewählt, um 1961 und dann noch einmal bis zum Sommer 1962 in Westerland, auf der Nordseeinsel Sylt, aus den drei

Jagdgeschwadern JG 71 R, JG 72 und JG 73 ein Team von sechs Flugzeugführern vorzuschlagen. Sie sollen die Luftwaffe in Leeuwarden vertreten. Wohl, weil ich ja nun Waffenlehrer auf Jagdflugzeugen bin und auch der Waffeneinsatzoffizier eines Geschwaders, ist die Wahl auf mich gefallen.

Jeder Jagdverband schickt nun seine besten Jagdflieger nach Westerland, die sich vorher schon in den drei infrage kommenden Verbänden qualifiziert haben. Jeden Tag starten wir vom Flugplatz auf Sylt, um auf die 'Flagge' mit unseren Maschinengewehren zu schießen. Sie ist etwa zwei Meter hoch und zehn Meter lang und wird in 15.000 Fuß über einem Schifffahrtsperrgebiet der Nordsee gezogen. Harte Arbeit, aber es macht mir riesigen Spaß, besonders wenn ich hinterher nach der Landung auf der Flagge, die inzwischen über dem Platz abgeworfen wurde, meine Einschüsse zählen kann.

In unzähligen Waffeneinsätzen auf das Schleppziel und bei diesen Koordinationsübungen, bei denen der Zielkreis des Visiers auf einem vorausliegenden anderen Jäger gehalten werden muss, qualifizieren sich in mehreren Monaten meine Jagdflieger. Ich wähle die fünf aus, mit denen ich die deutsche Luftwaffe in Leeuwarden vertreten will. Leicht mache ich es mir nicht, sondern diskutiere auch sehr offen mit allen Beteiligten und dem verantwortlichen Kommandoführer die Auswahl. Und so gelingt es, die Flieger zu einer sich gegenseitig schätzenden Wettkampf-Crew zusammen zu führen.

Aber auch nach einem fast routinemäßigen Schießeinsatz über der Nordsee kann der Rückflug nach Sylt noch zu einem Abenteuer werden. Ein *Abenteuer* bleibt es aber *nur* dann, wenn es dem Piloten gelingt, es rechtzeitig zu beherrschen. Dieses Abenteuer heißt 'Vertigo'! Ein schreckliches Wort für einen Piloten, wenn er bei schlechtem Wetter oder in Wolken unter Blindflugbedingungen unterwegs ist.

Vertigo ist eine Folge fehlender Koordination zwischen den Meldungen aus den menschlichen Gleichgewichtsorganen, den optischen auf dem Instrumentenbrett und den sensiblen Signalen, dem Hosenbodengefühl, wie die Flieger sagen, über Lage und Bewegung des Körpers im Raum. Du merkst nicht, dass du Kurve fliegst, sondern denkst, du fliegst gerade aus, auch wenn die Instrumente korrekt „Kurve" anzeigen. Oder die Instrumente zeigen an, du steigst, aber das Hosenbodengefühl sagt, du fällst. Also das, was du wahrnimmst, passt nicht zu dem, was dir die Instrumente sagen. So etwas geschieht nur unter Blindflugbedingungen, wenn man also keinen wirklichen Horizont sehen kann, und bisweilen nach vielen Kurbeleien, wie sie auch beim Luftschießen notwendig sind. Dann beginnst du mit dem Flugzeug zu kämpfen, um die eigene Wahrnehmung wieder in Einklang mit den Instrumenten zu bringen. Und das Flugzeug wehrt sich gegen Steuerausschläge, die du machen willst, denn du arbeitest gegen dein Gefühl.

Eigentlich erstaunlich, dass Vertigo nicht öfter vorkommt beim Fliegen. Aber es reicht, allein schon einmal dieses unangenehme Gefühl des gestörten Gleichgewichts der Sinnesorgane zu erleben.

Ich habe das zum ersten Mal über der Nordsee. Strahlender Sonnenschein umgibt mich „on top", das heißt „über einer geschlossenen Wolkendecke". Gerade habe ich eine Schießübung mit viel Kurbelei in 5000 Metern über dem Meeresspiegel beendet. Nun tauche ich beim Rückflug zum Platz auf der Insel Sylt in eine dichte Wolkenschicht und glaube, sie ohne weiteres im Sinkflug geradeaus durchstoßen zu können. Ich weiß, die Wolken werden schon zwei bis dreitausend Meter über der See in klares Wetter übergehen, ich bin ja erst vor einer halben Stunde durch sie nach oben durch gestoßen. Als ich aus den Wolken herausschieße, bin ich überzeugt, in geradem Flug auf die See unter mir zuzufliegen. Aber zu meinem Entsetzen sehe ich das dunkelblaue Meer wie eine Schullandkarte rechts an der Wand hängen. Links steigt eine geschlossene Wolkenbank senkrecht hinauf, soweit ich sehen kann. Das Flugzeug fliegt mitten drin, quer zu meinem Gefühl scheinbar waagerecht, obwohl meine Instrumente Sinkflug anzeigen. Mitten auf dieser Landkarte rechts an der Wand klebt wunderbar klar die langgestreckte grüne Insel Sylt. Wie ein Urzeitmonster reißt sie den Rachen nach rechts auf und krallt sich mit einem Bein ans Festland. Aber im Augenblick habe ich kein Auge für ihre Schönheit. Offensichtlich hat sich die Lage des Flugzeugs in den Wolken langsam links herum verändert, ohne dass meine Gleichgewichtsorgane das mitbekommen haben. „Nach links musst du dich drehen! Nur dich und dein Gefühl erst einmal, nach links!" befehle ich mir. Leichter gesagt, als getan. Mein Gefühl wehrt sich dagegen. Bis ich das Flugzeug wieder so manövriert und fest in der Hand habe, dass die Wirklichkeit mit meiner optischen Wahrnehmung und dem Hosenbodengefühl übereinstimmen, dauert es eine Weile. Aber ich habe Glück. Denn während das Flugzeug mit mehr als 600 Stundenkilometer weiter nach unten schießt, habe ich Zeit, diesen Übergang bei klarem Wetter und guter Sicht zu vollenden – und in ausreichender Höhe über dem Meer. „Gutes Flugzeug", denke ich, und möchte meiner Sabre am liebsten auf den schlanken Hals klopfen.

So ist es zwar ein unangenehmer Vertigo gewesen, aber ein harmloser, denn ich kann mich rechtzeitig wieder richtig orientieren und das Flugzeug unter Kontrolle bekommen, bevor es zu tief fliegt und es zu spät ist, es sicher abzufangen.

Sehr schnell habe ich gelernt, dass ich gut daran tue, jederzeit auf Überraschungen gefasst zu sein. Denn Fliegen ist zu komplex, und die Flugverfahren müssen ständig und immer wieder geübt werden. Häufiger, als es einem lieb ist, gibt es eben auch große und kleine Zwischenfälle. Ein kühler Kopf, gute Nerven und das sprichwörtliche Fliegerglück gehören dazu, um die Situation jederzeit zu beherrschen.

Wenn z.B. das Funkgerät komplett ausfällt – und das kommt schon mal vor –, und eine Verständigung mit dem Boden nicht mehr möglich ist, ist das nicht nur bei sehr schlechtem Wetter recht unangenehm und nicht ungefährlich. Oder wenn bei der Landung ein Reifen platzt, wie mir das bei der Berg- und Tal-Landebahn auf dem Flugplatz Pferdsfeld in der Pfalz passiert. Zum Glück kann ich das Flugzeug auf der Bahn halten und danach problemlos zum Stehen bringen – unangenehm ist es dennoch.

Natürlich gibt es auch ernstere Zwischenfälle als das Explodieren eines Reifens.

Dass ein Triebwerk komplett ausfällt, ist bei den modernen Düsenflugzeugen zum Glück äußerst selten. Aber einmal ist mir das doch passiert. Es geschieht auch bei einem der Einsätze über der Nordsee, die auf den Jäger-Wettbewerb vorbereiten sollen. Beim Anflug auf „die Flagge" sind zum Teil auch recht abrupte Manöver notwendig, die das Gegenteil von koordiniertem Fliegen sind. Aber was ich genau verkehrt gemacht habe – also wo ich das Flugzeug überfordert habe – ist mir auch hinterher nicht recht klar. Auf jeden Fall sehe ich plötzlich einen roten Lichterbaum auf meinem Instrumentenbrett vor mir. „Flammabriß!" Oder wie es in der Fliegersprache heißt „Flame Out".

„Schreck lass nach!" „Nur keine Panik jetzt!"

Schnell alle Instrumente kontrollieren. Zum Glück fliege ich in 18.000 Fuß, mehr als 5.000 Meter über der Nordsee, und das Wetter ist gut. Also habe ich Zeit, die Notfallhandgriffe genau nach Checkliste durchzugehen. Das Triebwerk hat sich auch nicht festgefressen oder ist explodiert. Brav dreht es sich im Fahrtwind um die 30 Prozent herum. „Windmilling". Das ist ideal, sagt die Vorschrift für einen „Restart", für einen Versuch, es wieder anzulassen. Und jeder hat die empfohlenen Schritte im Kopf – sollte er besser auch.

Also: „Gashebel in Aus-Stellung. 'Air Start Schalter' ein." „Mit 180 bis 200 Knoten Gleiten." „Bei 14 bis 29 Prozent Drehzahl des Triebwerks Gashebel nach außen und 4 bis 6 Sekunden halten." „Langsam Gashebel in Leerlaufstellung schieben." „Warten – *das ist das Schwerste* –, bis sich die Drehzahl stabilisiert." „Erst dann Gashebel langsam in die Leerlaufstellung schieben. Air Start Button aus." „Nachdem die Zündung erfolgt ist - *'halleluja'* –, lasse Triebwerkzahl konstant werden, ehe du den Gashebel weiter nach vorn schiebst."

Als ich den Air Start Schalter auf „aus" stelle, weiß ich, dass das Anlassen erfolgreich war. Braves Flugzeug! Aber nun keine riskanten und abrupten Manöver mehr, sondern sittsam zum Flugplatz zurückfliegen, damit die Fachleute von der Technik das Triebwerk erst einmal überprüfen können. „Schöne Erfahrung", denke ich. „Aber einmal reicht mir."

Geraume Zeit später fiel mir auf, dass ich nie daran gedacht hatte, das Flugzeug zu verlassen und was hätte passieren können, wenn ich in die kalte Nordsee gefallen wäre. Vielleicht hatte ich auch gar keine Zeit gehabt für solche Überlegungen. Oder war ich einfach so sehr mit dem Flugzeug verwachsen – eng angeschnallt und fest verbunden –, dass ich es einfach als Teil von mir empfand? Bei längerem Nachdenken fiel mir auch keine andere gefährliche Situation ein, bei der mir jemals der Gedanke an einen Ausstieg mit dem Schleudersitz gekommen wäre.

Wie wir gesehen haben, konnten wir in einem durchdachten Auswahlverfahren über der Nordsee auf der Range Sylt dann insgesamt sechs Flugzeugführer für die Wettbewerbe in Leeuwarden auswählen und sie melden. Dieses in den beiden Jahren nur wenig veränderte Team nimmt an der International Air Firing Competition in Holland teil. Im Jahr 1961 schaffen es Oberleutnant Rolf Batz, Feldwebel Uwe Carstensen, Oberleutnant Heinz Laube, Feldwebel Ferdinand Namyslo, Feldwebel Joachim Rack und Feldwebel Rainer Wicke. Im Jahr 1962 nehmen an Stelle von Olt Batz und Fw Rack die Feldwebel Schlutter und Helmut Scholz am Wettbewerb teil. Kommandoführer ist diesmal Major Georg Füreder.

Endlich verlegen die Jagdflieger mit ihren Flugzeugen nach Leeuwarden. Die 'Ground Crew' fährt in einem Landmarsch. Die Soldaten sind wenig begeistert, dass die Holländer auf diese Kolonne von deutschen Militärfahrzeugen, die durch ihr Land fahren, immer noch feindselig reagieren.

In Leeuwarden kontrolliert der Kommandoführer jeden Vormittag und jeden Nachmittag erwartungsvoll im Auswertezelt die Ergebnisse . Er sucht die Einschusslöcher seines Teams in der „Flagge", ist glücklich über jeden Treffer, aber wendet sich am Ende doch oft enttäuscht ab, wenn seine Jäger wieder nicht den ganz großen Durchbruch geschafft haben.

Unsere Luftwaffenmannschaft tritt gegen fünf andere Nationen an: Kanadier auf F-86 Sabre, Briten auf Hawker Hunter, Belgier auf F-84 F Thunderstreak, Holländer auf Hawker Hunter, und Norweger auf F-86 Sabre. Die Jagdflieger der anderen Nationen besitzen eine Erfahrung von 3000 bis 5000 Flugstunden, während die Flugerfahrung der deutschen Jäger erst recht begrenzt ist. Um die 1000 Flugstunden haben sie in ihrem Flugbuch stehen – ich habe gerade 600. Dennoch schlagen sich die Deutschen wacker, haben aber gegen die überlegene Erfahrung der anderen Mannschaften nur eine Außenseiter Chance.

Einen Preis haben wir aber noch nicht holen können. Dafür sind wir Sechs gegenüber der an Flugstunden und damit Erfahrung vielfach überlegenen Konkurrenz aus Kanadiern, Briten, Holländern, Belgiern und Norwegern einfach noch zu jung im Geschäft. Die gesamte neue deutsche Luftwaffe ist ja noch sehr jung. Die Kanadier gewinnen in beiden Jahren mit der F-86 Sabre überlegen den Wettbewerb. Aber die Letzten werden die Deutschen trotzdem beide Mal nicht. Unser Team hat sich wacker geschlagen.

Immerhin ergibt sich unter diesen strengen Wettbewerbsbedingungen auch innerhalb des deutschen Teams bald eine klare Rangfolge, die sich an den Treffern orientiert. In dem harten Wettkampf schneide ich sowohl bei der 4. als auch im folgenden Jahr bei der 5. International Air Firing Competition als bester deutscher Jagdflieger ab und ich darf dann bei der Abschlussparade 1962 die Deutschen anführen.

Der Wettbewerb wird eine äußerst wertvolle Erfahrung für die deutschen Jäger, die hier gesammelt wurde. Sie fließt in die Ausbildung der Verbände ein, und dort trägt sie ihre Früchte. Der internationale Vergleich im Waffeneinsatz und die stetig zunehmende Flugerfahrung tragen dann auch dazu bei, dass die jungen Jagdgeschwader mit ihren noch jungen Jagdfliegern bald ihre Taktischen Überprüfungen durch die NATO erfolgreich bestehen können.

9 Starfighter, ja! Oder doch nicht?

In der Folgezeit fliege ich weiter den F-86 Jäger im JG 71 R. Aber das Geschwader beginnt nun mit der Umrüstung auf die F-104, den Starfighter. Die Umschulung der Flugzeugführer soll erst einmal in Deutschland stattfinden, in Nörvenich, unweit Köln. Aber wieder hat Laube Glück: Ich werde in die USA kommandiert! Die geplante zukünftige Schulung der Luftwaffenpiloten in Luke AFB und in Phoenix, Arizona, ist noch nicht angelaufen, deshalb sollen wir auf der George Air Force Base in Kalifornien auf der F-104 D fliegen. Zwölf Sabre Piloten des JG 71 R werden deshalb 1962 erst nach San Antonio in Texas kommandiert, um in drei Wochen ihr Englisch noch einmal aufzupolieren. Danach soll es weiter gehen nach Kalifornien.

Ich habe nach dem Eingangstest in San Antonio drei Wochen frei und brauche erst zum Abschlusstest wieder kommen. Die so gewonnene Zeit nutze ich, für Abstecher ins nahe Mexiko, wie ich mir auch in den Wochen darauf in George immer wieder die einmalige Gelegenheit nicht entgehen lasse, „Touristenhighlights" wie Death Valley oder noch einmal das Spielereldorado Las Vegas genauer anzusehen.

Der Starfighter, als reiner Tag- und Abfangjäger konzipiert, schafft Mach 2,2, das sind über 2.400 Kilometer in der Stunde, und kann in Höhen bis über 18.300 Meter operieren. Ich bin restlos begeistert von den fantastischen Leistungen und von der edlen Gestalt des – für mich – schönsten Flugzeugs aller Zeiten. Was für Rekorde hat dieses Wunderwerk der Technik schon eingesammelt! Es fliegt als erstes Flugzeug doppelte Schallgeschwindigkeit; es steigt als erstes Flugzeug über hunderttausend Fuß (30.000 Meter) Höhe; es ist das einzige Flugzeug der Welt, das Höhen-, Steigzeit- und Geschwindigkeitsweltrekord gleichzeitig hält. Und nun schieße ich damit durch den Himmel Kaliforniens.

Am 30. August 1962 durchbricht der nun schon nicht mehr ganz 'grüne Jagdflugzeugführer' Laube die zweifache Schallmauer, ich fliege mehr als Mach 2. Das geschieht auf einem Starfighter F-104-D, dem Sternenjäger der amerikanischen George Air Force Base. Der Flugplatz gehört noch zu Kalifornien, liegt aber auf der Hochebene nördlich von Los Angeles am Rande der Mojave Wüste. Und diesmal sind es nur neun Jahre her, seit am 20. November 1953 Scott Crossfield als Erster mit einer Douglas Skyrocket diese fantastische Geschwindigkeit erreicht hat.

Erst einmal beginnt jedoch meine Ausbildung in George nicht gerade ermutigend. Bevor mit dem Fliegen begonnen werden kann, müssen die neu angekommenen Flugzeugführer erst mehrere Stunden 'Cockpit Time' nachweisen. Das heißt, sie bekommen eine F-104 zugewiesen, deren Triebwerk zwar auch einmal gestartet werden kann, aber das Flugzeug bleibt auf seinem Parkplatz stehen. Es soll nicht geflogen werden, sondern der Pilot muss sich die hunderte von Instrumenten, Knöpfen und Schaltern verinnerlichen, damit er auch mit geschlossenen Augen zielsicher jedes einzelne findet. Ein Blindfold-Check beschließt die Cockpit Time, ein Check mit verbundenen Augen. Notwendig kann das nicht nur werden, falls nachts die Beleuchtung im Cockpit ausfallen sollte. Viele Schalter liegen verdeckt und der Pilot muss auch sonst blitzschnell den richtigen Knopf treffen, ohne lange suchen zu müssen oder auch nur nachzudenken.

Ich laufe gerade um einen solchen Starfighter herum, um ihn erst einmal von außen zu inspizieren, der sogenannte Preflight Check. Plötzlich schießen neben mir mit einer lauten Explosion Flammen aus dem hinteren Teil einer andern F-104. Erschrocken sehe ich, wie der italienische Major, einer der beiden Italiener, die mit uns Deutschen am Lehrgang teilnehmen, kopfüber aus dem Cockpit der Maschine stürzt. Ich laufe hin, um ihm zu helfen. Das Flugzeug kokelt und die Feuerwehr kommt angerast. Der Italiener ist beim panikartigen Verlassen der Maschine mit seinen Sporen – in der F-104 trägt man lange Metallsporen, die im Schleudersitz eingeklinkt werden und beim Ausschuss sicher stellen sollen, dass die Beine mit herauskommen – am Kabinenrand hängengeblieben. Ich helfe ihm auf und dann nehmen ihn rasch herbeigeeilte Sanitäter in ihre Obhut. Wie sich herausstellt, hat er sich beide Handgelenke gebrochen. Damit ist seine F-104 Umschulung beendet, bevor er seinen ersten Flug machen konnte. Er war ebenfalls bei seiner obligatorischen 'Cockpit-Time' gewesen, durfte auch das Triebwerk anlassen. Allerdings war nicht vorgesehen, dass es dabei gleich explodiert.

Triebwerke sind eben Maschinen, die nicht unfehlbar sind. Besonders wenn das Material den extremen Belastungen nicht standhält. So kann eine der vielen kleinen tausend Schaufeln im komplizierten Regelwerk wegen Materialermüdung wegbrechen. Das zerlegt unweigerlich das Triebwerk – mit katastrophalen Folgen.

Ich bin mit einem Checkpilot im hinteren Sitz über der Mojave Wüste unterwegs, einem Starfighter Doppelsitzer TF-104. An diesem Tag stehen einige 'Mach Zwei Runs' auf dem Ausbildungsplan. Fantastisches Wetter, Fernsicht unendlich, unten auf der Erde keiner, der durch den Überschallknall gestört werden kann, nur Tumbleweed, das der heiße Wind an den Yoshuabäumen vorbei über den harten Wüstenboden treibt. So weit das Auge reicht, gibt es nur Wüste und einige ausgetrocknete große Salzseen.

Mach 2, die zweifache Schallgeschwindigkeit ist schon etwas außergewöhnliches, das jeder Pilot beim ersten Mal besonders genießt, obwohl man im Flugzeug kaum etwas davon merkt. Ein paar Nadeln zittern ein bisschen mehr als sonst – das ist alles. Aber hinterher bekommt dann jeder Pilot eine schöne Urkunde: „Membership in the ORDER OF STARFIGHTERS, flying the world's fastest fighter airplane".

Plötzlich höre ich im Radio auf der Notfrequenz, die immer mit eingeschaltet ist: „Mayday, Mayday, Mayday". Da ist ein Kamerad in Schwierigkeiten! Nach hektischem Hin und Her mit der Bodenstation stellt sich heraus, dass eine andere F-104 in eine Notlage geraten ist. Das Flugzeug gehorcht noch dem Piloten, aber er hat erhebliche Probleme damit. Offensichtlich ist etwas kaputt gegangen beim „Mach-Run". Es hat eine Explosion gegeben, aber der Pilot kann nicht erkennen, was die Ursache ist. Ich werde von der Bodenstation angewiesen nachzusehen, ob ich etwas von der Ursache des Problems erkennen kann. „Sind von außen Schäden am Flugzeug feststellbar?" Also wird ein Rendez-vous in der Luft vereinbart. Dann wird zu entscheiden sein, ob der Kamerad damit zum Flugplatz zurückkehren und noch eine Landung riskieren kann. Denn dafür muss der Andere die sichere Ausstieghöhe für den Schleudersitz aufgeben.

Mit Hilfe der Bodenstation ist es leicht, das havarierte Flugzeug zu finden. Also nähere ich mich und schiebe mich vorsichtig mit meiner F-104 von hinten an das beschädigte Flugzeug heran, ganz nahe heran. Oben alles in Ordnung, links nichts Außergewöhnliches zu sehen, rechts auch nicht. Also dicht darunter fliegen und nach oben schauen. Eingehend inspiziere ich den anderen Starfighter. Das ist nicht ganz einfach, denn der fliegt nicht mehr gerade aus, sondern schiebt nach links versetzt quer durch die Luft. Nun hat der zur Hilfe kommende Kontrolleur aber dennoch erkannt, dass die Zelle und die Steuerelemente keine Beschädigungen aufweisen. Ich lasse mich leicht unter dem Flugzeug zurückfallen, und da sehe ich, dass der Nachbrenner am Triebwerksauslass anders aussieht, als er sollte. Einige Lamellen der verschließbaren Rosette sind weggerissen. Dadurch ist der Rosettenring einseitig geöffnet und verursacht auf diese Weise den Schiebeeffekt. Das beeinflusst zwar nicht die Stabilität des Flugzeugs, aber die Aerodynamik. „Damit müsste ein erfahrener Pilot eigentlich noch landen können", denke ich. Ich melde das Gesehene dem Havaristen – auch an die Bodenstation. Der Havarist verringert nun erst einmal die Geschwindigkeit zu einem Langsamflug bis in die Nähe der Landegeschwindigkeit. Als er sich überzeugt hat, dass das Flugzeug auch da steuerbar bleibt, entschließt er sich zurückzufliegen und damit zu landen. Ich begleite den Starfighter bis zur Air Base und zur Landebahn zurück. Dort sehe ich mit Befriedigung, wie der andere Pilot das Flugzeug auch sicher auf den Boden und zum Stehen bringt. – Mal wieder gut gegangen.

Während ich problemlos meine Flüge absolvieren kann, ereignet sich während des sechswöchigen Lehrgangs nur noch ein weiterer Unfall mit einer auf dem Platz stationierten F-104. Während einer Luftbetankung bricht ein Pilot der amerikanischen Air National Guard „nachts" seinen Einfüllstutzen am Schlauch des Tankers ab. Der Stutzen gerät in sein Triebwerk und das zerlegt sich dann. Der Pilot kann sich aber glücklicherweise mit Schleudersitz und seinem Fallschirm retten.

Nach Abschluss meiner Umschulung in den USA nach Deutschland zurückgekehrt, sollte ich eigentlich in Wittmund weiterhin F-104[14] fliegen. Zu meiner großen Enttäuschung ist das aber nicht sofort möglich. Das JG 71 R stellt sich erst mühsam auf den beginnenden F-104 G Betrieb ein. Vor allem muss es sich mit zu wenigen Flugzeugen bei den vielen Flugzeugführern herumplagen, und dazu noch mit geringen Klarständen bei diesen wenigen Flugzeugen. Auch mangelt es auf dem gerade in Betrieb genommenen Flugplatz Wittmundhafen an Hallen für die Unterbringung der Flugzeuge. Das beeinträchtigt natürlich den Klarstand, denn die F-104 gleicht in vielem einem komplizierten Uhrwerk, das in der salzhaltigen Nordseeluft sommers und winters draußen im Freien stehen muss. Habe ich ähnliches nicht vor Jahren schon einmal in Leck erlebt? „Lernen die im Ministerium denn nie dazu?" denke ich. „Es scheint ein immer wiederkehrendes Problem der Luftwaffe zu sein, wenn auf ein neues fliegendes Waffensystem umgerüstet wird. Oder liegt es an der Politik, die unrealistische Vorgaben gibt?"

„Im Unterschied zu Leck ist wenigstens der neu gebaute Kasernenbereich in Wittmund in einem akzeptablen Zustand", versuche ich wenigstens etwas Positives zu entdecken.

Um weiterhin fliegen zu können, werde ich nach Oldenburg kommandiert. Hier sind die F-86 Sabres des Geschwaders als 713. Staffel auf Zeit zusammengefasst und unter Hauptmann Rudolf Erlemann[11] von Wittmund auf den Fliegerhorst Oldenburg verlegt worden. Von hier aus nehmen sie weiterhin die Luftverteidigungsaufgaben des Verbandes wahr.

Drei Jahre nachdem ich Oldenburg verlassen habe, fliege ich nun wieder eine Zeit lang von Oldenburg aus F-86 Sabre – diesmal zum zweiten Mal Flugzeuge des Jagdgeschwader 71 Richthofen.

Auch auf der Sabre mangelte es nicht an Abenteuern, die es zu beherrschen gilt. Zwei Jagdflugzeuge F-86 Sabre starten in Zweierformation vom Flugplatz Oldenburg in Richtung Westen. Es ist später Nachmittag, und ich weiß, dass von dort eine Gewitterfront heranzieht. Die dichten Wolken reichen fast bis zum Boden und es regnet. Das ist nichts Außergewöhnliches, und ein 'Combat Ready'-Einsatzpilot sollte mit Fliegen unter Blindflugbedingungen auch unter schwierigen Wetterbedingungen kein Problem haben. Gleich nach dem Start geht es direkt in eine dicke schwarze Kumuluswolke hinein. Gewaltige Vorräte von Wasser, Eis und jede Menge Wind sind da drin. Mit so einem Riesending ist nicht zu spaßen. Aber wie groß die Gefahr ist, ahnen weder mein 'Lead' und ich, und wohl ebenfalls nicht die Abflugkontrolle. Heftige Turbulenzen schütteln das Flugzeug und versuchen es jäh aufwärts und dann wieder abwärts zu zwingen. Aber mit fester Hand halte ich es auf Steigkurs.

Als 'Wingman' bin ich ganz eng am 'Lead' dran. Ich sehe buchstäblich die eigene Hand nicht vor den Augen. Draußen ist nur das rote Positionslicht rechts an dem Tragflächenende des 'Lead' gerade noch der einzige Anhaltspunkt. Deshalb muss ich ganz dicht dranbleiben.

Plötzlich ein taghelleer Lichtblitz und ein ohrenbetäubendes Krachen. Und bevor ich überhaupt reagieren kann, stinkt es auch schon nach Schwefel und Verbranntem im Flugzeug.

Dann erneut stockdunkel wie die Nacht. Nein, nicht ganz. Das rote Positionslicht an der Flächenspitze des Leaders ist noch da, und auch die Instrumente an meinem eigenen Armaturenbrett leuchten immer noch in einem augenfreundlichen Rot. Ein schneller Crosscheck über meine Instrumente – ganz, ganz schnell, damit der Nebenmann nicht verschwindet –, überzeugt mich, dass alles noch wie gewohnt funktioniert. Das Triebwerk schnurrt ebenfalls vertraut weiter, die Elektrizität arbeitet auch, nichts Ungewöhnliches zu entdecken. Und der Jet reagiert wie gewohnt auf den leichtesten Druck am Steuerknüppel. Durch einen kurzen Spruch lasse ich mir bestätigen, dass auch mein Radio nicht ausgefallen ist. Pfffff! Was für eine Erleichterung.

Brav steigen die beiden Flugzeuge weiter nach oben – wie zuvor der festen Hand gehorchend. Der Faraday-Käfig, den das Flugzeug darstellt, hat mich vor Schaden bewahrt. Und nach einer langen Zeit durch das Rütteln des Gewittersturms wird es heller. Plötzlich blauer Himmel, strahlend klar scheint die Sonne. Meilenweit erstreckt sich nun unter mir eine geschlossene wie ein weißes Tuch ausgebreitete Wolkendecke. Wir sind 'on top'. Meine Gesichtszüge hellen sich auf, die Faust am Steuerknüppel lockert sich und ich kann etwas komfortabler von meinem Formationsführer abrücken. „Das musste aber nun wirklich nicht sein", denke ich, und bin fast wieder ganz entspannt.

Jäh wird der Friedensflugbetrieb im Oktober 1962 durch eine höchst gefährliche Entwicklung unterbrochen, der Kubakrise. Sie ist eine Konfrontation zwischen den Vereinigten Staaten von Amerika und der Sowjetunion, die sich aus der Stationierung sowjetischer Mittelstreckenraketen SS-4 „Sandal" und SS-5 „Skean" auf Kuba und der daraufhin erfolgten Drohung der amerikanischen Regierung unter Präsident John F. Kennedy entwickelt, sie werde nötigenfalls Atomwaffen einsetzen. Mit der Stationierung auf Kuba hat die Sowjetunion auf die Stationierung amerikanischer Mittelstreckenraketen vom Typ Jupiter in der Türkei reagiert.

Weltweit werden die Streitkräfte in Alarmbereitschaft versetzt. Obwohl die Karibikinsel weit genug von Mitteleuropa entfernt scheint, gilt das natürlich auch für die Einsatzpiloten des Jagdgeschwader 71 Richthofen. Der Ausbildungsflugbetrieb wird eingestellt, die Flugzeuge werden mit scharfer Munition einsatzklar und startbereit gemacht. Ich bekomme ein Gefühl dafür, wie es den Piloten der Luftstreitkräfte der DDR an jedem Tag gehen muss: Stundenbereitschaft, gar Sitzbereitschaft, Ausgangssperre, Urlaubssperre und eine angespannte Unsicherheit.

Die eigentliche Krise um Kuba dauert 15 Tage. Schließlich einigt sich John F. Kennedy mit Nikita Sergejewitsch Chruschtschow. Chruschtschow erklärt sich bereit, die Raketen auf Kuba zu entfernen. Im Gegenzug erklären die USA, keine Invasion auf Kuba durchzuführen und die Raketen in der Türkei abzubauen.

Mit der Kubakrise erreicht der Kalte Krieg eine neue Qualität. Beide Supermächte kommen während dieser Krise einer direkten militärischen Konfrontation am nächsten. Erstmals werden die ungeheuren Gefahren eines möglichen Atomkrieges einer breiten Öffentlichkeit bewusst.

10 Staffelkapitän im Jagdgeschwader 72 (1964)

Mit der Verlegung des Geschwaders bin ich auch mit meiner Familie von Ahlhorn nach Wittmund umgezogen. Inzwischen hat Birgit, die Tochter, noch ein Brüderchen bekommen. Mein Versuch, ihn Radbod zu nennen, nach einem mächtigen Friesenherzog in der Gegend, ist gescheitert. Aber Harald verspricht ein begeisterter Flieger zu werden, denn ihn erfreut jede F-104, die im Endanflug auf den Flugplatz Wittmundhafen über unserem Haus heult und rumort.

Aus meinem Fliegen ist in Wittmund nicht viel geworden. Mein Flugstundensoll muss ich mir vor allem in Oldenburg holen. Aber ich arbeite weiter in Wittmund im Geschwaderstab, ich bin der Waffeneinsatzoffizier und auch einer der Einsatzoffiziere.

Völlig unerwartet ist plötzlich im April 1964 meine Zeit beim JG 71 R zu Ende. Damit sind auch die Tage auf dem Starfighter endgültig vorbei. Obwohl das ja ein Grund wäre, traurig zu sein, ist für mich die Versetzung nach Leck in Schleswig Holstein zum Jagdgeschwader 72 – und damit wieder auf die Sabre – eine große Freude.

Ich bekomme eine Jagdstaffel, ich bin jetzt Staffelkapitän!

Ich kann mein Glück gar nicht fassen. Bis jetzt ist es durchaus üblich, dass solche herausgehobenen Stellen mit Offizieren aus dem eigenen Geschwader besetzt werden. Auch deshalb bin ich überrascht. Warum wohl bei mir eine solche Entscheidung gefällt wurde, die derart aus dem Rahmen des Üblichen fällt, überlege ich. Nach einigen Tagen im neuen Amt habe ich aber auch schon etwas von Grabenkämpfen zwischen einigen Führenden oder führen Wollenden im fliegerischen Bereich des Geschwaders in Leck mitbekommen. „Vielleicht sollen die Spannungen durch einen Fremden 'entschärft' werden", denke ich. Oder nach einer Weile: „Es könnte auch eine weitere Erklärung geben". Der Geschwaderkommodore ist Oberstleutnant Schmieder. Der hatte mich recht gut kennengelernt, als ich die deutsche Jägercrew beim Jagdfliegerwettbewerb in Leeuwarden angeführt habe. Hatte ich da den als unnahbar Bekannten mit meinen Leistungen so beeindruckt, dass er mich in sein Geschwader holen wollte?

Aber nicht nur im Geschwader betrachten mich nicht alle mit Unbefangenheit oder sogar mit Wohlwollen. Auch der Kommodore, der vor

Oberstleutnant Schmieder das Geschwader führte, gönnt mir den Staffelkapitän nicht. Oberstleutnant Friedrich Obleser wirft mir bei einem Besuch in Leck leicht säuerlich an den Kopf: „Da haben Sie sich fein in's gemachte Nest gesetzt." Ich versuche, mich dadurch nicht betroffen zu fühlen. Denn *ich* habe mich nirgend wohin gesetzt und ich habe auch nicht vor, *mich zu setzen* – schon gar nicht in ein Nest. Seine Bemerkung bestätigt mir lediglich, dass es offene oder unterschwellige Machtkämpfe geben muss und dass er andere Vorstellungen hat als sein Nachfolger. Am Ende ist es mir aber egal. Ich bin jetzt Staffelkapitän, und hier muss ich mich bewähren.

Das JG 72 hat den Auftrag, hoch im Norden der Bundesrepublik das Land vor von dorther anfliegenden gegnerischen strategischen Bombern zu schützen. Wenn diese in zehn bis fünfzehntausend Metern Höhe anfliegen, wird es selbst bei frühzeitiger Alarmierung kaum möglich sein, sie so rechtzeitig abzufangen, dass sie keinen Schaden anrichten können. Die Steigleistung der F-86[12] ist dafür einfach zu gering, um die Jäger schnell auf Abfanghöhe zu bringen. Ein Abfangjäger wie die F-104 wäre da eher das richtige Flugzeug. Aber „geht nicht, gibt es nicht" gilt gerade für Flieger als passendes Motto. Deshalb ist das Geschwader dazu übergegangen, ein Verfahren zu üben, das sie „Lane Control" nennen. Vereinfacht dargestellt ist geplant, dass die Jäger im Spannungsfall schon über der Anflughöhe der Bomber schussbereit wachen, bevor diese überhaupt in das NATO Territorium einfliegen. Dazu werden die Flugzeuge in sehr großer Höhe in eine ausgedehnte Warteschleife geschickt. Dort fliegen sie Sprit sparend Patrouille und werden immer wieder von anderen Jägern abgelöst. Gegen tieffliegende Gegner spannen sie gitterförmig über Schleswig Holstein ein lückenloses Netz niedrig petroullierender Jäger auf, das sie treffend „Stahlnetz" nennen. Ein Verfahren, mit dem sie hoffen, alle tief einfliegenden Kampfflugzeuge abzufangen.

Ich komme von einem Schießeinsatz zurück und auch das sollte ein ganz normaler Flug auf der Sabre sein. Aber er endet doch recht ungewöhnlich. Ich überfliege den Platz in 500 Meter Höhe, mache in dieser Höhe meinen normalen 'Pitch' – in gutem Deutsch heißt das Manöver 'Landeanflugsgeschwindigkeitsverringerungskurve' – mit Gashebel auf Leerlauf und Sturzflugbremsen raus, 180 Grad Kurve zum Platz, Fahrwerk runter. Nun habe ich die Landebahn schon rechts vor mir. Im 'Final Turn' schwebe ich auf die Bahn zu. Etwas mehr als eine Meile mag ich noch vom Aufsetzpunkt entfernt sein, plötzlich ein Schlag, ein knirschendes Geräusch des Triebwerks – und Stille. Das Triebwerk steht schlagartig.

Nun geht alles im Bruchteil von Sekunden. Kann ich noch landen? Besser das Fahrwerk wieder einfahren? Und versuchen, eine Bauchlandung zu machen? Jetzt wäre die letzte Möglichkeit, um aus dem Flugzeug mit dem Schleudersitz sicher auszusteigen. Aber der Gedanke kommt mir gar nicht. Immer noch 1000 Meter bis zur Landebahn. Es riecht penetrant nach verbranntem Fleisch und verkohlten Federn – nein, es stinkt. Und diese unheimliche Stille.

Ich weiß nur, „das Triebwerk steht!" und „kein Schub mehr." Alles geht blitzschnell. Schwirren tausend Gedanken durch meinen Kopf? Nein, nur „Ruhe behalten!" und „Ich muss es schaffen!"

Zum Glück befinde ich mich in einer idealen Anflugposition. Bestimmt kann das Flugzeug diese Distanz noch schaffen. Ich riskiere es.

Und es klappt. Ich erreiche den Aufsetzpunkt, problemlos lande ich, und rolle auf der Bahn aus. Das Flugzeug steht. Die Feuerwehr holt mich aus dem Cockpit. Wie sich herausstellt, sind Möwen in den Ansaugschacht geraten und haben das Triebwerk zerlegt. Auch außerhalb stinkt es jetzt stark nach gegrillter Möwe und verbrannten Federn.

„Die ideale Anflugposition war es", denke ich erleichtert und atme tief durch, als das Flugzeug zum Stillstand gekommen ist. „Sie ist entscheidend gewesen." Sicher herunterzukommen, das haben wir immer wieder geübt. Jetzt bin ich froh darüber. Letztlich aber entscheidet immer der Mensch – und natürlich – gehört dazu auch eine gehörige Portion Fliegerglück.

Noch im Jahr 1964 verlegt das JG 72 nach Oldenburg. Hier trifft das Geschwader ein besonders schwerer Flugunfall. Oberstleutnant Benno Schmieder fliegt in einer T-33 von Oldenburg nach Fürstenfeldbruck. Irgendwo über dem Mittelgebirge fällt bei dem Jet das Triebwerk aus. Beide Flugzeugführer müssen das Flugzeug mit dem Schleudersitz verlassen. Der zweite Pilot kann mit dem Fallschirm problemlos landen. Aber Oberstleutnant Schmieder ist schwer verletzt. Er hat vor dem Ausschuss versäumt, seine beiden Hände vorn über dem Abzugsgriff des Schleudersitzes zu kreuzen, bevor er den Griff nach oben zieht. So wären auch seine Ellenbogen nahe am Körper geblieben und er wäre gut aus der Kanzel hinausgeschossen worden. Sein linker Ellenbogen kommt jedoch nicht an der Kabinenschiene vorbei und wird zerstört.

Die vier Gliedmaßen sind beim Ausschuss mit dem Schleudersitz immer besonders gefährdet. Nur wenn sie eng an den Körper gezogen werden, ist ein sicheres Verlassen des engen Cockpits ohne Probleme gewährleistet. Bei der F-104 wird das bei den Beinen sichergestellt, in dem sie mit einem Stahlkabel automatisch an den Sitz gezogen werden. Daher die Sporen an den Stiefeln der Piloten, die in das Kabel am Sitz unten eingeklinkt werden. Bei der T-33 sind die Beine nicht das Problem sondern die Ellenbogen können es sein.

Oberstleutnant Schmieder wird seinen linken Arm nie wieder richtig bewegen können. Mit der Verlegung des Jagdgeschwader 72 wird in Oldenburg das Aufklärungsgeschwader 54 aufgelöst. Das hat inzwischen aus Süddeutschland nach Oldenburg verlegt. Es ist mit dem Jagdbomber Fiat G-91[15] ausgerüstet. Ziel dieser Maßnahme ist, Personal und Technik in das aus Leck kommende Geschwader zu integrieren, dann die F-86 abzugeben und auf die G-91 umzurüsten. Aus dem Jagdgeschwader 72 soll also ein Jagdbombergeschwader werden, das Jagdbombergeschwader 43. Eine große Umstellung, mit der auch meine so hoffnungsvolle bisherige Karriere als Jagdflieger beendet sein wird, – ich werde 'Jabo'. Da werde ich noch etwas zu verdauen haben!

Wenig später muss das Geschwader noch einmal umbenannt werden, diesmal in „Leichtes Kampfgeschwader 43". An der Rolle als Jagdbombergeschwader ändert sich kaum etwas. Eine Aufklärungskomponente kommt hinzu, sonst ist es mehr eine Frage der Organisation. Nun bin ich also Staffelkapitän einer Jagdbomberstaffel. Wenn ich in einer ruhigen Minute darüber nachdenke, kann ich es noch immer nicht fassen. Offizier wollte ich werden und Flieger. Dieser Traum ist schon in Erfüllung gegangen. Aber nun führe ich eine kleine Eliteeinheit von Jetpiloten, ich bin Staffelkapitän, Disziplinarvorgesetzter von bis zu 30 ausgesuchten und hochqualifizierten Kampfpiloten. Unglaublich! Staffelkapitän war bisher für mich ein Held aus dem Luftkrieg im Ersten oder im Zweiten Weltkrieg. Nun soll ich mich mit diesen Helden auf gleicher Augenhöhe befinden? Eine ungeheure Herausforderung! Ob ich dem Anspruch gewachsen bin? Hart gearbeitet habe ich, das ist richtig. Und das will ich auch nicht ändern. Aber dieser Aufstieg muss einfach Fliegerglück sein. Und wenn mir jetzt noch jemand gesagt hätte, in zehn Jahren wirst du der Kommodore dieses Geschwaders werden – ich hätte ihn für verrückt erklärt.

Jeden Tag macht mir meine Arbeit für die Staffel großen Spaß. Ich habe ein wunderbares Gefühl von Zufriedenheit dabei. Aber nicht alles läuft so glatt. So spüre ich, dass noch einige Offiziere der Fliegenden Gruppe Vorbehalte gegen mich haben. Sie stoßen sich daran, dass ich überraschend von außen in das Geschwader geholt worden bin. ‚Damit habe ich ihre „erwartete" oder „erwünschte" Reihenfolge in der zukünftigen Hierarchie fliegerischer Vorgesetzter durcheinander gebracht. Der Ausspruch des Oberstleutnant Obleser in Leck klingt bei mir nach. Ich sehe auch, wie eine kleine Gruppe alter „Leck-Verschwörer" besonders zusammenhält. Dienstlich habe ich keinen Grund, mir Gedanken zu machen. Nur nach Feierabend ist es nicht sehr schön.

Einer der für mich so „Auffälligen" ist mein Einsatzoffizier, also mein Vertreter in meiner Staffel. Der erscheint morgens zu spät zum Dienst – zu oft. Das fällt nicht nur mir auf. Jeden Morgen um Punkt acht Uhr kommen alle am Flugdienst Beteiligten im Briefingraum des Geschwaders zusammen, um gemeinsam für die beiden Fliegenden Staffeln das Flugprogramm für den Tag- und Nachtflug zu besprechen. Für den Einsatzoffizier ist diese Besprechung wichtig. Wer da aber wieder fehlt, ist mein Einsatzoffizier.

Ich ermahne ihn wiederholt. Er ist nicht uneinsichtig, aber – er kommt weiter zu spät zum Dienst. Schließlich reißt meine Geduld. Eine „disziplinare Würdigung" etwa halte ich aus mehreren Gründen für unangebracht, schließlich ist er mein Fliegerkamerad, er ist Offizier – und auch mein Dienstgrad, Hauptmann. Es könnte mit seiner Familie zusammen hängen, denke ich. Aber er ist verschlossen und gibt mir keine Chance zu helfen. Durchgehen lassen möchte ich das jedenfalls nicht.

Also? – „Was wäre ein guter Schuss vor den Bug, der ihm zeigt, dass es so nicht weiter geht?"

Schließlich fällt mir etwas ein, das in der Luftwaffe völlig unüblich ist, aber mir aus Erzählungen – vom Heer – bekannt ist. Ich befehle ihm, sich am nächsten Tag um neun Uhr morgens im großen Dienstanzug bei mir in meinem Dienstzimmer zu melden. „Im Großen Dienstanzug!" Für einen *„Piloten"*, einen *„Kampfflieger"*, gibt es kaum etwas weniger Erwünschtes, als in schweren Stiefeln, mit schwarzem Lederkoppel und hartem Stahlhelm herum zulaufen. Zudem entgeht das natürlich auch anderen in der Staffel nicht.

Unsere Unterredung ist kurz, aber es bleibt kein Zweifel, was ich von ihm erwarte.

Natürlich trägt das nicht dazu bei, mich beliebter zu machen.

Der Hauptmann hat sich in der Folge beim Kommandeur der Fliegenden Gruppe beschwert. Der ist wenig begeistert. Aber mein Einsatzoffizier ist danach nicht mehr zu spät zum Dienst gekommen.

Im Jahr 1964 schlittern die USA wieder in einen Krieg hinein, aus dem sie nicht mehr herausfinden: Den sogenannten 'Tongking Zwischenfall'. Nach Angaben der United States Navy sollen nordvietnamesische Schnellboote zwei US-amerikanische Kriegsschiffe vor der Küste Nordvietnams mehrmals ohne Anlass beschossen haben. Damit begründet die US-Regierung unter Präsident Lyndon B. Johnson ihre 'Tonkin-Resolution'. Diese fordert das direkte Eingreifen der USA in den seit 1956 andauernden Vietnamkrieg und legalisierte nach ihrer Annahme im US-Kongress von 1965 bis 1973 alle Kriegsmaßnahmen der USA. Ob die behaupteten Angriffe tatsächlich stattgefunden haben, ist umstritten. Zumindest der zweite

Angriff vom 4. August gilt heute historisch als widerlegt. Die Pentagon-Papiere *(erschienen 1971)* und die Memoiren von Robert McNamara *(1995)* belegen, dass die US-Regierung die Vorfälle durch bewusste Falschdarstellung zum Durchsetzen ihres seit 1963 geplanten direkten Kriegseintritts benutzt. Für den Kalten Krieg in Mitteleuropa ist das erst einmal kaum von Bedeutung. Allerdings sollte der Vietnamkrieg – *wie wir sehen werden* – für kriminelle Bewegungen auch ein willkommener Vorwand werden, für ihre fürchterlichen Aktivitäten in Deutschland und für die Hetze gegen die USA.

Auf der Havard MK 4 in Kanada

Solo auf dem Starfighter F-104

Der erste Jet, T-33 Silverstar

Group Captain Hiltz verleiht Leutnant Heinz Laube das Flugzeugführerabzeichen

LEEUWARDEN

Das Luftwaffenteam 1961
Fw Carstensen, Fw Namyslo, Fw Rack, Fw Wicke, Olt Batz, Olt Laube

Oberstleutnant Erich Hartmann schreibt Heinz Laube

Prinz Bernhard der Niederlande mit Olt Wilfert, Olt Laube, Generalmajor Walter, Major Füreder

Brigadegeneral Krupinski im Staffelgefechtsstand

11 Warum wollte ich eigentlich Jagdflieger werden?

Fliegen ist nicht immer gleich fliegen. Ein Kapitän einer Linienmaschine oder der Kommandant eines Transportflugzeugs fliegt auch. Er steuert seine Maschine – obwohl er in diesen Jahren überhaupt keinen Steuerknüppel in der Hand hat, mit dem er das macht. Er hält mit beiden Händen Steuerhörner, eine Art oben abgebrochenes Lenkrad. Das könnte auch zu einem schweren Lastwagen gehören.

Ein Kampfpilot aber „*ist*" das Flugzeug. Er schnallt sich die Maschine „unter" und er beherrscht sie wie ein Werkzeug – mit einer Hand. Mit der anderen packt er den Leistungshebel, das Gaspedal des Fliegers. Der Flieger ist eine Einheit mit seiner Maschine. Beide sind füreinander 'tailor-made' – maßgeschneidert. In seinen Händen wird die Maschine zu einer Waffe.

Ein guter Pilot hat immer in der Lage zu sein, selbst zu entscheiden, was er tun muss, was er tun kann: Entscheidungen muss er in Sekundenschnelle treffen, darauf gefasst sein, dass seine Leitstelle zerstört ist, der Funkkontakt zusammenbricht, sein Flugplatz unbenutzbar wird – oder auch mit seinem Flugzeug etwas nicht mehr in Ordnung ist. Dann ist er ganz allein – mit seinem Auftrag und mit seinem Gewissen. Und er muss dennoch zuverlässig handeln und seine Aufgabe erfüllen.

Wenn also ein junger Flieger Kampfpilot werden möchte, dann kann er Aufklärer- oder Jagdbomberpilot sein oder aber Jäger. Aber warum möchten wir ausgerechnet Jagdflugzeugführer werden?

Diese Frage bewegt nicht nur junge Flieger in der Bundesrepublik, sondern genauso auch deutsche Flieger auf der anderen Seite des Eisernen Vorhangs.

„Wieso will eigentlich jemand Jagdflieger werden?" fragt sich da auch Jürgen Haacke[16] in der DDR. Im Dritten Reich soll es den Slogan gegeben haben, hörte er, „Das Leben eines Jagdfliegers ist kurz, aber gewaltig". Als einer seiner Kameraden nach dem x-ten Absturz einer MiG diesen Slogan ausbuddelt, wird er aufgrund seiner nationalsozialistischen Herkunft sofort verboten. Vielleicht, weil „gewaltig" nicht passte? Jedenfalls hat dann derselbe Mann diesen Ausdruck umgestaltet auf, „Das Leben eines Jagdfliegers ist gewaltig kurz." Macht noch größeren Ärger.

Warum will Haacke also dennoch Jagdflieger werden?

Zu seinen ersten Kindheitserinnerungen, 'Berliner Kindergarten der Geburtsjahre um 1937 herum', gehören zweifelsohne die Bombennächte 1941 bis 1945. Im Bewusstsein von Jungs, die politische Zusammenhänge noch nicht kennen und vom Tod keine Ahnung haben, bleiben nur Wut, Hass und Drang zur Vergeltung als einzige Reaktion übrig. Da er natürlich auch keine Ahnung von möglicher oder wahrscheinlicher Dauer eines Krieges hat – sein Denken beginnt ja im Krieg und mit dem Krieg –, formt sich dann auch ein entsprechendes Berufsbild:

„Wenn ich groß bin, werde ich Jagdflieger und schieße diese Scheißbomber ab."

Da er 'folgerichtig' auch noch ausgebombt wird, seine Eltern dann Wohnung und Arbeitsstelle an der Jagdfliegerschule in Werneuchen finden und der Flugplatz einen Kindergarten hat, lernt er auch noch seine zukünftigen „Arbeitsgeräte" kennen.

1945 geht der Krieg zu Ende und Deutschland hat ihn auch noch verloren. Wieso kann etwas völlig normales, was tägliche Realität ist, plötzlich zu Ende gehen? Und wieso haben die Deutschen auch noch dazu verloren? Es dauert ein paar Jahre, bis der Heranwachsende das begreift.

Mit dem Zurücktreten der blanken Existenzsorgen und der zunehmenden Reife entwickelt sich auch langsam ein gesellschaftliches Verständnis. Alle hier in der DDR wollen Frieden, weiß er. Und die da drüben, wird ihm glaubhaft verkündet, die wollen wieder Krieg. Sozusagen als Revanche für die erlittene Niederlage? Also sind hier die Guten und die dort müssen die Bösen sein. Deshalb bauen die auch wieder riesige Bomber, wie B-36, B-47, B-52, Vulkan, Victor, Valiant, Mirage IV und andere.

Und wieder beginnt sich ein möglicher Krieg am Horizont abzuzeichnen. So ist es nicht schwer, den jungen Leuten klar zu machen, dass sie sich dagegen verteidigen müssen. Und es beginnt für den so Eingestimmten ein Weg in die Fliegerei über das leichte Schulflugzeug Yak-18. Der anschließend geplante Umstieg auf ein schweres Schulflugzeug Yak-11 fällt wegen mehrerer Katastrophen aus. Also gleich auf die MiG-15. Von 160 PS auf 9.500 PS, von 180 km/h maximaler Geschwindigkeit auf 1.160 km/h, sozusagen sprunghaft.

Im Verlauf dieser zwei Jahre verringert sich der Bestand der „Jungpiloten" auch sprunghaft. Aber nicht nur durch Abstürze, sondern nach Schwierigkeiten mit der Theorie und vielem, vielem anderen.

Danach umsteigen auf Kampfmaschinen, danach auf Überschalljäger.

Dazu kommen eine Menge Erfahrungen mit eigenen technischen Ausfällen, kurzzeitigen Orientierungsverlusten, Abstürzen von Kameraden, laufenden Umschulungen, wechselnden Einsatzorten, sogenannten „Missverständnissen" mit Vorgesetzten und manches andere. Wenn man aber trotzdem nicht aufgibt? Dann wird man Pilot und schließlich auch Jagdflieger.

Soweit die Erinnerungen von Jürgen Haacke auf der „anderen Seite Deutschlands".

Auch für mich ist ein Jagdflieger zu sein das Erstrebenswerteste in der Fliegerei. Dazu trägt wohl auch meine Schwärmerei für Oberst Werner Mölders[17] bei, meinem Fliegerhelden.

Ich wollte Jagdflieger werden, weil ich hoffte mit zu verhindern, dass der Bombenterror noch einmal über Deutschland hereinbrechen kann. Die Erinnerung an den Weltkrieg sitzt tief in mir. Als ich noch ein Junge war, nicht einmal zehn Jahre alt, beobachtete ich die Bomberströme, die in Oberfranken hoch oben am Himmel über dem idyllischen Flusstal hinziehen, in dem ich wohne. Hier fallen keine Bomben. Aber immer wieder beobachte ich diese unvorstellbar langen Bomberströme, die an manchen Tagen lange weiße sich breit ausufernde Kondensstreifen hinter sich herziehend über den blauen Frühlingshimmel fließen. In immer neuen Wellen rollen die angreifenden Flugzeuge heran, es werden mehr und immer mehr, die langen Ströme scheinen nie abzureißen. Sie fliegen über das Flusstal der Itz hinweg, ohne von dem Dorf Notiz zu nehmen. Eine friedliche Welt, weit, weit weg von all dem Elend und Leid, das sie über Deutschland bringen. Aber manchmal fällt mir etwas auf, wenn sich wieder Kondensstreifen am Himmel bilden, das ich bisher noch nicht gesehen habe. Zwischen diesen langen weißen Streifen hinter den Bombern bewegen sich ganz dünne weiße Fäden kreuz und quer und dazwischen herum. „Das müssen unsere Jäger sein!" denke ich. „Die kämpfen immer wieder gegen diese Bombenflugzeuge an, die Tod und Verderben über unsere Städte bringen." Dort oben in der Luft scheint sich ein erbitterter Kampf abzuspielen.

Ich bewundere die Piloten, die sich den Bombern entgegenwerfen, diesem unendlichen Strom riesiger feuerspeiender feindlicher Flugzeuge. „Fliegende Festungen" sind es, und ich weiß schon, dass die viermotorigen Flugzeuge zehn Mann Besatzungen haben, von denen sechs aus 13 Maschinengewehren unbarmherzig auf die Deutschen feuern, die ihre Heimat schützen wollen. Diese Jagdflieger, das müssen ganz tolle Kerle sein!

Jagdflieger – eine Traumwelt. Ich sehe mich in einer dieser Flugzeugkanzeln sitzen, angeschnallt an meinen Pilotensitz, ganz hoch droben, allein. Tief unter mir die Erde, weit und breit um mich herum nur der blaue Himmel. Was für ein wunderbares Gefühl muss es sein zu fliegen, durch die Lüfte zu jagen und ein Flugzeug mit eigener Hand zu steuern. Jagdflieger zu sein, das ist mein Traum.

Und tatsächlich, nach dem Abschluss meiner fliegerischen Ausbildung kann ich mir aussuchen, was ich fliegen will. Natürlich entscheide ich mich sofort für Jagdflieger. Und ich bin glücklich, als meinem Wunsch entsprochen wird. Danach ist es selbstverständlich für mich, dass ich die Nähe zu diesen Jagdfliegern, meinen Idolen, suche, den alten aus dem Krieg und den jungen. Sie haben sich schon organisiert, außerhalb der Bundeswehr versammelt, weil auch viele der kriegsgedienten Flieger der neuen Luftwaffe nicht angehören wollen oder können oder noch richtiger, nicht dürfen. Schon kurze Zeit nachdem ich als „Jagdflieger" meine „Heimat" im Jagdgeschwader Richthofen gefunden habe, trete ich deshalb in die „Gemeinschaft der Jagdflieger" ein. Da treffe ich so berühmte Männer wie Adolf Galland[18] und Gerd Barkhorn[19] und lerne auf Tontauben zu schießen. Das ist ein Sport, den die „Jäger" wohl schon immer gepflegt haben. Da kommt es auf ihr gutes Auge und auf eine blitzschnelle Reaktion an.

In den vielfältigen Positionen, die ich in meiner Laufbahn einnehme, und zu ganz unterschiedlichen Zeiten gibt es immer wieder Anlässe, meine eigene Situation und dann auch die des Geschwaders sowie Auftrag und Konzeption der Luftwaffe zu vergleichen mit dem Gegner auf der anderen Seite, vor allem natürlich mit den deutschen Fliegern in den Luftstreitkräften (*LSK*) der DDR. Und schon hier, nahe am Beginn meiner fliegerischen Laufbahn, ist Gelegenheit, einen solchen Unterschied herauszustellen, wie er zum Beispiel in der Personalauswahl auf der anderen deutschen Seite besteht.

Dort ist die 'Primary Role' der LSK der DDR während des gesamten Kalten Krieges ausschließlich die Luftverteidigung des Landes. Schon im Juli 1956 wird das Jagdfliegergeschwader 2 (*ihm wurde der Ehrenname Juri Gagarin*[*72] *verliehen*) als erstes von insgesamt sechs Verbänden aufgestellt. Aber erst nach der Auswertung der Kriege im Nahen Osten durch die sowjetische Führung wird in den LSK/LV mit dem Aufbau von *Jagdbomben-* (*das ist die offizielle Bezeichnung*) und Aufklärungsfliegerkräften begonnen. Es vergehen also fast 20 Jahre, bis die LSK/LV der DDR der Luftwaffe der Bundesrepublik nachziehen. Die „*Perspektivplanung der LSK/LV*" sieht vor, bis 1975 aus den vorhandenen Mitteln mit 40 MiG-17 ein „Jagdbombenfliegergeschwader" aufzustellen. Deshalb werden auf dem Flugplatz Drewitz zwei Staffeln des JG-7 (Wilhelm Pieck) zur Auffüllung des neu formierten „Jagdbombenfliegergeschwaders" 31 (JGB-31) zugeteilt. Die ersten Flugzeuge sind bereits im Dienst befindliche MiG-15UTI (*Übungsflugzeuge*) und MiG-17 F (*Kampfflugzeuge*). Erst 1982 kann zur Führung dieser Fliegerkräfte das Führungsorgan der Front- und Armeefliegerkräfte (*FOFAFK*) gebildet werden.

Bis dahin hatten sich ausschließlich die sowjetischen Streitkräfte in der DDR diese Rollen vorbehalten. Auch das ist natürlich ein Grund, warum sich dort kein deutscher Jet-Pilot seine zukünftige Rolle aussuchen kann.

Heute bin ich also ein Jagdbomberpilot. Aber ich erinnere mich gern an meine Zeit als Jagdflieger. Der Pilot und das Flugzeug verschmelzen zu einer Einheit. „Verschmolzen". Er schnallt sich stramm in seinen Schleudersitz hinein, so dass er sich Eins fühlt mit dem Flugzeug. Diese Einheit scheint sich wie ein Federball schwerelos im Raum zu bewegen. Einem unendlichen Raum, der mir nicht nur in der Höhe grenzenlos erscheint. Es gibt keine Grenzen. Selbst das Oben und das Unten verwischen sich in einem unendlichen Luftmeer. Und das Flugzeug gehorcht auf meinen leichtesten Druck am Steuerknüppel. Im Kurvenkampf ist richtig Muskelkraft von mir gefordert, aber auch das macht der Jäger mühelos mit. Mensch und Maschine ein Traumpaar. Den Piloten packt ein Gefühl der Überlegenheit. Und die Geschwindigkeit kann wie ein Rausch auf mich wirken. Aber ich entwickele auch einen gehörigen Respekt vor dem Medium Luft – und eine gewisse Vorsicht. Wann bin ich an meiner Grenze?

Meiner eigenen physischen Grenze? Oder an der strukturellen und aerodynamischen Grenze des Flugzeugs? Kann ich die Kurve noch enger ziehen? 6 G! Das ist das Sechsfache der normalen Erdanziehung. Darüber verhindert selbst der Anti-G-Anzug nicht mehr, dass erst die Augen langsam nur noch „schwarz sehen", und dann das Bewusstsein schwindet. Ein modernes Kampfflugzeug taugt wenig, wenn nicht ein gut ausgebildeter und motivierter Pilot den Steuerknüppel in seiner Faust hält. Letztlich entscheidet immer der Mensch. Und der Mensch als Jagdflieger, der will gewinnen.

Am meisten wird mir das bewusst, wenn ich mich mit anderen Jets im Luftkampf messen kann. Man muss jetzt noch – wie im letzten Weltkrieg auch – hinter den Gegner kommen, um ihn abschießen zu können. Jetzt im Frieden geschieht das ohne Waffen mit der Zielkamera, die das Manöver aufzeichnet. Das erfordert eine umsichtige Beherrschung des dreidimensionalen Raums. Überall ist das Auge zur gleichen Zeit, um die oder den anderen nicht aus den Augen zu verlieren. Und ich fühle mich in solchen Momenten, als sei mein Flugzeug der Mittelpunkt des Luftraums. Es ist eine Freude, wie ...? Ja, – wie? Womit kann man das vergleichen?

Eine solche unbeschwerte Freude haben wohl auch die Götter in den antiken Sagen im strahlend blauen Himmel Griechenlands gehabt, denke ich dann. „Und wie ich die immer bewundert und gleichzeitig darum beneidet habe!"

Mit der Sabre ist diese Freude jedenfalls auch in den allermeisten Fällen ein Erfolgserlebnis. Die deutschen F-84 Thunderstreak sind da ein beliebtes Opfer im Kurvenkampf. Auch die britische Canberra kann nicht mithalten. Bei der britischen Hawker Hunter ist das schon anders. Am schönsten entwickelt sich aber ein Dog-Fight, ein Luftkampf, mit F-86 aus anderen Geschwadern. Das ist eine echte Herausforderung.

Es gibt begabtere Flieger unter meinen Kameraden, da mache ich mir nichts vor. Und es bereitet mir auch nicht das geringste Problem, das neidlos anzuerkennen. Im Gegenteil, ich freue mich über die aggressiven, fähigen jungen Männer. Das sind die, so hoffe ich, die im Ernstfall siegen werden. Und je mehr Jahre ins Land gehen, umso weniger werde ich es auf einen fliegerischen Vergleich mit ihnen ankommen lassen wollen. Aber in einem bin ich mir dennoch sehr sicher. Was den Waffeneinsatz angeht, da kann ich es mit jedem aufnehmen. Ganz gleich, ob es Bomben, Raketen oder Kanonen sind. Vor allem aber im Luftkampf mit Kanonen, so wie es immer noch mit dem Kurvenkampf erforderlich ist. Schließlich habe ich das ja auch bewiesen.

Jetzt bin ich aber ein „Jabo", ich fliege einen Jagdbomber. Die Umstellung ist mir wirklich nicht leicht gefallen. Das Abfangen eines anderen Flugzeugs in zwölftausend Metern Höhe, das in den Luftraum der Bundesrepublik eindringen will, ist eine ganz andere Kategorie von Einsatz als das mühsame Auffinden einer Eisenbahnkreuzung im waldreichen hessischen Bergland. Und nicht nur finden muss man das Ziel aus einer Flughöhe von 150 Metern über Grund, und aus der richtigen Richtung, sondern man muss auch noch zur präzise vorgegebenen Zeit angreifen. Plus/minus zwei Minuten sind erlaubt. Und natürlich muss man das Ziel dann auch so rechtzeitig erkennen bei einer Geschwindigkeit von 800 Stundenkilometern, dass ein Waffeneinsatz noch möglich und auch erfolgreich ist. Gnadenlos liefert die Zielkamera das Ergebnis ab. Der Nachrichtenoffizier „zuhause" prüft das dann am Heimatfliegerhorst penibel nach. Ist es das richtige Ziel gewesen? Stimmt die Uhrzeit mit dem Auftrag überein? Entsprechen Angriffswinkel und Dauer, die der Zielkreis auf dem Ziel verharrt, den Vorgaben? Wie erfolgreich wäre der Angriff gewesen?

So wird jeder Fehler erkannt. Spätestens hier zeigt sich die Professionalität des Kampfpiloten.

Und das Leben als Jagdbomber ist auch ungemütlicher. Welcher Jagdflieger steigt schon gern von der freien Kurbelei in großen Höhen mit geführtem An- und Abflug durch Radarunterstützung des zuständigen Jägerleitoffiziers herab zum Tiefflug! „Klein, klein", nach Karte zu irgendeiner Scheune im Moor als Ziel? Da kann man die skeptische Stimmung der ehemaligen Jäger des Geschwaders bei dem Rollenwechsel zum Jabo nur zu verständlich finden. Sie lieben die neue Aufgabe nicht! Mit entscheidend ist auch, dass die stillgelegte F-86 in ihrer Zeit ein ausgezeichnetes Jagdflugzeug gewesen ist, die Fiat G-91[15] für ihre Aufgaben aber wahrlich kein großes

Leistungsspektrum besitzt. Auch die Navigationsausrüstung des Flugzeugs ist kümmerlich für das, was heute schon möglich ist.

Jagdbomber zu sein, heißt 'tief' fliegen. 'Tief' heißt – je nachdem in welchem Land und in welcher Gegend und bei welcher Mission man unterwegs ist – im Frieden bis auf 250 Fuß, also etwa 75 Meter über Grund herunter zu gehen. Das ist notwendig, weil sonst die feindliche Flugabwehr mit meinem Flugzeug ein leichtes Spiel hat. Das muss man üben. Nun ist das Wetter in Oldenburg nicht immer das Beste, aber dennoch oder gerade deswegen muss jede Gelegenheit zum Tiefflug genutzt werden. Und das Problem ist eben nicht nur, das Ziel zu finden, auch wenn die Sichtverhältnisse miserabel sind. In Oldenburg fängt ein Problem schon in den ersten Meilen nach dem Start an. Da liegt nämlich im Abflugbereich nach Osten hin der Ort Steinkimmen, einer von vielen Albträumen der Flieger. Die Flieger aus Oldenburg kennen Steinkimmen genau, aber sie lieben Steinkimmen nicht. Denn dort gibt es einen Fernsehturm, der mehr als hundert Meter hoch ist und der sich wie eine Nadel in den Himmel streckt. Dünn wie eine Stricknadel ist er tatsächlich – und bei schlechter Sicht ist das dürre Gerüst praktisch nicht zu sehen. Man muss in dieser Gegend höllisch aufpassen, denn der Turm reicht an die Flughöhe heran, die beim Tiefflug eingehalten wird. Niemand mag ihm zu nahe kommen – aber dafür muss man ihn erst einmal ausgemacht haben.

Eines jedoch unterscheidet die Flieger überhaupt nicht voneinander, ob Jäger oder ob Jagdbomber. Wer ein solches Kampfflugzeug fliegt, der ist sich der Vergänglichkeit bewusst. Jeder Tag kann sein letzter sein. Aber deswegen fürchtet er sich nicht. Denn jeder Tag, jeder Flug kann auch zu einem neuen Abenteuer werden. Und jeden Tag freut sich der Flieger, dass er lebt – und er genießt es.

12 Kommandeur Fliegende Gruppe (1967)

Die Tage der F-86 im Geschwader sind gezählt. Nach und nach werden alle Flugzeugführer nach Fürstenfeldbruck zur Waffenschule 50 kommandiert, um auf die Fiat G-91 umzuschulen. Als ich ebenfalls das neue Flugzeug fliege, habe ich keinerlei Probleme, da es in vielem der F-86 ähnlich ist. Im Grunde stammt die G-91 aus der gleichen Generation und ist deshalb nicht wirklich ein Fortschritt. Allerdings wurde sie für den Tiefflug und als Jagdbomber konstruiert und ist deshalb wesentlich robuster als die F-86.

Eine interessante Erfahrung mache ich während der Umschulung in Fürstenfeldbruck. Mit mir im gleichen Lehrgang fliegt auch der Verteidigungsexperte der CDU-Opposition, Dr. Manfred Wörner[69]. Der Abgeordnete ist jetzt auch Oberstleutnant und Reserveoffizier der Luftwaffe. Er macht einen freundlichen, umgänglichen Eindruck auf mich. Auch liebt er den Umgang im Kameradenkreis und wir fliegen zur gleichen Zeit. Aber irgendwie kommt es nicht zu einer besonderen Annäherung zwischen uns.

Im Geschwader fällt es mir leicht, mich auf den völlig anderen Führungsstil des neuen Kommodore in Oldenburg einzustellen. Oberstleutnant Heinz-Günther Kuring hat Oberstleutnant Benno Schmieder abgelöst. Sein kollegiales Führen kommt meiner Einstellung sehr entgegen. Die gute Zusammenarbeit trägt wohl mit dazu bei, dass ich schon bald als Kommandeur der Fliegenden Gruppe eingesetzt werde. Das gute Arbeitsklima wird auch dadurch nicht beeinträchtigt, dass die beiden anderen Kommandeure, die die Technische Gruppe und die Fliegerhorstgruppe führen, fast zwanzig Jahre älter sind als ich. Hier zeigt sich recht deutlich der anstehende Generationssprung in der Luftwaffe. Die Älteren akzeptieren mich, und machen es mir leicht mitzuhalten. Vielleicht hilft mir etwas, dass ich die vollen drei Jahre meiner Zeit als Kommandeur immer Major bleibe, während die beiden anderen seit Beginn ihrer Kommandeurzeit schon Oberstleutnante sind.

Es ist das erste Mal, dass mir der anstehende Generationswechsel in der Luftwaffe in dieser Schärfe bewusst wird. Schon als Staffelkapitän war ich der erste jüngere Offizier in dieser Position in der Staffel, aber erst jetzt, wo die beiden Älteren, aus einer anderen Generation kommenden, direkt neben mir wirken, tritt das für mich so klar zutage. Und mir kann das nicht allein so gehen, denke ich, auch andere müssen das genau so empfinden. Von nun an sollte dieser Sprung in jeder neuen Position, die ich einnehme, immer wieder das Gleiche sein. Ich folge einem verdienten Älteren aus der Kriegsgeneration nach und löse ihn unbefangen und mit frischem Mut ab.

Gewöhnen muss ich mich allerdings in Oldenburg in mancher Weise an die Gepflogenheiten der anderen – selbst bei den Kommandeurbesprechungen. Bei Kuring gleicht sein Dienstzimmer einer Räucherkammer. Und es wird grundsätzlich Kaffee in großen Mengen getrunken. Nach meinem anfänglichen Beharrungsvermögen, immer schwarzen Tee zu trinken, habe ich mir diese Extrawurst aber bald abgewöhnt, und mich angepasst. Raucher geworden bin ich allerdings nicht. Erst recht nicht.

Als die Stelle des Stellvertretenden Kommodore im Geschwader lange Zeit unbesetzt bleibt, betraut Kuring mich auch noch mit den Aufgaben des Stellvertreters.

Sehr erfreulich erweist sich auch die Zusammenarbeit mit den Chefs in meiner Gruppe. Absolut zuverlässig und immer bereit, Aufgaben zu übernehmen, ist der Chef der Flugbetriebsstaffel, Major 'Mike' Michels. Die Staffelkapitäne der 1. und der 2. Staffel können unterschiedlicher nicht sein in ihrem Temperament und ihrer Begabung, ihre Truppe zu motivieren und zu führen. Aber die Flugzeugführer folgen ihnen, und ich darf mir nicht anmerken lassen, wen ich sympathischer finde.

Wir sind alle überrascht, wie es den Israelis tapfer gelingt, 1967 im Sechstagekrieg mit den zahlenmäßig weit überlegenen vereinigten Streitkräften der arabischen Nachbarstaaten fertig zu werden.

Gespannt verfolgen wir den Verlauf dieses dritten arabisch-israelischen Krieges. Bald sollte die israelische Strategie als Lehrbeispiel sowohl die Stäbe in den Streitkräften des Westens wie auch die des Ostens beschäftigen, besonders für den Einsatz der Luftstreitkräfte.

Darüber hinaus hat sie Konsequenzen, die zu umfangreichen Infrastrukturmaßnahmen auf den Militärflugplätzen führen. So wird auch in Oldenburg zum Beispiel mit dem Bau von Flugzeugschutzbauten, den Sheltern, begonnen.

Der Krieg beginnt am 5. Juni mit einem gut geplanten und sehr erfolgreichen Überraschungsangriff der israelischen Luftwaffe auf alle ägyptischen Flugfelder. Die israelischen Piloten fliegen unterhalb der ägyptischen Radarerfassung und erreichen die Flugplätze ohne Vorwarnung. Die meisten der 385 modernen ägyptischen Flugzeuge sowjetischer Bauart werden am Boden vernichtet und die Startbahnen der Flugplätze schwer beschädigt. Etwa 100 ägyptische Piloten werden getötet. Somit haben die ägyptischen Truppen im Sinai keine Luftunterstützung mehr und stehen im Grunde schon am ersten Tag des Krieges am Rande der Niederlage. Vor allem die 25 Tupolew Tu-16 Bomber von mittlerer Größe (*NATO Code Badger*) sind zuvor eine beträchtliche Gefahr für die Israelis gewesen. Auch die modernen, aber weniger starken syrischen und jordanischen Luftstreitkräfte werden in ähnlichem Umfang dezimiert. Dadurch erreicht Israel für den Rest des Krieges die vollständige Luftüberlegenheit.

Schon am 5. Juni zerstören die israelischen Luftstreitkräfte zwei Drittel der syrischen Luftwaffe. Die übrig gebliebenen syrischen Flugzeuge werden in entlegene Stützpunkte gezwungen und spielen deshalb keine Rolle mehr im Krieg. Nach nur sechs Tagen haben auch die israelischen Landstreitkräfte die feindlichen Linien durchbrochen und sind kurz davor, in Kairo, Amman und Damaskus einzumarschieren. Der Krieg endet damit, dass Israel große Gebiete unter seine Kontrolle bringt: Die Sinai-Halbinsel, den Gazastreifen und das Westjordanland mit der historischen Altstadt von Jerusalem sowie die strategisch interessanten Golanhöhen.

So sehr wir auch überrascht waren von dem totalen israelischen Erfolg, die erfolgreiche israelische Strategie besonders für den Einsatz der Luftstreitkräfte ist für die Stäbe der Luftstreitkräfte des Westens wie auch des Ostens nicht wirklich etwas Neues. Denn auch bei beiden wird im 20. Jahrhundert ein strategisches Konzept gelehrt, das drei Phasen der Luftkriegführung kennzeichnen: Counter Air, Interdiction und Close Air Support.

Die erste Aufgabe ist das *Ausschalten der gegnerischen Luftwaffe (Counter Air)*, um die Kontrolle über den Luftraum zu erringen (*Air Superiority*) – natürlich über dem Gefechtsfeld, aber auch über dem gesamten Konfliktgebiet. Das erfordert die überraschende Zerstörung oder Neutralisation der gegnerischen Luftstreitkräfte am Boden und in der Luft.

Das ist keine neue Erfindung, sondern eine Weiterentwicklung der Strategie der deutschen Luftwaffe, wie sie im 2. Weltkrieg erfolgreich angewandt wurde. Zuerst geschah das 1939 in Polen und dann auch 1940 gegen Frankreich. Die israelischen Streitkräfte haben sie 1967 perfekt vorgeführt. Innerhalb von nur zwei Stunden war es den Israelis gelungen, 300 ägyptische Flugzeuge, darunter Bomber, Kampfjets und Hubschrauber am Boden zu zerstören. Mehr noch, am Ende des ersten Kriegstages waren die Luftwaffen aller beteiligten arabischen Länder komplett zerstört.

Gleichzeitig muss das *Gefechtsfeld abgeriegelt werden (Air Interdiction)*. Das erfordert die Bekämpfung der in der Tiefe des gegnerischen Raumes gelegenen Mittel und Einrichtungen des Gegners mit dem Ziel, die Zuführung und Verstärkung von gegnerischen Kräften auf dem Gefechtsfeld zu unterbinden.

Also, in Mitteleuropa: Verhindern, dass die zweite Angriffswelle der Sowjets in den Kampf eingreifen kann. Das heißt, möglichst bevor sie die Oder oder die Neiße überschreiten können.

Und schließlich die *Luftnahunterstützung (Close Air Support)*, das sind taktische Einsätze von Kampfflugzeugen zur direkten Unterstützung des Heeres auf dem Gefechtsfeld. Das ist eine der Hauptaufgaben des Geschwaders. Auch das haben nicht die Israelis erfunden. Weiterentwickelt wurde es schon vorher von der Deutschen Luftwaffe im Dritten Reich. Der Sturzkampfbomber Junkers Ju-87 Stuka ist für solche Unterstützung der Bodentruppen aus der Luft ein bekanntes Beispiel.

Hat der Konflikt im Nahen Osten den Alltag in Deutschland wesentlich berührt? Ich denke, nein. Begründen möchte ich das damit, dass selbst in unseren Streitkräften ein ganz anderes „Problem" das „Innere Gefüge" und die Gemüter bewegt.

Im Verlauf der 1960er Jahre kommen bei jungen Männern verbreitet Langhaar-Frisuren auf. Und 1967 untersagt dann ein *Haarerlass* ausdrücklich Soldaten „das Tragen einer schulterlangen oder sonst feminin wirkenden Haartracht". Bald hat das Phänomen auch das Geschwader in Oldenburg erreicht. Obwohl weder die Einsatzbereitschaft noch der Dienstbetrieb dadurch in irgendeiner Weise beeinträchtigt werden, machen mir die langen

Haare aber doch zu schaffen. Insbesondere bei Grundwehrdienstleistenden stößt die Vorgabe des Haarerlasses nämlich auf Ablehnung. Ich beobachte bei manchen auch eine gewisse Protesthaltung, die nicht mit einem einmaligen Verbot erledigt ist, und die nicht nur bei unwilligen Wehrpflichtigen auftritt. In der Fliegenden Gruppe bleiben die langen Haare zwar auf Einzelfälle beschränkt, aber ich empfinde es als lästig, mich immer wieder damit befassen zu müssen.

Schließlich macht es Verteidigungsminister Helmut Schmidt mit dem *Haarnetz-Erlass* möglich, dass Soldaten lange Haare tragen können. Der Haarnetz-Erlass liberalisiert die Vorschriften zur Haartracht in der Bundeswehr. Über ihren eigentlichen Anlass hinaus macht sich an der Verordnung eine breite gesellschaftspolitische Diskussion in der Bundesrepublik fest. Im Detail schreibt der Erlass vor, dass Haar und Bart gepflegt sein müssen und dass im Dienst ein Haarnetz getragen werden muss, falls das lange Haar den Soldaten bei seinen Aufgaben behindert. Die Bundeswehr rüstet sich daraufhin mit 740.000 Haarnetzen aus. Über seine eigentliche Bedeutung hinaus löst der Erlass eine breite, wenn auch nicht immer vollkommen ernst gemeinte Debatte aus. Insbesondere im westlichen Ausland wird die Bundeswehr verspottet. Der Ausdruck *German Hair Force* wird in der Berichterstattung gebraucht. Schließlich hat Helmut Schmidt 1972 gegen Ende seiner Amtszeit als Verteidigungsminister den Mut, den Haarnetz-Erlass wieder aufzuheben. Ab diesem Zeitpunkt muss das Haar so geschnitten werden, dass es den Uniformkragen nicht berührt, außerdem haben Augen und Ohren frei zu sein.

Fast unmerklich vollzieht sich in diesen Jahren im Flugbetrieb der Jet-Verbände ein Wandel. Die Zeit, in der sich die Kommodores vor allem mit hohem Klarstand und den meisten unfallfreien Flugstunden gegenseitig übertreffen wollten, ist vorbei. Flugstunden bedeuten vor allem fliegerische Erfahrung, besonders wichtig in den Anfangsjahren der neuen Luftwaffe. Nach dem Neubeginn gab es auch noch keine wirklich guten Flugsimulatoren, die hätten genutzt werden können.

Nun wird für alle Verbände das Taktische Combat Training Programm befohlen, genannt TCTP. Jetzt muss jeder Flugzeugführer im Laufe des Jahres mit seinen Flugstunden ganz bestimmte, genau vorgegebene Aufgaben erfüllen. Für alle Ausbildungsflüge werden also die vielfältigen Aufgaben eines vorgegebenen Missionspektrums – für Jagdbomber zum Beispiel – festgeschrieben und aufgerechnet.

Der neue Schwerpunkt erweckt keine reine Freude. Er ist nicht nur Neuland. Wie jede Umstellung ist er erst einmal unbeliebt und bedeutet harte Arbeit.

Dieser Wandel verändert tiefgreifend die Ausbildungsflüge. Während in den ersten Jahren nach 1956 das Hauptaugenmerk auf viele Flugstunden gelegt werden musste, um Erfahrung im Umgang mit den Strahlflugzeugen zu sammeln – die einen hatten keine Erfahrung mit Jets, die anderen hatten überhaupt keine Erfahrung im Fliegen –, müssen nun die Flugstunden mit Inhalten gefüllt werden. Das heißt, jeder Flugauftrag für einen Jagdbomberpiloten enthält zum Beispiel mehrere Ziele, die er angreifen muss. Er ist dann pausenlos beschäftigt und fliegt nicht nur das Flugzeug im Tiefflug – was auch schon fordernd genug ist. Der Erfüllung des Kampfauftrags soll also jetzt vor allem professionell eingeübt werden und jede Minute in der Luft über das reine Beherrschen des Flugzeugs hinaus zu einer gewinnbringenden machen. Und das heißt eben TCTP, Tactical Combat Training Program.

Die NATO und die nationalen Luftwaffenkommandos haben Kriterien und Richtlinien beschlossen für das operationelle Training der Kampfgeschwader. Das dient auch der Standardisierung innerhalb der sechs Luftwaffen, die in Mitteleuropa fliegen und oft gemeinsam operieren, BAF (*Belgische Luftwaffe*), GAF (*Deutsche Luftwaffe*), RAF (*Royal Air Force*), RCAF (*Royal Canadian Air Force*), RNAF (*Royal Netherlands Air Force*) und USAF (*United States Air Force*). Jede Nation hat ihre Regeln und Verfahren für die Durchführung des Trainings erstellt, für die deutsche Luftwaffe ist es nun das TCTP.

Das bedeutet auch das Ende „der freien Jagd" im blauen Himmel, das Ende des „Löcher in die Luft bohren", wie schon mal scherzhaft gesagt wurde. Jetzt wird jeder Einsatz gemäß den Vorgaben des TCTP geplant, geflogen und ausgewertet. Am Jahresende wird Bilanz gezogen und der Status jedes Piloten bewertet. Das Ziel heißt immer: „Combat Ready", „voll für den Einsatz bereit".

Der Wettbewerb zwischen den 'Wikingern' und den 'Füchsen' – das sind die liebevoll gepflegten Spitznamen der beiden fliegenden Staffeln des Jagdbombergeschwaders – beschränkt sich nicht nur auf Flugstunden und Erfüllung des TCTP. Manchmal nimmt er auch skurrile Formen an. Die 'Wikinger' haben ein schönes rotes Feuerwehrauto vor ihrem Staffelgebäude aufgestellt. Die Freiwillige Feuerwehr Metjendorf hat es sich abhandeln lassen. Sie wollte es eigentlich entsorgen. In einer dunklen Nacht entführen die 'Füchse' das Fahrzeug der Wikinger und stellen es an einer anderen Stelle im Fliegerhorst wieder ab, nicht ohne es vorher von 'rot' auf 'schwarz mitweißer Beschriftung' umgespritzt zu haben.

Nun „müssen" sich natürlich die 'Wikinger' revanchieren. Die Wahl fällt auf eine Vergeltungsaktion anlässlich der Kommandoübergabe der 'Füchse' an einen neuen Staffelkapitän. Dafür ist auch eine Formation von fünf Flugzeugen vorgesehen – mit Piloten der anderen Staffel natürlich –, die mit einem tiefen Überflug über den Staffelbereich der Zeremonie fliegerisches Gepräge geben sollen.

Die Piloten der 'Wikinger' „präparieren" dafür ihre Flugzeuge mit großer Begeisterung. Fast 100 Rollen Klopapier sollen in die Speedbrake-Schächte (die Hohlräume in die die Sturzflugbremsen einfahren) der Flugzeuge hinein gestopft werden.

Sorgfältige und ausgedehnte Berechnungen stellen sie an, damit Geschwindigkeit und Flughöhe der Jagdbomber, Flugbahnen der Rollen und der Wind für den Abwurf einkalkuliert sind. Schließlich haben sie diese Berechnungen für die Bomben gelernt.

Die Flugzeuge starten und nehmen die geplante Route, die über den Antreteplatz der 'Füchse' führt. Auf das Kommando „Speedbrakes, Speedbrakes – go!" öffnen die fünf Piloten gleichzeitig ihre Sturzflugbremsen und die Klorollen fallen heraus.

Geplant ist, dass sie sich „entrollen" und in langen Papierfahnen die Zeremonie berieseln. Tatsächlich! Lange Streifen Klopapier strömen eindrucksvoll schlingernd zur Erde. Aber – nur wenige Rollen erreichen überhaupt das Staffelgebäude der 'Füchse'. Die meisten landen noch vor der Umzäunung des Fliegerhorstes im Gelände und auf der Straße nach Metjendorf, wo sie dann aufgelesen werden müssen. Auch da zeigt sich, dass ohne ausreichendes Üben nichts richtig funktionieren kann. Trotz der eingehenden Berechnungen entwickeln die Rollen eine eigene Aerodynamik, und die meisten ignorieren einfach die umsichtige Kalkulation.

Als Kommandeur der Fliegenden Gruppe habe ich nahezu jedes Wochenende die Chance, Generalleutnant Herbert Wehnelt[21] freitagabends und montagfrüh auf der Flight Line zu erleben. Denn die Familie des Generals wohnt noch auf dem Fliegerhorst, auch als er schon Dienst in verschiedenen nationalen und alliierten Hauptquartieren tut. Aber Wehnelt versteht es, mit Flügen auf dem T-33 Jet-Trainer[9] seine fliegerische Qualifikation weiter zu erhalten.

Im Laufe der Zeit entwickelt sich ein fast freundschaftliches Verhältnis zu dem General. Ich profitiere ungeheuer von den – manchmal ewig scheinenden – Gesprächen, die der General jeweils vor und nach dem Flug vor der Flugabfertigung mit mir führt. Da lässt sich der General sehr viel Zeit. Mit diesen Flightline-Konferenzen behält er wohl sein Ohr an der Truppe, und mir verschaffen sie frühzeitig Einblicke in das Innenleben der Teilstreitkraft Luftwaffe, die ich in meiner gesamten Dienstzeit zu schätzen lerne. Zum Beispiel erinnere ich mich an einen Rat des Generals, als sich mir eine Chance bietet, an der deutschen Botschaft in Saigon Verteidigungsattaché zu werden. Ein solcher exotischer Auslandsaufenthalt in der Republik Vietnam erscheint mir durchaus attraktiv. Aber der General rät mir, das Angebot der Personalabteilung im Ministerium nicht anzunehmen, sondern lieber eine Verwendung im Verteidigungsministerium anzustreben. Und so kommt es dann später auch – und das hat mir viel Erfahrung in der Ministerialbürokratie eingebracht.

General Wehnelt verehre ich. Ich habe ihn schon als Leutnant kennen und schätzen gelernt, als ich noch als junger Jagdflieger meine ersten Schritte – oder besser meine ersten Flüge – auf der F-86 Sabre in Oldenburg gemacht habe. Der spätere Dreisterne-General war Oberstleutnant und Kommandeur der Waffenschule 10. Mich beeindruckt, wie Wehnelt früh erkannte, dass eine Armee, von der man verlangt, dass sie kämpfen können muss, um nicht kämpfen zu müssen, ein besonderes Augenmerk auf die Erziehung seiner Offiziere zu richten hat. Damals baute der Kommandeur der Waffenschule 10 eine zukunftsträchtige Beziehung zur Stadt Oldenburg auf. Ich konnte miterleben, wie sich Wehnelt vor großen Veranstaltungen für die Stadt bis ins Detail um die Vorbereitungen kümmert. Selbst einzelne Weingläser prüft er vorher auf den Tischen des Festsaals daraufhin, ob nicht irgendwelche Wasserflecken zurückgeblieben sind.

Wehnelt führt auch für die jungen Offiziere als Teil der Ausbildung einen besonderen Fortbildungskurs „Stil und Form" bei seinem Major Horst Schopis ein. Schopis, ein Offizier der alten Schule, ist durch den Abschuss seiner Heinkel He 111 in Norwegen auch äußerlich schwer gezeichnet. Er hat ein Auge verloren. „Es geht vor allem darum, die gesellschaftlichen Regeln zu kennen und respektvoll miteinander umzugehen", erklärt er den jungen Offizieren. Durch den Krieg und die Wirren danach sind nicht alle besonders kundig in gutem Benehmen, wie Knigge es gefordert haben würde. Die Offiziere sollen sich selbst und das, was sie repräsentieren, nicht durch gesellschaftliches Fehlverhalten abwerten. Auf gesellschaftlichem Parkett sollen sie sich sicher bewegen können. Auch Tanzschritte werden geübt und wie man einer Dame formvollendet die Hand küsst. Ein Anlass ist der erste „NATO-Ball", den Wehnelt für die Stadt Oldenburg abhält. Da will er sicherstellen, dass seine Luftwaffenoffiziere die gesellschaftlichen Umgangsformen beherrschen und einen guten Eindruck machen. Nicht alle jungen Offiziere in der Waffenschule finden die 'Schopis-Stunden' gut, und es ist manchem ein willkommener Anlass, dumme Sprüche zu machen.

Beispielhaft finde ich auch, wie es Wehnelt versteht, auch anderen militärischen Führern an der Waffenschule gegenüber seinen Willen geschickt durchzusetzen, wenn er glaubt, die bessere Einsicht zu haben. Da ist zum Beispiel der Hauptmann Ernst-Dieter Bernhard[22], einer seiner Staffelkapitäne. Der hat sich für die Ausbildung zum Generalstabsoffizier qualifiziert, will aber auf gar keinen Fall nach Hamburg und von einer fliegerischen Laufbahn lassen. Sein Ziel ist es, solange wie möglich zu fliegen und als Kommodore ein Geschwader zu führen, aber nicht, mit diesem jahrelangen Studiengang von der Fliegerei Abschied zu nehmen. Obwohl es ihm zweimal gelingt, als 'unabkömmlich' zu gelten und die Kommandierung zu umgehen, bringt ihm sein Widerstand wenig. Beim dritten Mal hilft bei Wehnelt keine Ausrede mehr. Bernhard geht nach Hamburg zur Führungsakademie. Er landet tatsächlich nach dem Generalstabslehrgang bald in einem Alliierten Hauptquartier. Jedoch wird er als Major im Generalstab eben nicht „nur zum Kaffee holen" eingeteilt, wie er befürchtet hat. Und bald zeigt sich auch der Weitblick Wehnelts und welches Gespür er für Talente hat: Ernst-Dieter Bernhard hat eine steile Karriere vor sich und wird Dreisterne-General.

13 Bis an die Grenzen Europas

Die NATO muss sich der Frage stellen, „Wer schützt die äußersten Flanken an den Grenzen des Bündnisses vor einem Überfall?" „Also in besonders exponierten Gebieten wie z. B. Tromsø in Norwegen oder im Osten der dort wenig besiedelten Türkei; überall wo die Verbündeten nur über begrenzte eigene Kräfte verfügen und die NATO nicht in der Lage ist, dauerhaft eigene Großverbände zu stationieren."

Die Staaten, in denen diese Gebiete liegen, würden es kaum allein schaffen, militärische Vorstöße des Ostblocks erfolgreich abzuwehren. Deshalb hat die Allianz nach einer Möglichkeit gesucht, eine Abschreckung zu gewährleisten, die mobil einsetzbar ist. Sie soll helfen, dass im Ernstfall nicht sofort zu Atomwaffen gegriffen werden muss. Zu diesem Zweck wird ein Spezialverband gebildet, die Allied Command Europe Mobile Force (AMF, auch: *ACE Mobile Force*). Ein multinationaler mobiler Eingreifverband der NATO für den Kommandobereich Europa mit Hauptquartier in Heidelberg. Unterstellt ist der Verband, der auch als „NATO-Feuerwehr" bezeichnet wird, direkt dem Supreme Allied Commander Europe (SACEUR).

Auf Bitten der NATO stellt die Bundeswehr seit 1961 ebenfalls Einheiten dafür bereit und zwar ein Fallschirmjägerbataillon, eine Sanitätskompanie, eine Luftlandefernmeldekompanie, eine Staffel Jagdbomber und Lufttransporteinheiten.

Bei aller militärischen Schlagkraft, die die AMF darstellt, gilt sie primär als politische Waffe. Sie soll bereits in einer politischen Spannungszeit durch Anwesenheit eines kampfbereiten, aus mehreren Nationen zusammengesetzten alliierten Kampfverbandes auf dem Gebiet eines bedrohten Mitgliedsstaates einen potenziellen Angreifer von seinen Absichten abbringen. Dadurch demonstrieren die NATO-Einsatzverbände vor Ort Solidarität und Entschlossenheit und sollen den Politikern Zeit verschaffen, schwelende Konflikte mit diplomatischen Mitteln zu bereinigen.

Sollte allerdings dieses politische und militärische Signal nicht verstanden werden und die Abschreckung versagen, verbleiben die AMF-Einheiten in dem jeweiligen Einsatzgebiet und sollen zusammen mit den Streitkräften des überfallenen Mitgliedsstaates das Territorium verteidigen. Die AMF-Einheiten müssen daher ebenso zur schnellen Verlegung als auch zu nachhaltigen Kampfhandlungen fähig sein.

AMF bedeutet also für den Westen organisierte Solidarität der Verbündeten und ist damit ein wichtiger Beitrag zum Frieden.

AMF, diese 'mobile' alliierte Einsatzstreitkraft der NATO, besteht aus Marine-, Heeres- und Luftwaffenverbänden von sieben Mitgliedsstaaten. Neben den Marineeinheiten gehören Eliteverbände des Heeres in Brigadestärke und drei Staffeln Jagdbomber mit entsprechenden Unterstützungseinheiten dazu. Nur solche NATO-Partner stellen diese Truppen, die nicht zu den Flankenregionen gehören. Die AMF kann durch Lufttransport in kurzer Zeit in jedem bedrohten Gebiet, vor allem eben an der Nord- und der Südflanke im Kommandobereich Europa eingesetzt werden. Als Einsatzräume der AMF sind für die Nordflanke vorgesehen: Nord-Norwegen und Dänemark/Seeland; für die Südflanke: Türkisches Thrazien, Nordost-Griechenland, Türkisch-Syrische Grenze, Italienisch-Jugoslawische Grenze und die Osttürkei.

Um hier glaubwürdig Solidarität demonstrieren zu können, ist es erforderlich, dass alle Einheiten schnell luftverlegbar sind und in kürzester Zeit in Spannungsgebieten an den Grenzen Europas einsatzbereit sein können.

Wichtig erscheint es dem Bündnis, die entsprechenden Signale bereits im Frieden zu senden. Deshalb veranstaltet die AMF jedes Jahr Übungen, die nicht nur der Ausbildung, sondern auch der Abschreckung dienen. Sie sollen dem Gegner klarmachen, dass aggressives Verhalten den Einsatz massiver militärischer Gewalt der NATO nach sich ziehen wird.

Eine der drei Staffeln Jagdbomber, die zur AMF gehören, bringt die Luftwaffe ein, die 'Wikinger'. Es ist die Staffel des Geschwaders, deren Staffelkapitän ich gewesen bin. Für diese Staffel gilt eine 72-Stunden-Bereitschaft, die ihr nach der Alarmierung bis zu einer Verlegung in das Einsatzgebiet zugestanden wird.

Der Einsatzraum unserer AMF-Staffel mit den erforderlichen technischen Einheiten ist allein Südeuropa. In Nordeuropa werden deutsche Jagdbomber auch in Übungen wegen historisch-politischer Probleme nicht eingesetzt, d.h. wegen der Sensibilität der Nordflankenstaaten auf Grund ihrer Erfahrungen mit den Deutschen im Weltkrieg.

Wenn es heißt, Flagge zu zeigen, stehen die Flieger des Geschwaders in vorderster Linie bei den Übungen, die für diese Demonstration des Verteidigungswillens regelmäßig veranstaltet werden. Zusammen mit den verbündeten Streitkräften üben sie an Orten wie Bandirma in der Türkei, Nea Ankhialos in Griechenland und Cameri in Italien.

Das verlangt Kenntnisse von Land und Leuten ebenso wie von Geografie und Klima. Auch dazu sollen diese Übungen verhelfen. Und wenn sie dem Verteidigungsfall so realistisch wie möglich angepasst sind, dann sind sie geeignet, diese Kenntnisse zu vermitteln, und sie geben dem einzelnen Soldaten gleichzeitig die Möglichkeit, sich mit seinem Einsatzraum auseinanderzusetzen.

Wieder einmal wird 1969 die AMF für eine Demonstration der Einsatzbereitschaft alarmiert: Exercise OLYMPIC EXPRESS. Auch unsere Staffel verlegt, diesmal nach Nea Ankhialos. Die letzten Vorbereitungen sind schon fast eine Routine, und doch immer wieder aufregend. Aber nach Griechenland! Das kann wirklich interessant werden.

Nea Ankhialos, der Flugplatz, liegt direkt am Ägäischen Meer. Die Landebahn endet nach Osten hin fast im Wasser des Mittelmeers. Die nahe gelegene Stadt heißt Volos. Waren von dort aus nicht die Argonauten zu ihrer Raubfahrt aufgebrochen? Nach der griechischen Sage waren sie aus dieser Gegend ins Schwarze Meer gesegelt, auf der Suche nach dem Goldenen Vlies. Sie haben es gefunden. Und natürlich haben die Griechen das Gold, für das das Vlies symbolhaft stand, auch damals schon nicht dort liegen gelassen.

Also, nach der Alarmierung verlegt die Staffel des Geschwaders in der vorgegebenen Zeit und ohne besondere Schwierigkeiten nach Nea Ankhialos. Die Flieger in ihren Jagdbombern, das Bodenpersonal, das notwendige technische Gerät, die Verpflegung, Fahrzeuge und was man sonst noch alles für den Einsatz braucht, wird mit der von der französischen Nord Aviation gebauten Noratlas eingeflogen. Ein lautes, unbequemes und auch noch recht langsames Transportflugzeug, das aber von den Piloten liebevoll 'Nora' genannt wird.

Die Einsatzaufträge sind vielfältig und fordernd. Bis hinauf an die bulgarische Grenze führen die Flüge, an der entlang in niedrigen Höhen Patrouillen geflogen wurden. Die potentiellen Gegner sollen die Deutschen sehen. Und sie sollen sie beobachten! Sie sollen wissen, dass wir da sind, wenn wir gebraucht werden.

Als ich das erste Mal dicht an der bulgarischen Grenze entlang fliege, wird mir bewusst, dass in Deutschland so ein Flug nicht möglich wäre. In Mitteleuropa hat die NATO eine Pufferzone eingerichtet, um versehentliche Grenzverletzungen auszuschließen. Der Mindestabstand, den die Piloten vom Eisernen Vorhang einzuhalten haben, beträgt dort 80 Kilometer.

Es ist ein herrlicher Sommertag, als ich mit meinem 'Wingman' so die bulgarische Luftverteidigung beschäftigt halte. Recht aufmerksam beobachte ich – so eben Mal nebenbei, beruhige ich mich – auch die Erdoberfläche unter meiner rechten Tragfläche. Schlängelt sich da vielleicht irgendwo eine kleine Rauchsäule empor, um sich dem Flugzeug rasant zu nähern? Kann man wissen, ob nicht ein nervöser bulgarischer Luftverteidiger übereifrig auf den Abschussknopf für seine Boden-Luft-Rakete drücken würde? Aber meine Beobachtung des Luftraums ringsumher darf darunter nicht leiden.

Plötzlich sehe ich einen winzigen Punkt rasend auf mich zukommen – aber von vorn und in gleicher Höhe! Ich fliege in 1000 Meter Höhe und mein Kamerad nur wenige Meter links neben und hinter mir. Für ein Ausweichmanöver ist es zu spät – auch für eine Warnung an den Kameraden. Aber der 'Punkt' ist keine bulgarische Rakete, die da auf uns zu rast. Ein riesiger Vogel schießt zwischen dem Rottenkameraden und mir hindurch. Jetzt scheint er zwar unbeweglich in der Luft zu stehen, aber dennoch ist er blitzschnell vorbei. Es ist ein Adler. Ein griechischer Adler! Ich bin mir sicher, der Raubvogel hat eine blaue Farbe gehabt. Natürlich, er muss blau gewesen sein, es war ja ein griechischer Adler. Wenn das Riesengeschoss einen von den beiden Jets getroffen hätte, wäre ein Absturz nicht zu vermeiden gewesen. Und dann vielleicht auch noch mit dem Fallschirm nach Bulgarien hinein gleiten! O.K., noch mal gut gegangen.

Auf dem Heimflug überfliegen wir den Olymp. Eine kleine Kappe ziert den Berg, ein weißes Wölkchen. Ich erinnere mich an meine Schulzeit, an meine Griechisch-Unterrichtsstunden und an die griechischen Göttersagen. Da unten hat also Zeus, der Göttervater gethront. Hier hat er seine Streiche ausgeheckt! Da lacht der Flieger: „Nun darf ich dir über dem Kopf herumfliegen!" Das Leben ist doch schön. Und Fliegen ist eine wunderbare Sache.

Hauptaufgabe der Staffel aus Oldenburg sind Einsatzaufträge zur Unterstützung der „blauen" Fallschirmjägertruppen, die gegenüber der Halbinsel Chalkidiki an der Küste des griechischen Makedonien abgesprungen sind. Sie unterstützen griechische Truppen gegen eine amphibische Landung der „Roten". Die „Roten", das sind diesmal und hier vor allem US Marines. Bei einem der Einsätze ist bei der „deconfliction", wie es genannt wird, der im „Drehbuch" vorgesehenen Koordination der Angriffe der „blauen" und der „roten" Jagdbomber über dem Gefechtsfeld, offensichtlich etwas schief gelaufen. Ich bin mit meiner Viererformation gerade zu einem Sturzflug auf unser Ziel eingekurvt: Wir bekämpfen die Landungsfahrzeuge der US Marines. Das Ziel habe ich fest im Auge, da kommen plötzlich zwei amerikanische Jagdbomber auf unsere Höhe und ebenfalls im Sturzflug diametral entgegen. Sie wollen unsere „blauen" Bodentruppen angreifen. Die Skyhawks sind wohl genau wie die Marines von einem weiter entfernt operierenden amerikanischen Flugzeugträger der 6. US-Flotte gestartet. Warum erscheinen sie genau „zu unserer" Zeit über dem Gefechtsfeld? Stimmt das Drehbuch nicht? Oder sie haben sich vielleicht auch nur verspätet. Obwohl ich die Landungsfahrzeuge der Marines nicht aus den Augen verliere, „spüre" ich, wie die Skyhawks wie die Finger zweier gefalteter Hände genau zwischen die vier Deutschen hindurch passen.

Aber auch hier: „Tief durchatmen. Es ist noch einmal gut gegangen!" Wenn alles nicht so schnell gegangen wäre, hätten wir uns gegenseitig schön zuwinken können – oder wir hätten uns doch noch gefürchtet. Denn hinterher bin ich nicht einmal sicher, ob es nicht vier amerikanische Skyhawks gewesen sind, – gesehen habe ich nur zwei. Und danach – zu Hause an der Bar – da läuft mir dann doch noch ein kräftiger Schauer über den Rücken. Und darauf haben wir dann lieber noch einen getrunken. „Auf das Fliegerglück!"

Dann wieder einer dieser wunderbaren Morgen an der Küste Thessaliens. Die Sonne schiebt ihren feuerroten Ball gerade über die noch nicht blaue glatte Oberfläche des Mittelmeers. Sie taucht den Flugplatz von Nea Ankhialos in ein gleißendes Licht und blendet die griechischen Offiziere im Kontrollturm, wenn sie nach Osten blicken. Von dort müssen die Deutschen Jagdbomber von ihrer ersten Mission im Morgengrauen zurückkehren. Die Landebahn ist genau Ost-West ausgerichtet, die hier vorherrschende Windrichtung. Sie endet im Osten direkt vor dem schmalen Sandstrand.

Am Westende der Bahn warten bereits vier griechische Grumman F-5 Fighter (*Tiger*) auf die Freigabe für ihren Alarmstart. Nur im Krieg und in ganz wenigen Einsatzübungen werden beide Startbahnrichtungen für Start und Landungen gleichzeitig genutzt. In der deutschen Luftwaffe ist das auch bei alarmmäßigen Übungen aus Sicherheitserwägungen nicht erlaubt.

Gerade kommen die vier deutschen Jagdbomber von Osten her herein geschwebt. Sie sollen erst landen und die Startbahn verlassen, bevor die Griechen von der anderen Seite die Startfreigabe bekommen. Der Controller auf dem Tower sieht bereits zwei Deutsche nach dem Ausrollen die Startbahn verlassen. Die Deutschen sind immer schnell, weil sie nur eine kurze Auslaufstrecke brauchen. Die anderen beiden Flugzeuge müssen dann auch schon am Boden sein, sehen kann er sie nicht. Die Sicht nach Osten ist ein einziger Lichterglanz. Alles soll schnell gehen. Die griechischen Jäger waren schon in „Sitzbereitschaft" gewesen und sind alarmiert worden. 'Feindliche' Flugzeuge befinden sich im Anflug auf den Platz, sie sollen abgefangen werden. Der Alarmstart der Griechen darf nicht länger verzögert werden. Der griechische Tower Controller schießt die Auffangbarriere hoch, die am östlichen Ende installiert ist, um seine vier Flieger vor einem unfreiwilligen Bad im Meer zu bewahren, wenn beim Start etwas schief gehen sollte.

Die Barriere besteht aus einem drei Meter hohen Seilgeflecht, das einen Jäger oder Jagdbomber einfängt und abbremst, wenn er nicht rechtzeitig zum Stehen kommt.

Im selben Augenblick, in dem die Barriere hochschnellt, verfängt sich das Fahrwerk des vierten Deutschen in den Seilen. Der Letzte unseres Schwarms schwebt jetzt erst über dem Landebahnende an. Mit ungeheurer Wucht kracht das Flugzeug auf die Bahn und blieb liegen.

Zum Glück fängt das Flugzeug nicht Feuer, vielleicht weil sich fast kein Treibstoff mehr in den Tanks befindet. Es überschlägt sich auch nicht. Aber das Fahrwerk bohrt sich in die Tragflächen. Die Sirenen der heranbrausenden Feuerwehrwagen heulen auf. Sanitätswagen preschen heran.

Die vier griechischen Jäger müssen ihren Start nun doch abbrechen.

Unser Fliegerarzt schafft es als einer der Ersten zum Unfallort. Der Pilot in der G-91 bewegt sich nicht. Oberstabsarzt Dr. Horst Hennig[23] lässt den Piloten aus der Kabine heben. Es ist der Hauptfeldwebel Klaus Geertz. Er ist schwer verletzt. Eine erste Untersuchung ergibt, dass das Rückgrat den Aufprall nicht ausgehalten hat. Für einen derartigen Schlag ist es nicht gebaut.

An der Unfallstelle herrscht Hektik. „Er muss sofort ins Militärhospital gebracht werden!" „Wo?" „Nach Larissa!" „Wir haben keinen Hubschrauber." „Dann muss es eben mit dem Krankenwagen . . ." – „Oh, Gott, bei den Straßen . . ."

Eine Tortur beginnt für den Schwerverletzten. Jeden noch so kleinen Stoß des fast ungefederten Militärfahrzeugs spürt er wie einen Messerstich.

Als der Fliegerarzt mit ihm schließlich in Larissa eintrifft, steht alles für eine Behandlung bereit: Ärzte, Schwestern, Operationssaal. Operation? Eine schön geformte blendend weiße Gipsschale für den geschundenen Rücken! Wer achtet wohl jetzt auf Schönheit?

„Wird wahrscheinlich wieder werden", sagen die Ärzte. „Noch mal Glück gehabt!" Aber auch ein harter 'Fighter Pilot' wird weich bei wochenlangem, bewegungslosem Liegen im griechischen Sommer. Bei 35 Grad im

Schatten – und keiner Klimaanlage im Hospital, die die Temperatur für das Nordlicht erträglicher gemacht hätte. Vorerst ist eine Überführung in ein deutsches Hospital nicht ratsam.

Auch sein Kommandeur kann den Kameraden bei gelegentlichen Krankenbesuchen zusammen mit dem Staffelkapitän nicht wirklich aufmuntern. Nach meinen Besuchen erscheint es mir nicht ratsam, die Meinung des Verunglückten über die Arbeit der griechischen Tower-Controller niederzuschreiben und ändern kann ich sie ebenfalls nicht.

Viele Monate sollte es dauern, bis alle Formalien abgeschlossen werden können, die nach einem solchen Unfall erledigt werden müssen. Dazu gehört natürlich auch die Klärung der Schuldfrage. Und die nimmt niemand freiwillig auf sich. Nicht nur wegen der Kosten.

Inzwischen konnte der Hauptfeldwebel nach Deutschland ausgeflogen werden, und als sich später herausstellt, dass bei Gertz tatsächlich keine körperlichen Schäden bleiben werden, die nicht ausheilen können, atmen alle auf. Und ich bin froh, dass ich den Fliegerarzt des Geschwaders mitgenommen habe. Der Unfall festigt mein Vertrauensverhältnis zu ihm. Horst Hennig[23] wird mein Freund.

Über eine Ironie des Schicksals kann auch der Schwerverletzte nach einigen Tagen zumindest schmunzeln. Während der Übung war er immer besonders unzufrieden gewesen mit der „deutschen Truppenverpflegung". Die wird natürlich auch hierher mitgeführt. Einsatzverpflegung in Pappschachteln und in Dosen sowie Plastikpackungen, mit Hartwurst und Schwarzbrotscheiben, sind offensichtlich ein Muss für jede deutsche „Übung". Die Übung hätte ja auch in einer Wüste abgehalten werden können, wo es nichts zu beißen gibt, wird der Frager beschieden. Und das wird auch die Annahme derjenigen sein, die für die Zusammenstellung zuständig sind. Besonders hatte dem Verletzten die bei jedem Frühstück und jedem Abendbrot immer wieder präsente unattraktive Mortadella aus der grünen Dose missfallen. Und er hatte sich mit seiner Meinung darüber kein bisschen zurück gehalten. Nun hat er zumindest damit keine Last mehr. Es gibt keine Mortadella im griechischen Militärhospital in Larissa. Die ist er los. Die Griechen essen anders und kochen – für seinen Geschmack – sogar viel besser.

In meinem Gedächtnis ist eine schmerzliche Erinnerung unvergesslich eingegraben, die mir jetzt bei diesem Unfall wieder klar vor Augen tritt – sie beschäftigt mich immer wieder einmal.

Damals bin ich gerade Hauptmann geworden und Staffelkapitän der 1. Staffel, beim Jagdgeschwader 72 in Leck, in Schleswig Holstein. 28 Jahre bin ich alt. Ein noch jüngerer Oberleutnant meiner Staffel hat in der Platzrunde, also in Sichtweite der Landebahn und in 500 Meter Höhe, einen Triebwerksausfall. Er ist ein begabter Jagdflieger, lebensfroh und im Kameradenkreis beliebt. Ich kenne ihn gut. Es ist der Offizier, der mich einmal in Dijon in Frankreich aus einer peinlichen Situation gerettet hat, als mir bei der Landung der rechte Reifen meines Hauptfahrwerks geplatzt war. *Im Kapitel 24 komme ich noch nachträglich darauf zu sprechen.*

Aber nun Leck, im 'Break' der Platzrunde, Triebwerksausfall! 500 Meter, am Platzrand, aber in Gegenrichtung parallel zur Landebahn. Eine unheimliche Stille im Flugzeug. Das Triebwerk springt nicht wieder an – trotz seiner 'Restart' Versuche. Wäre jetzt eine Landung noch möglich? Der Oberleutnant entscheidet sich schnell, er entscheidet sich für „Ja". Er kennt sein Handwerk. Er betätigt seinen Schleudersitz nicht, der ihn in dieser Höhe sicher gerettet hätte. Die Maschine wäre dann verloren gewesen. Er wagt es zu landen. Eine 180 Grad Kurve noch. Er will mit seinem Flugzeug die Landebahn erreichen. Ohne Schub verliert die Maschine schnell an Höhe und an Geschwindigkeit. Fast hat er es geschafft. Aber 100 Meter vor der Asphaltpiste schlägt die F-86 auf. Der Jagdflieger betätigt noch den Schleudersitz, als er sieht, dass er die Bahn doch nicht mehr ganz erreichen kann. Aber die Höhe über Grund reicht nun nicht mehr aus für den damaligen Typ des an sich sehr zuverlässigen „Martin Baker Sitzes". Der Sitz schießt zwar von der Sprengladung angetrieben aus der Maschine senkrecht nach oben, aber der Pilot kommt aus dem Schleudersitz nicht mehr frei, und der Fallschirm kann sich dann auch nicht mehr öffnen.

Das Unglück trifft alle im Geschwader hart, nicht nur die Flieger.

„Wenn der Erste stirbt, stirbt man selbst mit." Wenig Tröstliches, das meinem Geschwaderkommodore einfällt. Und dann erinnert er mich an meine Pflicht als Staffelkapitän: „Informieren Sie die Eltern!"

Am nächsten Morgen fahre ich mit dem Zug vom äußersten Norden Schleswig-Holsteins nach Koblenz. Da wohnen die Eltern von Oberleutnant Peter Hofmann. Es wird eine lange Bahnfahrt für mich, bei der ich viel Zeit zum Nachdenken habe: meine Verantwortung, den Dienst für das Vaterland, über das Leben und über den Tod.

Da erkenne ich auch, welches große Glück ich habe, das Glück der späten Geburt. Ich bin jetzt 28 Jahre alt, und ein solcher Schicksalsschlag trifft mich zum ersten Mal. Die Fliegergeneration vor mir, die Fliegerasse der deutschen Luftwaffe, die Helden für mich – Günter Rall[24], 'Fritz' Obleser[25], Walter Krupinski[26], Gerhard Barkhorn[19], auch 'Bubi' Hartmann[13], Adolf Galland[18] und Johannes Steinhoff[27] zum Beispiel, die ich alle persönlich kenne, sie alle haben mit 28 Jahren bereits einen furchtbaren Weltkrieg erlebt, sie haben nicht nur unzählige Luftsiege errungen, sondern auch unzählige Kameraden verloren. Deren Tod war ihnen bestimmt jedes Mal genau so nahe gegangen wie mir der Tod dieses Fliegerkameraden aus meiner Staffel. Aber – der Tod darf nicht das letzte Wort haben, für mich nicht.

Ich suche die Eltern. Sie stehen beide an der geöffneten Tür und blicken den jungen Luftwaffenoffizier, der dort mit ernstem Gesicht steht, unsicher an. Er überbringt die Nachricht vom Tod ihres Sohnes. „Fliegen war sein Leben", sage ich. Aber das wussten sie schon. Gefasst sitzen sie mir gegenüber, als ich ihnen von den gemeinsamen Erlebnissen mit ihrem Sohn berichte. Ihre Tapferkeit beeindruckt mich ungemein.

Er ist mein erster toter Kamerad unter den mir anvertrauten Piloten. Keine Einzelheit werde ich je vergessen.

„OLYMPIC EXPRESS" in Nea Ankhialos ist nicht die einzige AMF-Übung für das Geschwader. „SUNSHINE EXPRESS", „DAWN PATROL", „DEEP EXPRESS", „HELLENIC EXPRESS", „ALEXANDER EXPRESS", „ADVENT EXPRESS" und noch einmal „DAWN PATROL" sind andere gewesen. Sie führen die AMF-Staffel neben Griechenland auch nach Norditalien und in die Türkei. Im November 1975 verschlägt es die AMF Staffel sogar in den Süden Englands nach Yeovilton. Ich habe den Verdacht, dass sich bei „England" die NATO-Planer auf der Karte in der Himmelsrichtung verguckt haben müssen, denn dass die Sowjets im Süden dieser Insel eine Landung planen, kann ich mir beim besten Willen nicht vorstellen. Vielleicht lebt da aber auch bei den an der Planung beteiligten Briten noch der Schock von 1066 n. Chr. nach, als die Normannen in Südengland einfielen.

Wer beim Geschwader Dienst tut, darf auch mal mitfliegen – dienstlich, versteht sich. So kommt auch Pastor Müller-Haye[28] bei der Verlegung der AMF-Staffel in den Genuss, zur Yeovil Air Base in Somerset/ UK mitfliegen zu dürfen. Noch heute schwärmt er von einem schneidigen 'Sealord' mit weißen Gamaschen, der ihm zur Seite gestellt wurde und ihn zu einer Unterkunft brachte, die er eher als Suite bezeichnet hätte. Drei Zimmer hintereinander: Entree, Salon und Bedroom. Der Pastor vermutet dann auch, dass der 'Sealord' ihn mit dem General verwechselt hat.

Gottvertrauen brauchen alle Flieger und natürlich hat das auch der Pastor. Denn bei einem anderen Flug – der nicht ganz „ohne" ist – mit einer Do-28, einem Hochdecker, der liebevoll "Bauernadler" genannt wird, zeigt er das. Der Pastor gerät – mit dem Piloten natürlich – in ein dickes Gewitter. „Herr Pfarrer, soll'n wir umkehren oder macht ihnen das nichts aus?" fragt der Flugzeugführer fürsorglich. "Nee, ich hab noch einen über mir, der braucht mich noch", antwortet der selbstbewusste Müller-Haye. Darauf der Pilot: "Und ich hab' zwei Motoren – das reicht!" Also rein und durch. 'Die

Tragflächen schütteln sich, im Zentrum ist es ruhig mit Blitz und Schwefel wie im Staatstheater, dann noch einmal schütteln und weiter geht es'. Offensichtlich ist es dann wieder gemütlicher für alle beide.

Nur ein einziges Mal habe ich mit einem Kampfflugzeug das Bündnisgebiet der NATO verlassen. Es wird ausgerechnet ein Flug nach Asien, nach Persien. Das Land wird damals noch vom Schah[29] regiert. Auch wenn in Europa ein 'Kalter Krieg' herrscht – in anderen Ländern der Erde finden in dieser Zeit immer wieder heiße Kriege statt. Persien nimmt nicht an diesen Auseinandersetzungen teil. Aber seit der Entstehung Pakistans, seines nächsten und mit Persien befreundeten Nachbarn, wird dessen Außenpolitik durch sein gespanntes Verhältnis zu Pakistans Nachbarn Indien bestimmt. Der Streit um Kaschmir belastet zusätzlich die Beziehungen Pakistans zu Indien. Kaschmir ist von einer mehrheitlich moslemischen Bevölkerung bewohnt, wurde aber – wie so oft von den früheren Kolonialmächten rücksichtslos praktiziert – willkürlich dem mehrheitlich hinduistischen Indien zugeschlagen. Das führt dazu, dass die beiden Staaten mehrfach Krieg miteinander führen. In einem dieser Kriege, die Indien gegen Pakistan führt – oder umgekehrt – greife nun auch ich ein – allerdings ohne dass ich das ahne und ohne dass ich je Pakistan zu Gesicht bekomme.

Die deutsche Luftwaffe hat umgerüstet auf den Starfighter F-104 und auf die Fiat G-91. Deshalb werden die F-86 Sabre Jäger der Luftwaffe nicht mehr gebraucht und sollen verkauft werden. Portugal ist interessiert. Es will die Jagdbomber in seinen Kolonien einsetzen. Portugiesische Flugzeugführer werden auch schon in Oldenburg eingewiesen und auf die Überführung der Flugzeuge vorbereitet. Aber das Geschäft zerschlägt sich am Einspruch der USA und Kanadas. Auch Schah Reza Pahlevi[29] ist interessiert. Er erhält schließlich den Zuschlag. Die Flugzeuge werden von der bundeseigenen Verwertungsagentur Vebeg an die Waffenhändler der Firma Merex verkauft, die das ausgemusterte Bundeswehrmaterial nach Persien verkaufen dürfen. Nun sollen 90 voll einsatzbereite Jagdflugzeuge in den Orient überführt werden.

Die Jabo Geschwader 42 Pferdsfeld und 43 Oldenburg bekommen den Auftrag, das ganze abzuwickeln. In einem Schwarm von jeweils vier Flugzeugen werden die Sabres nach Persien geflogen. Damit bekommen die meisten Flugzeugführer mindestens einmal die Gelegenheit, bis in das Land des Schahs zu fliegen. Alle sind sie begeistert. Für jeden wird dieser Flug zu einem kleinen Abenteuer. Das Abenteuer beginnt mit dem üblichen Umweg über Frankreich, weil ja der direkte Weg für unsere Militärjets versperrt ist: Sowohl die Schweiz als auch Österreich gehören keiner militärischen Allianz an und legen großen Wert auf ihre Neutralität. Das heißt, sie mögen keine

Überflüge deutscher Jets. Dann erfordert die Reichweite der F-86, die als Jagdflugzeug und nicht als Fernbomber konzipiert wurde, mehrere Zwischenlandungen. In Cameri oder Villa Franca und Goia del Colle oder Brindisi in Italien sowie in der Türkei werden Landungen auf den Flugplätzen in Konya, Eskisehir und Diyarbakir eingeplant.

Alle Piloten werden sorgfältig auf die Unwägbarkeiten des langen Fluges vorbereitet, über Länder und Leute eingehend 'gebrieft'. Im Survival-Paket des Schleudersitzes die übliche Notfallausrüstung für Notlandungen in Wüsten, in Gebirgen und für Absprünge über dem Meer: Handschuhe, Messer, Angel, Schlauchboot, Entsalzer für Meerwasser, Spiegel, Streichhölzer, Taschenlampe, Tabletten, Schokolade, Trinkwasser und anderes, was man zum Überleben braucht, wenn man eine Weile auf sich selbst angewiesen ist. Auch Geld wird eingepackt in den verschiedenen Währungen der Länder, die überflogen werden. Und natürlich hat jeder eine Pistole umgeschnallt und zwei Magazine mit Munition in der Tasche. Da wird schnell noch einmal geübt, wie man damit auch trifft, falls sich nach einem Fallschirmabsprung in einem asiatischen Gebirge etwa überraschend ein Berglöwe anschleicht...

Dann diskutieren die Piloten eingehend, wie man wohl mit einer nichtsahnenden Bevölkerung in der Türkei und in Persien umgehen soll, wenn es nach einem Fallschirmabsprung – Gott behüte – zu unbeabsichtigten Zusammentreffen in einsamen Landstrichen kommen sollte. 'Karl May'-Romantik und sein Roman 'Durchs wilde Kurdistan' lassen grüßen. Umsichtige führen dann auch Tauschartikel wie Nylonstrümpfe, Kugelschreiber und Seidentücher mit sich – man kann ja nie wissen, in welche Situation man geraten könnte, wenn nicht alles glatt geht.

Ich fliege schon im zweiten Schwarm, der von Oldenburg nach Vahdati am Persischen Golf unterwegs ist. Die Flugplätze auf dem Weg dorthin in Frankreich und in Italien kenne ich. Ich lande zuerst in Turin und dann in Goia del Colle. Nach Verlassen Italiens über der Adria nicht zu nahe an Albanien heranfliegen! Die Sozialistische Volksrepublik ist zwar 1968 aus dem Warschauer Pakt ausgetreten – auch sie missbilligte den Überfall auf den Bruderstaat Tschechoslowakei –, aber unsere Freunde wollen die Albaner dennoch nicht sein. Also, gehörig Abstand halten. Über Griechenland immer auf Überraschungen gefasst sein. Nicht nur wegen des gewöhnungsbedürftigen Gebrauchs des Fliegerenglisch durch die griechische Flugsicherung, sondern weil den Griechen vielleicht die Nutzung ihres Luftraumes für einen Flug in die Türkei nicht gefällt. Die beiden Staaten vertragen sich wieder einmal nicht richtig. Da können griechische Sticheleien auch in der Luft recht unangenehm werden. Am besten ganz hoch und ganz schnell durch den griechischen Luftraum durch. Das mache ich dann auch, denn ich bekomme nicht einmal Kontakt mit den griechischen Flugsicherungsstellen.

Ein weiterer Stop zum Auftanken ist Eskisehir, schon in der Türkei. Nach der nächsten Landung in Diyarbakir, das liegt mitten in einem der größten Siedlungsgebiete der Kurden in der Türkei, nicht vergessen, dass es als eine recht unruhige Gegend gilt – wie heute immer noch.

Für mich ist Diyarbakir, die Hauptstadt des türkischen Kurdistans, mit der noch erhaltenen gewaltigen Stadtmauer eine neue und besondere Sehenswürdigkeit – auch wegen ihrer strategischen und ebenfalls sehr schönen Lage. Ihre geschichtsträchtige Zitadelle wacht drohend über dem Ufer des Tigris. Dort fallen mir Hakenkreuze an den Mauern der Stadt auf. Sie haben nichts mit Neonazis zu tun, sondern sind kurdische Glückssymbole. Ungewöhnlich finde ich, türkische Soldaten zu beobachten, die am Tag und in Uniform am Ufer des Tigris Händchen haltend spazieren gehen. Männer? Händchen haltend . . . ?

Der Tigris ist von hier an für 'Keleks' befahrbar, das sind Flöße aus aufgeblasenen Tierbälgen. Sein Verlauf führt weiter nach Süden über Bagdad zum Persischen Golf. Dahin wollen die deutschen Flieger auch. Aber sie müssen einen Umweg nehmen, der doppelt so weit ist. Überfliegen des Irak, den direkten Weg, den die Keleks nehmen, – das ist „out". Aber wir sind natürlich dennoch erheblich schneller am Golf.

Am dritten Tag geht der Flug vom Flugplatz am Tigris schon gleich nach Sonnenaufgang unbeeinträchtigt weiter nach Osten. Nun hinüber nach Persien und noch weiter nach Süden. Beim Überflug der türkischen Grenze gibt es keinerlei Probleme mit der persischen Flugsicherung. Sogar gutes Englisch sprechen sie.

Eine glückliche Landung in Vahdati schließt unsere Überführung planmäßig ab. Nun muss ich nur noch die vier Flugzeuge an die persischen Offiziere übergeben, und dann – dann wird ordentlich einer getrunken.

Am nächsten Morgen staune ich nicht schlecht, als ich aus dem Fenster meiner Unterkunftsbaracke auf das Flugfeld blicke. Mit unseren Jagdflugzeugen hat über Nacht eine wundersame Verwandlung stattgefunden. Die vier Sabres stehen zwar noch brav aufgereiht auf dem Vorfeld. Das Balkenkreuz, das deutsche Hoheitsabzeichen, ist aber in der Nacht bereits überpinselt worden mit einer neuen, kreisrunden Kokarde. Nun, das ist nicht besonders verwunderlich, auch nicht, dass dieses Hoheitsabzeichen etwas kleiner ausgefallen ist, so dass die vier Enden des Balkenkreuzes noch herausschauen. Aber, was ist das? Erst beim zweiten Hinsehen wird mir klar, was das Außergewöhnliche bedeutet. Die Farben der neuen Kokarde stimmen doch gar nicht. Nein, das ist tatsächlich nicht das Grün-Weiß-Rot der persischen Luftwaffe, sondern das ist nur Grün und Weiß! Die Flugzeuge tragen doch gar nicht die Hoheitsabzeichen Persiens, das sind die Kokarden Pakistans! Es fällt mir nicht schwer, drei und drei zusammen zu zählen: Unsere Flugzeuge sollen wohl eine Waffenhilfe der Perser werden für ihre Brüder im Zweiten Krieg Pakistans gegen Indien.[30] „Wenn das die deutsche Presse wüsste!", denke ich.

Uns gegenüber zeigt sich die persische Luftwaffe nicht kleinlich für das Überlassen und die Überführung der deutschen Jagdflugzeuge. Feierlich wird uns jeweils eine schöne Dankesurkunde des „Befehlshabers der Kaiserlich Iranischen Luftwaffe Generalleutnant Khatami" überreicht, in deutschem und persischem Wortlaut auf feinem Büttenpapier. Dazu erhalten wir noch einen silbernen Becher mit dem Wappen des Schahs. Dann werden wir vier Deutsche mit einem persischen Transportflugzeug von Vadathi am Persischen Golf nach Norden geflogen, in die Hauptstadt Teheran. Der Laderaum der Lockheed C-130 Hercules gleicht einem Dorfmarkt im Orient, – für deutsche Piloten und ihre Sicherheitsvorstellungen ein Albtraum. Sitze sind Mangelware, und die wenigsten übrigen Mitflieger können einen ergattern. Das sind Bauern, Handwerker, Frauen und Kinder, wahrscheinlich Anwohner des Flugplatzes oder Angehörige, die einträchtig zusammen mit ihrem Kleinvieh auf dem Boden des Laderaumes sitzen. Kühe und Pferde gibt es nicht, das größte Tier ist eine Ziege. Als die persischen Piloten meinem Feldwebel Gerd Poelchau auf seine Bitte hin gestatten, ein Weilchen die Maschine zu steuern – schlecht und recht –, heben die Hühner gackernd ab. Poelchau schafft das leicht, wenn er unabsichtlich das Flugzeug über die Querachse zu heftig auf und ab bewegt. Eine Noratlas fliegt sich eben doch anders als ein Jet. Und dann wird bei den unkoordinierten Hopsern auch prompt dem einen oder anderen Bauern schlecht. Das trägt im Flugzeug zur Stimmung aller bei.

In Teheran gibt es für die vier Piloten des Schwarms alle Privilegien, die sich ein VIP wünschen könnte: Unterbringung im Teheran Hilton, Besichtigung der Hauptstadt und betreuter Besuch im Bazar. Dann eine Fahrt mit einem Kleinbus zum Kaspischen Meer. Ein bezaubernder Anblick des schneebedeckten Elbrus-Gebirges bietet sich uns bei der Fahrt durch das Tal des Nur Rud und weiter durch die weiten Reisfelder seines Deltas bis ans Kaspische Meer. Allerdings ist Baden im März dort nicht so recht angesagt, aber bis zum Knie müssen wir doch einmal hinein waten. Wann werden wir schon mal wieder am Kaspischen Meer sein?

Den Rückflug nach Deutschland finden wir komfortabel und entspannt als einfache Touristen in der Economy-Klasse der Lufthansa. Wir haben niemanden fragen können, ob man den preiswerten wunderschönen Perserteppich aus dem Teheraner Basar beim deutschen Zoll anmelden muss.

Am Ende der Operation kommen alle 90 Flugzeuge aus Oldenburg wohlbehalten in Persien an. Die Techniker des Versorgungsregiments 6 haben die Maschinen hervorragend in Schuss gebracht und die Flugzeugführer sind 'Professionals'. Die Überführung zieht sich jedoch über das ganze Jahr 1966 hin, denn die Bereitschaften und die anderen Verpflichtungen in Mitteleuropa der NATO gegenüber müssen weiter erfüllt werden. Es geht alles glatt, aber – ein paar außergewöhnliche Erlebnisse bleiben dennoch nicht aus.

Auf einem dieser Überführungsflüge nach Persien fällt die Nummer Vier in einem Schwarm von vier Flugzeugen in 35.000 Fuß über der Türkei auffallend weit zurück. „Omar, rück mal nach vorn, es wird langsam dunkel. Sonst siehst du uns nicht mehr", mahnt der Section Lead die Nummer Vier. Aber 'Omar' (kein Türke, das ist sein Rufzeichen) antwortet nicht. Auch nach einer weiteren Aufforderung dauert es noch eine Weile, bis er sich endlich wieder meldet und in seine Position aufschließt.

Später, nach der Landung, beim Debriefing, rückt er schließlich mit dem Grund für sein ungewöhnliches Verhalten heraus: 'Omar' hatte in Italien beim Einsteigen in seine Sabre vergessen, die sechs 'Safety Pins', die mit einer langen Leine miteinander verbunden Sicherungsstifte, aus dem Schleudersitz zu ziehen. Das bedeutet: Wenn die Sicherungen nicht entfernt sind, kann er den Abzugsgriff des Sitzes nicht betätigen, die Kartusche wird nicht gezündet, der Schleudersitz schießt nicht aus dem Flugzeug heraus – rein nichts passiert. Peinlich – mindestens!

Als Omar das in 35.000 Fuß auffällt – da hat er ja ausreichend Zeit, sich umzusehen –, entschließt er sich, die Sicherungsstifte sofort zu entfernen. Kluger Entschluss! Das geht aber leider nur, wenn er sich vom Sitz und allen Kabeln losschnallt, sich umdreht, auf den Schleudersitz kniet und sie dann einzeln zieht. Sogar hinter ihm und über seinem Kopf gibt es nämlich noch welche. Da die F-86 keinen Autopiloten besitzt, bleibt das Flugzeug nicht lange und auch nicht automatisch auf dem vorgegebenen Kurs und tut so, als ob nichts gewesen wäre. Ab und zu muss er auch mal zum Steuerknüppel greifen. In der Zwischenzeit kann er natürlich auch keinen Funkspruch beantworten, denn auch dieses Kabel ist gelöst. Daher die temporäre Funkstille. Aber er hat es ja doch noch geschafft.

Und noch eine Begebenheit soll hier berichtet werden, die nicht so geplant sein konnte. Nach der Rückkehr aus Persien mit der Lufthansa stellt ein Oberleutnant fest, dass er seine Schwimmweste und seine Pistole in der

Waffenschale seiner F-86 vergessen hat. Und die hat er in Persien abgestellt. Die Weste ist ohnehin nicht besonders beliebt, sie drückt am Hals. Aber deshalb kann er sie doch nicht einfach liegen lassen. Jetzt fehlt sie jedenfalls im Inventar. Die Pistole gehört auch noch zu den besonders gehüteten und registrierten Ausrüstungsgegenständen. Da bittet er nun einen Piloten der nächsten Überführungscrew zu helfen. Dem gelingt es tatsächlich, die Vermissten noch zu finden und sie sicher zu stellen. Er bringt sie dann auch ohne weitere Schwierigkeiten mit nach Hause.

Damals wurde bei der Lufthansa noch nicht nachgeforscht, ob ein Flugpassagier eine oder wie hier gar zwei Pistolen mit sich führt – mit Munition.

14 Stellvertretender Kommodore (1970)

Die 1961 von US-Präsident John F. Kennedy erteilte „Aufgabe an die Nation", noch vor Ende des Jahrzehnts einen Menschen zum Mond und wieder sicher zurück zur Erde zu bringen, hat die US-amerikanische Raumfahrtbehörde NASA erfüllt. Die drei Astronauten Neil Armstrong, Edwin „Buzz" Aldrin und Michael Collins starten am 16. Juli 1969 mit einer Saturn-V-Rakete vom Kennedy Space Center in Florida und erreichen am 19. Juli eine Mondumlaufbahn. Während Collins im Kommandomodul des Raumschiffs *Columbia* zurückbleibt, setzen Armstrong und Aldrin am nächsten Tag mit der Mondlandefähre *Eagle* auf dem Erdtrabanten auf. Wenige Stunden später betritt Armstrong als erster Mensch den Mond, kurz danach auch Aldrin. Nach einem knapp 22-stündigen Aufenthalt startet die Landefähre wieder von der Mondoberfläche und kehrt zum Mutterschiff zurück. Nach Rückkehr zur Erde wassert die *Columbia* mit den drei Astronauten am 24. Juli rund 25 Kilometer vom Bergungsschiff USS Hornet entfernt im Pazifik. Große Begeisterung herrscht über diesen Erfolg menschlichen Muts, fantastischer Ingenieurskunst und großartigen Erfindergeistes.

Apollo 11 ist der erste bemannte Flug zum Mond, der eine Landung und eine sichere Rückkehr auf die Erde zum Ziel hatte. Wenn ich an meine Befürchtungen denke, die der Sputnik-Start bei mir ausgelöst hat, dann bringt mich der spektakuläre Erfolg des Apollo-Programms unwillkürlich zum Lächeln. Die rasante Entwicklung der Raketentechnik beunruhigt mich jetzt in keiner Weise mehr. Im Gegenteil, die Luftwaffe geht mit der Zeit: Sie hat jetzt gerade ein schönes Poster herausgebracht, das werbewirksam Offiziere der Luftwaffe zeigt als „Manager des Luft- und Weltraums".

Im Jahr darauf ereignet sich noch ein großer Fortschritt – für mich persönlich! Eine große Veränderung, auch für meine Familie. Ich werde nach Husum versetzt, der Stadt „am grauen Strand am grauen Meer". Dort werde ich Stellvertretender Kommodore im Leichten Kampfgeschwader 41 und befördert zum Oberstleutnant. Bei aller Bescheidenheit denke ich, „Das mit der Beförderung hat aber lange gedauert. Wäre ja schon seit Jahren auf der letzten Planstelle möglich gewesen." Aber sonst – nur eitel Freude. Und eine gute Einsicht: „Ich war eben noch zu jung!"

In Oldenburg ist jetzt ein äußerst sympathischer und gut aussehender Nachfolger schon als Oberstleutnant angekommen. „Aber Eberhard Eimler[31] ist auch erheblich älter", brauche ich mich nicht einmal zu trösten. Denn, „Jünger zu sein ist ein nicht eintauschbarer Vorteil." Mein Nachfolger bleibt auch nur ein halbes Jahr als Kommandeur Fliegende Gruppe und beginnt dann eine steile Karriere.

Meine Familie trägt den Ortswechsel des Vaters mit bewundernswürdiger Zuversicht. Besonders die beiden Kinder, die ja wieder die Schule wechseln und sich in einer völlig neuen Umgebung zu Recht finden müssen. Schnell ziehen wir zum vierten Male um. Bald stellen die Laubes fest, dass der Ausspruch von Theodor Storm nicht negativ gemeint sein kann. Husum ist eine liebenswerte Stadt mit einer sehr freundlichen Bevölkerung. Schnell finden wir Zugang zu einem kleinen Kreis. Auch die Kinder kommen erstaunlich schnell mit ihren neuen Lehrern und den Klassenkameraden klar. Das Wetter ist besser, als man vermutet, sogar mehr Sonnenschein im Jahr gibt es nach der Statistik als in den meisten Regionen Deutschlands. Lediglich der fast ständige kräftige Westwind ist gewöhnungsbedürftig, und – Husum ist eben für uns wieder ein bisschen „weit von Deutschland" entfernt – wie damals Leck auch.

Aber das Flugzeug, die 'Gina', ist mir vertraut, und die Jagdbomber-Rolle inzwischen auch. Also, alles wirklich kein Problem. Und im Übrigen bereitet mir persönlich auch „die Entfernung von Deutschland" kein Problem: Ich kann mir ja jederzeit einen Jet nehmen und „nach Deutschland" fliegen. Ich verbinde das einfach mit einem Ausbildungsflug.

Mein Kommodore, Oberst Dieter Hein, entpuppt sich als ein sehr umgänglicher, äußerst ruhiger und kontrollierter Vorgesetzter, der mich sogar freistellt und mir den Besuch eines ganz besonderen Lehrgangs ermöglicht, wie wir noch sehen werden.

In diese Zeit fällt die Befreiung von Andreas Baader[32] aus der Haft, zu der er wegen seiner Teilnahme an den Kaufhaus-Brandstiftungen 1968 in Frankfurt am Main verurteilt war, durch Ulrike Meinhof[33] und andere am 14. Mai 1970 in Berlin. Sie gilt als die Geburtsstunde der RAF. Die Rote Armee Fraktion (RAF) ist eine linksextremistische terroristische Vereinigung in der Bundesrepublik Deutschland. In ihrem Selbstverständnis ist die RAF eine kommunistische, antiimperialistische Stadtguerilla nach südamerikanischem Vorbild ähnlich den Tupamaros in Uruguay. Sie wird 1970 von Andreas Baader, Gudrun Ensslin, Horst Mahler, Ulrike Meinhof und weiteren Personen gegründet. Ab 1970 kooperiert die RAF mit der palästinensischen Fatah in Jordanien. Baader ist 1972 an fünf Sprengstoffanschlägen mit vier Todesopfern und mehreren Bankrauben beteiligt.

Die von der RAF ausgehende Bedrohung der inneren Sicherheit in Deutschland führt auch zu einer verstärkten Wachsamkeit der Bundeswehr. Auch Soldaten und deren Familien fühlen sich bedroht und fürchten, dass zum Beispiel Brandsätze durch Fenster in die Wohnungen von Offizieren geschleudert werden. In Husum jedoch, im hohen und kühlen Norden der Bundesrepublik, wo ich jetzt wohne, ist davon nichts zu spüren.

Im Juli 1972 stellt mich Oberst Hein tatsächlich frei, sodass ich zum Armed Forces Staff College in Norfolk, Virginia (*AFSC)*, kommandiert werden kann. Ich entschließe mich, zu dem fast einjährigen Studienaufenthalt meine Familie mitzunehmen. Also machen sich Ehefrau, der neunjährige Sohn und die elfjährige Tochter mit auf die Reise über den großen Teich. Für die Kinder wird es ein Erlebnis, das sie ihr Leben lang prägt, nicht zuletzt wegen der Vertrautheit mit der englischen Sprache. Sie besuchen nämlich von der ersten Woche an eine amerikanische Schule.

Captain US Navy Sid N. Edelman, Stellvertreter des Kommandanten des College und seine Familie tragen wesentlich zu der Entwicklung bei, dass der Aufenthalt auch für meine Familie ausschließlich ein Gewinn wird. Sid schließt meinen Sohn Harald sofort in sein Herz. „It takes two hands to hold a whopper" (*man braucht zwei Hände, um einen großen Riesenhamburger zu halten*) , ist das Erste, was er Harald zu beherzigen aufträgt, und Harald lernt geziemend zu antworten, „Aye, aye Sir!"

Außer – geschätzten sechzig – Amerikanern nehmen neben vier britischen Royal Air Force Offizieren noch drei weitere deutsche Offiziere am Lehrgang teil. Zweimal Heer, einmal Marine, nur ich komme von der Luftwaffe. Traditionell wollen die Briten im Oktober den Sieg der Royal Air Force über die Luftwaffe Hermann Görings in der Luftschlacht um England im Jahre 1940 feiern. Unter den Briten findet eine Diskussion statt, wie ich erst danach mitbekomme, ob sie es wagen sollen, auch den deutschen Flieger dazu einzuladen. Schließlich entscheiden sie sich für „Yes!" Ein Wing Commander wird beauftragt, vorsichtig bei mir anzuklopfen, um mir anzubieten, an ihrer Feier zum Battle of Britain Day teilzunehmen. Ihre Sorge ist, dass sie den Deutschen damit verletzten könnten, sie haben schließlich damals gewonnen. Ich bin angenehm berührt von ihrem Takt, nehme ihnen aber die Angst und erkläre, dass ich sehr wohl auch die historische Leistung der britischen Jagdflieger zu würdigen weiß. Und es wird eine harmonische Fliegerparty. Bald stellt sich auch heraus, dass diese gemeinsame Feier sehr zum Zusammenhalt der Europäer im Lehrgang beiträgt.

„Equal opportunity" ist eine politische Offensive, die in den Diskussionen der Amerikaner jetzt eine breite Rolle einnimmt. Interessiert höre ich genau zu. Die Initiative zielt darauf ab, Ungleichgewichte in der bisherigen Karriereplanung der Streitkräfte zu beheben. Sie wird von den amerikanischen Offizieren süffisant kommentiert: „Wenn du jetzt schnell Karriere machen willst, dann musst du Farbiger sein und eine Frau".

Im Hintergrund bewegt natürlich die Weltlage nicht nur die Gemüter, sondern beeinflusst auch das Studienprogramm. Am meisten Beachtung findet, wie Richard Nixon, der Präsident der Vereinigten Staaten, die USA mit seinem Außenminister Henry Kissinger in Richtung China öffnet. In der vom Kalten Krieg geprägten Zeit ist Nixon um Entspannungspolitik und Abrüstung bemüht (*Der Strategic Arms Limitation Vertrag, SALT, führt 1972 zum Anti Ballistic Missile Vertrag, ABM*). Er ist der erste Präsident der Vereinigten Staaten, der zu Staatsbesuchen in die Sowjetunion und im Februar 1972 in die Volksrepublik China reist. Er führt Gespräche mit Mao Zedong, die als Höhepunkt der so genannten Ping-Pong-Diplomatie gelten. Sie vereinbaren eine Normalisierung der diplomatischen Beziehungen, und Nixon sagt zu, die US-amerikanischen Truppen aus der Republik China, bei uns ursprünglich als Formosa und dann als Taiwan bekannt, abzuziehen.

Das ist die eine Seite der Außenpolitik der USA in der Zeit, in der ich am College studiere. Die andere Seite unterscheidet sich ganz erheblich davon. Das sind die militärischen und wirtschaftlichen Ambitionen der USA. Für mich wird das in sechs Planspielen deutlich, für die von den Studenten logistische Voraussetzungen ausgearbeitet werden sollen. Sie spiegeln sich in US-Interventionen, die bis auf eine alle den Mittelmeerraum betreffen. Fünf davon sind Landeoperationen der US Marines in im Augenblick friedlichen Staaten. Eines der Planspiele ist jedoch keine rein militärische Operation. Uniformierte dürfen da nicht in Erscheinung treten. Die Amerikaner nennen das eine „undercover operation", auf Deutsch vielleicht „Verdeckte Aktion". Wirklich nichts Neues in der amerikanischen Außenpolitik. Schon Präsident Franklin Delano Roosevelt hatte 1942 bei der Gründung der OSS (Office of Strategic Services) als Auftrag u.a. verfügt: „to plan and to operate special services", die beschrieben wurden als „alle Maßnahmen zu ergreifen, die unseren Willen … erzwingen mit anderen als militärischen Aktionen … „

Bei unserem Planspiel geht es darum, eine Regierung in Venezuela[34] gefügig zu machen und die Übernahme der Kontrolle über die Erdölindustrie durch politische Kräfte des Landes vorzubereiten, die den USA gewogen sind. Das Pentagon gibt diese Studienaufträge offensichtlich an das AFSC. Die ausgearbeiteten Pläne werden an das Pentagon zurückgemeldet. Hier warten sie in den Schubladen auf den richtigen Moment.

Erstaunt bin ich, als ich erkenne, wie wenig amerikanische Offiziere im Allgemeinen über Europa und der politischen Lage dort wissen. Zweimal halte ich einen Vortrag über das Vorrücken der Sowjetunion nach Westen seit 1944 und über die sowjetische Bedrohung in Europa. Damit beschäftigen sich keine Planspiele am College. Der Stellvertretende Kommandant des College, Captain US Navy Sidney N. Edelman, hat mich dazu ermuntert. Ich habe den Eindruck, dass ich damit Neuland betrete, denn die Vorträge erwecken bei den amerikanischen Studenten – Dienstgrade Major und Oberstleutnant – nicht nur Interesse, sondern zum Teil auch Erstaunen.

Aus USA zurückgekehrt, nehme ich wieder meine Aufgabe als Stellvertreter des Kommodore im Leichten Kampfgeschwader 41 Husum wahr. Bald aber werde ich auf die USAF Base Ramstein in der Pfalz zur 4. ATAF *(4th Allied Tactical AirForce)* versetzt. Auch diesmal nehme ich meine Familie mit – der dritte Umzug für sie in einem Jahr.

In Ramstein bin ich jetzt Branch Chief Special Plans in einem NATO Hauptquartier.

Die 4. ATAF ist für den Einsatz der alliierten Luftstreitkräfte im Bereich der ehemaligen amerikanischen Besatzungszone zuständig und wird von drei Nationen mit Personal besetzt: USAF, Deutsche Luftwaffe, Royal Canadian Air Force und einem Verbindungsoffizier aus Luxemburg. Stellvertreter des Befehlshabers, des amerikanischen Viersterne-Generals David C. Jones, ist Generalmajor Gerhard Limberg[35] Mit ihm verbindet mich bald ein vertrautes Verhältnis. Limberg betraut mich nach kurzer Zeit mit den Verhandlungen im NATO Hauptquartier in Brunssum, dem Allied Air Forces Northern Command *(AFNORTH)*, die eine neue Struktur der alliierten Luftstreitkräfte in Mitteleuropa zum Ziel haben. Ich soll helfen, den deutschen personellen Beitrag in dieser neuen zukünftigen Luftstreitkräfteorganisation auszuhandeln. AAFCE soll sie heißen, ALLIED AIR FORCES CENTRAL EUROPE, und den gesamten Luftraum in Mitteleuropa von Niedersachsen bis zu den Alpen umfassen. Generalmajor Gerhard Barkhorn, Limbergs Nachfolger, sorgt dafür, dass ich für den Dienstposten, den ich innehabe, auch die richtige Dienstbezeichnung erhalte: „Generalstabsoffizier". Damit einher gehen die karmesinroten Spiegel am Kragen der Uniform und entsprechend unterlegte Schulterklappen. Im fernen Bonn bedeutet das, dass meine Akten im Verteidigungsministerium wechseln vom Personalreferat P IV3 und meinem langjährigen vertrauten Personalbearbeiter Oberst Gerhard Witte zu dem Grundsatzreferat PIV1 und Oberst im Generalstab Roick. Das spielt im Augenblick keine Rolle für mich. Außer dass ich weiß, Oberst Witte behagt dieser Wechsel nicht. Aber mir gefällt es trotzdem, denn – weiß man, ob das nicht „der Klub" ist, in dem meine Zukunft ausgebrütet wird?

Meine Tätigkeit im NATO Hauptquartier in Ramstein fällt in eine sehr ereignisreiche und interessante Zeit. Während sich die einzelnen Stabsabteilungen noch damit beschäftigen, den dritten arabisch-israelischen Krieg zu analysieren und Lehren für den Einsatz der Luftstreitkräfte in Europa umzusetzen, bricht der Jom Kippur Krieg von Ägypten, Syrien und weiteren arabischen Staaten gegen Israel aus. Nun beherrscht der Nahostkonflikt völlig die Arbeit in der ATAF und wird in alle Studien und Planungen mit einbezogen. Der Krieg beginnt mit einem Überraschungsangriff Ägyptens und Syriens am 6. Oktober 1973, dem höchsten jüdischen Feiertag Jom Kippur. Er endet am 25. Oktober 1973 mit einem Waffenstillstand. Während der ersten zwei Tage rücken die Streitkräfte Ägyptens und Syriens vor, danach aber wendet sich der Kriegsverlauf zugunsten der Israelis, die zunächst ihre Truppen mobilisieren mussten. Nach der zweiten Kriegswoche sind die Syrer vollständig aus den Golanhöhen abgedrängt worden. Im Sinai sind die israelischen Streitkräfte derweil zwischen zwei ägyptischen Armeen durchgebrochen, haben den Sueskanal (*die alte Waffenstillstandslinie*) überschritten und eine ganze ägyptische Armee abgeschnitten, bevor der UN-Waffenstillstand am 24. Oktober 1973 in Kraft tritt.

Die ägyptische Luftwaffe greift mit 220 Flugzeugen die Flughäfen an. Weitere Luftangriffe richten sich gegen Hawk-Stützpunkte, Artilleriestellungen im Hinterland, Radarstellungen und Kommunikationszentren. Mit FROG-Raketen erfolgen Angriffe auf israelische Stützpunkte. Weiter östlich gelegene Ziele werden mit Kelt-Lut-Boden-Raketen angegriffen, die von Tupolew Tu-16 (*Badger*) abgefeuert werden, die ihnen die Sowjets geliefert haben. Die israelische Luftwaffe mit ihren Mirage- und Phantom-Kampfflugzeugen wird von den Ägyptern erfolgreich durch die mobilen Flugabwehrraketensysteme SA-2 Guideline, SA-6 Gainful und SA-3 Goa bekämpft. Sie erzielen bis zum 5. Kriegstag rund 85 Abschüsse, darunter 50 Phantoms. Gleichzeitig greift die syrische Luftwaffe mit etwa 30 Maschinen im Bereich des Berges Hermon an. Hubschrauber befördern eine Kommandoeinheit des syrischen 82. Fallschirmjägerregiments auf den 2800 m hohen schneebedeckten Berg, auf dem sich ein Horchposten des israelischen Militärgeheimdienstes Aman befindet. Erst am 22. Oktober gelingt der Golani-Brigade die Rückeroberung. Die Verluste sind auf beiden Seiten hoch. Mehr als 2600 israelische Soldaten fallen, 7500 werden verwundet und 300 geraten in Gefangenschaft. Die israelische Luftwaffe erleidet große

Verluste durch den Einsatz von Flugabwehr-Raketen aus sowjetischer Produktion. Im Laufe des Krieges werden 300 ägyptische und mehr als 150 syrische Flugzeuge abgeschossen oder zerstört. Die Israelis verlieren etwa 100 Flugzeuge. Auf arabischer Seite gibt es über 8500 Tote zu beklagen. Der Jom-Kippur-Krieg wird zusammen mit Produktionssenkungen der arabischen Ölförderländer Auslöser der Ölkrise 1973.

15 Kommodore! (1974)

Die interessante Zeit in Ramstein im Hauptquartier der 4. ATAF geht schon nach zwei Jahren zu Ende. Und – ich kann es kaum fassen, ich kehre nach Oldenburg zurück. Nicht nur das, ich werde zum Oberst befördert. Die Urkunde auf Büttenpapier mit 'Heinz Laube' in roten Lettern, dem goldenen Bundesadler auf der Rückseite hat der Bundesverteidigungsminister unterschrieben: „Georg Leber"[36] steht da. Und das Allerschönste, ich werde Kommodore des Geschwaders. In einem feierlichen Appell überträgt mir Generalmajor Bruno Loosen[37], jetzt Kommandeur der 3. Luftwaffendivision, vor den auf dem Hallenvorfeld angetretenen Soldaten und Zivilbediensteten des Geschwaders die Führung des Leichten Kampfgeschwader 43.

Kommodore!

In Oldenburg!

„Besser hätte es gar nicht kommen können", freue ich mich immer wieder.

Es ist das fünfte Mal, dass ich in dieser schönen Stadt Dienst tun darf, und ich fühle mich sofort zuhause. Das Geschwader ist mir ebenfalls nicht fremd. Aber alles ist doch nach jetzt fünf Jahren wieder ein bisschen anders. Nicht nur, weil der übliche Personalwechsel auch in diesem Verband ständig stattfindet, sondern auch, weil ich jetzt nicht nur für einen Teil, sondern für alle Angehörigen und das Wohl und Wehe des gesamten Verbandes verantwortlich bin. Und das in jeder Hinsicht: Vor allem für die Einsatzbereitschaft und die Erfüllung des Einsatzauftrages des Geschwaders.

Ich bin mir der großen Herausforderung bewusst. Aber – jetzt bin ich 39 Jahre alt und ich fühle mich gut vorbereitet. Es sollen insgesamt zwölf Jahre werden, in denen mir Oldenburg in mehreren Verwendungen Heimat ist.

Was mir besonders gefällt: Mein Vertreter ist ein alter Freund, Oberstleutnant Dieter Jenny. Ich kenne ihn als einen loyalen, treuen Kameraden, der im Stoff steht, dem die Sache am Herzen liegt und dem Intrigen und falscher Ehrgeiz fremd sind. Scherzhaft nenne ich ihn oft „mein alter Pfadfinder". Er ist tatsächlich ein Pfadfinder gewesen, aber das, glaube ich, charakterisiert ihn auch recht gut.

„Um die Flugzeugführer werde ich mich immer besonders kümmern." Die beiden Fliegenden Staffeln sind die Speerspitze der Kampfkraft des Geschwaders, wenn es um die Erfüllung des Einsatzauftrages geht. Frau Schlenger ruft in der 2. Staffel an. Sie übermittelt dem Einsatzoffizier einen Auftrag von mir.

„Hotte, du sollst dich beim Kommodore melden", ruft der in den Aufenthaltsraum. Hotte – sein Spitzname – springt auf und wirft die Skatkarten auf den Tisch. Im Aufenthaltsraum der Flugzeugführer ist ein ständiges Kommen und Gehen. Die Piloten kommen vom Fliegen oder gehen mit Helm, Schwimmweste und ihren Flugunterlagen hinaus zu ihren Maschinen. Andere bereiten noch ihre Flugaufträge vor. Einige lesen in Vorschriften und Manuals oder blättern in Zeitungen. An zwei Tischen spielen sie miteinander Skat oder Doppelkopf. „Hast du etwas ausgefressen, Hotte?" fragt der Einsatzoffizier der Staffel. „Für gestern und heute fällt mir nichts ein. Ich wüsste es wirklich nicht. Was der Alte wohl von mir will?" Und nach einer kurzen Pause, „Er wird mich doch nicht etwa befördern wollen?" Die Flugzeugführer, die in der 'Pilots-Lounge' auf ihren Einsatz warten, lachen. Was für ein Scherz! Insgeheim warten wohl alle immer auf eine Beförderung. Worauf soll man sonst warten, wenn man gerade nicht fliegen kann?

Oberleutnant Roland Wendler geht noch einmal in den Waschraum, um Frisur und Fliegerkombination zu überprüfen und macht sich auf den Weg. Mit dem Flightline Taxi der Staffel, einem lärmenden VW-Bus mit Plastiksitzen, lässt er sich zum Stabsgebäude in der Nähe des Haupttores fahren.

„Guten Tag, Frau Schlenger. Was will er denn von mir?" „Weiß ich das?" Frau Irene Schlenger versteht es, die Männer mit ihrer kühlen Art auf Distanz zu halten. Das wird allgemein anerkannt und auch akzeptiert. Immerhin sitzt Frau Schlenger an der Schaltstelle des Geschwaders, im Vorzimmer des Kommodore. Dessen ist sie sich sehr bewusst – und dezent pflegt sie das auch.

„Der Oberleutnant Wendler", meldet die Sekretärin den Ankömmling. „Soll reinkommen." „Oberleutnant Wendler meldet sich wie befohlen." „Setzen Sie sich, Wendler." Ich sehe den jungen Flugzeugführer, der da vor mir sitzt, aufmerksam an. „Gefällt es Ihnen in der Staffel?" „Jawohl, Herr Oberst." „Ich will sie da nicht rausnehmen, aber was halten Sie davon, wenn Sie neben der Fliegerei darüber hinaus für ihre weitere Entwicklung noch etwas zu tun bekommen?" Der Oberleutnant blickt mich unsicher an. „Ich meine, wenn Sie neben dem Fliegen auch noch etwas Anderes kennenlernen. Etwas genauso Anspruchsvolles. Es kann Ihnen später sehr nützlich sein."

Begeistert sieht er nicht gerade aus. Er kann nicht wissen, was ich meine, und was das für ihn bedeutet. „Ja?"

„Ich brauche einen Ordonnanzoffizier – oder Adjutanten. Ich möchte, dass Sie sich ab nächste Woche jeweils nach dem morgendlichen Briefing um 8 Uhr bei mir hier oben melden. Das Weitere besprechen wir dann. Haben Sie noch Fragen?"

Der Oberleutnant hat keine weiteren Fragen. Er fühlt sich überrumpelt. Als er das Stabsgebäude verlässt, kommen die Gedanken wieder. Der erste: „Jetzt ist es aus mit Skatspielen in den Pausen zwischen den Flügen."

Dabei ist das Skat- und Molotow-Spielen oder das Würfeln ein Markenzeichen der Pilots-Lounge. Eigentlich ist es eine Art Beruhigung der Nerven, die nicht nur während des Fliegens angespannt sind. Wenn der Flugbetrieb ruht, sollen die Pausen zwischen den Flügen oder bei schlechtem Wetter idealerweise genutzt werden, sich zu erholen. Aber es gibt auch viel zu tun. Man muss sich die Notfallverfahren immer wieder noch einmal einprägen. Oft muss der nächste Flug vorbereitet werden, wird gezeichnet und Tiefflugkarten für die Mission zusammengeklebt sowie die Anflugverfahren studiert. Oder es geht in den Flugsimulator. Dafür gibt es monatliche Stundenvorgaben.

Der Flugsimulator ist ein Wunderwerk der Technik, das den Flug in einem Flugzeug wirklichkeitsgetreu nachstellen soll. Nur die Veränderung der Schwerkraft, die im Flug allgegenwärtig ist, die fehlt. Aber die vielen Instrumente im Cockpit imitieren täuschend echt jede Flugsituation. Die Übungsstunden im Flugsimulator sind bei den Piloten nicht sonderlich beliebt, weil sie eben „nur" eine Trockenübung sind. Nichts geht über das richtige Fliegen. Aber sie sind notwendig. Da werden Instrumentenflug geübt und die wichtigen 'Emergency Procedures', das Beherrschen von Luftnotlagen. Oder es geht um allgemeines Navigationsfliegen zu weiter entfernten Plätzen und das Üben der dortigen Anflugverfahren.

Diese Stunden im Simulator können eigentlich recht interessant sein, mal abgesehen davon, dass sie wichtig sind für den Einsatz und dass sie Geld sparen. Aber da sitzt einem immer dieser Checkpilot im Nacken. Das ist einer der Piloten aus der Standardisierungsgruppe, der im Kontrollraum jede Handlung überwacht. Er scheint es manchmal nur darauf angelegt zu haben, einem zu beweisen, dass man seine Checklist nicht richtig kennt, die Verfahren nicht beherrscht oder, dass man einfach zu langsam oder sogar falsch reagiert.

Und dann wartet da auch noch das „Target Study", das Zielstudium. Wie jeder andere 'Combat Ready Pilot' hat auch Wendler für den Ernstfall ein oder zwei ganz bestimmte Angriffsziele zugewiesen bekommen und jeweils Ausweichziele. Er kennt die Navigation für den Weg dorthin inzwischen auswendig. Nebenbei lernt er so eine Menge über Brandenburg oder Mecklenburg-Vorpommern. Da dürfen die Soldaten aus dem Westen ja jetzt auch ohne Flugzeug nicht hin – weil es in der DDR liegt. Aber er weiß Bescheid über Eisenbahnlinien, Funktürme, Flüsse, Brücken und Schleusen. Seine Wendepunkte kennt er, die er möglichst tief überfliegen muss. Ob er das alles beherrscht, wird regelmäßig abgefragt. Darüber hinaus gibt es Sandkastenmodelle dieses Geländes im „Cosmic Room" des Geschwaders. Das ist ein streng abgesicherter Bunkerraum, auf dessen präpariertem Fussboden sogar eine Maus einen Alarm ausgelöst hätte. Neue Karten und neue Fotos liegen dort zur Orientierung bereit. Es ist vor allem ein Seengebiet mit mehreren Brücken, dem er besondere Aufmerksamkeit schenken soll. Die Brücken sollen im Ernstfall angegriffen werden, um in der Gegend stationierte Panzerverbände der Sowjets zu hindern, schnell vorzurücken.

So ganz wohl ist dem Oberleutnant nicht bei dem Gedanken an die neue Aufgabe. Und erst hadert er mit der Anweisung des Kommodore. Aber dann erkennt er doch, dass sich ihm hier eine Chance bietet. Ein bisschen lästern über „den Alten" kann er sich dennoch nicht verkneifen, als er zurück in die Staffel kommt.

Schon nach zwei Monaten in meinem ersten Jahr als Kommodore wird es für mein Geschwader ernst: Scharfer Schuss auf deutschem Boden. Auf dem Truppenübungsplatz in Munster sollen meine Piloten zeigen, was sie können.

'Waffendemonstration' heißt der Auftrag. Anlass ist ein Besuch des Verteidigungsministers Georg Leber, der von US-Verteidigungsminister James Schlesinger[39] begleitet wird und vom Generalinspekteur der Bundeswehr, Admiral Armin Zimmermann[38].

Natürlich ist die Übung detailliert vorbereitet. Ich soll auch dabei sein, um Fragen der hohen Herren zu beantworten. Ich sitze dann auch mit ihnen auf der Tribüne vor dem Übungsgelände, brauche aber nicht allzu viel zu erklären. In mehreren Schwärmen greifen die Jagdbomber die aufgestellten Ziele an, Attrappen von Waffen, aber auch ausgemusterte Fahrzeuge und Panzer. Mit Bomben, Raketen und Kanonenfeuer erzielen die Piloten gut sichtbar Treffer, lautstarke Explosionen untermalen die Genauigkeit der Waffeneinsätze. Alles läuft zu meiner großen Freude nach Plan. „Beeindruckt vom Stand der Ausbildung und von der Ausrüstung der Bundeswehr" äußert sich der amerikanische Gast. Die Präzision der Zielanflüge und die Treffgenauigkeit der Piloten des Geschwaders haben überzeugt. – Durchatmen.

Im Herbst des folgenden Jahres findet eine ähnliche Übung auf dem Gelände des Schießplatzes Nordhorn in Niedersachsen statt. Hier sollen nur Jagdbomber meines Geschwaders fliegen, deshalb ist es Aufgabe des Kommodore, auch hier den hochgestellten Beobachtern die Waffeneinsätze zu erläutern. Rechtzeitig vorher werde ich von einem Hubschrauber der Heeresflieger, die auf dem Flugplatz Rheine/Hopsten in Niedersachsen stationiert sind, eingeflogen.

Die Waffendemonstration läuft beeindruckend für die Gäste ab, alles klappt wie geplant. Als die hohen Gäste verabschiedet sind, geht es wieder mit dem Arbeitspferd der Heeresflieger Richtung Heimatfliegerhorst. Eine Aerospatiale Alouette II *(französisch für Lerche)* soll mich zurückbringen. Sie ist eine der ersten in Serie gefertigten Hubschraubertypen seit der Entwicklung flugfähiger und gebrauchstauglicher Hubschrauber mit Gasturbinentriebwerk. Ausgestattet ist sie mit einem Kufenlandegestell, (*Spitzname „Fliegendes Drahtgestell*), Dreiblatt-Hauptrotor und einem Zweiblatt-Heckrotor.

In 1500 Fuß Höhe *(ca. 500 Meter)* genieße ich rechts neben dem Piloten aus der vollverglasten Kanzel entspannt den Ausblick. Aber ich bin selbst zu viel Pilot, um im Flugzeug unaufmerksam zu werden, noch dazu in einem Hubschrauber. In der Nähe des Flugplatzes Hopsten bemerke ich plötzlich eine rote Warnlampe auf meiner Seite des Instrumentenbretts. „Rot im Cockpit" kann nichts Gutes bedeuten. Ich alarmiere den Piloten, der sich gerade mit der Karte und der Navigation beschäftigt. Der reagiert blitzschnell. Er kuppelt das Triebwerk aus. Der Hubschrauber hat keinen Vortrieb mehr und geht jetzt in die Autorotation. Der Rotor dreht sich weiter und sorgt so für ein Luftkissen. Senkrecht „segelt" „die Lerche" zur Erde. Mit einem nicht allzu harten Aufschlag landen wir in einem Kartoffelacker.

„Was ist passiert?", frage ich erschrocken. Der Hauptfeldwebel ist ein erfahrener Pilot und beruhigt mich abgeklärt: „Das Triebwerk drohte festzufressen. Diese rote Lampe zeigt, dass sich im Getriebe Eisenspäne festgesetzt haben. Fast wäre es zu spät gewesen. Es musste schnell gehen."

Alles ist gut gegangen. Wir klettern heraus und in die Kartoffelfurchen. Auch am Helikopter, der sauber auf seinen Kufen gelandet ist, scheint kein weiterer Schaden entstanden zu sein. Ein Bauer, der in der Nähe arbeitet, kommt eilends angelaufen. Er fragt, nicht wenig erstaunt über den unerwarteten Besuch, „Was sucht ihr in aller Welt auf meinem Kartoffelacker?" Nach einer ausreichenden Erklärung ist er hilfsbereit und ein Telefonat des Hauptfeldwebels vom nahen Gehöft aus bringt innerhalb kurzer Zeit die

Feuerwehr des Fliegerhorstes Hopsten zu dem Bauernhaus. Sie „rettet" mich, während der Hauptfeldwebel ausharrt, bis entschieden ist, wie mit dem Hubschrauber weiter verfahren wird. Vom Fliegerhorst in Hopsten aus kann ich dann meine Heimreise nach Oldenburg mit einem Dienstwagen fortsetzen.

Zu einer Vorbereitung auf den Einsatz im Ernstfall gehört das Schießen auf den Schießplätzen. Gerade, wenn es sich um Waffeneinsätze handelt, ist der erfahrene Pilot gefragt. Wenn der junge Pilot die ersten Male zum Schießplatz fliegt, dann hängt der „Lehrer" in einem zweiten Flugzeug dicht hinter ihm und überwacht genau, was der da macht – auch um im Notfall sofort eingreifen zu können.

Der Lehrer sitzt zwar nicht in demselben Flugzeug, aber er erkennt, „ob das was wird, was der da macht", oder ob sich der Pilot in einen Gefahrenbereich hineinmanövriert. Dann heißt es in kategorischem Ton – je nachdem, was für ein Einsatz das ist, – „pull up!" (*zieh hoch*) oder „turn!" (*kurve*) oder „level off!" (*roll aus*). Nur wenn der Anfänger sofort reagiert, geht es gut.

Das kannte man damals so, als ich anfing, Jet zu fliegen. Doppelsitzer gab es bei der F-86 Sabre[12] nicht. Heute hat die Luftwaffe für ihre einsitzigen Typen von Kampfflugzeugen zusätzlich zur Schulung auch Doppelsitzer angeschafft. Das macht die ersten Waffeneinsätze für einen Neuling erheblich einfacher. Da sitzen Lehrer und Schüler in derselben Maschine, und der Lehrer kann direkt und sofort ohne lange Reden eingreifen.

Heute sitzt auch ein Lehrer erst viele Male in einem Kontrollraum am Bildschirm und schaut zu seinem Schüler im Simulator hinüber, bevor der seine Einsätze im Doppelsitzer fliegt.

Also, fliegen und üben. Flugverfahren müssen ständig geübt werden genauso wie die Waffen zum Einsatz zu bringen. Auf verschiedenen „Gunnery Ranges" können die Oldenburger Piloten Erfahrung sammeln: Auf den Luft-Boden-Schießplätzen in Nordhorn in Niedersachsen, auf den Inseln Terschelling und Vlieland in den Niederlanden, in Putlos in Schleswig-Holstein, auf den Truppenübungsplätzen in Munster und Nordhorn und lange Zeit auf dem Ellenbogen in Sylt. Und natürlich auch immer wieder auf dem großen italienischen Übungsgelände in Decimomannu auf der Insel Sardinien. Dort herrschen nicht nur fast immer ideale Wetterverhältnisse, dorthin kann auch der Fluglärm ausgelagert werden, der in Deutschland so viel Ärger bereitet.

Italien, Urlaubsland! Für die Besatzungen und das Bodenpersonal ist Italien nicht nur die reine Freude. Oft sind sie wochenlang von ihren Familien getrennt. Große Hitze! Ungewohntes Essen! Auch ungewohnte Unterkünfte. Die italienische Sprache, für die meisten ein Buch mit sieben Siegeln. Wir sprechen ja englisch, wenn deutsch nicht angebracht ist.

Aber viele neue Eindrücke und das kameradschaftliche Verhalten der italienischen Verbündeten sowie ihre Gewohnheiten entschädigen für manches. Den neuen Platz mit neuen Verfahren muss sich jeder erst einmal „erarbeiten". Der tägliche Umgang mit scharfen Waffen an den Flugzeugen erfordert ganz besondere Sorgfalt.

Nach vielen Briefings geht es endlich auf die „Range". Bombenwerfen im Sturzflug; Bombenwerfen im Tiefstflug, das sogenannte Skip-Bombing, bei dem die Bombe ins Ziel springt, und das auch für den Abwurf der gefürchteten Napalm-Bomben geübt wird; Raketenschießen mit den 2,75 Inch Raketen aus zwei Pots *(Behältern unter den Tragflächen)*. Oder Schießen mit den beiden 30-mm-Bordkanonen auf ein rechteckiges, mit Metallfäden durchwirktes Bodenziel.

Hinterher ist man immer überrascht, wie wenige Treffer tatsächlich auf dem fußballtorgroßen Tuch gezählt werden können. Aber dann versucht man sich zu trösten: Bei einer Geschwindigkeit von fast 800 Kilometern und nur Sekunden Zeit – das braucht halt ein Weile, bis es besser klappt.

Capo della Frasca heißt der Schießplatz. Vollbeladen im Tiefflug vom Flugplatz „Deci" zuerst nach Norden. Großer Bogen nach Westen, da ist der Golf. Golfo di Oristano. Anflug von Norden. Tiefflug über das Wasser des Golfs. Und dann auf das Ziel am Capo della Frasca. Ein Anflug. Ziel erfassen, Sekunden nur, zielen, kurz feuern. Hart hochziehen! Du wärst nicht der Erste, der von den eigenen Querschlägern getroffen wurde. Zurückkurven. Noch ein Anflug. Aufpassen, dass genügend Abstand zum vor dir fliegenden Kameraden bleibt, damit der nicht gefährdet wird. Ziel erfassen, feuern. Hochziehen. Ein dritter Angriff? Was sagt die Tankanzeige? Nein! Reicht nicht mehr. Linkskurve. Zurück zur Basis in Deci. Da ist der Platz. Landung. Schweißgebadet. Kabinendach auf. Aber draußen ist es noch heißer.

Im September 1975 kann ich Generalleutnant Herbert Wehnelt[21] als Schirmherrn für ein Treffen ehemaliger F-86 'Sabre' Flieger gewinnen. General Wehnelt, der erste Kommandeur auf dem Fliegerhorst, ist zur Zeit Stellvertreter des amerikanischen Oberbefehlshabers der Alliierten Luftstreitkräfte in Zentraleuropa *(AAFCE)*. Von Oldenburg aus wurde ja 1957 die deutsche Ausbildung auf der 'Sabre' eingeleitet, also genau der richtige Ort für das Treffen. Alle deutschen 'Sabre'-Piloten haben hier geschult und kehren gerne wieder einmal an den alten Standort zurück. Sicher trägt auch der Name des Schirmherrn zu einem großen Erfolg bei. Mehr als 160 Sabre-Piloten kommen während des zwei Tage dauernden Treffens zusammen.

Eine herrliche, gelöste kameradschaftliche Stimmung herrscht. Die Sabre-Tiger erneuern ihre kameradschaftliche Verbundenheit, und es sprudelt nur so von alten schönen, haarsträubenden oder erbaulichen „Stories". Und die Nostalgiesüchtigen lassen die alten Zeiten auf diesem wunderbaren Jagdflugzeug F-86 hochleben, „damals, als alles noch so viel besser war".

Bei meinen vielen Auftritten in der Öffentlichkeit werde ich hin und wieder gefragt, welche Rolle eigentlich der Dienstgrad unter den Fliegern spielt? „Vom Unteroffizier bis zum Oberst – machen sie nicht alle das Gleiche?", wird dann vermutet. Das stimmt natürlich nicht. Aber „eigentlich spielt der Dienstgrad tatsächlich keine allzu große Rolle – unter Fliegern – und schon gar nicht beim Fliegen", sage ich dann. Heeresoffiziere leben in einer anderen Welt, sagt man. Sie haben das nie verstanden. Selbst unsere Kameraden von der FlaRak, die Raketenleute der Flugabwehrtruppe, schauen oft auf diese Piloten herab, die so kameradschaftlich miteinander umgehen. Manchmal gibt es tatsächlich Ausrutscher. Da hat wohl mal ein Vorgesetzter – von Erfahrungen in der alten Wehrmacht und an den Erlebnissen des grausamen Krieges im Osten gewachsen – die falschen Signale gesetzt. Aber das sind Ausnahmen, und sie sind sehr selten.

Nein, der Umgang miteinander wird von Achtung für die Leistungen des Anderen bestimmt, im Fliegen vor allem, aber auch als militärischer Vorgesetzter. Nicht reine Formalien schaffen dem Offizier die Autorität, wie ein Dienstgrad es allein tun würde. Fachliche und persönliche Autorität zählen. Der Dienstgrad gewinnt an Bedeutung, wenn er mit einem Amt einher geht, zum Beispiel als Disziplinarvorgesetzter, wie es der Staffelkapitän ist. Aber auch dem werden sein Ansehen und seine Autorität nicht einfach in den Schoß gelegt.

Alles ist auf den Einsatz ausgerichtet. Man zieht an einem Strang und versucht, Reibungsverluste zu minimieren. Anders als beim Heer kommandiert ein Staffelkapitän in der Luftwaffe fast ausschließlich qualifizierte Spezialisten, auf deren Wissen und Können er angewiesen ist. Wie kann man Menschen verantwortungsvoll führen, ohne auch diese Grundsätze zu beachten? Unmöglich! Insofern ist „Innere Führung" eine tägliche Truppenpraxis, die nicht erst mühsam eingeübt werden muss.

Zu einer dreidimensionalen Verteidigung der Kampfanlage Fliegerhorst gehört auch die Einzelunterbringung der Flugzeuge in betonierten und getarnten Flugzeugschutzbauten, den 'Sheltern'. Mit 'Hardened Aircraft Shelter' wird ein mittels Stahlbetongewölbe und Panzertoren geschützter Flugzeugunterstand für Kampfflugzeuge bezeichnet, der zur optischen Tarnung mit Erde bedeckt und grasbewachsen sein kann. Mit derartigen Unterständen sind die Kampfflugzeuge vor Treffern leichter Fliegerbomben,

Flugzeugkanonen und Splittern hinreichend geschützt. Nach den Lehren aus den Kriegen der arabischen Nachbarn gegen Israel und den vernichtenden gegenseitigen Angriffen hat ein Umdenken begonnen. Bereits ein einziges Kampfflugzeug ist mit seiner Munition in der Lage, die auf einem gegnerischen Militärflugplatz aufgereiht stehenden, aufgetankten und aufmunitionierten Militärflugzeuge innerhalb weniger Sekunden zu beschädigen oder zu zerstören. Um dem zu begegnen, beginnt man auf den Fliegerhorsten der Luftwaffe genauso wie in der DDR ein großes systematisches Infrastrukturprogramm mit dem Ausbau von Flugzeugdeckungen und Splitterboxen, das sich über mehrere Jahre hinzieht. Aus Stahlbeton bestehende Flugzeugunterstände für jeweils ein oder zwei Kampfflugzeuge werden nahe den Rollwegen oder an den Pistenenden errichtet. Außerdem werden dezentrale Räume für Personal und Technik geschaffen.

Nach der Fertigstellung der Shelter und der Splitterboxen auf dem Fliegerhorst Oldenburg ziehen deshalb auch die beiden fliegenden Staffeln aus dem zentralen Hallenbereich auf dem Fliegerhorst weg. Jede Staffel hat nun ein eigenes, komfortables Staffelgebäude auf der Nordseite des Flugplatzes, jenseits der Startbahn, jeweils auch mit einer kleinen Küche für die Zusatzverpflegung der Piloten. Die 'Wikinger' und die 'Füchse' entwickeln nun eine noch größere Selbständigkeit. Vor allem bei Alarmübungen kommt es dann zum offenen Wettstreit. Sind wirklich die 'Wikinger' zuerst einsatzbereit gewesen oder die 'Füchse' als Erste „airborne"? Und wer hat insgesamt mehr „Missions" in die Luft gebracht? Auch zur Klärung dieser Fragen spielt später die Bar eine wesentliche Rolle. Nach Abschluss der Übungen müssen hier schon zuweilen hochgehende Wogen geglättet werden. Es gibt auch Gelegenheiten, bei denen trotz vieler Frotzeleien der Zusammenhalt zwischen den beiden Staffeln nicht fester sein könnte. So hat der Kommodore bald herausgefunden, dass sich ein gut gehendes Alarmsystem eingespielt hat. Die Staffeln benutzen es auch, um sich gegenseitig zu warnen, wenn ich mit meinem Wagen zur Dienstaufsicht von der Südseite der Landebahn auf dem kilometerlangen Weg zu den Liegeplätzen auf der Nordseite in Richtung der Staffelgebäude unterwegs bin. Aber das finde ich eher sympathisch. Ich bin überzeugt, „Das Auge des Herrn düngt die Saat".

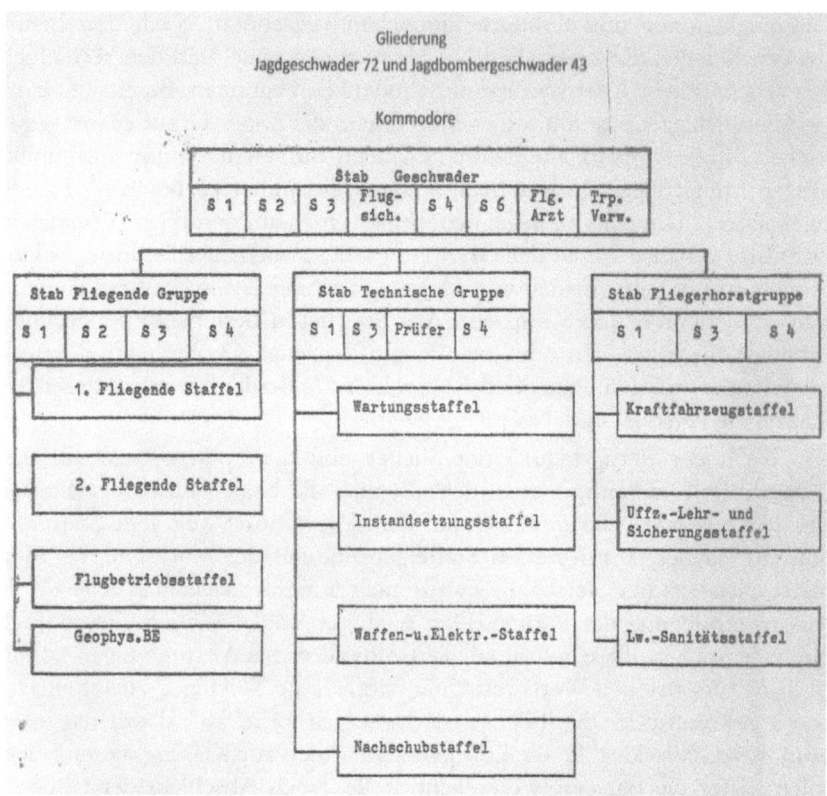

Gliederung Jagdgeschwader 72 und Jagdbombergeschwader 43

Die Kommandeure und Kommodores auf dem Fliegerhorst Oldenburg

Im Cockpit

Der Kommodore und sein Führungsteam OTl Portz, OTl Ditmar-Trauth,
OTl Kohlmann, OTl Morgenstern, OTl Hahn, OTl Krusenotto,
Maj Schmidt

Kleines Ehrenspalier für Bundeskanzler Kurt-Georg Kiesinger

Gespräch mit Helmut Kohl

Verteidigungsminister Kai-Uwe von Hassel ist am Geschwader interessiert

Ein Geschwaderball

Der Kommodore begrüßt die Gäste

In der Pilots Lounge

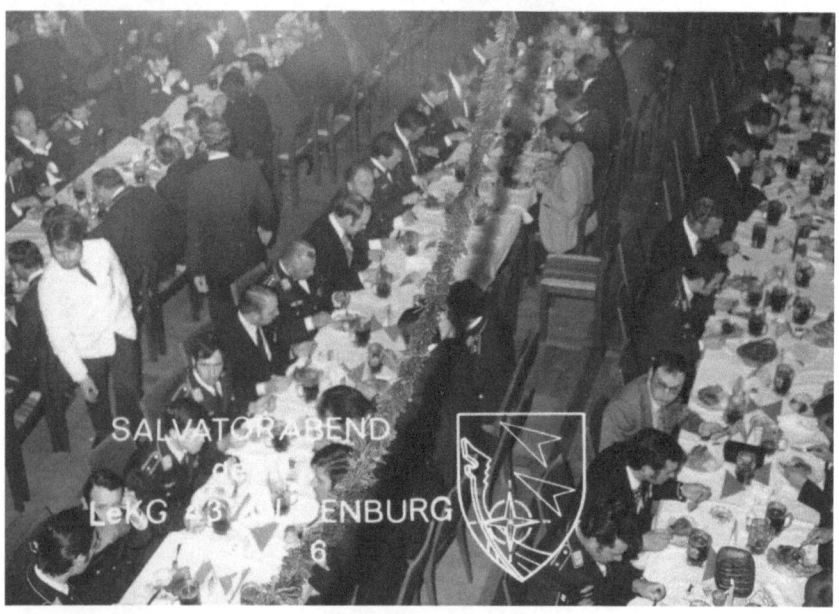
Ein Salvatorabend

16 Eskalation im Bunker

Jede CPX Übung leite ich aus dem Bunker, dem Gefechtsstand des Geschwaders. 'CPX' heißt 'Command Post Exercise'. In der Regel bleiben die Truppen von der Übung verschont, denn nur die Stäbe üben in den 'Command Posts'. Im Geschwader geschieht das diesmal auch. Da wird alles auf dem Papier durchgespielt, an den Schautafeln und mit den Fernmeldeverbindungen zu unseren nationalen sowie den NATO-Hauptquartieren und -Gefechtsständen. Manchmal üben auch zivile Stellen von Städten und Landkreisen in Deutschland bei uns mit. Dann wollen vorausschauende Politiker auch in den Kommunen überprüfen, ob ihre Katastrophen- und Notfallpläne noch den Gegebenheiten entsprechen und funktionieren.

Wir versuchen, so realistisch wie möglich die Reaktionen der westlichen Streitkräfte zu simulieren. Dieser 'NATO Exercise Plan' gilt von Norwegen bis in die Türkei gleichermaßen für alle Land-, Luft- und Seestreitkräfte. Mit ihm sollen Verfahren erprobt werden, die den befürchteten Angriff aus dem Osten abwehren können.

WINTEX heißt die größte dieser NATO-weit abgehaltenen Übungen. WINTEX findet im Winter statt, wie der Name vermuten lässt, wahrscheinlich weil es im Winter weniger unangenehm ist, mehrere Tage lang in den verschiedensten dunklen, engen, eigenartig riechenden unterirdischen Gefechtsständen zu verbringen.

Der Geschwadergefechtstand ist der Umschlagplatz für Informationen aller Art: Befehle, Klarmeldungen und Unklar-Meldungen der Flugzeuge, Zielzuweisungen, Uhrzeiten, Wetter, die verschiedensten feindlichen Angriffshandlungen; Schautafeln, die die eigene und die Feindlage darstellen sowie eigene Abwehrmaßnahmen. Oft sind die Informationen oder Befehle mit unangenehmen lauten Lautsprecherdurchsagen verbunden. Und natürlich finden laufend Besprechungen, Konferenzen und Briefings statt.

Dass Grippeviren durch die unermüdlich funktionierenden Klimaanlagen eine gute Chance haben, sich ungehemmt zu verbreiten, wird von den Übenden als Kollateralschaden hingenommen. Auch, dass bei solchen großen Menschenansammlungen auf engem Raum, die sich tagelang von derselben Großküche ernähren, regelmäßig Durchfallerkrankungen aufzutreten scheinen. Ein kleiner Trost mag dann sein, dass so ein Gefechtsstand des Geschwaders nur das letzte Glied in der Kette ist, die über die Luftwaffendivision und die Allied Tactical Air Force weiter bis hinauf zum Bundesministerium der Verteidigung und zu den höchsten NATO-Kommandobehörden reicht.

Unsere Übung beginnt mit politischen Konsultationen zwischen Ost und West, mit denen versucht wird, einen Ausbruch von Kampfhandlungen zu verhindern. Aber das Drehbuch muss in einen Konflikt hineinführen. Das Szenario schaukelt sich immer höher auf, bis Kämpfe ausbrechen. Wenn auch das immer weiter eskaliert, wird über die Entscheidung gerungen, die letzten Mittel einzusetzen, nämlich Nuklearwaffen. Genau dann, wenn die Katastrophe unabwendbar scheint, da bricht die Übung gewöhnlich ab. Niemand im Westen will einen Atomkrieg. Alles dient dem Konzept der Abschreckung. Der lange nukleare Frieden in diesen Jahren des Kalten Krieges beruht auf der Hypothese des Weltuntergangs und dem Minimalkonsens, diesen zu vermeiden. Wenn atomare Mittel eingesetzt werden müssten, dann hätte das Konzept versagt. Und niemand möchte sich diese Katastrophe vorstellen – niemand kann sie sich wirklich vorstellen.

„Zwei militärische Blöcke, die sich hoch aufgerüstet gegenüberstehen. Rot und Blau werden sie genannt. Rot ist der Osten, das sind natürlich die Sowjets, und Blau, das sind wir, das ist der Westen. Dass die Sowjets immer in Rot geführt werden, ist eine seltene Übereinstimmung der beiden gegnerischen Lager. Denn auch in den Manövern des Warschauer Pakts haben die eigenen Truppen immer die Farbe 'Rot' auf den Schautafeln in ihren Gefechtsständen", erkläre ich bei einem der Briefings denjenigen, die zum ersten Mal an der Übung teilnehmen.

Ich sitze in meinem Drehstuhl im unterirdischen Gefechtsstand und bespreche die Lage jeweils mit meinen drei Kommandeuren. Um uns Vier herum ein geschäftiges Treiben und eine große Zahl von Schautafeln, Karten und mehreren angrenzenden kleineren Lageräumen mit einem weiteren Gewirr von Schalttafeln und Fernmeldeeinrichtungen.

Das Drehbuch: *Nun greift die Sowjetunion Deutschland an. Im Norden sollen vor allem polnische Kräfte über Schleswig-Holstein und durch amphibische Landungen auf den dänischen Inseln bis nach Dänemark vorrücken. Im Süden wollen die durch sowjetische Verbände verstärkten Tschechoslowaken durch Süddeutschland vorstoßen und über Straßburg das französische Lyon erreichen.*

Aber die Entscheidung soll in der Mitte fallen. Hier versucht die sowjetische Hauptstreitmacht in Hessen, an der schmalsten Stelle der Bundesrepublik mit riesigen Panzerarmeen nach Westen durchzubrechen. Andere Panzerarmeen stoßen in einer großen Zangenbewegung über die Norddeutsche Tiefebene vor. In wenigen Tagen erreicht diese unaufhaltsame Feuerwalze den Atlantik.

Die Sowjets schicken jedoch nicht nur ihre konventionellen Truppen in diesen Angriff. Eröffnen wollen sie den Krieg mit dem Westen „präventiv" mit einer Reihe taktischer Nuklearschläge. Diese Nuklearwaffen gelten im Warschauer Pakt als moderne Artillerie.

Beispielhaft sieht das uns bekannte Szenario des Warschauer Pakt-Manövers „Buria" allein auf westdeutschem Gebiet 422 Nuklearschläge vor. Damit will der Warschauer Pakt die NATO nuklear entwaffnen und konventionell entscheidend schwächen.

Entlarvend ist diese sowjetische Strategie für unser Verständnis des Gegners auch deshalb, weil für uns Menschenleben das kostbarste Gut sind. Die sowjetischen Marschälle schicken jedoch ihre eigenen Soldaten durch dieses von ihnen selbst atomar verseuchte Gelände hindurch, um ihr Ziel zu erreichen. Nachdem ihre Stoßarmeen aber den Atlantik erreicht haben, tauchen diese Soldaten in keinem Plan mehr auf. Und alle wissen warum, denn die Auswirkungen nuklearer Waffen sind seit Hiroshima und Nagasaki nicht nur den Militärs bekannt.

Nun sollte man meinen, dass dieses Erreichen der Atlantikküste um jeden Preis eigentlich keinen rechten Sinn macht, denn dort geht es ja nicht mehr weiter. Aber die Erklärung fällt einfach, wenn man das langfristige Ziel des Kommunismus, nämlich 'die Weltherrschaft' bedenkt. Das Beherrschen der Atlantikküste, dieser Gegenküste Amerikas durch die Sowjetunion, bedeutet eine erste strategische Niederlage für die USA.

Im Bunker herrscht ein reges Durcheinander – scheint es. Besonders am Beginn der Übung gibt es viel Gerede und Gerenne, denn die Teams in den einzelnen Zellen müssen sich erst aufeinander einspielen. Das ist ja der Zweck der ganzen Übung. Dieses Üben der Verfahren und die Zusammenarbeit der verschiedenen Teile auf den verschiedenen Ebenen.

Eine „Flash"-Meldung wird mir gereicht. „Feindlicher Verband Transportflugzeuge im Anflug auf den Fliegerhorst Oldenburg." „Transportverband?", frage ich laut. Da ruft schon der Kommandeur der Fliegerhorstgruppe: „Das sollen bestimmt Fallschirmjägertruppen sein." „Ach ja", fällt mir wieder ein, „wie beim Überfall auf die Tschechoslowakei. Unerwartet schnell erscheinen die sowjetischen IL-76 über den Flugplätzen und die Luftlandetruppen fallen vom Himmel – auch im Hinterland. Sie besetzen die entscheidenden Punkte, und schon ist ein Flugplatz in der Hand des Gegners."„Wir müssen unsere Flugzeuge in die Luft bekommen, bevor das Rollfeld zu einer Kraterlandschaft gebombt wird," gebe ich als Auftrag an die Kommandeure der Fliegenden und der Technischen Gruppe. „Und auch bevor Fallschirmtruppen landen können", ergänze ich.

An den Kommandeur der Fliegerhorstgruppe gewendet: „Alarmstufe 1 für Verteidigung des Fliegerhorsts. Die Soldaten sollen den Fallschirmjägern zeigen, was wir unter Rundumverteidigung verstehen." „Jawohl, Herr Oberst." „Jetzt haben wir ja auch die Zwillingskanonen bekommen. Damit heizen wir ihnen ein."

„Können wir einem sowjetischen Elite-Fallschirmregiment trotzen, das über unserem Flugplatz abgesetzt wird?" Diese Frage lasse ich nicht diskutieren. Ich halte es eher für unwahrscheinlich, wenn wir länger auf uns selbst gestellt blieben. Aber ich glaube, dass sich mein Konzept der Rundumverteidigung um den Fliegerhorst bewähren wird. Weil ich es meinen Männern verständlich gemacht habe und sie zu eigenen Initiativen ermuntere.

Dabei bedauere ich immer wieder, dass ich im Bunker nicht sehen kann, was auf dem Rollfeld und auf dem Fliegerhorst passiert. Der Kontrollturm, der ja den Flugbetrieb am Platz koordiniert und der einen idealen Rundblick über das Gelände ermöglicht, gibt zwar alle Informationen an den Bunker, aber auch nur, solange er steht und vom Angreifer stehen gelassen wird, also unbeschädigt bleibt. Und das würde wohl nicht allzu lange der Fall sein, fürchte ich. „Da wäre ein Periskop eine tolle Sache", denke ich, „so wie es auf den U-Booten genutzt wird. Dann könnte ich selbst sehen, was draußen los ist."

Die Übung zieht sich schon den dritten Tag hin. Zweimal am Tag halte ich eine große Lagebesprechung ab. Immer wieder wird auch die Konzeption unseres eigenen fliegerischen Einsatzes durchgesprochen. „Und die F-104 Verbände?" „Diese Jagdbomberverbände sollen Fliegerhorste, Raketenstellungen, Gefechtsstände, Verkehrsknotenpunkte und Nachschublinien des Gegners durch Angriffe im Tiefflug zerstören. Für diese 'Strike-Rolle' sind die besonders geeignet." „Und was haben die G-91 Verbände mit ihrer kurzen Reichweite und ihrer geringen konventionellen Bewaffnung dazu beizutragen?"

„Wir fliegen Luftnahunterstützung und saturieren die Luftabwehr in der DDR." „Was heißt das?" „Na ja, im günstigsten Fall heißt das, dass die gegnerische Luftabwehr wegen der Vielzahl unserer tief fliegenden Flugzeuge überfordert ist. Auf jeden Fall soll es den Starfighter-Verbänden ein unbeschadetes Durchkommen durch die gegnerische Luftabwehr ermöglichen. Sie sollen im Tiefstflug im gegnerischen Hinterland die große zweite Angriffswelle der Sowjets ausschalten – das ist ja mit 'Interdiction' gemeint. „Eventuell mit ihren Atombomben?" „Eventuell."

„Hm, hört sich aber nicht sehr überlebensfreundlich für unsere G-91 an, Herr Oberst." „Stimmt. Wir müssen sehr, sehr tief fliegen." Aber das ist auch das Einzige, was dazu zu sagen ist. Und niemand stellt weitere Fragen.

Wenn der nukleare Schlagabtausch beginnt, ist dann aber auch das Ende nahe – „in der Übung". Denn wie die Wirklichkeit dann in Deutschland aussieht, das soll ja nicht geübt werden, sondern eben Verfahren, das Zusammenspiel der Kräfte, die Kommunikation von Washington bis Ankara und die Verbesserungen des eigenen Abwehrmechanismus.

In der Realität sieht das ganze gar nicht rosig aus. Es fängt schon mit unserem Bunker an, in dem der Gefechtsstand zusammen mit der gesamten Führungs- und Überwachungsanlage untergebracht ist. Aus solidem Stahlbeton ist er. Luftschleusen gibt es auch. Vorräte sind ebenfalls in mäßigem Umfang gespeichert. Er ist hinreichend getarnt durch Bäume, Buschwerk und ein unscheinbares Gebäude. Aber – er ist nicht einmal völlig im Erdreich vergraben. Das ist offensichtlich im moorigen Oldenburger Land zu kompliziert, wo man schon in einem Meter Tiefe im Wasser steht. Ich schätze, dass ein Volltreffer einer Weltkrieg-II-1000-Kilo Bombe ausreichen könnte, um den Bunker außer Gefecht zu setzen. „An die Folgen eines Einsatzes einer nuklearen Waffe gegen den Fliegerhorst mag ich gar nicht erst denken", ergänze ich, nachdenklich.

Es sind etwa 2.000 Männer auf dem Fliegerhorst – zu diesem Zeitpunkt sind es ausschließlich Männer –, die darauf vertrauen, dass das Konzept der Abschreckung funktioniert. Deshalb wohl entspinnt sich in den Tagen und Nächten im Bunker höchst selten mal ein Gespräch über diese Gefahren und auch nicht über die, die draußen um den Fliegerhorst herum ahnungslos ihrem Alltag nachgehen. „Und was wird aus unseren Familien?"

Das wichtige Gebiet des Zivilschutzes und der zivilen Verteidigungsplanung stellt im Gefechtsstand des Geschwaders nur eine untergeordnete Rolle dar, obwohl das ja doch der Grund für alle diese Anstrengungen ist: „Das eigene Volk vor Schaden zu bewahren." Das steht zwar ständig allen vor Augen, aber das ist ein anderer Strang innerhalb der Gesamtübung. Der wird nicht im Gefechtsstand des Geschwaders geübt. Dafür sind andere irgendwo bei dieser Übung zuständig. Das Hauptaugenmerk im Geschwader muss darauf gerichtet sein, Kampfkraft an den Feind zu bringen.

Aber – fühlen sich die Männer besser, die hier üben, weil sie wissen, dass auch ihr Bunker nicht atombombensicher ist? Dass sie dort unten genau so gefährdet sind wie die da draußen? Und fühlen sie sich besser, weil sie überzeugt sind, dass sie alles tun, um ihre Angehörigen zu schützen? Oder ist es doch die Hoffnung, dass die Abschreckung so glaubhaft ist, dass der Gegner nicht wagen wird, einen Konflikt vom Zaun zu brechen?

Ich bin jedenfalls froh, wenn sich meine Männer so auf die Übung konzentrieren und nicht von Sorgen und Zweifeln gelenkt sind – und damit sich und anderen das Leben schwer machen. Am schlimmsten wäre für mich, wenn sie ihre Familien mit hineinziehen würden in diese Sorgen und dadurch selbst unsicher werden. In meiner gesamten Zeit als Kommodore ist es nicht ein einziges Mal vorgekommen, dass ich ernsthaft jemanden von der Notwendigkeit seines Auftrages überzeugen musste, weil ihn Zweifel geplagt hätten. Ich bemühe mich immer, sie informiert zu halten, damit sie mitdenken können. Die Leute sind selbst intelligent genug, um die richtigen Schlüsse zu ziehen. Ich bin stolz auf diese Männer. Bedeutet es doch auch, dass die Demokratie funktioniert und sie unabhängig davon ihren Vorgesetzten glauben. Meine Soldaten wissen, wofür sie stehen und warum sie ihre Aufgabe erfüllen. Sie fühlen, dass sie richtig liegen, und sie sind zuversichtlich, dass ihre Sache am Ende siegen wird.

Der Einmarsch der Sowjetunion und ihrer Satelliten in die Tschechoslowakei ist ein heilsamer Schock für die NATO. Aber er ist nicht die einzige Erinnerung an die Ziele des Kommunismus, an die kommunistische Weltrevolution.

Die Erkenntnisse der westlichen Geheimdienste – ich bewundere diese Leute und wie sie ihre Erkenntnisse gewinnen – sind noch alarmierender. Auf der Grundlage dieser Informationen gehen die Strategen der NATO davon aus, dass die Streitkräfte des Warschauer Pakts jederzeit eine derartig große militärische Überlegenheit haben, dass es unmöglich sein wird, ihren Angriff mit konventionellen Mitteln abzuwehren.

Trotz der Armeen der USA, Frankreichs, Großbritanniens, Kanadas, der Niederlande, Belgiens und Dänemarks sind die Kräfte in Mitteleuropa zu schwach, um diesen Stoß aufzuhalten. Also bliebe nur eine Verteidigung mit nuklearen Waffen. Nur atomare Waffen können die sowjetische Feuerwalze zum Stehen bringen.

„Nuke them!", wiederholt dann auch der amerikanische Luftwaffenoberst bei jeder Einsatz-Besprechung, an der er teilnimmt, immer wieder mit sarkastischem Lächeln. Er hat die North American F-100 *Super Sabre* geflogen, einen überschallschnellen Jagdbomber der US-Luftwaffe, der Atombomben tragen kann. Und er ist ein amerikanischer Realist ohne sentimentale Hemmungen und natürlich auch ohne zu bedenken, dass dies alles auf dem Territorium der Bundesrepublik geschehen würde *(„to nuke" ist ein amerikanischer Slang-Ausdruck für den Einsatz von nuklearen, sprich atomaren Waffen)*. Oder bedenkt er es vielleicht doch?

Ein solches Szenario läuft interessanterweise immer darauf hinaus, dass sich ein Atomkrieg nur in Mitteleuropa abspielen würde. Da wird jedem klar, dass sowohl die USA als auch die Sowjetunion eine nukleare Auseinandersetzung offensichtlich von ihrem eigenen Territorium möglichst fernhalten wollen.

Die NATO hat für die Nuklearpolitik Grundlagendokumente verabschiedet, die als Richtschnur für nationale Maßnahmen und als Weisung für die Militärbehörden in der NATO dienen. Nuklearwaffen sollen *in Mitteleuropa* nicht nur offensiv eingesetzt werden. Es gab sogar Pläne, entlang der

Zonengrenze auf westdeutscher Seite hunderte atomarer Landminen zu vergraben, um diesen sowjetischen Angriff aufzuhalten.

Das ist sicher ein wichtiger Grund, warum die Bundesrepublik von Anfang an ein nukleares deutsches Mitspracherecht angestrebt hat für den möglichen Einsatz von Kernwaffen zur Verteidigung des NATO-Gebietes. Deutschland will nicht nur ein militärischer Mitläufer bleiben, in dessen Land andere sich tummeln. Deutschland will auch Einfluss gewinnen auf den Einsatz gerade dieser Waffen – besonders auf dem eigenen Hoheitsgebiet. Und es kann wohl niemanden auf deutscher Seite geben, der dieses 'Mitspracherecht' nicht für sehr vernünftig hält.

17 Eine Kommandeurbesprechung

„Kommandeurbesprechung" ist ein feststehender Begriff. Ein- oder zweimal jede Woche halte ich sie in meinem Dienstzimmer ab. Mein Stellvertreter ist dabei sowie die drei Kommandeure der Fliegenden, Technischen- und Fliegerhorstgruppe. Das ist die Kernrunde. Außergewöhnliche Besprechungen sind häufig. Und je nachdem, um welche Themen es da geht und welche Lage es erfordert, kommen der Ordonnanzoffizier und noch bestimmte andere Offiziere dazu.

Sie können Abteilungen im Geschwaderstab leiten oder sie sind Fachleute auf einem Spezialgebiet, wie zum Beispiel der Leiter der Truppenverwaltung. Er ist der 'Oberbeamte' im Geschwader, und oft ist er – je nachdem wer den Dienstposten besetzt – aus einem anderem Holz geschnitzt als die anwesenden Offiziere. Dann bedarf es schon mal im Kreise der 'Macher' einer besonderen Behandlung, besonders, wenn er es als seine Aufgabe ansieht, lediglich die Schwierigkeiten einer beabsichtigten Maßnahme herauszustreichen oder gar die Unmöglichkeit zu konstatieren, anstatt Wege aufzuzeigen, wie bis hart an die Grenze des von den Verwaltungsbestimmungen Erlaubten gegangen werden kann.

Mir fällt es leicht, diesen regelmäßigen Besprechungen nicht einen Charakter zu geben, der etwas mit Befehlsausgabe zu tun hätte. Das wäre auch völlig kontraproduktiv. Für mich ist es ein Gedankenaustausch darüber, wie der Einsatzauftrag am besten erfüllt werden kann und über die Möglichkeiten, die Führung des Geschwaders und damit auch die Leistungen des Verbandes noch zu verbessern.

Das sage ich auch: „Ich brauche keine Ja-Sager und Nicker. Ich brauche Männer, die selbstständig mitdenken, eigene Ideen einbringen und mir gegebenenfalls auch sachlich widersprechen." „Wenn es zu heftig werden sollte, lieber unter vier Augen", füge ich manchmal hinzu, denn temperamentvoll können die Herren schon sein.

„Wenn man lange im Geschäft ist, neigt man doch mal dazu zu glauben, man wisse alles besser." Dabei kann ich auch lachen.

„Gibt es im Geschwader Leute, die Ihnen sagen können, dass Sie falsch liegen?", werde ich bei einem meiner vielen Vorträge in der Stadt gefragt. „Natürlich", überrasche ich die Zuhörer mit meiner Antwort. „Manchmal würde ich mir sogar mehr solcher Mitarbeiter wünschen. Wir haben in Deutschland ein Problem. Bisher wurden wir immer erzogen zu funktionieren und zu gehorchen. Wir sollen Gemeinschaftswesen sein, uns eingliedern und bloß nicht rebellisch werden. Bei uns im Geschwader haben wir damit kein Problem. Wenn die Kritik sachlich ist, wäre es unklug, auf meine Fachleute nicht zu hören." „Draußen vor der Kaserne scheint sich das jetzt oft recht dramatisch zu ändern", füge ich dann aber hinzu.

Diesmal geht es in der Kommandeurbesprechung um die Nachbereitung der letzten Übung und die Bewertung der Leistungen der einzelnen Fachbereiche. Entspannt wollen wir Schwachstellen ansprechen, Fehler ausmerzen, und es soll auch gelobt werden. Aber ich beginne mit etwas anderem.

„Heute ist ein sehr schöner Tag für mich. Ich habe nur Erfreuliches auf der Tagesordnung." Dabei strahle ich über das ganze Gesicht. „Zuerst eine Nachricht, die uns eigentlich gar nicht direkt berührt, und sie werden es auch schon wissen: Seit April haben wir einen neuen Inspekteur der Luftwaffe, Generalleutnant Gerhard Limberg[35]. Ich erwähne das heute trotzdem noch, denn wir haben noch nicht darüber gesprochen. Ich kenne den General sehr gut und ich schätze seine realistische, einsatzbezogene Einstellung und Sichtweise. Für die Luftwaffe, glaube ich, ist das eine gute Entscheidung." Schließlich komme ich aber doch bei meinen Ausführungen im Geschwader an und bei meiner Bewertung des letzten Planspiels und den Eindruck, den das Geschwader gemacht hat.

„Wie ich mir die Verteidigung des Fliegerhorstes vorstelle, diskutieren wir immer wieder, damit Sie von den einzelnen Maßnahmen genau so überzeugt sind wie ich. Über die Fliegerei brauchen wir uns nicht lange zu unterhalten. Da folgen wir den klaren Vorgaben der NATO und den nationalen Vorschriften. Aber was die Verteidigung unseres eigenen Fliegerhorsts, unserer Einsatzbasis angeht, da haben wir eine Menge Gestaltungsmöglichkeiten, und da haben wir recht freie Hand. Die nutzen wir und Sie haben ebenfalls genau das getan. Das Zusammenspiel ist großartig gewesen, und auch 'von oben' sind unsere Beiträge nicht nur, was die 'Mission-Effectivness', den Erfolg der Einsatzaufträge angeht, sehr positiv anerkannt worden. Beeindruckt hat mich, wie schnell nach den beiden Bombenangriffen auf unseren Platz die Reparaturarbeiten an der Startbahn soweit abgeschlossen wurden. Wir konnten wieder starten. Allerdings muss man dazu sagen, dass wir auch Glück haben mit unserer 'Gina' (*das ist der Kosename der Flieger für die Fiat G-91*). Denn die kann ja auch starten und landen, wenn nicht alles unter ihren Rädern aalglatt und nur aus Beton ist. Aber richtige Schlaglöcher verträgt sie halt auch nicht."

Der Kommandeur der Fliegerhorstgruppe freut sich besonders über das Lob. Denn für seine Leute ist das nicht zu häufig: Alles scheint sich immer um das Fliegen zu drehen und den Einsatz der Jagdbomber. Da ist die Technik schon besser dran. Denn die Warte und die Waffenleute sind diejenigen, auf deren Professionalität und Geschwindigkeit es ankommt, damit die landenden Flugzeuge so schnell wie möglich wieder betankt, bewaffnet und klar gemacht werden für die nächste Mission. Und das vergisst niemand, entsprechend zu würdigen.

Vor die Flieger werde ich danach noch selbst treten, um meine Bewertung vorzutragen und bestimmte Details, auf die es mir ankommt, noch einmal in das Bewusstsein zu hämmern. Auch die direkt in den Flugbetrieb in der Fliegenden Gruppe und der Technischen Gruppe eingebundenen Offiziere werden bei diesem Debriefing dabei sein.

Den Kommandeuren verkünde ich jetzt eine neue Idee: „Ich will ein Periskop aufstellen. Mich ärgert, dass mir alles, was auf dem Flugplatzgelände vor sich geht, immer nur – meist telefonisch oder per Funk – gemeldet wird. Es kann doch nicht so schwer sein, von der Marine ein ausgemustertes Periskop eines U-Boots zu bekommen. Das könnten wir hier selbst einbauen im Bunker, und ich kann mit eigenen Augen sehen, was auf dem Rollfeld geschieht. Das wäre doch ein ungeheurer Vorteil."

Sehr wohl sehe ich, dass nicht alle Teilnehmer an der Besprechung ein Lächeln unterdrücken können. Auch werden einige Bedenken vorgetragen, aber ich lasse mich nicht von meinem Vorhaben abbringen.

Am Schluss präsentiere ich noch einen Beitrag zur Erheiterung der Runde. Ich lasse einen Brief herumgehen, den ich von einem der örtlichen Abgeordneten des Bundestags erhalten habe. In der Anschrift – und auch in der Anrede – werde ich als 'Kommodore des „Yachtgeschwaders 43"' angesprochen. „Einer der Piloten ist zwar nach der großen Überschwemmung schon mit einem Schlauchboot um einen Hangar herum gepaddelt, und ich habe ein kleines Luftkissenboot meines Freundes aus Baltrum über das Hallenvorfeld gelenkt. Aber das Geschwader besitzt keine Schiffe, nicht einmal ein einziges Segelboot", ist mein leicht angefressener Kommentar über so viel Unkenntnis eines Abgeordneten, von dem ich erwarte, dass er es besser weiß.

Die Leistungen der Zivilbediensteten des Geschwaders kann ich bei unserer Besprechung nicht ausreichend würdigen. Das will ich tun, wenn sie auch dabei sind und selbst hören können, was ich zu sagen habe. Es gibt zwei Gelegenheiten dazu. Die eine sind die Versammlungen, die die zivilen Personalvertreter abhalten, die andere sind interne Besprechungen des Personalrats. Oft werde ich auch dazu eingeladen, und ich nehme gern jede Gelegenheit wahr, diese Mitarbeiter persönlich zu informieren und sie mit meinen Absichten vertraut zu machen. Auch hier habe ich großes Glück, denn die beiden führenden Mitglieder des Personalrats, Erich Mehlhop aus der Geophysikalischen Beratungsleitstelle Nord-West, die mir unterstellt ist, und Gerd Müller, ein gradliniger Triebwerker aus der Instandsetzungsstaffel, sind Männer, die sich nicht an kleinlichen Rangeleien und Eifersüchteleien erfreuen, sondern die an der Sache orientiert sind. Und mit ihnen kann man reden.

Mir ist bewusst, dass allen Zivilbediensteten in „meinem Betrieb" eine besondere Bedeutung zukommt, und ich sage ihnen das. Nicht nur, weil sie mit ihrer Fachausbildung und ihren Fähigkeiten einen wesentlichen Anteil direkt an der Flugsicherheit haben wie zum Beispiel die Männer der Feuerwehr, sondern bis hin zu ihrer Arbeit in den vielen Werkstätten des „Industriebetriebs Geschwader". Sie sind einfach ein unersetzbarer, wichtiger Teil des Ganzen.

Auch bei den häufigen kriegsmäßigen Übungen, die abgehalten werden, spielen sie eine wesentliche Rolle. Wenn Zivilbedienstete „keine Lust" haben, sich lagegerecht zu verhalten und „kriegsmäßig" mitzumachen, hat die ganze Übung ein Glaubwürdigkeitsproblem. Zu diesem Verhalten kann ich sie nicht zwingen, sie sind keine Soldaten. „Befehl und Gehorsam" perlt an ihnen wie Wasser an einer Ölhaut ab. Dann läuft die Übung zwar auch wie geplant ab, aber es muss der Eindruck entstehen, dass sie von zu vielen nicht ganz ernst genommen wird. Wenn da auch nur zwei 'Facharbeiter' bei 'Fliegeralarm' gemächlich und ohne Stahlhelm über das Hallenvorfeld schlendern, dann muss sich jeder Beobachter – und nicht nur die alliierten Offiziere beim TAC EVAL TEAM – fragen, ob die Führung wirklich die Lage im Griff hat. Deshalb tragen die Zivilbediensteten im Geschwader erheblich dazu bei, dass der Verband im Alarmfall und bei NATO-Übungen einen derart geschlossenen – guten – Eindruck macht.

Es vergeht in übrigen keine Besprechung, in der nicht auch ausführlich mein Lieblingsthema behandelt wird: die Flugsicherheit. Und Anlässe gibt es genug, immer wieder die Bedeutung von Besonnenheit, Sorgfalt, Umsicht und Vorausdenken aller am Flugdienst Beteiligten zu thematisieren. Und was meine Piloten betrifft: „Ein Flug ist erst dann zu Ende, wenn das Flugzeug sicher abgestellt ist." Oder, „Gerade bei der Landung ist noch einmal äußerste Konzentration angesagt." Grund genug habe ich, immer wieder darauf herumzureiten.

An beiden Seiten der Landebahn sind Auffangvorrichtungen installiert. Sie sollen verhindern, dass ein Flugzeug über das Bahnende hinausschießt und großen Schaden erleidet, wenn es aus irgendwelchen Gründen bei der Landung noch zu schnell ist und nicht rechtzeitig zum Stehen gebracht werden kann, oder wenn beim Start etwas schief geht. Es gibt Jet-Barriers, die für einen Fanghaken ausgelegt sind, wie sie auch auf Flugzeugträgern benutzt werden und wie ihn die F-104 besitzt. Und es gibt solche, die vom Kontrollturm aus hochgeschossen werden, damit das Flugzeug durch ein mehr als mannshohes Netz zum Stehen gebracht wird.

Schon als Staffelkapitän habe ich meine Lektion gelernt. Denn die ersten Zwischenfälle in meiner Staffel ereigneten sich bei der Landung mit dieser Netzbarriere.

Ein Hauptfeldwebel kommt mit einem doppelsitzigen Trainingsflugzeug, einer Lockheed T-33[9], einem T-Bird, von einem Werkstattflug zurück. Er ist 'solo', allein im Flugzeug. Werkstattflüge werden nach Überholungen oder Reparaturen von besonders qualifizierten Piloten ausgeführt. Das Wetter ist nicht besonders freundlich und die Landebahn vom Regen nass. Der Kontrollturm gibt ihm die Landeerlaubnis, und er setzt auf. Wahrscheinlich ist er doch etwas schneller als nötig oder die Bahn ist zu rutschig, jedenfalls kann er sein Flugzeug nicht mehr rechtzeitig auf der Bahn zum Stehen bringen. Aber die Männer auf dem Kontrollturm sind auf Draht. Sie „schießen die Barriere hoch". Das über die nasse Landebahn schlitternde Flugzeug verfängt sich im Netz, es wird abgefangen, bevor es über die Landebahn hinausschießt. Der durch das Netz verursachte Schaden am Flugzeug ist gering. Der Flugzeugführer kommt mit einem Schrecken davon, er bleibt unverletzt.

„In Ihrer Staffel passiert so etwas", regt sich mein damaliger Geschwaderkommodore auf. „Hat die 2. Staffel schon jemals ein Barrier-Engagement gehabt?" „Nein!", beantwortet er sich seine Frage selbst.

Das wurmt mich natürlich gewaltig. Schlimm genug, die kleine Beschädigung am Flugzeug. Aber dafür ist die Barriere ja da, dass nicht viel passiert. Ich bin froh gewesen, dass meinem Flugzeugführer nichts zugestoßen ist. Dennoch – es gibt nichts zu beschönigen. Der junge Staffelkapitän empfindet es als einen Prestigeverlust für seine Staffel – ich fühle mich vorgeführt und gefordert gleichzeitig.

Der Vorgesetzte hat wohl seine Absicht erreicht: „Flugsicherheit geht über alles." „Du musst der Flugsicherheit noch mehr Beachtung schenken." Also: Ehrgeiz!

Aber eines wusste ich auch damals schon. Du musst den Piloten sofort in ein anderes Flugzeug setzten und ihn wieder in die Luft schicken. Eine notwendige Maßnahme, die verhindern soll, dass sich die Angst vor einem neuen Zwischenfall in ihm festsetzt. Wenn er nämlich zu lange Zeit hat, darüber nachzudenken, dann steigt er das nächste Mal zögernd und mit Bangen in das Flugzeug.

Auf das Wetter habe ich keinen Einfluss, aber auf meine Flugzeugführer. „Wirke auf deine jungen Heißsporne ein! Auch wenn die nur bedingt einem guten Zuspruch zugänglich sind." „Auch hier ist wieder deine Führung gefragt!"

Da erinnere ich mich an einen anderen Zwischenfall. Der war eine deutlich ernsthaftere Angelegenheit.

Gegen Ende eines 'Tages der Offenen Tür' für die Zivilbevölkerung auf dem Fliegerhorst Leck in Schleswig-Holstein geschieht es. Der Tag ist auch mit einigen Flugvorführungen verbunden. Bevor alle Flugzeuge gelandet sind, zieht recht schnell ein Gewitter auf. Nur noch vier Flugzeuge sind in der Luft, Schwarmführer bin ich. Es beginnt schon heftig zu regnen, aber der Kontrollturm ordnet ausdrücklich an, dass trotz des Wettereinbruchs auch der letzte Schwarm zum Abschluss der Flugvorführungen noch auf dem Heimatplatz zu landen habe. Ich frage noch einmal nach, ob wir tatsächlich in Leck landen sollen und lasse mir den Befehl wiederholen. Also gebe ich der Nummer Drei und der Nummer Vier, das ist meine zweite Rotte, die Anweisung, unter der Endanflugskontrolle, dem GCA (*Ground Controlled Approach*), als erste zu landen. Das ist aus Sicherheitsgründen so üblich, damit nicht vier Flugzeuge möglicherweise gleichzeitig auf der Landebahn herumrutschen. Die zwei Flugzeuge der ersten Rotte, also mein 'Wingman' und ich, können dann noch eine weitere größere Runde um den Platz fliegen und vielleicht anschließend landen. Aber inzwischen geht ein wolkenbruchartiger Regen nieder und überschwemmt die Bahn derart mit Wasser, dass ein ordentliches Abbremsen bei einer Landegeschwindigkeit der Jagdflugzeuge von fast 300 Stundenkilometern unmöglich wird. Aquaplaning in seiner besten Form. Wie durch ein Wunder kann einer der beiden Piloten der landenden Rotte sein Flugzeug – zwar quer stehend, aber immerhin gerade noch vor dem Ende der Runway am linken Rand zum Stehen bringen. Der andere aber schlidert an ihm vorbei in die vom Kontrollturm rechtzeitig hochgeschossene Netzbarriere. Wären beide aufeinander geprallt oder miteinander in der Auffangvorrichtung gelandet, hätte es eine Katastrophe gegeben. Die Feuerwehr holt beide Piloten aus dem Flugzeug.

Ich kann mit meinem 'Wingman' nun nicht mehr landen. Die Bahn wird für Rettungs- und Aufräumungsarbeiten sofort gesperrt. Mit einem kurzen Funkspruch überzeuge ich mich, wie viel Treibstoff meinem Rottenkameraden verblieben ist. Auch bei ihm reicht es noch! Hier zahlt sich die präzise Planung der Flüge aus. Deshalb kann ich mühelos mit meinem Kameraden den nahe gelegenen Ausweichplatz Eggebeck anfliegen, zumal dort das Wetter auch noch erheblich besser ist als auf dem Heimatflughafen. Wir beide landen problemlos.

Zum Glück wurde niemand verletzt. Nur an einer der in Leck gelandeten Maschinen ist leichter Schaden entstanden.

Wegen des Unfalls und dem ungewöhnlichen Hergang gibt es noch eine langwierige Unfalluntersuchung und auch ein Disziplinarverfahren. Denn es stellt sich heraus, dass der Kommandeur der Fliegenden Gruppe auf dem Kontrollturm unerlaubterweise in den Funksprechverkehr eingegriffen und die Landung trotz des schweren Gewitters über dem Platz angeordnet hat.

Der Divisionskommandeur, das ist Generalmajor Johannes Steinhoff[27], zieht das Verfahren an sich und erscheint in Leck. Er befragt dazu persönlich auch den Staffelkapitän und Schwarmführer der vier letzten Flugzeuge. Der General ist groß, schlank und drahtig, aber als ich ihm gegenüber sitze, muss ich mich zwingen, dem General nicht andauernd in das Gesicht zu sehen. Es scheint mich magisch anzuziehen. Das Gesicht Steinhoffs ist zerstört und grausam entstellt. Steinhoff hatte noch 1945 mit der Me 262, dem ersten schnellen Düsenjäger der Welt, im Kampfeinsatz einen schweren Unfall, bei dem auch sein Gesicht verbrannt ist.

Bei den Untersuchungen Steinhoffs und seinen Fragen geht es nur um den Unfall am Tag der Offenen Tür. Weder ich noch meine Staffel oder die Flugzeugführer stehen auf der Anklagebank. Unser Verhalten wird von ihm offensichtlich nicht beanstandet. Wir haben uns den Vorschriften gemäß verhalten und werden von seinen Maßnahmen nicht betroffen. Es geht vielmehr um die Flugsicherer im Kontrollturm und um den Gruppenkommandeur. Doch ich habe mir vorgenommen, mich ihm gegenüber loyal zu verhalten und ihn nicht noch mehr in Schwierigkeiten zu bringen, obwohl ich wirklich nicht seiner Meinung gewesen bin. Wegen der Wetterentwicklung hatte ich mir ja seinen Befehl noch einmal bestätigen lassen. Deshalb schildere ich nur sachlich die Vorgänge, so wie ich sie erlebt habe.

18 Generationswechsel

1976 wohnt Generalleutnant Herbert Wehnelt[21] mit seiner Familie immer noch in Oldenburg am Rande des Fliegerhorstes. Es ist ungewöhnlich für uns beide, da er immer noch an allem regen Anteil nimmt, aber mir bereitet das keinerlei Probleme. Nach Beendigung seiner Tätigkeit als Stellvertreter des Oberbefehlshabers AAFCE (*Allied Air Forces Central Europe*) soll er in den Ruhestand versetzt werden. Irgendwie sind aber nach Übergabe seiner Dienstgeschäfte in Ramstein noch sechs Wochen zu überbrücken, bis er endgültig seinen Abschied nehmen kann. Ein Referatsleiter beim Personalamt im Verteidigungsministerium ruft mich an – recht kleinlaut eigentlich. „Würden Sie den General für sechs Wochen in Ihrem Geschwader aufnehmen. Er soll dann pensioniert werden. Aber wir müssen diese Zeit noch überbrücken." Ich muss lachen. „Ich habe mit dem General noch nie ein Problem gehabt", erwidere ich. Dann kommt jedoch noch ein kleiner Nachschlag. „Sie haben auch die Ehre, einen Großen Zapfenstreich[40] für ihn auszurichten. Dreisterne-Generale verabschiedet der Inspekteur ja mit einem Großen Zapfenstreich und General Wehnelt hat sich diese Ehrung in Oldenburg gewünscht."

Umgehend richte ich in meinem Stabsgebäude ein Zimmer für den General ein, – karge Möblierung, aber mit Schreibtisch und Telefon natürlich. Und für sechs Wochen ist mir der Dreisterne-General sogar disziplinarisch unterstellt. Hinterher habe ich manchmal gescherzt, „Ich musste nie disziplinarisch einschreiten."

Wenig später wird General Wehnelt vom Inspekteur, Generalleutnant Gerhard Limberg, in Oldenburg in den Ruhestand verabschiedet. Oldenburg ist Wehnelts erste Wirkungsstätte gewesen und immer noch fühlt er sich hier wie eine Art Hausherr. So nimmt auch die Stadt, in der der General auch jetzt noch großen Respekt genießt, regen Anteil. Das Wetter ist ausnahmsweise gut, und der 'Große Zapfenstreich' im Marschwegstadion verläuft sehr gut. Nach dem eindrucksvollen Zeremoniell in der anbrechenden Nacht richtet das stets verlässliche Team des Offizierheims noch einen prächtigen Empfang mit einem sehenswerten Buffet im Kasino aus. Alles läuft hervorragend, und auch die vielen Ehrengäste sind zufrieden. Besonders aber der General, der vorher mit Sonderwünschen nicht zurückhaltend gewesen ist.

In einem fliegenden Verband kann jeder in irgendeiner Weise noch Anteil am Flugbetrieb haben. „Der Geruch von Kerosin" liegt überall in der Luft. Nicht alle, die Jetpiloten geworden sind, haben den Beruf ergriffen, weil sie das Vaterland vor dem Kommunismus retten wollen oder um einfach ihrem Land zu dienen. Manche wollen nur fliegen. „Fliegen", ein

Menschheitstraum, und fliegen ist das Markenzeichen der Luftwaffe! „Wer zur Luftwaffe geht, der will fliegen", heißt es. Es ist die Faszination des Vorwärtsstürmens in der dritten Dimension.

Das 'Düsenflugzeug', der 'Jet', hat bis jetzt nichts von seiner Faszination eingebüßt. Diese Faszination hat auch alle die Männer der Luftwaffe zugeführt, die dann das Flugzeugführerabzeichen stolz auf der Brust tragen. Auch wenn die wenigsten es schaffen, die sich vornehmen, Pilot zu werden. Aber die meisten, die sich nicht qualifizieren können, bleiben dann dennoch dabei.

Die verschiedenen Einstellungen machen zuweilen auch einen Unterschied in der Dienstauffassung aus. Dann ist spürbar, wer einfach nur einen Jet fliegen wollte und wer zusätzlich für andere Aufgaben und Tätigkeiten zu begeistern ist als „nur" für das Fliegen: Wem die Luftwaffe auch darüber hinaus Heimat ist. Aber das sind dann doch immer wieder die meisten.

Ich fühle mich jung. Als Soldat ist nie auf mich geschossen worden – aber vorher schon, ehe ich mich bei der Luftwaffe melden konnte. Da ging ich noch zur Schule und es tobte der Weltkrieg. Aber ich habe nicht um mein Leben kämpfen müssen – und ich konnte nicht zurückschießen.

Jetzt hängen in meinem Dienstzimmer zwei Gemälde. Der Rittmeister Manfred Freiherr von Richthofen[41], der 'Rote Baron', ist der eine. Richthofen ist einer meiner Vorbilder – das fliegerische Vorbild. Es hätte auch Oberst Werner Mölders[17] sein können. Generalfeldmarschall Graf Helmuth von Moltke[42], der Chef des Großen Generalstabs, ist das andere Bild – mein Vorbild als Offizier.

„Truppen führen ist eine Kunst, eine auf Charakter, Können und geistiger Kraft beruhende freie, schöpferische Tätigkeit." Damals, im Oktober 1962, ist „Führung" in der Heeresdienstvorschrift 100/1 noch so formuliert worden – und so habe ich es mir eingeprägt. Das ist das Ziel, das man anstreben muss. Dabei denke ich an Moltke. Auch die Geschwaderführer, unter denen ich gedient habe, sind mir Vorbilder gewesen. Es beginnt mit Herbert Wehnelt[21], geht weiter mit Erich Hartmann[13], Erich Hohagen[43], Oberst Günther Josten[44], Oberst Benno Schmieder und Oberst Heinz-Günther Kuring. Von jedem habe ich auf die eine oder andere Weise gelernt. Und jetzt kann ich diese Erfahrung umsetzen. Aber da ist in meinem Geschwader noch etwas, dem ich größte Bedeutung bemessen will: Das Team. Ohne das Team, das aus so vielen Fachleuten besteht, in dem jeder großes Können und großen Einfluss besitzt, lässt sich in der Fliegerei nicht führen. Und es muss mir immer wieder gelingen, mein Team teilhaben zu lassen an meiner Vision. Das geht nur, wenn ich meine Männer einbinde, sie überzeuge, sie groß mache. Es ist ein „Wir"-Gefühl, das ich ihnen vermitteln will. Und mein Erfolgserlebnis ist es, wenn sie sich überzeugen und begeistern lassen. Dann ziehen sie auch mit. Besonders wichtig sind mir auch die Unteroffiziere im Geschwader. Und da hätte es nicht besser bestellt sein können. Es gibt eine sehr rührige Unteroffiziersgemeinschaft, die sich kameradschaftlich auch in sozialen Fragen engagiert. Und unter den Unteroffizieren sind nicht nur viele äußerst motivierte Könner, sondern auch ausgezeichnete 'Unterführer', die als Fachleute und als Vorbilder beispielhaft und selbständig auftreten. Einen Unterschied zwischen den 'Alten' und den 'Jungen' kann ich dabei nicht feststellen. Die einen sind so engagiert wie die anderen.

Die Luftwaffe hat mich zu dem gemacht, was ich bin. Die Luftwaffe ist der wichtigste und dauerhafteste Kraftquell meines Lebens. Jahrzehntelang habe ich mein Bestes in diese Arbeit investiert. Sie rangiert vor meinem Privatleben. Auch da habe ich Glück. Ich kann das eine mit dem anderen vereinbaren. Denn ich brauche mir nur wenig Gedanken über meine Familie zu machen. Unschätzbar für mich ist, dass meine Frau mir den Rücken frei hält. Sie weiß um meine Verantwortung, respektiert sie und unterstützt mich selbstlos, wo immer sie kann. Schon zehn Mal ist sie aus dienstlichen Gründen mit mir umgezogen. Meine beiden Kinder, immer im Schlepptau, ziehen mit. Auch das trägt dazu bei, dass ich erfolgreich sein kann. Fünfmal mussten Sohn und Tochter die ihnen vertraute Schule wieder verlassen, meist mitten im Schuljahr. Das bedeutet, dass sie sich an dem neuen Standort des Vaters jedes Mal wieder mit einem ihnen fremden Lehrplan vertraut machen, neue Freunde suchen und Anschluss finden mussten – für eine relativ überschaubare Zeit, bis zur nächsten Versetzung des Vaters: in Niedersachsen, in Schleswig-Holstein, in den USA, wieder in Schleswig-Holstein, in Rheinland-Pfalz und noch einmal in Niedersachsen. Alle haben sich durchgebissen – auch die Frau, die die meisten Probleme der Familie allein lösen musste. Der Vater ist zu selten zu Hause. Aber beide Kinder haben stets mutig wieder angefangen und gute Leistungen bescheinigt bekommen. Die Tochter verlässt nach dem Abitur in Oldenburg das Haus, macht eine Ausbildung, studiert dann. Für den Sohn ist die Wechselei noch nicht zu Ende. Er wird sein Abitur nicht am 'Alten Gymnasium Oldenburg', sondern erst nach insgesamt acht Schulwechseln machen können. Im ersten Anlauf. Ich bin zufrieden, wenn ich weiß, „die Familie 'funktioniert'".[45] Ich konzentriere mich auf meine Arbeit. Dabei kommt mir 'mein Geschwader' häufig vor wie ein ehrwürdiger Orden. Da schwingt viel von meinem geliebten Hobby mit, der mittelalterlichen Geschichte, besonders die der Stauferzeit. Die Zisterzienser zum Beispiel, mit ihrem 'ora et labora'. Ich liebe diesen Gedanken: Strenge Regeln, Männerfreundschaften, Kameradschaft – alle streben einem gemeinsamen Ziel zu, sind im Geiste Brüder. Frauen haben keinen Zutritt zu diesem Orden. Ob ich Letzteres allerdings auch so gut finde, darüber bin ich zu unterschiedlichen Zeiten nicht immer der gleichen Meinung. Später weiß ich aber auch, dass ich mich mit den dadurch unweigerlich zusätzlich auftretenden Problemen ebenfalls nicht herumzuschlagen hatte.

Auch mit meinen Vorgesetzten habe ich immer wieder Glück gehabt. Sie haben Gefallen an meinen Ideen, sie schätzen mein Engagement, und sie fördern mich. So macht mir mein Dienst Spaß, auch wenn er hart ist und mich voll fordert. Natürlich finden nicht immer alle meiner Einfälle Anklang. Aber damit lerne ich zu leben, das beeinträchtigt meinen Schwung letztlich nicht. Und es verdirbt mir auch den Spaß an meiner Arbeit nicht. Sie ist meine Berufung.

Vor mir – in jeder Hinsicht – sind immer die 'Alten'. Die 'Alten', die Flieger, die sich schon im Krieg bewährt haben. Ihre Erfahrungen, ihr Waffenstolz, ihre Dienstauffassung werden für mich eine Leitschnur, an der entlang ich gehen will. Der forcierte politisch-geistige Bruch mit der Vergangenheit und der couragierte Neuanfang dieser schwer gebeutelten Generation gehören zu ihren herausragenden Leistungen. Sie haben überlebt und in der neuen Luftwaffe noch eine Chance bekommen. Sie sind für mich wie ein Quell, aus dem es zu schöpfen gilt, und sie prägen mich.

Ich achte die alten Wehrmachtsoffiziere. Sie haben tapfer gekämpft, sie haben ihr Leben für Deutschland eingesetzt. Dass ihr Einsatz missbraucht wurde, konnten die wenigsten rechtzeitig erkennen. Das ist meine Überzeugung. Und wenn sie es erkannt hätten? Nachträglich ist jeder klüger. Am klügsten sind immer die, die nicht dabei gewesen sind!

Eine Entwicklung in dieser Zeit überlagert die bewegten Jahre meines Aufstiegs zum Kommodore. Obwohl sie ganz allmählich vor sich geht, stellt sie für mich doch den größten aller Umbrüche dar. Es ist das „Versickern" der „erfahrenen Alten" und der Übergang der Führung an eine Zwischengeneration, zu der ich gehöre, die den Krieg noch erlebt, aber nicht mehr aktiv an ihm teilgenommen hat. Ihr haben die Kriegsteilnehmer ihre Erfahrungen und ihre Lebensweisheit so gut es ging weiter gegeben. Aber von den Belastungen, die sie innerlich mit sich herumtragen müssen, haben sie die 'Neuen' befreit. Gelegentlich empfinde ich diese Befreiung geradezu körperlich, und dann atme ich dankbar auf. Und dankbar bin ich, dass viele der 'Alten' den Jungen auch etwas von der Leichtigkeit des Seins und der Freude am Leben mit auf den Weg geben können, die die meisten prägt, die den Krieg überlebt haben.

Bei manchen traditionellen Veranstaltungen zähle ich – wie einige andere in dieser Zeit wohl auch – wer denn noch aus der Zeit der Aufstellung des Geschwaders in der Oldenburger Wiege, aus den „Sturm- und Drangjahren" in Leck, in Schleswig-Holstein, und auch überhaupt aus der alten deutschen Luftwaffe im Geschwader Dienst tut: Wenige Soldaten und Zivilbedienstete nur noch, deren Zahl jedes Jahr sichtbar kleiner wird. Und schließlich reichen fast die Finger meiner beiden Hände, um sie aufzuzählen. Die bis jetzt ewig zu jungen, zu denen ich auch immer zähle, sie haben nun scheinbar ganz ohne ihr Zutun von den Kriegsgedienten die Hand am Hebel der Entscheidungen übernommen. Und einer dritten, schon im Frieden aufgewachsenen Generation, soll nun weitergereicht werden, was wir von den Vorbildern gelernt haben. Die Jungen werden zu den Alten.

Auch das Selbstverständnis der Soldatenfrauen und ihre Bereitschaft mitzuhelfen, bleiben von diesem Generationswechsel nicht unberührt. Was dürfen wir von ihnen, vor allem den jungen Familien, verlangen? Wie viel können wir ihnen zumuten im Frieden? Wieder sind Aufmerksamkeit und dazu unser Verständnis gefordert, stelle ich fest.

Manche der Kriegsgedienten, die in die neue Luftwaffe übernommen wurden, sind verhaftet in ihren Kriegserlebnissen und in der neuen Zeit noch nicht angekommen. Sie finden sich erst langsam zurecht. Ich habe das immer versucht zu verstehen und mit Humor aufgenommen. Ich habe gelächelt über ihre menschlichen – und manchmal auch dienstlichen – Schwächen und ihre rührenden Nostalgie-Anfälle.

In Bereichen, die mit der Fliegerei wenig zu tun haben, nicht nur beim Heer, sondern zum Beispiel auch bei den Kameraden der Flugabwehrtruppe, wird oft die mehr als zwei Jahrzehnte zurückliegende Prägung dieser Offiziere durch die seinerseits herrschende Auffassung vom Soldatenberuf beklagt. Die ist bei den Fliegern weniger problematisch. Die Jagdflieger vor allem haben ein anderes Handicap. Es ist ihr Draufgängertum, das Markenzeichen für einen Jagdflieger, und ihre vom Gefühl geleitete Bewertung, alles als nebensächlich einzustufen, was nicht mit dem Fliegen, dem Einsatz zu tun hat.

Oberstleutnant 'Pit' von Malapert-Neufville ist hier für mich ein Beispiel. So wie ihn stelle ich mir einen echten heißen Jagdflieger im Einsatz vor. So habe ich auch 'Bubi' Hartmann erlebt. Immer fröhlich, immer guter Dinge und zu einem Spaß aufgelegt. Auf Sieg getrimmt und für Feiern stets aufgeschlossen. Dienst muss halt auch gemacht werden. Aber Hauptsache Spaß am Fliegen und nicht zu vergessen, das Leben zu leben. Diese Männer haben überlebt, und sie wollen jetzt noch einiges nachholen, was sie durch den Krieg versäumt haben. Und ist denn jetzt die Lage wirklich so ernst, dass man sich deswegen den Tag mit Vorschriften und Papierkram verderben lassen muss?

Bestimmte Dinge liegen diesen Männern schon ernsthaft am Herzen, aber nicht alle passen so recht in die Zeit. Bei Erich Hartmann ist 'Erfahrung sammeln im Fliegen und im Luftkampf' das für seine Flugzeugführer alles andere in den Schatten stellende Leitmotiv. Und fliegen, fliegen, fliegen ist ja tatsächlich das Wichtigste, sogar für die alten Flieger nach mehr als zehnjähriger Pause.

Natürlich können aus diesem *einen* Schwerpunkt auch so manche Probleme im normalen Dienst im Frieden erwachsen. Der Dienst im Frieden braucht Vorschriften, klare Regeln und feste Disziplin. Der Luftkampf mit einem oder mehreren Gegnern aber braucht Draufgänger, deren Regeln von der jeweiligen Situation bestimmt werden. Er kann in keiner Dienstvorschrift genügend beschrieben werden. Er entwickelt sich jedes Mal. Er ist von der jeweiligen Situation abhängig, dem jeweiligen Gegner und den jeweils beteiligten Flugzeugtypen. Aber im Frieden muss für den Krieg geübt werden.

„Wer im Frieden fliegt wie im Krieg – der landet hinter Gittern. Wer aber im Krieg fliegt wie im Frieden – der wird abgeschossen." Kann man den Unterschied so einfach definieren?

Erst nach der politischen Wende in Deutschland erfahre ich, dass es „drüben" damit genau die gleichen Probleme gab. Sogar einige „Fliegerasse" der Sowjetunion saßen öfter mal im „Armeeknast", wie es dort heißt – nicht wegen politischer Widersprüche, sondern wegen „fliegerischer Disziplinlosigkeit" im normalen Flugdienst. Also, ich würde Disziplinlosigkeiten auf keinen Fall dulden, nehme ich mir vor.

Flugsicherheit und Disziplin sind mir schon von Anbeginn meiner fliegerischen Laufbahn ein Anliegen gewesen. Rückblickend erinnere ich mich, dass sie mir bereits in meiner Zeit als junger Oberleutnant und „lediglich" Staffeldienstoffizier im Jagdgeschwader 71 eine Herausforderung und ein unverzichtbares Gebot gewesen sind. Allerdings habe ich da „nebenbei" auch eine besondere Art der Auslegung von Disziplin und von Vorschriftentreue im Flugbetrieb erlebt.

Ich darf für zwei Wochen die 1. Staffel führen, weil der Staffelkapitän für diese Zeit im Urlaub ist. Ausschlaggebend dafür, dass die Wahl auf mich fällt, ist wohl, dass ich mich mit dem Papierkram auskenne und auch in den Dienstvorschriften.

Schon nach zwei Tagen in meiner neuen Verantwortung habe ich ein Problem am Hals. Einer der 'heißen Tiger' meiner Staffel kommt mit seinem F-86 Jagdflugzeug von einem Übungsflug zurück, und er hat ungewöhnliches eingesammelt. Um die Aufhängung eines der beiden Zusatztanks ranken sich einige frische Äste eines Laubbaumes mit Blütenresten. Den Jäger konnte er jedoch sicher landen, und am Flugzeug ist kein Schaden entstanden.

Aber, wie kommt er zu den Ästen? Sie könnten von Pappeln sein, die blühen im Monat April, sagen mir Naturfreunde unter den Kameraden. Hat der 'Tiger' beim Luftkampf im Eifer des Gefechts seinen Jäger zu tief – viel zu tief sogar – abgefangen? Dies ist ein Jagdgeschwader. Da fliegen wir in 40.000 Fuß auf Patrouille, weil das den heutigen Erfordernissen des Luftkrieges entsprechen soll. Luftkampfübungen mit wilder Kurbelei müssen geübt werden, klar, aber sie finden zwischen 20.000 und 40.000 Fuß über Grund statt. Man kann im Eifer des Gefechts schon mal etwas tiefer kommen. Aber in niedriger Höhe sind sie jedenfalls streng verboten.

Die Versuchung, über die Grenzen des aus guten Gründen Erlaubten gerade beim Tiefflug hinauszuschießen – oder vielleicht besser sie zu „unterschießen", – ist ein Phänomen, das auch erfahrene Piloten nicht verschont, weiß der Stellvertreter des Staffelkapitäns selbst. Aber 'Tiefflug'? War es das?

Bei den folgenden, recht eingehenden Vernehmungen stellt sich heraus: „Nein", das Nächstliegende war es nicht. Der Feldwebel hatte keinen Flugauftrag für eine Luftkampfübung, er war wirklich auf einer Tiefflug-Mission. Tiefflug wurde zwar bisher noch wenig geübt im Geschwader, aber er findet in 250 Fuß statt. Pappeln, die über 75 Meter hoch sind, gibt es in Deutschland nicht. Also, warum ist er so tief gekommen – in Pappelhöhe? Hat er die Tiefflugregeln eigenwillig ausgelegt? Nur wenige Zentimeter tiefer bei 700 Kilometern in der Stunde und der 'Tiger' wäre nicht mehr am Leben. Es ist ohnehin ein kleines Wunder, dass nicht mehr passiert ist, dass nicht einmal der Zusatztank vom Flugzeug abgerissen worden ist.

Bei 700 Stundenkilometern sind selbst die ganzen 75 Meter – das sind etwa die erlaubten 250 Fuß – eine Sache, die keine Sekunde Ablenkung verträgt. Wer einen solchen Jet fliegt, kann es sich nicht erlauben, sich auch nur Sekunden ablenken zu lassen. Also – es gibt andere Gründe, die diese Baumberührung verursacht haben müssen. Und da bleibt nur „fliegerische Unzucht". Egal, was es gewesen ist – selbst wenn es bei den Vernehmungen nicht herauskäme. Klar, es muss geahndet, also bestraft werden. Das darf auf gar keinen Fall Schule machen.

Nach der Wehrdisziplinarordnung reicht die Disziplinargewalt des 'jetzt' Staffelkapitäns von Verweis, strengem Verweis und Ausgangsbeschränkung bis zu einer Arreststrafe von maximal drei Wochen. Wäre das eine ausreichende „Würdigung"? Oder erfordert die Schwere des Vergehens die Verhängung einer noch höheren Strafe? Geldstrafe vielleicht, Beförderungssperre, Dienstgradherabsetzung und was es sonst noch so alles gibt?

Der Oberleutnant entscheidet sich nach gehöriger Lektüre der Vernehmungsprotokolle und der Würdigung des bisher unbescholtenen Fliegerlebens des Feldwebels für eine Arreststrafe von sieben Tagen.

Die muss ich beim Wehrdienstgericht in Münster beantragen, denn eine Gefängnisstrafe darf in Deutschland nur von einem Richter angeordnet werden. Kein Problem! Die Richter finden das Strafmaß angemessen. Und ich freue sich, dass mein Augenmaß honoriert worden ist. Also lasse ich den 'todesmutigen' Flieger in einer 'Arrestzelle' an der Hauptwache des Fliegerhorstes 'einbuchten'.

Nach drei Tagen besinnt sich der junge Disziplinarvorgesetzte Laube auf seine Fürsorgepflicht für seinen Mann. Ich mache mich auf den Weg, um den Eingebuchteten aufzusuchen. Ich möchte ihm Mut machen, damit der dort Eingesperrte nicht in Depressionen versinkt. Flieger haben ein sensibles Innenleben! „Das Leben geht weiter." „Sie bleiben in der Staffel." „Fliegen dürfen Sie auch wieder." „Aber, wehe . . . ."

Der Wachhabende an der Hauptwache meldet: „Herr Oberleutnant, der Arrestant ist nicht mehr da!"

„Was?", frage ich erschrocken. „Ausgebrochen?" Das ist mein erster Gedanke.

„Nein, Herr Oberleutnant. Der Kommodore war am Morgen selber hier. Er hat gesagt, 'Jupp, Du hast lange genug gesessen. Geh' nach Hause!'"

Der vorschriftenfeste junge Oberleutnant ist erschüttert. Aber dann bin ich mehr beunruhigt als entsetzt. Wie kann der Kommodore, zu dem ich aufsehe, das machen? Was bedeutet das für die Flugsicherheit, für das hohe Gut der Disziplin und für die Vorschriftentreue im Geschwader? Kennt der Kommodore womöglich die Wehrdisziplinarordnung überhaupt nicht? *(Eigentlich ist diese Frage ein Selbstbetrug. Tief innen bin ich mir nämlich sicher, der Kommodore kennt die Wehrdisziplinarordnung tatsächlich nicht, und sie ist ihm auch herzlich egal).*

Es sollte noch eine Weile dauern, bis ich in der Lage bin, auch solche Vorgesetzte richtig einzuordnen. Da sollte mich das Leben noch manches lehren. Aber als ich selbst lange Erfahrung als Disziplinarvorgesetzter gesammelt habe, erkenne ich darin auch einen gutgemeinten Übergriff eines kampferfahrenen Kommandeurs aus dem Weltkrieg. Der wollte wohl Vertrauen stiften, den Zusammenhalt fördern und einen Mann wieder aufbauen, der gedemütigt worden war. Und damals – nach seiner Erfahrung im Krieg – waren wohl „drei Tage Bau" eine gängige und ausreichende Erziehungsmaßnahme gewesen.

Da mich das Ganze aber doch noch länger beschäftigt, fällt mir irgendwann dazu noch ein, „Du hättest vielleicht den Kommodore auch vorher fragen können, was er von deiner Maßnahme hält." Wie gesagt, ich habe viel gelernt. Und mit dem Versickern der Alten und dem Heranwachsen der Jungen wird vieles anders.

Oberstleutnant „Pit" von Malapert hat es wohl nicht so mit den Vorschriften. Er ist sichtlich erleichtert und froh, als er feststellt, dass der junge, inzwischen zum Hauptmann beförderte Waffeneinsatzoffizier in seinem Stab, sich dem Schwung der täglich herein flutenden Menge von NATO-Vorschriften annimmt und sie für das Geschwader in brauchbare, deutsche Anweisungen umsetzt. Als es Zeit ist, Beurteilungen zu schreiben, sagt er lachend zu mir, „Schreiben Sie Ihre mal selber. Ich sehe sie mir dann an." Er hat sie sich sicher angesehen, aber geändert hat er nichts. Nur die Gesamtnote hat er heraufgesetzt.

Das ist nicht nur ein großer Vertrauensbeweis, sondern auch ein Zeichen der Wertschätzung der Arbeit, die ich leiste. Aber für mich ist es dennoch auch eine gewisse Enttäuschung, die ich erst später positiv einzuordnen verstehe.

Beurteilungen werden nicht nur im Soldatenalltag in regelmäßigen Abständen geschrieben. Sie sind eine Wissenschaft für sich – allerdings keine exakte, denn die Regeln müssen immer wieder nachjustiert werden. Sie eröffnen Vorgesetzten die Möglichkeit, eine Bewertung der Leistungen der Untergebenen vorzunehmen, und zwingen sie, spätestens dann Farbe zu bekennen, was sie von dem zu Beurteilenden im positiven wie im negativen Sinne halten und welche Förderungsmöglichkeiten sie für angemessen erachten.

Ein guter Menschenführer wird nicht erst den Beurteilungszeitpunkt abwarten. Er lässt seine Mitarbeiter auch vorher schon nicht im Zweifel darüber, was er von ihnen hält. Die Notwendigkeit der Kritik versteht in der Luftwaffe jeder. Die Begeisterung darüber hält sich aber natürlicherweise in Grenzen. Allzu menschlich ist es – und auch das nicht nur im militärischen Bereich –, dass sich viele davor drücken, nicht nur Tadel, sondern auch Lob immer offen heraus zu äußern. Das Beurteilungssystem zwingt den Vorgesetzten in der Luftwaffe aber auch, eine Reihenfolge oder eine Rangordnung zu bestimmen unter seinen Leuten, wie er sie im Verhältnis zueinander einordnen möchte. Das ist nun auch für den Beurteilten ein Anlass zu einer zusätzlichen Selbstkritik. Er erfährt, wo er im Verhältnis zu anderen, vergleichbaren Kameraden gesehen wird. Für den jungen Hauptmann jedenfalls waren viele der positiven Aspekte des Beurteilungswesens außer Kraft gesetzt, wenn er sich selbst beurteilen durfte. Ich habe mir jedenfalls noch einmal vorgenommen, die notwendigen Beurteilungen immer selbst zu schreiben.

Auch mancher andere der älteren Kameraden, unter denen ich aufwachse, gehört für mich zu diesen „echten heißen Fliegern". Georg Füreder[46], der „Battle Schorsch", gehört dazu, ein liebenswürdiger Österreicher. Und „Charly" (*Karl*) Gratz[47], der volkstümliche Ritterkreuzträger, oder „Easy" (*Hans*) Harms, ein verhinderter Held, der aber nie um einen markigen Spruch verlegen ist und der es meisterhaft versteht, Leute um sich zu scharen. Sie alle sind immer noch Jagdflieger – wie in den vierziger Jahren.

Es gibt noch andere, auch bekanntere Namen. Oberst Hartmann[13], „der Held", mit 352 bestätigten Abschüssen der erfolgreichste Jagdflieger der Geschichte. Auch mehr als zehn Jahre Gefangenschaft in sowjetischen Zwangsarbeitslagern haben ihn nicht brechen können. Ich empfinde ihn auch noch in der Luftwaffe der Bundesrepublik als „Helden". Aber ich bin auch realistisch genug zu erkennen: Ein Held ist nicht immer nur ein Vorbild. Die Leistungen des Jagdfliegers Erich Hartmann im Krieg, die ihm die höchsten Tapferkeitsauszeichnungen eingebracht haben, und sein vorbildliches Verhalten in zehnjähriger sowjetischer Gefangenschaft sind Tatsachen, die einem größte Bewunderung abnötigen. Ein abenteuerliches Schicksal, das Hartmann mit ungeheurem Mut gemeistert hat. Und er hat überlebt! Als Geschwaderkommodore in der neuen Luftwaffe bleibt er aber offensichtlich in seinen Erfahrungen des Russlandkrieges gefangen. Überraschend ist das nicht, denn er hat ja die Jahre zwischen Kriegsende und Wiederanfang der Luftwaffe in sowjetischer Gefangenschaft verbringen müssen und so Jahre der Entwicklung des neuen Staates verpasst. Soviel ist ihm da entgangen, nicht nur der Zusammenbruch und der unglaubliche Wiederaufbau.

„Fliegen, fliegen, fliegen", das ist sein Credo als Kommodore des Jagdgeschwaders 71 „Richthofen". Und das ist richtig. Aber das kann eben nicht alles sein – und auch nicht *für* alle. Selbst junge Flugzeugführeroffiziere, die an fliegerischer Erfahrung den Stabsunteroffizieren und Feldwebeln im Geschwader noch nicht gewachsen sind, haben da schon mal Grund, sich über Einseitigkeiten zu beklagen. Dennoch ist er für die meisten ein liebenswürdiger Vorgesetzter.

Ähnlich in manchem ist ihm später auch der Oberstleutnant Horst Kallerhoff[48], finde ich. Kein Fliegerass, kein Held im Krieg mehr, aber ebenfalls ein Offizier, den auch die Flugzeugführer vorbehaltlos anerkennen. Ist er ein Vorbild im Geschwader? Er ist eine Persönlichkeit, die es versteht zu führen. Keine Frage. Seine große Leidenschaft ist jedoch das Skatspiel. Ich hasse den Fliegerskat – im Dienst. Aber Kallerhoff führt in seiner Zeit vom Skattisch aus und in der Pilots-Lounge. Dorthin bringt ihm auch sein Personaloffizier die Unterschriftenmappe, die er schnell am Skattisch erledigt. Offensichtlich findet er bei diesem Spiel Erholung und auch diese oder jene dienstliche Neuigkeit, die er sonst nicht erfahren hätte. Und was nicht nebensächlich ist: Er hat seinen Laden im Griff. Schließlich ringe ich mich zu der Bewertung durch, dass Kallerhoff erkannt hat: Man kann Fighter Pilots nur in Grenzen mit Befehl und Gehorsam allein führen. Die Fähigkeit, sich in die Mentalität und die Seele einzufühlen, ist ein Erfolgsgeheimnis von Menschenführung. Und da kennt sich Kallerhoff aus. Nach seiner Zeit als Flieger im Weltkrieg war er in der freien Wirtschaft erfolgreich gewesen, und da hatte er wohl gelernt, dass man auch ohne das Prinzip von Befehl und Gehorsam sehr erfolgreich Menschen beeinflussen und zum Mitmachen motivieren kann.

Es gibt andere, besonders andere Kommandeure, die erkannt haben, dass sie 1956 nicht einfach da weiter machen können, wo sie 1945 aufgehört haben. Sie verstehen die Notwendigkeiten der neu aufzubauenden, in völlig veränderte Verhältnisse eingebetteten Streitkräfte. So unterteile ich für mich – in meiner eigenen Werteordnung – die Fliegeroffiziere des Weltkrieges, die ich kennenlerne, noch einmal: Die einen, die ich für vorbildlich als Vorgesetzte halte, sind für mich die „Offiziere". Die anderen, die sich meiner Meinung nach von den Erfahrungen und Erlebnissen des Krieges nicht ausreichend gelöst haben, sondern von den Fronterlebnissen noch gefangen zu sein scheinen, nenne ich einfach nur die „Flieger". Das soll nicht abfällig oder abwertend sein. Sie sind einfach noch nicht richtig in der Jetztzeit der Bundeswehr angekommen. Deshalb erscheinen sie mir nicht weniger verantwortungsbewusst oder weniger bemüht, ihr Bestes zu geben.

Wer sind nun „meine Offiziere?" Oberst Erich Hohagen zum Beispiel. „Der Herrenreiter" wird er anerkennend von uns genannt. Auch er vom Krieg gezeichnet. Eine tiefe Delle über dem linken Auge zeugt von einer Verwundung. Hohagen war mit seinem Jagdflugzeug abgeschossen worden. Bei der Notlandung krachte er mit seinem Kopf gegen das Visier des Flugzeugs und brach seinen linken Stirnhöcker. Auch in den Anfangsjahren der Fliegerei vernachlässigt Hohagen nicht die Erziehung und die soldatische Disziplin. Selbstverständlich war das keinesfalls, denn damals klappt noch nichts so richtig – außer dem „Spirit" der Flieger. Selbst die Vorschriften werden erst noch geschrieben.

Oberst Friedrich Obleser[25], „der Zweifinger Tom". Der Spitzname ist eigentlich unfair. Er bezieht sich auf seine verstümmelte Hand, denn Obleser hatte ebenfalls eine schwere Verletzung erlitten, als er bei einem Luftkampf abgeschossen worden war. Obleser kann cholerisch und unberechenbar bis unfair sein, aber er imponiert mir. Er gehört dazu, zu meinen

Offizieren. Denn er ist ein Vorbild als Kommodore wie als Pilot, und die Erziehung seiner Soldaten liegt ihm am Herzen. Generalmajor Gerd Barkhorn[19], mit 301 Luftsiegen der zweiterfolgreichste Jagdflieger des Krieges, ein Gentleman. Er scheint ein bisschen über den Dingen zu schweben, aber er hat einen Blick für das Wesentliche, und ich schätze ihn als einen abgeklärten, verständnisvollen und fürsorglichen Vorgesetzten. General Walter Krupinski[26] erlebe ich als meinen Kommandeur der 3. Luftwaffendivision, als Deputy Commander in der 2. ATAF und als Kommandierenden General der Luftflotte. Der General ist eine starke Persönlichkeit, der sofort den Raum füllt, wenn er eintritt. Untersetzt, stiernackig und bullig, sieht er genau so aus, wie er sich gibt. Er ist gefürchtet, weil er kein Blatt vor den Mund nimmt, aber er wird auch geliebt und verehrt, besonders von seinen 'Büchelanern', den Angehörigen des Jagdbombergeschwaders 33. Lange Zeit ist er dessen Kommodore gewesen. Dort hat er Geschichte geschrieben und eine Truppe geschaffen, deren Zusammenhalt über seinen Tod hinaus legendär ist. Er hat auf die Luftwaffe einen prägenden Einfluss ausgeübt. Und dann General Gerhard Limberg. Ihn erlebe ich in drei unterschiedlichen Positionen: als Kommodore des Jagdbombergeschwaders 41, als Deputy Commander 4. ATAF, und als Inspekteur der Luftwaffe. Limberg ist ausschließlich auf Einsatz ausgerichtet, und er hat ein gutes Gespür dafür, junge Talente zu erkennen und zu fördern. Der spätere Generalleutnant Peter Haarhaus und Generalmajor Jürgen Schlüter sind Beispiele dafür. Jeder dieser vorher von mir genannten Offiziere ist auf seine persönliche Weise ein Vorbild. Auch Oberstleutnant Benno Schmieder – obwohl wenige an ihm ein gutes Stück lassen. Vor allem wegen seiner Kälte, die er ausstrahlt. Aber mir gefallen seine klaren Vorstellungen. Schmieder weiß genau, was er will, und er setzt das mit seinen Mitteln durch, in einer Zeit, in der vieles nur Intuition ist und die Vorschriften noch geschrieben werden. Sein Führungsstil ist zwar selten angenehm, aber er behandelt alle gleich und ist ausschließlich an der Sache orientiert. Alles dient sowohl der Flugdisziplin als auch der ständigen Weiterentwicklung der fliegerischen Fähigkeiten.

Mich amüsiert eine Anekdote, die mir für Schmieders Führungsstil typisch zu sein scheint: 'Aljoscha', ein behäbiger adliger Oberstabsarzt aus Ostpreußen, ist der Fliegerarzt seines Geschwaders. Aljoscha trinkt gern Rotwein, „Rotspon" nennt er ihn. Aber seine Aufgabe nimmt er ernst. Er kümmert sich um die Flugzeugführer. Die jungen Jet-Piloten sind in der Regel gesund und fit, also schaut Aljoscha gerne überall woanders ebenfalls mal vorbei. So erscheint er auch bei seinem Kommodore – ohne einen besonderen Anlass. Oberstleutnant Schmieder hasst es aber, ohne guten Grund gestört zu werden und fertigt ihn schon an der Tür ab: „Wenn Sie schon nichts zu tun haben, Doktor, dann tun sie es bitte nicht bei mir." Es gibt unterschiedliche Augenzeugenberichte zu dieser Begebenheit. Sie unterschieden sich aber nur darin, dass in Schmieders Worten mal das Wort „bitte" vorkommt und mal nicht.

Bereits als Leutnant hat mich der Gegensatz zwischen meinen beiden Gruppen von 'Offizieren' und 'Fliegern' beschäftigt, und er hat mir damals zu schaffen gemacht. Aber ich habe gelernt, den Unterschied einer Entwicklung zuzuordnen, die so außergewöhnlich ist, dass sie mit unseren heutigen Maßstäben nicht zu vergleichen ist. Jetzt herrscht ein Kalter Krieg, aber auch ein „heißer Frieden". Meine beiden Gruppen sind jedoch in einem „heißen" Krieg aufgewachsen. Ich orientiere mich deshalb an den Vorgesetzten, die ich als Vorbilder sehe. Und ich schätze mich glücklich, dass ich mir für meinen eigenen Führungsstil das Beste aussuchen kann.

Ich zähle mich zu den Jägern. Die anderen kriegsgedienten Flieger, wenn sie nicht Jäger waren, die ich kenne, sind irgendwie aus einem anderen Holz geschnitzt. Weniger Himmelsstürmer scheinen sie mir, weniger Draufgänger. Erst später erkenne ich, dass die hervorragenden Eigenschaften, die ich den Jägern zuordne, im Frieden gerade deshalb auch manche Nachteile bedeuten können. Ich muss hier nicht noch einmal Namen wiederholen, die mit ihrem Verhalten dafür ein Beispiel sein könnten. Dennoch bewundere ich, wie es den ehemaligen Jagdfliegern geradezu beispielhaft gelungen ist, schon vor dem offiziellen Neubeginn der Bundeswehr im Amt Blank[49] eine Reihe von Schaltstellen und wichtigen Dienstposten zu besetzen. Überwiegend ehemalige Jagdflieger haben mit der 'Gemeinschaft der Jagdflieger' eine besonders gut organisierte und vorzüglich funktionierende aktive Interessenvertretung geschaffen. Sie kannten sich alle, hielten zusammen und halfen sich gegenseitig beim Neuanfang.

Mit all ihrer Tapferkeit und ihrem todesverachtenden Einsatz hatten die Jagdflieger im Krieg niemals eine Chance gegen die geballte alliierte Industriemacht und den unendlichen Bomberstrom über Deutschland. Von achtundzwanzigtausend Jagdfliegern, die in den Kampf geschickt wurden, haben nur eintausendzweihundert den Krieg überlebt. Und diese Überlebenden schweißt immer noch ein ungeheures Gefühl der gemeinsamen Erfahrung und der Kameradschaft zusammen.

Diejenigen, die sich dann noch einmal der Herausforderung stellen wollten, nutzten diese Zusammengehörigkeit beim Aufbau der neuen Luftwaffe.

Nur noch eine Handvoll sind angetreten, die es noch einmal wagen wollen, die auch noch fliegen können. Aber fast alle sind sie ohne jede Stabserfahrung oder umfassende militärische Kenntnisse. Und die älteren haben kaum modernes technisches und englisches Know-how. Weder die

Integrität noch das Fachwissen und der Waffenstolz der Jäger sind ein Problem. Doch eine gewisse Dominanz der Jagdflieger-Perspektive bei der Planung und dem Aufbau der fliegenden Luftwaffe scheint mir nachträglich ein Grund zu sein, um nur ein Beispiel zu nennen, warum in meinem Geschwader im Stellenplan – der legt die Dotierung und die Stärke des Personals in den unterschiedlichen Bereichen fest – manches den Anforderungen des Ausbildungsflugbetriebes *im Frieden* nicht wirklich angemessen ist. Durchdachteres, Überlegteres, weniger Emotionales ist für den Aufbau der Streitkräfte ein notwendiger Faktor. Beim Stellenplan des Gefechtsstandes meiner Fliegenden Gruppe zum Beispiel scheint eher die Kargheit der Gefechtsstandorganisation eines Feldflughafens der Jäger im Russlandfeldzug Maßstab gewesen sein. Da ist jetzt einfach zu wenig Personal für einen Dauerbetrieb eingeplant worden. Aber der Enthusiasmus und der Teamgeist der frühen Jahre überwindet heute auch bei uns vieles mit kameradschaftlichem Dauereinsatz.

In den fünf Jahren, in denen ich Kommodore bin, beschließt offensichtlich das Personalamt, die Abteilung P im Bundesministerium der Verteidigung, mir auch recht häufig den Nachwuchs für den Generalstabsdienst anzuvertrauen. Das sind begabte, förderungswürdige Offiziere, für die eine „besondere Karriere" vorprogrammiert ist. Zeitweise habe ich mehrere solcher hoffnungsfroher junger Generalsstabsoffiziere gleichzeitig in meinem Geschwader. Sie erleben bei mir Truppenführung und lernen sie umzusetzen – gewissermaßen ein Praktikum auf höherer Ebene.

Aus den meisten dieser Hoffnungsträger werden später Generale, und – ich habe Glück. Sie gehören ohne jede Ausnahme nicht zu denen, die nur mühsam eine gewisse Überheblichkeit verbergen können, weil sie an der Führungsakademie studieren konnten und für den Generalstabsdienst ausgebildet worden sind. Die gibt es auch. Aber 'meine' blicken nicht in einem Dünkel auf Offiziere und Truppenkommandeure herab, die nicht die Chance hatten, eine Generalstabsausbildung zu erhalten. Auch nicht auf die, die noch in der alten Wehrmacht ihr Handwerk gelernt haben, aber sich eben noch nicht völlig davon lösen können. Generell gibt es dieses Problem in der Fliegerei nach meiner Erfahrung ohnehin ganz wenig Das liegt sicher auch daran, dass '*im Flugzeug*' alle gleich sind, ob General oder Feldwebel. Da gilt: Entweder der Mann beherrscht das Kampfflugzeug oder das Flugzeug beherrscht den Mann – und letzteres kann äußerst unangenehm enden.

Die Offiziere, mit denen ich zusammenarbeite, wollen etwas lernen, das Handwerk eines Truppenführers zum Beispiel. Sie sind aufgeschlossen, leistungsbereit und nicht eingebildet. Beispiele dafür sind Rolf Portz[50] und Uwe Vieth[51]. Natürlich spielt sich der Geschwaderalltag dieser Alpha-

Charaktere untereinander nicht immer nur harmonisch ab. Als Kommandeur Fliegende Gruppe war zum Beispiel Vieths Verhältnis zu seinem Stellvertreter Porz nicht immer spannungsfrei. Das Gleiche wiederholte sich dann ähnlich mit Major Dieter Krah, seinem nächsten Stellvertreter. Ich musste aber nicht eingreifen. Dipl. Ing. Andries Schlieper, ein anderer Generalstabsoffizier und ein Spitzenlogistiker, wird im Geschwader Kommandeur der Technischen Gruppe. Als Generalmajor wurde er später Kommandeur des Unterstützungskommandos der Luftwaffe. Unter mir dient auch Johann-Georg Dora, er wurde als Generalleutnant Stellvertreter des Generalinspekteurs. Generalleutnant Klaus-Peter Stieglitz, der Inspekteur der Luftwaffe wurde, gibt ein nur kurzes Gastspiel im Geschwader. Daran erinnert er mich aber bei vielen Zusammentreffen später des Öfteren lachend, weil ich es vergessen hatte.

Auch viele andere blicken auf erfolgreiche Karrieren zurück, wie zum Beispiel der von mir sehr geschätzte Friedrich Morgenstern, der bei mir Stellvertreter des Kommandeur Fliegende Gruppe ist und später u.a. als Oberst Geschwaderkommodore des Jagdbombergeschwaders 49.

Nicht zu meinen Schützlingen zählt der spätere Astronaut und Brigadegeneral Thomas Reiter. Erst nach meiner Zeit als Kommodore dient er in den 80er Jahren als Einsatzpilot auf dem Alpha Jet[52] und als Staffelkapitän im Oldenburger Geschwader. Ich lerne ihn erst später kennen. Da hat Reiter schon Karriere als Direktor bei der Deutschen Gesellschaft für Luft- und Raumfahrt gemacht und leitet die Direktion für Bemannte Raumfahrt und Missionsbetrieb bei der Europäischen Weltraumbehörde ESA. Aber ich freue mich auch darüber – für „mein" Geschwader.

Gerade meine Ablehnung gegenüber Radikalen und deren ständige Anfeindungen ermutigen mich, in der Öffentlichkeit unbeirrt meine Meinung zu vertreten. So stehe ich jedes Jahr im November einige Tage vor dem Volkstrauertag in meiner Uniform mit einer Büchse in der Hand in der Fußgängerzone der Stadt. Wie andere Kameraden sammele ich für den Volksbund Deutsche Kriegsgräberfürsorge, der unter dem Motto „Versöhnung über den Gräbern – Arbeit für den Frieden" sich vor allem der Jugendarbeit und der Betreuung der Millionen Gräber gefallener deutscher Soldaten widmet.

Meine Uniform zieht die Kritiker an. Ich weiche keiner Diskussion aus. Sicher weiß ich um den Anteil der Wehrmacht an den Verbrechen des NS-Regimes. Und ich glaube auch nicht, dass Teile der deutschen Geschichte einfach geleugnet oder ausgeklammert werden dürfen. Ebenso wenig möchte ich mich jedoch pauschal mit einem makelbehafteten Werturteil von den individuellen Leistungen und den Opfern früherer Generationen distanzieren. Es macht Mühe, sich differenziert mit der ganzen Vergangenheit auseinanderzusetzen. Aber es führt auch zur Erkenntnis, dass es neben der allseits anerkannten Traditionslinie des Widerstands eben auch zahlreiche andere Soldaten der Wehrmacht gab, die nach ethisch-moralischen Wertvorstellungen gelebt und gehandelt haben, die den heutigen sehr wohl entsprachen oder doch nahe kamen. Sie taten es als Kinder einer Zeit, in der das gar nicht selbstverständlich war. Sie opferten sich auf, und viele gaben ihr Leben.

Traditionen überliefern Werte und Vorbilder, die Orientierung, Maßstab für eigenes Handeln und moralischen Anker geben und nicht zuletzt die Gemeinschaft stärken. Insbesondere für Soldaten sind Traditionen als verbindende Kraft wichtig. Aber Tradition muss man leben. Und – was ich immer wieder betone, weil ich davon überzeugt bin, soldatische Tradition kann neben der allseits anerkannten Traditionslinie des Widerstands nicht erst im Jahre 1956 – mit der Gründung der Bundeswehr beginnen.

Auch deshalb nehme ich in jedem Jahr an der Sammelaktion zum Volkstrauertag teil. Man sollte meiner Ansicht nach den Mut aufbringen, auch dieser Soldaten ehrend zu gedenken und ihren heute noch gültigen und in schweren Zeiten persönlich vorgelebten Wertekanon, ihre vorbildliche soldatische Haltung und ihre militärischen Leistungen nicht einfach auszuklammern versuchen.

19 Oldenburg – und ein Blick zurück

Wenn junge Soldaten nach Oldenburg und zum Geschwader versetzt werden, erhalten sie in den ersten Tagen neben anderem auch eine Einweisung in die Geschichte der alten Residenzstadt und der jungen Großstadt. Sie sollen wissen, dass die einstige germanische Ansiedlung am Knick der Hunte 1108 zum ersten Mal urkundlich erwähnt wurde. 1345 erhält die Siedlung das Stadtrecht, 1667 übersteht sie die Pestepidemie und 1676 den Stadtbrand. In diesen Jahren ist sie Residenzstadt der Grafen, der Herzöge und Großherzöge geworden und schließlich wird sie Landeshauptstadt.

Wenn Oberbürgermeister Dieter Holzapfel die Kommandeure des Standorts einmal im Jahr zu einem Empfang bittet, dann legt er den Schwerpunkt seiner Rede auf die krisensichere Wirtschaftsstruktur der Stadt. Die gründe sich hauptsächlich auf die Landwirtschaft mit ihren Genossenschaften und Veredelungsbetrieben und sie besitzt einen der größten Schlachthöfe Deutschlands. Er erwähnt auch, dass Oldenburg, das ja recht weit im Inland liegt, doch über Weser und Hunte von Seeschiffen erreicht wird und mit seinem Warenumschlag der größte Binnenhafen Niedersachsens ist. Das trägt zu seiner florierenden Wirtschaft bei. Und – natürlich –

Oldenburg ist die „Stadt der Radfahrer". Wahrscheinlich noch mehr als das dafür bekannte Münster in Westfalen. Darauf sind die Oldenburger stolz.

Jetzt ist Oldenburg Verwaltungssitz des Regierungsbezirks Weser-Ems, und neben Staatstheater, Landesmuseum, Landesbibliothek und Niedersächsischem Staatsarchiv sind viele kirchliche und staatliche Behörden sowie die der Justiz Markenzeichen der Stadt.

Der Oberbürgermeister wünscht dann, dass die Soldaten und auch die Wehrpflichtigen, die nur vorübergehend in Oldenburg stationiert sind, sich wohl fühlen in der Stadt. „Oldenburg ist sehr lebendig", sagt er. „Da gibt es auch für die nur Zwanzigjährigen hinreichend Abwechslung."

Ich schätze an Oldenburg, dass die Stadt sich zu einer „gemütlichen Großstadt" entwickelt hat. Bei meinen Spaziergängen durch die Innenstadt vergesse ich nie, immer mal an dem Oldenburger Wahrzeichen, dem Lappan, vorbei zu gehen. Der 1468 als Glockenturm der ehemaligen Heiligen Geist Kapelle erbaute Turm erhielt erst im 19. Jahrhundert diesen Namen:

Auch durch den Herbartgang zu gehen, lohnt sich. Das ist eine der für die Stadt typischen kleinen Gassen, die zu Geschäftspassagen umgestaltet wurden. Dann bleibe ich stehen und bewundere die Bänder der bunten Glasmosaiken, die „Schorsch" Schmidt-Westerstede hier geschaffen hat. Der vielseitig begabte Künstler, mit dem mich ein freundschaftlicher Kontakt verbindet, hat auch noch manch anderes sehenswerte Kunstwerk in der Stadt gestaltet. Und dann fällt mir wieder auf, wie jung die Menschen sind, denen ich begegne. Sicher liegt das auch an der Universität, denke ich. Sie trägt den Namen des mit dem Friedensnobelpreis ausgezeichneten Carl von Ossietzky[53] und ist gerade ein Jahr alt, als ich das Geschwader übernehme.

Oldenburgs Tradition als Soldatenstadt reicht weit zurück in der Geschichte, und sie galt immer als eine besonders soldatenfreundliche Garnisonsstadt.

Seit 1813 gab es ein Großherzoglich Oldenburgisches Infanterie-Regiment. Nach dem Beitritt Oldenburgs zum Norddeutschen Bund wurde das Regiment 1867 unter der Nummer 91 in das preußische Heer eingegliedert. Von 1893 bis 1896 war der spätere Reichspräsident Paul von Hindenburg[54] Kommandeur dieses Regiments in Oldenburg. Die Oldenburger waren skeptisch gegenüber diesem Oberstleutnant, den keiner kannte und der auch noch Generalstäbler war. Aber dann hörten sie, dass er 'dunkles Bier' trank, und es stellte sich heraus, dass er ernst, liebenswürdig, ein guter Plauderer und voller Humor war.

Als er dann auch noch in den Kegelklub eintrat, der donnerstagabends die älteren Offiziere der Garnison im „Neuen Hause" vereinigte, war der Bann gebrochen.

Spätestens als ich diese Geschichte gelesen habe, glaubte ich zu wissen, worauf es in der Stadt ankommt – auch für mich. Das ist ein weiterer Grund, warum ich gerne an den vielfältigen Geselligkeiten teilnehme, zu der mich die Oldenburger Gesellschaft einlädt. Da gibt es den 'Gildeabend', das traditionsreiche 'Cramer Ampts Mahl' sowie Vereinigungen wie 'Der Kleine Kreis' und die 'Schiffergesellschaft von 1574' mit ihrer 'Schiffercollatie'. Sie achtet sorgfältig darauf, dass man sich ihrer Bedeutung auch bewusst wird. Ja, ich beteilige mich sogar aktiv als Gründungsmitglied des Lions Clubs 'Oldenburg-Lappan'. Auch das jährliche 'Reitturnier in Rastede' ist eine Gelegenheit, Flagge zu zeigen, zumal eine Einladung des herzoglichen Hauses schon zu den besonderen zählt.

Schon vor dem Auftreten Hindenburgs, seit 1846 nämlich, gab es ein Großherzogliches Reiter-Regiment. Es bestand aus vier Eskadronen. Damit wurde die Tradition der „Oldenburger Pferde" auch militärisch fortgeführt. Die „Oldenburger" waren eine in aller Welt begehrte Rasse, seit Graf Anton Günther von Oldenburg[55] im 17. Jahrhundert die Zucht dieser Pferde begonnen hatte. Noch heute trifft man häufig in der Stadt auf das Bild des Grafen auf seinem weißen Ross mit dem dekorativ gekämmten überlangen Schwanz- und Mähnenhaar. Der „Pferdemarkt" mitten in der Stadt war ein Paradeplatz bis in die jüngere Vergangenheit, auf dem die Oldenburger gerne – und nicht ohne Stolz – ihren Soldaten beim Exerzieren zusahen.

Eine 92jährige Oldenburger Großtante meiner Familie und ihre beiden schon 70 Jahre alten Töchter werden nicht müde, mir immer wieder zu erzählen, wie sie als junge Mädchen gerne auf den Pferdemarkt geeilt sind, um den preußischen Grenadieren des Oldenburgischen Infanterieregiments beim Exerzieren zuzusehen und ihnen begeistert zuzuwinken.

Seit den 1970er Jahren ist Oldenburg zweitgrößte Garnisonsstadt der Bundesrepublik. Es ist Standort diverser Heeres- und Luftwaffenverbände und -einheiten, unter anderem des Stabes der 11. Panzergrenadierdivision, des Stabes der Panzergrenadierbrigade 31, des Panzerbataillons 314, des Artillerieregiments 11, der Stäbe der Flugabwehrraketenregimenter 2 und 14, des Stabes des Luftwaffenversorgungsregiments 6 sowie der Luftwaffenwerft 61 und natürlich des Jagdbombergeschwaders 43. Sogar die Marine hat eine Dienststelle hier.

Eine besondere Stellung nimmt der Flugplatz ein, der im Norden der Stadt auf der ehemaligen 'Alexanderheide' schon vor 1935 entstanden ist. Bereits im Juli des Jahres 1912 sorgt die Luftfahrt in Oldenburg für ein aufregendes Gesprächsthema: Ein Zeppelin! An einem Sonntagnachmittag landet das Luftschiff „Viktoria Luise" von Hamburg kommend auf dem Rennplatz.

Das 'Schiff' war riesig, 148 Meter lang, und hatte einen Durchmesser von 14 Metern. Es beförderte bei seinen Passagierfahrten vor dem ersten Weltkrieg insgesamt 9.738 Personen über 54.312 Kilometer.

„Hundertfünfzig Mann von der Artillerie und der Kavallerie, die als Hilfs- und Absperrmannschaften dienen sollen, treten an. Die Sanitätskolonne erscheint, bald danach folgt die Feuerwehr mit der Spritze." Ganz Oldenburg ist auf den Beinen und in heller Aufregung. „Aus allen Türen kommen die Bewohner in Festtagskleidung", wird berichtet, und „Über die Nadorster und die Donnerschweer Straße bewegen sich die Massen unaufhaltsam fort." Aber das ist ein einmaliges Ereignis.

Von der „Alexanderheide", einem mit Föhren bestandenem Heidegelände, das zum Exerzieren genutzt wurde, auf dem die ersten Flüge mit Segel- und Motorflugzeugen gewagt werden, über den „Flughafen" entsteht schließlich der „Fliegerhorst".

„Auf zum Flughafen Oldenburg! Hört auf das Gebot: Luftfahrt tut Not!" ist ein Aufruf, als 1933 der Grundstein gelegt wird für die erste Flugzeughalle.

Richtig los geht es mit der Fliegerei erst 1936, als der Flugplatz ein „Fliegerhorst" der Luftwaffe der Wehrmacht wird. Er wird dann auch gleich geheimnisvoll getarnt, er erhält den Decknamen „Kumpel".

Im Lauf der Jahre sind verschiedene Einsatzverbände hier stationiert, die später im Krieg vor allem als Jäger in der Reichsverteidigung gegen die einfliegenden Bomberverbände der Alliierten eingesetzt werden. Vergeblich versuchen sie zu verhindern, dass Terrorbomber in Überzahl die deutschen Städte verheeren.

1945 erfolgt zuerst eine Besetzung des Fliegerhorstes durch kanadische Truppen. 1952 reaktiviert die Royal Air Force (RAF) den Platz. Er wird modernisiert. Die 124. Wing (*Geschwader*) fliegt hier drei Staffeln De Havilland Vampire FB 9, ab 1953 Canadair Sabre F 4 sowie De Havilland Venom FB 1. Sie alle werden ab Mitte 1955 durch Flugzeuge vom Typ Hawker Hunter F 4 ersetzt.

Einer der Kommandeure in der ersten Hälfte der 50er Jahre auf dem Fliegerhorst ist der drahtige RAF-Fliegeroberst Peter Townsend[56]. Die britische und die deutsche Presse berichten ausführlich über eine Romanze, die er mit Prinzessin Margaret[57], der jüngeren Schwester der britischen Königin, hat. Group Captain Peter Townsend ist jedoch geschieden, so dass nach der damaligen öffentlichen Meinung in England eine königliche Hochzeit mit Her Royal Highness Princess Margaret Rose nicht in Betracht kommen kann. Deshalb beendet die Prinzessin die Beziehung 1955.

Eine erwähnenswerte Episode dieser Romanze spielt sich 1954 auch auf dem Fliegerhorst Oldenburg ab. Die Prinzessin besucht den britischen Fliegerverband in Oldenburg zu einer offiziellen Visite. Group Captain Peter Townsend – welch ein Zufall – ist der Kommandeur auf dem Fliegerhorst. Ein Gentleman und mit dem britischen Protokoll bestens vertraut, lässt er nicht nur eine große Antretefläche vor dem Towergebäude asphaltieren, sondern auch die Mauer des Kontrollturmgebäudes aufbrechen. Er befiehlt, eine ebenerdige große Tür einzubauen, deren beide Flügel sich weit öffnen lassen. Dadurch kann Princess Margaret durch dieses Portal geziemend schreiten, nachdem sie nach dem Verlassen ihres Flugzeugs über einen langen roten Teppich in das Gebäude eingetreten ist. Im Offizierheim ist für die Prinzessin eine angemessene Suite, die Nummer 14, entsprechend vorbereitet.

Der rote Teppich ist immer noch vorhanden, als ich das Geschwader als Kommodore übernehme. Und das Flügelportal am Flugabfertigungsraum natürlich auch. In dem funktionalen Gebäude nimmt es sich allerdings etwas eigenartig aus. Auch die Suite Nummer 14 gibt es noch. Für mich ist das Ereignis auch im Nachhinein immer wieder einmal ein Grund, um anekdotisch zu erzählen, „Auch ich habe im Offizierheim des Fliegerhorstes im Bett von Princess Margaret geschlafen." Dann füge ich allerdings hinzu, „Leider nur in ihrer Abwesenheit."

Im Oktober 1957 übergibt die RAF die „Station" an die Bundeswehr. Als erster Verband bezieht die Waffenschule der Luftwaffe 10 den Fliegerhorst als Ausbildungsstätte für Flugzeugführer auf dem Jagdflugzeug F-86 Sabre. Wie die anderen Jagdgeschwader der Luftwaffe wird hier auch das Jagdgeschwader 72 aufgestellt. Noch im Jahr 1959 wird der Verband bereits nach Leck in Schleswig-Holstein verlegt. In den folgenden Jahren zieht die Waffenschule der Luftwaffe 10 von Oldenburg nach Nörvenich und dann nach Jever in Ostfriesland um. 1962 erfolgt die Verlegung des Aufklärungsgeschwader 54 mit der Fiat G-91[15] von Erding nach Oldenburg.

1964 wird das Aufklärungsgeschwader 54 aufgelöst. Gleichzeitig verlegt das Jagdgeschwader 72 mit seinen F-86 Sabre von Leck nach Oldenburg zurück. Beide Verbände werden zusammen gelegt. Es entsteht das Jagdbombergeschwader 43. Das bedeutet auch, dass aufgrund dieser Auftragsänderung für den Einsatz die F-86 Sabre fortan nicht mehr als Tagjäger, sondern als Jagdbomber zur Erdzielbekämpfung und zur Unterstützung des Heeres eingesetzt wird.

Das Jagdflugzeug ist dafür nicht gebaut worden, seine Zellen- und Flächenstruktur nicht für die größeren Belastungen eines Jagdbombers im Tiefflug ausgelegt. Auch seine Zuladungskapazität für den Jagdbombereinsatz ist begrenzt, denn die Bewaffnung besteht ursprünglich nur aus sechs Maschinengewehren Colt Browning 12,7 mm.

Deshalb rüstet 1966 das Geschwader von der F-86 Sabre um auf die Fiat G-91. Im April 1967 erhält das Geschwader die Bezeichnung 'Leichtes Kampfgeschwader 43', bis es 1979 schließlich wieder umbenannt wird in 'Jagdbombergeschwader 43'.

Ich habe die Bezeichnung 'Leichtes Kampfgeschwader' nie gemocht, obwohl die Umbenennung eigentlich mit einer Erweiterung des Aufgabenbereichs verbunden ist. Da die Fiat G-91 auch mit drei Kameras ausgerüstet ist, gibt es nun zusätzlich zum Jagdbombereinsatz auch Aufklärungsaufgaben, und es wird eine noch flexiblere Verlegefähigkeit gefordert.

Namen mögen sein wie sie wollen, und das Hin und Her mit den Namen berührt mich eigentlich nur am Rande. Ich bin Kommodore dieses wunderbaren Verbandes, der auch im Standort eine Sonderstellung einnimmt. Eine Begebenheit nach einem Wechsel des Kommandeurs der 11. Panzergrenadierdivision macht das ebenfalls deutlich. Generalmajor Meinhard Glanz hat dort das Kommando übernommen und lässt anfragen, wann er beim Kommodore seinen Antrittsbesuch machen könne. Ich freue mich über die nette Geste und lasse einen Termin vereinbaren. Ich denke, es wird sich um ein kleines Gespräch bei einer Tasse Kaffee handeln. Und die habe ich auch schon von meiner Sekretärin Irene Schlenger vorbereiten lassen. Aber ich werde überrascht. Der Divisionskommandeur tritt ein, aufrecht, ganz förmlich den Hut unter den linken Arm geklemmt, graue Lederhandschuhe an, und meldet sich in strammer Haltung, „ordentlich", wie ein Offizier sich eben zu melden pflegt. Aber dabei ist er ja in gewisser Weise sogar mein Vorgesetzter, denn der General ist nicht nur General, sondern auch der Standortälteste von Oldenburg.

Aber es stellt sich heraus, dass wir uns bestens vertragen. Das ändert sich auch nicht, wenn der General schon mal in der Öffentlichkeit den Geschwaderkommodore zu seiner eigenen Rechtfertigung missbraucht. Das geschieht, sobald die Bürger Oldenburgs sich über den Motorenlärm und das Kettenrasseln seiner Panzer in der Bümmersteder Kaserne beschweren. „Aber die Flugzeuge des Fliegerhorstes, die machen wirklich richtigen Lärm. Dagegen flüstern meine Panzer ja doch gerade", versucht er sich rauszureden. Offensichtlich liegt General Glanz jedoch mit seiner Art im Heer völlig richtig, denn er wird Dreisternegeneral und Inspekteur des Heeres. Selbstbewusst wie er ist, hat er mir schon gleich bei seinem Antrittsbesuch erzählt, dass er sich ganz bewusst bei den Pionieren für die Offizierslaufbahn beworben hat. „Wissen Sie, die Pioniere haben es hier", dabei klopft er mit seiner rechten Hand auf seinen Bizeps. „Ich wusste, dass bei denen jemand, der es hier hat", diesmal tippt er sich gegen seine Stirn, „große Chancen hat."

20 Die Anti-Lärm-Liga

Lärm! Auch Oldenburg lebt täglich mit ihm: der Verkehrslärm, Lärm von den Baustellen, von Industrieanlagen – das sind nur einige der Dauerbelastungen, an die sich viele nur schwer und manche Leute gar nicht gewöhnen können. Auch Flugzeuge sind Lärmquellen, besonders Düsenflugzeuge. Ihre Triebwerke erzeugen hochfrequente Töne. Im Tiefflug donnern sie in geringer Höhe über uns weg, wobei der Lärm nur kurz, aber überraschend und sehr intensiv ist.

Viele Landsleute erliegen der Versuchung, militärischen Lärm, und hier besonders den Fluglärm, ungeprüft als Gedankenlosigkeit, schlechte Planung, mangelnde Rücksichtnahme oder sogar als Rowdytum zu verdammen. Menschen, die in Einflugschneisen von Flugplätzen wohnen, leiden unter den an- und abfliegenden Flugzeugen. Der Oldenburger Fliegerhorst liegt – was die Lärmbelastung angeht – recht ungünstig am nördlichen Stadtrand, sodass ein Überfliegen des dort im Osten entstandenen Siedlungsgebietes unvermeidbar ist. Die Tatsache, dass praktisch alle diese Einfamilienhäuser erst nach der Inbetriebnahme des Fliegerhorstes im Jahre 1935 entstanden sind, wird meist verdrängt.

In den letzten Jahren protestierten zwei Gruppierungen regelmäßig gegen den Fluglärm. Die eine Gruppierung ist relativ gemäßigt, tritt vernünftig auf und ist bemüht, gemeinsam mit dem Fliegerhorst nach Kompromissen und Verbesserungen zu suchen. Die andere Gruppe nennt sich 'Anti-Lärm-Liga'. Sie verhält sich aggressiv und polemisch. Forderungen wie „Einstellen des Flugbetriebs" oder „Verlegung des Fliegerhorstes" scheinen das Mindeste zu sein, was ihre Mitglieder erreichen möchten. Mich ärgert das schon deswegen, weil die 'Liga' für mich jede Sachlichkeit vermissen lässt. „Kann man die wirklich ernst nehmen?", denke ich. Manchmal habe ich das Gefühl, dass diese Protestaktionen für die Mitglieder der Liga eine Art Freizeitbeschäftigung sind.

Dieser Protest ist jedoch noch eine Art Kinderspiel gegen das, was sich später im Umfeld der Großflughäfen wie Frankfurt, München oder Berlin abspielen sollte. Die Schlachten um die Startbahn West in Frankfurt sollten Jahrzehnte toben. Dort, so glaube ich, protestieren auch nicht nur Lärmgeschädigte oder Menschen, die fürchten, sie könnten geschädigt werden. Viele sind einfach nur politisch motiviert. Und die Übelsten, denke ich, wollen nur Aufmerksamkeit erregen oder einfach Ärger machen.

Trotz mancher Zweifel nehme ich alle Einwände sehr ernst. Immer wieder bemühe ich mich, Verständnis für den Flugbetrieb und den dadurch entstehenden Lärm zu wecken. Ich führe zahllose Einzelgespräche und besuche immer wieder Veranstaltungen der Lärmgegner, die mir manches Mal wie Veranstaltungen von Gegnern des Fliegerhorstes vorkommen. Ich will die Kritiker informieren, was da auf dem Fliegerhorst gemacht wird. Und ich möchte klarmachen, dass die Piloten nach Kräften dazu beitragen, dass sich die Lärmbelastung in Grenzen hält.

„Es sind nicht Jugendliche oder übermütige Heißsporne, sondern es sind pflichtbewusste gestandene Offiziere und Unteroffiziere, viele auch Familienväter, die unsere Flugzeuge führen. Sie haben alle ein intensives Ausleseverfahren hinter sich, und sie müssen immer wieder unter Beweis stellen, dass sie verantwortungsvoll mit den millionen-teuren Kampfflugzeugen umgehen. Sie tun ebenfalls alles, um unnötigen Lärm zu vermeiden", stelle ich mich vor meine Flugzeugführer.

„Um unser Land zu schützen, einen möglichen Aggressor abzuschrecken und den Frieden zu erhalten, müssen wir auch Starten und Landen üben. Das Beherrschen von Jagdbombern erfordert auch, uns mit fast 800 Stundenkilometern dem Boden anzunähern und in 75 Metern über dem Gelände Kopf und Kragen zu riskieren." Meine Männer seien bereit, schon im Frieden ihr Leben einzusetzen, um diesen Frieden unumkehrbar zu machen, sage ich.

Für mich ist dies das Fortführen einer fliegerischen Tradition. Meine Männer gehen dabei mit demselben Mut zur Sache wie 30 Jahre zuvor deutsche Jagdflieger, die sich mit ihren kleinen Jagdflugzeugen den waffenstarrenden 'Fliegenden Festungen' (*viermotorige Boeing B-17 Bomber*) entgegenwarfen, um zu verhindern, dass diese ihre tödliche Bombenlast auf unschuldige Menschen in den deutschen Städten abwarfen. Diese Jäger sind Helden für mich, die sich dem Feuerhagel der mit vier bis sechs Waffenständen und praktisch unbegrenzten Munitionsvorräten ausgestatteten Angreifer tapfer entgegenstellten. Sie taten das todesmutig, um die Menschen in den Städten und Dörfern Deutschlands vor der Vernichtung zu schützen.

Wo immer sich die Gelegenheit bietet, spreche ich über den militärischen Beitrag, mit dem „Frieden, Freiheit und Unabhängigkeit unseres Landes" geschützt werden. Die Einsatzverbände der Luftwaffe müssen jederzeit kampfbereit sein. „Kernstück der Ausbildung ist und bleibt Nutzung der modernen Ausrüstung der Luftwaffe durch realistisches 'hautnahes' Fliegen, also auch im Tiefflug – in unserem Land und bei unserem Wetter. Gute Ausbildung ist unverzichtbar – nicht zuletzt deshalb, weil die zahlenmäßige

Überlegenheit des Warschauer Paktes nach einem qualitativen Ausgleich verlangt", begründe ich.

Aber ich sage auch, „Neben taktischem Auftrag, Wetterlage, Navigation und anderen fliegerischen Belangen hat Begrenzung des Lärms für uns hohen Stellenwert." „Durch geeignete Planung des Flugbetriebs versuchen wir, die Belastung der Zivilbevölkerung so gering wie möglich zu halten. Die Ausbildungsflüge werden so gelegt, dass die Mittagszeit freigehalten bleibt. Aber damit nicht genug. Wir reduzieren auch den Wochenendflugbetrieb ebenso wie die Nachtflüge auf ein vertretbares Minimum. Zudem planen wir Nachtflüge vor allem in den Wintermonaten ein, weil die Sonne früher untergeht und es früher dunkel wird. Dann können wir den Flugbetrieb auch schon lange vor Mitternacht beenden.

Um die Fluglärmbelastung für die Oldenburger noch mehr zu verringern, haben wir einen Teil der fliegerischen Einsatzausbildung des Geschwaders ins Ausland verlegt. Dieser Lärmexport hat aber dort seine Grenze, wo unsere Flugzeuge hier gebraucht werden, um unserem Gegner zu zeigen, dass wir jederzeit verteidigungsbereit sind."

Zudem kann ich auch berichten: „Unser Flugzeug, die Fiat G-91, ist einer der leisesten Jets in der NATO. Größere und lautere Jets wie 'Phantom', 'Starfighter F-104' und andere dürfen auf unserem Fliegerhorst nicht mehr landen. Wir haben inzwischen auch besondere Abflugverfahren eingeführt, um bewohnte Gebiete so wenig wie möglich zu überfliegen. Und für die lärmintensiven Triebwerkstestläufe sind Lärmschutzhallen gebaut worden."

Die meisten dieser Maßnahmen hat der Fliegerhorst von sich aus ergriffen. Aber ganz vermeiden lässt sich die Belästigung leider nicht.

All' meinen Bemühungen zum Trotz muss ich immer wieder feststellen, dass vor allem der 'Anführer' der 'Anti-Lärm-Liga' keinerlei Argumenten zugänglich ist und aggressiv weitermacht. Aber eines Tages habe ich herausgefunden, dass dieser Kritiker persönlich nicht direkt betroffen sein kann. Sein Häuschen befindet sich etwa 1000 Meter seitlich außerhalb des Flugkorridors, aber direkt neben der viel befahrenen Eisenbahnstrecke Oldenburg-Wilhelmshaven.

„Das ist die Chance!" denke ich. Jetzt will ich zusätzlich mit Fakten punkten. Ich gebe eine Lärmmessung in Auftrag. Die soll nicht nur zeigen, wie viel Krach die Jets tatsächlich im Flugkorridor machen. Sondern ich lasse auch messen, wie viel von dem Lärm beim Haus des obersten Beschwerdeführers und Organisators der Proteste ankommt – und wie laut demgegenüber die Züge sind, die direkt daran vorbeidonnern.

Aber das Ergebnis lässt auf sich warten.

Bei all dem Lärm um den Lärm gibt es aber doch auch schon mal etwas Erfreuliches – wie den häufigen bitterbösen Telefonanrufen im Geschwader zum Trotz. Als wir einmal große Kontingente zu einer Übung in die Türkei verlegen, sind viele Einsätze von Transportflugzeugen notwendig, die auch am Abend ein- und nach Beladung wieder abfliegen.

Und wieder klingelte das Telefon im Stab des Geschwaders. Mein Stellvertreter nimmt das Gespräch an in Erwartung der üblichen Beschimpfungen. Diesmal jedoch erkundigt sich eine offensichtlich ältere Dame nach dem Grund des ungewöhnlichen Lärms aus dem Fliegerhorst – aber mit freundlicher Stimme. „Sonst kommt mir das doch am Abend nie so laut vor." Sie bekommt ebenso freundlich Auskunft über den Grund mit dem Hinweis, dass in zwei bis drei Stunden wieder Ruhe einkehren werde.

Sie bedankt sich mit der Bemerkung, „Ich habe mir schon gedacht, dass etwas Besonders vorliegen muss, denn 'unsere' Flugzeuge" – sie sagt wirklich „unsere Flugzeuge" – „unsere Flugzeuge machen doch keinen solchen Lärm." Die Dame hat sich mit dem Fliegerhorst und den Flugzeugen identifiziert: Es sind ihre Flugzeuge, die über Oldenburg fliegen!

21 Ein schöner Tag

Gefühlt jedes Jahr muss sich der Kampfpilot einer Überlebensübung stellen. Wenn auch diese Übungen selten sehr beliebt sind, weiß doch jeder Jet-Pilot, sie sind lebenswichtig, eben fürs Überleben, – wenn sich das Flugzeug tatsächlich mal seiner Kontrolle entzieht. Den letzten Platz in der Beliebtheitsskala dieser Übungen nimmt wohl „Nordholz" ein, „Überleben See" bei der Marine. Das mag daran liegen, dass die Lehrgänge dort nie im Sommer stattzufinden scheinen, sondern vorzugsweise im Winter und natürlich im Wasser, wenn die Nordsee kalt und unfreundlich ist.

„Altenstadt Schongau" kommt dann. Auch da wird Wasser zu einem beliebten Übungsmedium, und der Lech in der Staustufe ist immer eiskalt. Allerdings nimmt den Hauptteil des Lehrgangs das Üben der Landung mit dem Fallschirm und auf dem Erdboden ein. Obwohl aus einem Übungsturm und nicht wirklich aus einem Flugzeug abgesprungen wird – das will man den Piloten dann doch nicht antun – verstehen es die Fallschirmjäger und der Fallschirm mit seinen Kapriolen, jedem das Leben recht schwer zu machen. Gedacht ist, dem Piloten beizubringen, wie er sicher landet und sich vom Fallschirm löst ohne sich zu verletzen, wenn er schon vom Wind auf dem Erdboden entlang geschleift wird.

Am meisten freut man sich wohl auf einen Lehrgang in Decimomannu. Erstens ist das Wetter wie auch das Wasser in Sardinien angenehm temperiert. Zweitens bleibt genügend Zeit, um etwas Italien, seine Küche und seine Weine zu kosten, und drittens ist die Woche dort wirklich eine angenehme Abwechslung im täglichen Flugbetrieb.

Keinen Lärm verbreiten die Flieger, auch wenn sie mal in großer Zahl unterwegs sind – aber zu Fuß. Das passiert bei gelegentlichen, vom Geschwader selbst organisierten Überlebensübungen. Sie werden nur ab und zu zusätzlich zu den Lehrgängen anberaumt, weil sie eine Menge Vorbereitungen bedeuten. Negativ zeichnen sie sich dadurch aus, dass üblicherweise auch einige unangenehme Widrigkeiten eingebaut werden.

Normalerweise erfreut sich eine solche Übung jedoch bei den Piloten dennoch einiger Beliebtheit. Wohl auch, weil sie eine willkommene Abwechslung nach vielen täglichen theoretischen Belehrungen darstellt. Sie soll die Einsatzpiloten auf Absprünge in gegnerischen Territorien und auf das Sich-Durchschlagen zum eigenen Gebiet vorbereiten. Eine nicht unerhebliche „Bereicherung" kann auch das Üben „Verhalten in der Gefangenschaft und bei Verhören" sein.

Eine Überlebensübung des Geschwaders im Raume Wildeshausen verspricht eine der weniger angenehmen zu werden. Sie ist sorgfältig geplant und vorbereitet worden. Schon allein die Dauer über einen ganzen Tag, verbunden mit einem Nachtmarsch, verspricht jedoch weniger Erfreuliches.

Die nicht im Fußmarsch geübten Kampfpiloten werden in vier Bussen, deren Fenster verklebt sind, im Herbst bei Anbruch der Dunkelheit in den Übungsraum gebracht. An unterschiedlichen, nicht vorher bekanntgegebenen Stellen setzen die Busfahrer sie „unter Aufsicht" aus. Alles gestandene Männer, die wissen, worum es geht. Sie steigen aus, ausgerüstet mit der normalen Pilotenausrüstung für Einsatzflüge, auch Pistolen, allerdings mit leeren Magazinen, dem notwendigen Kartenmaterial, Taschenlampen und was man so alles mit sich führt, wenn man weiß, dass man länger in einer unwirtlichen Umgebung unterwegs sein wird. Die notwendigen Anlaufpunkte und die Zeitvorgaben sind vorher bekannt gegeben worden. Nun muss sich jede Gruppe erst einmal orientieren, und herausfinden, in welche Richtung sie marschieren wollen. Alle sind sie auf eine lange Nacht vorbereitet.

Auf der „Gegenseite" hat das Geschwader Heeressoldaten ausgeborgt, die Feldposten aufgestellt haben. Ihr Auftrag ist, die Piloten am Erreichen der Anlaufpunkte zu hindern und sie vor dem Ziel abzufangen. Ein Gefangenenlager ist ebenfalls eingerichtet worden, das die Fliegerhorstgruppe betreibt. Aus Bonn ist ein Diplompsychologe angereist, der in NVA-Uniform die Verhöre der Gefangenen realistisch durchführen soll.

Nun sind die jungen dynamischen Männer nicht alle nur von der Übungsidee durchdrungen. Auch Erleichterungen gegenüber, die sich vielleicht ergeben könnten, sind sie durchaus aufgeschlossen. Hier soll eine solche Arabeske geschildert werden.

Auf dem Weg der Gruppe 3 befindet sich das Dorf Dötlingen. Als sich ein kleiner Trupp gegen Mitternacht dem Ort nähert, sind überall schon die Lichter ausgegangen. Nur aus einer Kneipe strahlt noch heller Schein. Kurze Beratung: „Dürfen wir ein Bier?" „Klar!"

Es stellt sich heraus, dass eine geschlossene Veranstaltung der Grund für die späte Beleuchtung ist, eine Hochzeitsfeier. Die überraschend im Flugdienstanzug auftauchenden Flieger zu Fuß werden begeistert willkommen geheißen, als sie erzählen, dass sie „auf der Flucht" sind, – und sie werden mit Bier eingedeckt. Ohne dass sie sich große Mühe geben müssen, wird ihnen erst nach zwei Stunden wieder bewusst, was eigentlich ihre Aufgabe sein sollte. Nun fehlen allerdings diese zwei Stunden zum Erreichen des nächsten Meeting-Points. Außerdem hat wohl auch der Ehrgeiz schon etwas gelitten.

Nach kurzer Beratung erbittet sich Hauptmann „Pit" Berthmann[58] die Erlaubnis, vom Wirtshaustelefon aus den Fliegerhorst Oldenburg anrufen zu dürfen. Dieter König, der Sohn des Kantinenwirtes, ein Freund, ist noch wach. Er muss nicht lange gebeten werden, sondern beeilt sich, mit seinem Auto zu Hilfe zu kommen. Schnell ist der Weg nach Dötlingen und zum Wirtshaus erklärt. Der Freund liest die Gestrandeten auf und setzt sie geschwind kurz vor dem nächsten Meeting Point ab. Das Ganze wäre wohl niemals herausgekommen, wenn die dort verantwortlichen Offiziere nicht besonders aufmerksam gewesen wären. Ihnen fällt jedoch auf, dass einer der Jet-Piloten blank geputzte Fliegerstiefel trägt. Das ist aber bei einem Marsch querfeldein in der Dunkelheit ein Ding der Unmöglichkeit. Der Pilot hat einfach versäumt, seine Schuhe mit Dreck zu beschmieren. Das unschöne Ergebnis ist, dass dieser Trupp der Gruppe 3 – außer der Blamage – zwei Wochen später die Strecke nachlaufen muss.

Diese Übung findet schon in einer Zeit statt, in der Verhörmethoden in der Bundeswehr nicht mehr „realistisch" für „die Gefangenen" sein dürfen. Aber ich erinnere mich noch sehr gut an eine Übung in meiner Zeit als Staffelkapitän. Damals – vor vielen Jahren – war ein „Gefangener", es war Hermann Umlauf, noch vergeblich an eine Leiter gebunden und diese verkehrt herum aufgestellt worden, um ihn zum Reden zu bringen. Ein anderer wurde in eine mit Wasser gefüllte Badewanne getaucht und ein Dritter in einen dunklen Kartoffelkeller eines verlassenen Hauses gesperrt. In den ließen die Verhör-Offiziere dann eine Weile kaltes Wasser laufen. Damals hat sich keiner der Piloten beschwert. Sie wussten, welchen Zweck das alles verfolgte, und sie machten mit. Allen waren nicht nur Verhörmethoden aus dem Weltkrieg bekannt, sondern auch solche aus den Kriegen in Indochina und in Nordafrika recht gegenwärtig. Inzwischen ist vieles verboten worden, obwohl der Krieg in Vietnam erst im vergangenen Jahr (*1975*) beendet worden ist, und gerade von dort unglaublich grausame Verhörmethoden bekannt geworden sind, aus denen man sicher hätte Lehren ziehen können. Aber die Presse hätte jetzt wohl eine unerhörte Sensation daraus gemacht. Sicher wäre heute auch der verantwortliche Kommodore abgelöst worden. Gut ist für mich aber, dass richtige Einsichten dazu geführt haben, dass sich unsere Spezialkräfte wieder besser auf solche Notlagen vorbereiten können.

22 Fliegeralltag

Das Geschwader verfügt nach der Umrüstung über etwa sechzig Fiat G-91 Jagdbomber[17], darunter einige Doppelsitzer und eine entsprechende Zahl von Flugzeugführern, Einsatzpiloten, die ihre Professionalität und ihre Einsatzbereitschaft jedes Jahr neu unter Beweis stellen müssen. Das TCTP, sie wissen schon! Es gibt drei Ebenen: 'Non Combat Ready', also noch nicht ausgebildet oder erfahren genug, um für Kampfeinsätze einsatzbereit zu sein; 'Limited Combat Ready', 'begrenzt einsatzbereit' und 'Combat Ready', der höchste Status, d.h. 'voll einsatzbereit'.

„Die Kampfpiloten müssen fit gemacht werden für einen möglichen Konflikt", lautet mein Auftrag. „Sie müssen Erfahrung sammeln, um ihren Auftrag erfüllen zu können."

Dafür gibt es nur eine Methode: „Fliegen, fliegen, fliegen!" Denn je mehr Flugstunden ein Einsatzpilot hat, umso größer ist die Wahrscheinlichkeit, dass er seine Mission zum Erfolg führt, dass er den Einsatz überlebt und mit seinem Flugzeug heil zurück kommt. 180 Flugstunden pro Jahr fordert die NATO für einen 'Full Combat Ready' Piloten. Damit soll er den Fliegern auf der anderen Seite des Eisernen Vorhangs weit überlegen werden. Denn die können höchstens die Hälfte fliegen, sagt man uns. Und – typisch für eine Mangelwirtschaft – es fehlt da angeblich auch an Flugbenzin, an Ersatzteilen und an allem möglichen anderen. Dazu ist das Vertrauen in die eigenen Leute recht begrenzt.

Das bedeutet für uns: Drei Einsätze am Tag – wann immer möglich. Für das Geschwader ist dies eine große Herausforderung, für den Flugzeugführer bedeutet das Kartenstudium, punktgenaue, detaillierte Flugvorbereitung auf der Karte, Kurse, Flugzeit, TOT (das ist die vorgegebene Zeit über dem Ziel, 'Time over Target'), alle wichtigen Fluginformationen in die Karte eintragen, Flugvorbesprechung mit den vier Piloten des Schwarms, bei der

Einzelheiten über das Ziel möglichst mit Luftaufnahmen oder Skizzen dargestellt sowie jede Phase des Fluges und die Position jedes Einzelnen und seine Verantwortung angesprochen werden. Der Schwarmführer, der Nachrichtenoffizier und der Heeresverbindungsoffizier sind hier die Hauptinformanten. Dann zum Flugzeug, der Wart meldet das Flugzeug flugklar, Vorflugkontrolle, anschnallen, zur Startbahn rollen, genau zur geplanten Startzeit starten.

Zwei oder drei Ziele, die der Nachrichtenoffizier aus seiner Zielkartei ausgesucht hat, werden simuliert angegriffen – plus minus zwei Minuten nach einer Navigationszeit von etwa einer halben Stunde 'fransen', d.h. fortlaufendes Vergleichen Karte – Boden – Karte – Boden. Der Waffeneinsatz – simuliert – wird von der Zielkamera gefilmt; Angriffsrichtung, Angriffswinkel, Zeit festhalten.

Rückflug, noch einmal volle Konzentration für die Landung. Denn der Flug ist erst zu Ende, wenn das Flugzeug steht.

Dann Nachflugbesprechung und Auswertung des Einsatzes wieder zusammen mit dem Nachrichtenoffizier Hauptmann Heinz Rebhahn und dem Heeresverbindungsoffizier, dem GLO (*Ground Liaison Officer*), Hauptmann Hasso Krug. Kritik – schonungslos. Kurze Ruhepause.

Der Heeresverbindungsoffizier stellt sich als große Hilfe für die fliegenden Besatzungen heraus. Die haben im Allgemeinen wenig Ahnung von dem Gefecht am Boden, dem Frontverlauf, der Gliederung der Bodentruppen, der Logik des Erdkampfes. Wo sind eigene Truppen, wo der Gegner? Auch ist der Heeresoffizier ein Kenner der verschiedenen eigenen und gegnerischen Fahrzeuge, deren klare Identifizierung für den Waffeneinsatz entscheidend ist. Mit anderen Worten, er erläutert die Heereslage im Zielgebiet. Darüber hinaus gibt es dort noch den FAC, den Forward Air Controller. Ein Luftwaffenpilot, der bei den Kampftruppen des Heeres in der vordersten Linie „der Front" in einem Schützengraben sitzt und die anfliegenden Piloten über Sprechfunk bei der Identifizierung der Bodenziele unterstützen soll.

Ähnlich wie der GLO beim Geschwader stationiert die Luftwaffe auch bei den Stäben des Heeres einen Fliegeroffizier, den Air Liaison Officer, ALO, der dort den Einsatz der Luftwaffe mit vorbereitet und „erklärt".

Also, kaum ist die Nachbereitung des Einsatzes abgeschlossen, heißt es für den Piloten wieder Flugvorbereitung, Vorflugbesprechung, fliegen – und so weiter – bis zu dreimal am Tag.

Alle Jet-Pilots glauben, dass sie „shit-hot" sind. Die amerikanischen Jet-Jockeys bezeichnen sich gerne so. „Brandheiß" trifft es ungefähr. Oder: 'Uns kann keiner' oder 'wir sind Tiger' und nicht zu bändigen.

Aber die Deutschen sind fast alle noch jung, denn die Luftwaffe ist 'gefühlt' erst wenige Jahre alt. Also wieder: Fliegen, fliegen, fliegen.

Natürlich bringt viel fliegen in diesem Beruf auch Gefahren, Unfälle, vielleicht sogar Katastrophen mit sich. Wenn ein Panzerfahrer den Motor seines Kampfwagens zu Schrott fährt, dann steigt er aus und wartet auf Hilfe oder auf Ersatz. Ein Pilot mag sich gut in der Luft halten, wenn seine Ausbildung noch mangelhaft ist, aber ziemlich sicher hat er ein Problem, heil wieder herunter zu kommen. Auch hier hilft nur: Üben, üben, üben.

Derweil werden weiter Übungsangriffe geflogen, wie das TCTP es fordert. „Das Ziel ist aufgeklärt. Hier sind die Luftbilder." Der Nachrichtenoffizier breitet drei Fotos auf dem Kartentisch aus. „Das sind die Flugabwehrraketen und das hier die MG-Stellungen (*Maschinengewehr*). Der Gefechtsstand mit den Kommandofahrzeugen steht – abgesetzt – hier." Er zieht ein weiteres Foto heran. „Und hier sind die Shelter, gut getarnt. Die Flugzeuge befinden sich fast alle in diesen Schutzbauten. Der Kontrollturm ist ebenfalls getarnt, aber gut auszumachen." Eingehend und kompetent erläutert Hauptmann Heinz Rebhahn die Ziele.

Nun ist es an dem Formationsführer, seine Angriffsplanung zu erläutern. Hauptmann Hermann Umlauf geht an die Tafel, nimmt ein Stück Kreide und beginnt Kreise, Pfeile und Zeiten aufzumalen. „Der erste Schwarm 'Charly' schaltet die Flugabwehrstellungen von Süden her kommend aus." *Die Bezeichnungen Charly, Foxy, Speedy und Blacky sind die Rufzeichen der vier Schwarmführer.* „Das geschieht zwei Minuten bevor der zweite Schwarm 'Foxy' über dem Ziel erscheint. Der greift den Kontrollturm von Westen an, fliegt eine große Biege für einen weiteren Angriff auf die Flugzeuge, die noch auf der Rampe stehen. Der dritte Schwarm 'Speedy' und der vierte Schwarm 'Blacky' kommen von Norden und von Osten und die bohren Löcher in die Landebahn."

Er geht zu der Tiefflugkarte, die auf dem großen Arbeitstisch liegt. „Ablaufpunkt ist diese Straßenkreuzung. Und hier sind die TOT (*time over target*) für die vier Schwärme über dem Ablaufpunkt." Er händigt vier Zettel aus mit den Uhrzeiten. „Uhrenvergleich! Es ist in dreißig Sekunden genau 9 Uhr 53 Zulu." (*'Zulu', die Uhrzeit, die einheitlich für den gesamten Bereich der NATO gilt.*) Alle sechzehn Flugzeugführer überprüfen ihre Fliegeruhren. „Klar, dass wir die Zeiten plus – minus eine Minute einhalten. Fragen?" Keiner meldet sich. „O.K., dann macht euch an die Flugvorbereitungen."

Ich habe in der ersten Reihe des Briefingraums gesessen und schweigend zugehört. Nach Erfüllen der Mission und nach Rückkehr der Formationen bin ich wieder in der Staffel, zum Debriefing. Dann werden die Filme der Zielkameras ausgewertet sein und in der Nachbesprechung wird in der gleichen Runde über Erfolg, Stärken oder Schwächen des Angriffs diskutiert. So kann ich mich überzeugen, wie erfolgreich meine Piloten gewesen sind. Wehmütig denke ich dann wieder einmal an meine Zeit als Jagdflieger zurück. Was war das Leben damals doch einfach gewesen. Man setzt sich ins Flugzeug, steigt über die Wolken auf, ruft die Jägerleitzentrale und lässt sich an das Ziel heranführen. Naja, ganz so einfach war es auch wieder nicht. Aber immerhin leichter und auch spannender als mühsam nach einem Verschiebebahnhof in einem riesigen Waldgebiet zu suchen. Und dann auch noch auf die Minute genau dort anzukommen. Dabei kann ein solcher Tiefflugeinsatz im waldigen und facettenreichen Weserbergland eine sehr erlebnisreiche Einsatzübung sein. Die Möhne-Talsperre zum Beispiel ist auch eines der Übungsziele, das natürlich nur in einem Scheinangriff angeflogen wird, – bis schließlich auch einfache Überflüge aller Talsperren verboten werden. Es ist schon eine Herausforderung, diese im Bergland zwischen Kassel und dem Ruhrgebiet eingebetteten großen Stauwerke so rechtzeitig im Tiefflug zu erkennen, dass ein Angriff bei einer Geschwindigkeit von 800 Stundenkilometern noch erfolgversprechend ist. Und man kann nicht einmal ein bisschen schummeln. Denn die Bilder aus der Zielkamera belegen unerbittlich, ob man tatsächlich zur richtigen Zeit aus der richtigen Richtung am richtigen Ort gewesen ist.

Naja, diese Sechzehn würden heute höchstens ein kleines Problem mit dem Ablaufpunkt haben. Ihr Ziel, dieser Flugplatz, ist ja wirklich nicht zu übersehen.

„Überlandflüge" stehen ebenfalls im Jahresprogramm der zu erfüllenden Forderungen an einen Flugzeugführer: „zur Erhaltung seiner navigatorischen Fähigkeiten hinsichtlich Planung und Durchführung von Langstreckenflügen". Also werden regelmäßig solche 'Überlandflüge' angeordnet.

Mit diesen Navigationsflügen ist oft auch ein Hauch von Tourismus verbunden. Deshalb sind sie sehr beliebt bei den Flugzeugführern. Niemand muss dazu groß überredet werden. Sie fliegen in Rotten – man fliegt bei solchen Navigationsflügen aus taktischen Gründen nicht nur mit einem Flugzeug allein. Und mehr als zwei Maschinen sind meistens auch „verpönt", um die Gastflughäfen nicht zu überfordern.

So werden Portugal, Griechenland und die Insel Kreta angeflogen, genauso wie Einsatzplätze in der Türkei und in Spanien. Es geht sogar nach Mallorca. Plätze in England und Schottland und natürlich in Frankreich und in Italien gehören ebenfalls dazu. Cameri, Villa Franca, Goia del Colle und Brindisi auf dem italienischen Stiefel sind Sprungbrett nach Südosteuropa.

In Norwegen sind es Sola (Stavanger) und Ørland (Trondheim), und dann auch Andoya (Andesnes) auf den Inseln der Lofoten. Andoya ist ein nahezu exotisches Erlebnis wegen der fast augenblicklich sich ändernden Wetterverhältnisse und der bizarren Urweltlandschaft am nördlichen Polarkreis.

Als ich 1978 bei widrigen Wetterbedingungen dort glücklich lande, waren gerade am Morgen zwei RF-4 Phantom des AG 51 aus Bremgarten zum Heimflug gestartet. Sie saßen drei Tage lang fest. Wegen eines Schneesturms im Monat Mai mussten sie immer wieder den Heimflug verschieben.

Außer dem Wetter und der sagenumwobenen Landschaft mit ihren bizarren Felsformationen, die aus dem Meer ragen, beeindrucken mich zwei Dinge: Das Eine sind die riesig ausgedehnten Gerüstanlagen, auf denen der Stockfisch säuberlich aufgereiht paarweise an den Schwänzen zum Trocknen hängt und in den Wintermonaten dem Wind und der salzhaltigen Luft ausgesetzt ist. Das Andere ist die Unmöglichkeit, auf der Insel in einem Restaurant ein Fischgericht zu bestellen. Das kochen sich die Norweger hier offensichtlich jeden Tag lieber selbst zu Hause. Steak, Kotelett und Schnitzel sind in Hülle und Fülle angesagt. Und jede Art von Alkohol gibt es, jedoch irrsinnig teuer. Aber keinen Fisch!

Solch einen „Cross-Country" sollte auch eine Rotte aus Oldenburg in die Türkei führen. Der Formationsführer ist ein erfahrener Section Lead. Auf dem Flugplatz Brindisi will er mit seiner Formation zwischenlanden. Auf dem Weg dorthin ruft ihn in 38.000 Fuß über Süditalien schon „Brindisi Control". „German Airforce 3021, call me 'Letsche'". Gemeint ist damit der Einflug in die 'Restricted Area' Lecce. „Say again", bittet der Section Lead um Wiederholung. Brindisi wiederholt das, aber der Formationsführer kann immer noch nichts damit anfangen. „Letsche" ist ihm offensichtlich kein Begriff. Italienisch wird nun mal nicht so gesprochen, wie es geschrieben wird. Nun sind aber auch die italienischen Fluglotsen nicht dafür bekannt, dass sie ein jederzeit verständliches Fliegerenglisch sprechen. Deshalb kommen Missverständnisse und auch Ungereimtheiten in Italien schon mal vor. Nach einer Weile wiederholt Brindisi Control noch einmal, „Call me Letsche." Keine Antwort. Offensichtlich weiß der Section Lead nicht, was diese Italiener von ihm wollen. Die 'Restricted Area' Lecce hat er in seiner Flugvorbereitung wohl übersehen. Eine Restricted Area ist ein Gebiet mit Flugbeschränkungen, ein festgelegter Luftraum, in dem Flüge von Luftfahrzeugen zeitweilig oder dauerhaft Beschränkungen unterliegen. Sie werden zur Vorbeugung vor Gefahren für die Sicherheit des Luftverkehrs festgelegt, z. B. weil dort Schießübungen auch bis in größere Höhen stattfinden. Brindisi Control muss bemüht sein, eventuelle Überflüge dieses Gebietes zu vermeiden oder sie nur nach vorheriger Genehmigung zu erlauben. Auf jeden Fall wollen die Controller wissen, wann sich dort Flugzeuge aufhalten, um gefährliche Situationen auszuschließen.

Nach der vierten Aufforderung durch die Radarstation reißt dem Section Lead die Geduld und er antwortet: „Brindisi, letsch me am Arsch."

Das ungewöhnliche 'deutsche Fliegerenglisch' des Section Leads scheint Brindisi Control zu überfordern. Es gibt auf – und wiederholt seine Aufforderung nicht mehr.

AIR TRAFFIC CONTROL (ATC), 'der kontrollierte Flugbetrieb' beginnt für alle Flugzeuge am eigenen Platz mit dem Start und endet mit der Landung. Dafür verantwortlich sind die platzeigenen Kontrolleinrichtungen, der Kontrollturm (*Tower*), die Anflugkontrolle (*Approach Control*) und das GCA (*Ground Control Approach*).

In Oldenburg ist die Flugbetriebsstaffel für diese Einrichtungen und die Umsetzung der Flugbewegungen in einen sicheren Flugbetrieb verantwortlich.

In der NATO wurde die Verantwortung für die Kontrolle des militärischen Luftraums in der Bundesrepublik aufgeteilt zwischen der 4. ATAF (*4th Allied Tactical Airforce*) im Süden und der 2. ATAF (*2nd Allied Tactical Airforce*) im Norden. Schleswig-Holstein gehörte zu AIRBALTAP (*Airforce Baltic Approaches*).

Die beiden ATAFs erhalten ihre „Policy Directives" von AFCENT (*Allied Forces Central Europe*) in Brunssum in Holland und von AIRCENT (*Air Forces Central Europe*) in Ramstein, das später umgetauft wird in AAFCE (*Allied Air Forces Central Europe*).

Das Jagdbombergeschwader 43 ist der 3. Luftwaffendivision unterstellt und gehört in der Kommandostruktur der NATO zur 2. ATAF. Für den Einsatz wird es aus dem Bunker in Maastricht an der holländisch-belgischen Grenze geführt. Dort werden die Einsatzpläne entwickelt. Umgesetzt werden sie dann für die Jäger von zwei SOCs (*Sector Operations Centers*) in Uedem und in Brockzetel und den GCIs (*Ground Control Intercept Radar*s). Für die Jagdbomber geschieht dies in den zwei ATOCs (*Allied Tactical Operation Centers*) in Kalkar und in Maastricht.

Unsere 16ship-Formation hat also ihren Auftrag für den Angriff auf den Flugplatz von einem ATOC bekommen. Er wird in einer 'Air Task Form' übermittelt und ist die Grundlage für den Flugauftrag durch den Einsatzoffizier und die Vorbereitungen des Nachrichtenoffiziers.

Wenn die Mission beendet ist und die Flugzeugführer in einem Debriefing mit dem Nachrichtenoffizier das Ergebnis des Einsatzes niedergelegt haben, meldet der Gefechtstand des Geschwaders dies mit einem 'Mission Report' wieder an die Auftrag gebende Stelle und der Kreis ist geschlossen.

Im Grunde hat ein Kommodore – und mit ihm der Verband als Ganzes – mit der täglichen Erfüllung des Einsatzauftrags des Geschwaders und allen damit zusammenhängenden Aufgaben alle Hände voll zu tun und einen spannenden, ausgelasteten Arbeitstag. Aber im Flugbetrieb gibt es auch noch Probleme, die mit dem Einsatzauftrag recht wenig zu tun haben.

Wie ein furchterregendes Damoklesschwert hängt es immer über ihren Köpfen: Das sind nicht nur richtige Katastrophen, sondern auch „schon" 'near misses', Beinahe-Zusammenstöße, Beinahe-Katastrophen, bei denen es noch einmal gut gegangen ist. Zweimal in meiner Zeit als Kommodore bereitet mir das erhebliche Kopfschmerzen.

Zwei meiner Flugzeugführer fliegen in mittlerer Höhe unter Sichtflugbedingungen zum Flugplatz Oberpfaffenhofen in Oberbayern. Sie sollen zwei Jagdbomber von Oldenburg zur Generalüberholung überführen. Dort ist ein Industriebetrieb der Firma Dornier dafür verantwortlich.

In etwa 12.000 Fuß Höhe im Luftraum über Würzburg werden sie fast von einem aufsteigenden Linienflugzeug der Lufthansa gerammt, das aus München kommt. Meine beiden Piloten konnten die Boeing 737 nicht sehen, weil sie von unten auf sie zukommt. Und der Flugkapitän der Lufthansa hat wohl dort auf seiner Abflugroute niemanden erwartet, die beiden jedenfalls ebenfalls erst sehr spät erkannt. Immerhin – er hat die Jagdbomber rechtzeitig gesehen. Er ist unter Kontrolle von Frankfurt Radar und eigentlich hätten die Fluglotsen ihn informieren müssen über die beiden Jets auf Gegenkurs. Aber – obwohl sie sich sicher fühlten, haben die Lufthansapiloten doch aufgepasst. Der Kapitän erklärt später der Presse, er habe die Landescheinwerfer eingeschaltet und geblinkt. Hat er erwartet, dass die beiden Jabos ihm die „Vorfahrt" lassen? Hätte er nicht sofort eine Ausweichbewegung einleiten sollen und nicht erst – als es fast zu spät war – einen Sturzflug, der für seine Passagiere äußerst unangenehm gewesen sein muss? „Die Beinahe-Kollision wird auf Anordnung des Inspekteurs der Luftwaffe, Generalleutnant Gerhard Limberg „schnell und streng untersucht". Und „Die beiden Piloten dürfen bis zum Abschluss der Untersuchungen nicht mehr fliegen", melden die Zeitungen. Wie das bei solchen zivil-militärischen Zwischenfällen ist: Von allen zuständigen Stellen wird offensichtlich erst einmal angenommen, dass es die Luftwaffenpiloten sind, die gegen Flugsicherheitsregeln verstoßen haben.

Der derzeitige Kommandierende General, Generalleutnant Bruno Loosen[37], ist bei der Untersuchung zwar nicht uneinsichtig, aber es gibt wohl auch Leute, die ihm im Nacken sitzen. Deshalb ist er etwas zögerlich, bis er der Beurteilung des Zwischenfalls durch mich folgt.

Bei der „strengen und schnellen Untersuchung" stellt sich nämlich bald heraus, dass die Piloten des Geschwaders sich genau an ihren genehmigten Flugplan gehalten haben. Warum die Maschinen sich auf Kollisionskurs befanden und niemand die beteiligten Flugzeuge in dem von der Flugsicherung überwachten Luftraum darüber informiert hat, lässt sich nicht mehr genau klären. Dennoch bedarf es einiger Kraftanstrengung und Überzeugungsarbeit von mir, bis ich meine beiden Flieger von dem Vorwurf befreien kann, sie hätten gegen Bestimmungen verstoßen. Und es dauert eine Weile, bis alle Vorwürfe entkräftet sind und die beiden Piloten des Geschwaders auch wieder am Flugdienst teilnehmen dürfen.

Ein paar Monate vorher hatte ich Gelegenheit, General Loosen von einer anderen Seite kennen zu lernen. Da ist er noch Kommandeur der 3. Luftwaffendivision und sehr bestimmt und entschlossen. Es war Frühling und herrliches Wetter im Oldenburger Land.

„Der Divisionskommandeur will Sie sprechen", meldet meine Sekretärin am Telefon. Nachdem ich den Anruf des Adjutanten des Generals angenommen habe, entwickelt sich ein eher bangloses Gespräch mit dem Divisionskommandeur in Kalkar, bis der mich schließlich fragt, „Die Gegend in Oldenburg ist doch bekannt für ihre Rhododendren. Haben Sie da Beziehungen zu jemandem, der sich damit befasst?" „Ja, Herr General, habe ich. Ein Freund von mir besitzt einen großen Rhododendron-Park. Der fährt sogar bis in den Himalaya, um dort Samen einzusammeln für seine Zucht." „Können Sie mich mit dem bekannt machen? Ich habe ein Haus an der Mosel, und ich möchte gerne dort auf meinem Vorplatz und an der Einfahrt ein paar der hübschen Pflanzen eingraben." „Klar, kann ich arrangieren."

Ich telefoniere mit meinem Freund Friedrich Dürre in Linswege. Es wird ein Termin für den Besuch des Generals vereinbart. Nach ein paar Tagen erscheint der Divisionskommandeur auf dem Fliegerhorst. Er ist mit seinem Fahrer in seinem Dienstwagen angekommen und nicht wie sonst üblich mit einem Flugzeug. Er kommt auch gleich zur Sache: „Rhododendren!"

Also fahren wir in das nur eine halbe Stunde entfernte Linswege bei Westerstede. Die Gegend liegt im ehemaligen Moorgebiet zwischen dem Oldenburgischen und Friesischen, dessen Boden für die Rhododendron-Zucht besonders geeignet ist. Friedrich Dürre ist gebührend beeindruckt von dem Zweisternegeneral in seiner schicken Uniform und führt den Gast durch seinen in voller Blüte stehenden Park. Die Pflanzen stehen im Halbschatten unter hohen Bäumen und sind jede für sich durch ihre vielfarbige

Blütenpracht herrlich anzusehen. Der General folgt aufmerksam den fachkundigen Erklärungen des Rhododendron-Züchters und sucht die Pflanzen heraus, die ihm gefallen und die er haben möchte. Zwei Schubkarren voll werden von zwei Helfern zum Dienstwagen gefahren. Nun tritt der General hinter seinen Opel und sein Fahrer öffnet den Kofferraum. Der ist aber nicht leer, sondern bis zum Rand gefüllt mit kleinen grauen Kartons.

„Ich wohne an der Mosel", erklärt General Loosen, „Wie Sie wissen, ist die Mosel bekannt für ihre guten Weine. Dies hier ist Wein aus meinem Weinberg. Ich möchte Ihnen gern meinen Wein überlassen – gegen die Rhododendren."

Ich kann nicht erkennen, was Friedrich Dürre denkt. Aber der macht gute Miene zu diesem Spiel. Der General handelt noch ein bisschen und dann übernimmt Friedrich Dürre die Kartons, auf die sich die beiden geeinigt haben, im Tausch für die Rhododendren, die der General für sein Grundstück an der Mosel haben möchte. Unsere Freundschaft hat das Geschäft nicht beeinträchtigt.

Nur 'mein' erster „Near Miss", der über Würzburg, ist tatsächlich eine ernst zu nehmende Sache für mich. Ein zweiter Vorfall ist eher lächerlich und zum Teil wohl auch noch geprägt durch Reminiszenzen aus dem Zweiten Weltkrieg. Aber auch er schafft Aufregung und macht Arbeit.

„Deutsche Jagdflugzeuge gefährden die britische Königin." Das ist eine Schlagzeile, die bei jedem Zeitungsleser Emotionen wecken muss – und nicht nur in England, wo das ja wohl auch noch an Majestätsbeleidigung grenzt. Queen Elizabeth II.[59] ist im norddeutschen Luftraum in mittlerer Flughöhe von irgendwoher in Osteuropa kommend mit einem Flugzeug der Royal Air Force auf dem Weg zurück nach Großbritannien. Es gibt eine Regelung, die es untersagt, sich dem Flugzeug der britischen Majestät bis auf eine Meile zu nähern. Da es sich in der Fliegerei um Seemeilen handelt, also „Nautical Miles", sind das 1,852 Kilometer. Zwei Fiat G-91 Jagdbomber des Geschwaders kommen der britischen Maschine über Niedersachsen tatsächlich bis auf Sichtweite nahe. Die Königin ist jedoch in sicherer Hand der Bodenkontrollen, die auch jedes andere Flugzeug in diesem Raum über Funk erreichen kann. Die Jagdbomber fliegen zwar nach Sichtflugbedingungen, aber als die Piloten das Passagierflugzeug erkennen, weichen sie weiträumig aus. Denn egal um welchen Typ von Flugzeug es sich handelt, von Passagiermaschinen hält man sich grundsätzlich fern. Als die beiden Piloten das andere Flugzeug ausmachen, von dessen „majestätischen" Insassen sie natürlich keine Ahnung haben, drehen sie jedenfalls ab. Dem britischen Flugkapitän entgehen jedoch die beiden Flugzeuge nicht, die da in seiner Nähe auf gleicher Höhe vorbeifliegen. Im klaren Himmel sieht man eben sehr gut und auch sehr weit. Und da er ein ehemaliger Royal Air Force Pilot ist, erkennt er, dass es sich da um deutsche Fiat G-91 handelt Der Brite ist sich seiner Bedeutung bewusst und meldet 'einen Verstoß', einen Near Miss.

„The 'Huns' attacked the Queen", ist eine Schlagzeile der britischen Presse, die manchem Engländer in seinem Vorurteil gerade recht sein muss. Später konnte natürlich leicht festgestellt werden, dass die Maschinen tatsächlich deutsche waren und dass sie aus Oldenburg kamen. Wie sich ferner herausstellt, ist der Abstand mehr als zweitausend Meter gewesen und die beiden haben die britische Maschine in einer parallelen Flugbahn eingeholt – harmloser geht es nicht –, bis sie sich entfernten. Die Flugsicherung, die das Flugzeug der Queen führte, sah auch bei der Untersuchung im Nachhinein kein Problem einer Gefährdung. Es ist also völlig ungefährlich und vorschriftengerecht gewesen.

Natürlich gibt auch das wieder Ärger, der sich aber zum Glück auf den militärischen Bereich beschränkt und nicht politisch wird. Ich habe jedenfalls wieder einmal alle Hände voll zu tun, meine beiden Flugzeugführer reinzuwaschen von dem Vorwurf einer – vielleicht sogar absichtlichen – Gefährdung der Königin von Großbritannien.

Das Ereignis wird eingehend an der Fliegerbar des Geschwaders diskutiert, als die Einzelheiten bekannt werden. Natürlich weiß inzwischen jeder Bescheid, denn die beiden Flugzeugführer mussten den üblichen offiziellen Vernehmungen unterzogen werden. Die nach Dienstschluss beim Bier versammelten Piloten regen sich gehörig auf, sind sich aber in ihrem Urteil völlig einig: „Offensichtlich ist der Kapitän der königlichen Maschine in der Royal Air Force kein Jagdflieger gewesen. Und sein Schätzvermögen muss erheblich unterentwickelt sein."

„Kann man der britischen Presse hier wegen ihrer Sensationsmeldung eigentlich einen Vorwurf machen?", frage ich mich dann doch noch. Die Bildzeitung bringt es im Zusammenhang mit tiefst fliegenden MiG Jagdflugzeugen und Überschallflügen über dem Reichstag im abgeschnürten Westberlin immerhin auch auf die Schlagzeile, „Pankows rote Luftpiraten". Da wollte das Regime in Mitteldeutschland wohl nur mit diesem lautstarken Drohgehabe seine eigene Ohnmacht gegenüber einer Sitzung des Deutschen Bundestags verstecken. Und die britische Presse? „Braucht halt eine auffallende Schlagzeile, die sich gut verkaufen lässt", beruhige ich meine aufgeregten Piloten. Aber wenn die in mich hineinsehen könnten! Ich habe gekocht.

Fliegen ist einfach zu schön, und jeder Flug ein besonderes Erlebnis. Neben aufregenden, spannenden und gefährlichen Momenten gibt es auch Flüge, die sich durch einmalig herrliche Eindrücke auszeichnen. Da ist zum Beispiel dieser Nachtflug in 16.000 Fuß Höhe auf dem Weg von Fürstenfeldbruck zurück nach Hause, nach Oldenburg. Ich bin mit meiner Gina allein in einem dunklen Wolkenmeer unterwegs. Unten, bei den Menschen weiß ich, da ist geschäftiges Treiben in den hell erleuchteten Städten und da ist Winter im Februar 1978. Hier oben ist der Himmel dunkel, und in den Wolken wirklich stockdunkel, aber meine Instrumente leuchten rot und mich umgibt das beruhigende Rauschen des Triebwerks.

Plötzlich erscheinen auf der gläsernen Panzerplatte der Kanzel vor mir bläuliche Flammen, die sich fadenförmig sprühend und kreuzweise hüpfend wie kleine Kobolde zu tummeln scheinen. Es ist kein Momentereignis, sondern die Lichterscheinungen tanzen da eine ganze Weile herum, so als wollten sie mich unterhalten. Ich erschrecke nicht, denn ich erinnere mich sofort, dass ich das schon einmal erlebt habe. Vor vielen Jahren in Kanada. Auch da ein Nachtflug, aber in einer T-33[9] Silverstar der Royal Canadian Air Force. Damals bin ich allerdings schon erschrocken, als sich plötzlich an den Spitzen meiner Flügeltanks buschelförmige bläuliche Lichtbündel entfalteten. Aber keine Explosion erfolgte, kein Ausfall meiner elektrischen Anzeigen, die Tiptanks wurden nicht abgesprengt, nichts weiter passierte. Auch das Triebwerk rumorte brav weiter und der Flug wurde in keiner Weise gestört. Da beruhigte ich mich wieder. Und dann fiel mir ein: Elmsfeuer! Genau, das muss es sein. Ein bläulich leuchtendes Elmsfeuer. Spontan erinnerte ich mich allerdings nicht, ob das Elmsfeuer nun als Zeichen schlechter oder guter Vorbedeutung gilt. Aber zumindest wusste ich, es ist eine harmlose elektrische Gasentladung, die auch auf der Erde, vor allem im Gebirge und an herausragenden spitzen Gegenständen entstehen kann. Und – besonders romantisch und vielleicht auch unheimlich soll die lichtschwache Erscheinung bei völliger Dunkelheit auch im Moor vorkommen.

Jetzt jedenfalls freue ich mich in meiner Gina über die hüpfenden Kobolde. Sie führen vor meinen Augen einen quicklebendigen Tanz durch mit lustigen Kapriolen auf der Glasplatte. Sicher wollen sie mir die Zeit vertreiben bis zu meiner Ankunft über Oldenburg.

Wenn ich an schöne Ereignisse denke, da kommt mir auch mein Erlebnis mit dem Regenbogen wieder in den Sinn. Für mich ist ein Regenbogen ein halbkreisförmiges, leuchtendes, buntes Farbwunder am Himmel zwischen Regen und Sonnenschein, das traditionell nur Gutes verheißen kann. Er wölbt sich von der Erde kühn in ungeahnte Höhen hinauf und stößt irgendwo wieder auf sie herab. Ich weiß, dass der Regenbogen manchmal entsteht, wenn die hinter mir stehende Sonne eine vor mir befindliche Regenwolke oder Regenwand bescheint. Hin und wieder habe ich auch einen kleinen Regenbogen an Springbrunnen oder an Wasserfällen beobachtet.

Aber jetzt – jetzt sehe ich plötzlich unter mir einen Regenbogen, aber was für einen Regenbogen! Er besteht aus einem perfekten, vollen Kreis!

Ich fliege in großer Höhe, es ist ein herrlicher klarer Tag und die Sicht scheint unendlich. Weit unter mir segeln einzelne weiße Kumuluswölkchen. Sie werfen kleine Schatten auf eine sonnenbeschienene Frühlingslandschaft. Und nun hat sich direkt unter mir dieses farbenprächtige Naturwunder zu einem kompletten großen Kreis entfaltet. Wahrscheinlich wird es ein bisschen geregnet haben. Viele werden das Phänomen kennen, entweder aus eigener Erfahrung oder aus der Literatur. Aber ich wusste bis zu diesem Augenblick noch nichts davon. Ich staune, ich freue mich darüber und beobachte das Ereignis genau, um es mir gut einzuprägen. Ein bisschen scheint der Regenbogen sogar am Boden meinem Flug zu folgen. Na, wenn das kein gutes Omen ist!

Als Kommodore sehe ich es als selbstverständlich an, dass ich jeweils auch an der Übergabe eines Geschwaders an den jeweiligen Nachfolger teilnehme, wann immer ich es einrichten kann. Vor allem wenn ich mich mit dem Geschwader oder den Offizieren auf die eine oder andere Weise kameradschaftlich eng verbunden fühle. Ich will den alten Kommodore mit verabschieden und ihm und dem Nachfolger Hals- und Beinbruch wünschen. So fliege ich nach Leck zur Übergabe des Aufklärungsgeschwaders 52 von Oberst Gerhard John an Oberstleutnant Berndt-Dieter von der Decken, nach Husum zum Führungswechsel von Oberst Christmut Eberlein und Oberst Reinhard Mesch beim Leichten Kampfgeschwader 41 und natürlich auch nach Neuburg, als der Oberst Rudolf Erlemann[11] die Führung des Jagdgeschwader 74 'Mölders' an seinen Nachfolger, Oberst Walter „Icke" Schmitz[60] abgibt. Ich bin begeistert, wie Erlemann sein Geschwader zu führen versteht. „Halt wie ein Fürst im Land der Bayern", schmunzele ich, wenn ich mich wieder daran erinnere. „Dass der General werden wird, ist doch wohl klar."

An die Zeremonie bei der Übergabe, die Erlemann mit einer paradeähnlichen Vorbeifahrt nahezu aller Fahrzeuge des Geschwaders verbunden hat, erinnere ich mich besonders gern.

Das Zeremoniell ist eine schöne Demonstration des gewaltigen Fuhrparks des Geschwaders, die sicher ihren Eindruck besonders auf die repräsentativ anwesende zivile Öffentlichkeit nicht verfehlt. Es ist März und noch recht kalt. Da sehe ich Erlemann als natürliche Autorität und geballte Eleganz auf dem Antreteplatz stehen: Dem sieht man an, er hat seinen Laden im Griff, und er stellt etwas dar. Neben ihm steht eine lange schlaksige Gestalt, an deren Uniform schon äußerlich einiges nicht zu stimmen scheint. Selbst die Ärmel des Wintermantels sind zu kurz und er passt einfach nicht hinein in den Mantel. „Vielleicht hat er den Mantel von einem 'Nichtflieger' geborgt?", denke ich. Und – „Dann muss er einer von diesen 'eingebildeten' Jägern sein." „Da leben doch viele nach dem Motto: Wozu braucht ein Jet-Pilot eigentlich überhaupt einen Wintermantel." Er ist jedoch kein „Jäger" und das äußere Erscheinungsbild täuscht gewaltig, wie ich mir später eingestehen muss. Das sollte die folgende steile Karriere des neuen Kommodore[57] zeigen – auch wenn sein Führungsstil noch manche Irritationen auslösen sollte.

23 Die kommunistische „Masche"

Notgedrungen verfolge ich aufmerksam die Aktivitäten extrem linker Bewegungen in Oldenburg. Die Anti-Lärm-Liga ist dagegen noch beherrschbar, weiß ich. Im Umfeld des Fliegerhorstes gibt es andere Gruppierungen, die mich besorgt machen. Es sind die „K"-Gruppen: Kommunistische Partei Deutschland, KPD; Kommunistischer Bund Westdeutschlands, KBW; Kommunistische Partei Deutschlands/Aufbauorganisation, KPD/AO; Kommunistische Partei Deutschlands/Marxisten-Leninisten, KPD/ML; die Maoisten (*Mao wurde neben Che Guevara und Ho Chi Min zu einem revolutionären Leitbild von Teilen der Bewegung*); die Vierte Internationale, und wie sie alle heißen mögen. Antikapitalistische, antiimperialistische, antibürgerliche meist ungeordnete Haufen linksradikaler Weltverbesserer, die das Bürgertum zum Feind erkoren haben und die oftmals weltfremde, aber dafür gefährliche Parolen verkünden. Weltweit wird gegen das „Establishment" protestiert, gegen Konformismus, gegen die Generation der Eltern und ihre Fortschrittsgläubigkeit, gegen das, was man als 'scheinheilig' empfindet. Es sind eine Vielzahl von Organisationen, die nur ein Programmpunkt miteinander verbindet: Sie erheben alle den Anspruch, „die Vorhut der Arbeiterklasse" zu sein. Dabei trauen sie sich gegenseitig nicht über den Weg. Viele – wenn nicht alle – werden von der DDR oder von anderen Ostblockstaaten mitfinanziert oder geschult.

In Deutschland finden nach der tragischen (*aus heutiger Sicht gesteuerten*) Erschießung des Studenten Benno Ohnesorg[61] und dem Attentat auf Rudi Dutschke[62] in zahlreichen Städten Straßenkämpfe statt, die sich teilweise zu bürgerkriegsähnlichen Straßenschlachten mit der Polizei entwickeln. Teile der Bewegung wenden sich dem bewaffneten Kampf zu. Als eine Folge der 68er-Bewegung gründet sich um Andreas Baader[32] und Ulrike Meinhof[33] die linksterroristische Rote Armee Fraktion (*RAF*).

Die „Maoisten" sind es, die schon in der Hochphase der Studentenbewegung der 1960er Jahre eine bedeutende Rolle gespielt haben, die auch vor 'meinem' Fliegerhorst als erste Gruppierung eine große Demonstration veranstalten. Eines Nachmittags komme ich gerade von einem Flug zurück, einer Tiefflugmission. Ich habe den Auftrag gehabt, zwei Flussübergänge aufzuklären, an der Weser, südlich Bremen, der eine, und am Nord-Ostsee-Kanal bei Rendsburg der andere. Da werde ich ans Telefon gerufen. Der Kommandeur der Fliegerhorstgruppe alarmiert mich: „Vor der Wache haben sich Leute versammelt, die die Wachposten beschimpfen, am Schlagbaum rütteln und wilde Parolen schreien." „Was schreien sie denn?" „'Kriegstreiber' rufen sie, und 'NATO Söldner' und 'Terror Bomber' und solche Schmeicheleien."

„Ruhig Blut!" ist meine erste Reaktion, und „Lasst euch nicht provozieren – und rufen Sie die Polizei!" „Ich bin gleich da!" – der Hörer fliegt auf die Gabel und ich fahre unverzüglich mit meinem olivgrünen Opel zur Hauptwache. Die Soldaten verhalten sich vorbildlich. Sie lassen sich nicht provozieren. Allerdings wagt auch keiner dieser „Demonstranten", den Schlagbaum zu überwinden und in den Fliegerhorst einzudringen. Sie vermeiden eine direkte Konfrontation. Stattdessen „reiben" sie sich an der schweren, farbig angestrichenen Straßensperre. An der können sie aber nichts kaputt machen.

Für mich sind es Randalierer und Chaoten, die das Bestehende, Bewährte brutal zerstören wollen, ohne zu wissen – oder sich darum zu kümmern –, wodurch sie es ersetzen könnten. Ihre spleenigen Ideen und quasi wissenschaftlichen Ideologien haben doch schon im 19. Jahrhundert versagt und im besten Fall Unglück über das Volk gebracht.

Beruhigend spreche ich mit den Wachen am Tor. Da erscheint auch schon die Polizei und beginnt, die Randalierer zurückzudrängen. „Die Polizisten haben es schwerer als die Soldaten, denn sie können die direkte Konfrontation nicht vermeiden", stelle ich fest. Zu Gewalttätigkeiten kommt es diesmal aber zum Glück nicht.

Hautnah habe ich das erste Mal Kontakt mit dieser Bewegung bei einer harmlosen Informationsveranstaltung der Europa-Partei. Einer Partei-Neugründung, in der sich mein Kamerad Dr. Hermann Hagena[63] heftig engagiert. Ich bin neugierig, was die in dieser neuen Splitterpartei – so sehe ich das zumindest – wohl besser machen wollen – und vor allem wie. Die Versammlung findet in einem kleinen Bierlokal in der Achternstraße Oldenburgs statt. Sie ist gut besucht. Bei einem Glas Bier geht es recht sachlich zu. Gerade erklärt ein Redner die Ziele der Europa-Partei, da wird die Tür aufgerissen und ein wilder Haufen junger Leute stürmt herein. Sie schreien irgendwelche Parolen, in denen das Wort „links" immer wieder vorkommt und „Sozialismus" und „gegen den Kapitalismus" und „nieder mit dem Establishment". Sie stören massiv und stiften in der Gaststube erhebliche

Unordnung, bevor sie durch eine andere Tür wieder aus dem Lokal nach draußen stürmen. Was die Randalierer mit ihrer Aktion bezwecken wollen, bleibt für alle Anwesenden im Unklaren. Später fällt mir eine Zeile von dem Liedermacher Bernd Stelter in die Hände, die ganz gut zu solchen Vorfällen zu passen scheint: „Denn sie wollen ja nur gute Demos bauen und ab und zu die Bull'n verhauen." In diesen unruhigen Tagen erfahre ich auch, dass in Steinkimmen ein Schulungszentrum der Radikalen eingerichtet worden ist. Bis dahin ist mir der kleine Ort unweit der Stadt nur deshalb ein Begriff, weil dort der Fernsehturm ein beachtliches Hindernis für tief fliegende Flugzeuge darstellt. In der Folge wird mir „Steinkimmen" ein weiterer Anlass, mich mit den kommunistischen Gruppierungen, die sich in der Bundesrepublik gebildet haben, näher zu beschäftigen.

Vor allem solche Vorfälle sorgen dafür, dass ich voreingenommen werde gegen alles, was mit radikalisiertem „Links" zu tun hat. Auf jeden Fall machen mich meine Erfahrungen mit Kommunisten und gewaltbereiten Demonstranten immer wieder misstrauisch auch gegen Politiker, die aus dieser Szene herauswachsen, selbst wenn sie später in hohe Ämter gelangen und selbst wenn sie nicht direkt mit den größten Verbrechen in Verbindung gebracht werden können.

Denn vor meinen Augen stehen furchterregend die Tatsachen: Peter Lorenz, der Spitzenkandidat der Berliner CDU für die Senatswahl, wird 1975 von der 'Bewegung 2. Juni' entführt.

Terroristen des 'Kommandos Holger Meins' – Holger Meins, ein im Gefängnis gestorbener Terrorist der 'Roten Armee Fraktion' RAF, – überfallen die deutsche Botschaft in Stockholm. Sie ermorden den Verteidigungsattaché Oberstleutnant Andreas von Mirbach und den Wirtschaftsattaché Heinz Hillegaart.

1976 begeht die in Oldenburg geborene und berüchtigte Ulrike Meinhof[33] in ihrer Zelle im Gefängnis Stuttgart-Stammheim Selbstmord. Sie hatte das wohl als ein Aufbruchsfanal für ihre Kumpane gedacht.

Und tatsächlich legen die RAF-Terroristen 1977 richtig los. Das Jahr steht vor allem in Deutschland im Zeichen des RAF-Terrors. Sie ermorden Generalbundesanwalt Siegfried Buback und zwei seiner Mitarbeiter in Karlsruhe. Im selben Jahr wird Jürgen Ponto, Vorstandssprecher der Dresdner Bank, von Terroristen ermordet.

Im Oktober, dem sogenannten Deutschen Herbst erreicht der Terror mit der Entführung des Flugzeugs Landshut nach Mogadischu seinen Höhepunkt. Mit der Entführung soll die Bundesrepublik erpresst werden. Den Flugkapitän Jürgen Schumann erschießen die Entführer. Im selben Monat entführen sie noch den Arbeitgeberpräsidenten Hanns-Martin Schleyer und ermorden ihn sowie vier seiner Begleiter, als auch dieser Erpressungsversuch fehlschlägt.

In der *Todesnacht von Stammheim* begehen schließlich die inhaftierten Anführer der Rote Armee Fraktion Andreas Baader, Gudrun Ensslin und Jan-Carl Raspe in ihren Gefängniszellen in der JVA Stuttgart Suizid.

Helmut Schmidt beeindruckt mich. Seit 1974 ist er Bundeskanzler. Ich mag ihn eigentlich nicht so recht, obwohl mir seine Dynamik und sein Anpacken von Problemen immer imponiert haben. Aber so wie ich ihn persönlich auf zwei Tagungen mit Soldaten erlebt habe – da war er noch Verteidigungsminister – halte ich ihn für arrogant und selbstherrlich, so wie er Soldaten auf diesen Tagungen abgekanzelt hat – und das gefällt mir halt nicht. Ich habe jedoch nie den Eindruck gehabt, dass er auf die nächsten Wahlen schielt, sondern staatsmännisch handelt und Deutschland im Sinn hat. Jetzt, in dieser Krisensituation beeindruckt mich Helmut Schmidts Mut. Er gibt den Erpressungsversuchen der Terroristen nicht nach, sondern fährt einen knallharten Kurs, auch gegen Widerstände. Und das ist nicht das einzige Mal. Auch wie er sich für die Begrenzung von Mittelstreckenraketen und für den Nachrüstungsbeschluss einsetzt, ist für mich ein Beispiel seiner staatsmännischen Weitsicht. Seine Mitwirkung an diesem NATO-Doppelbeschluss zeigt das. Gegen vielfältigen Widerstand der üblichen Gegner von allem staatspolitisch Sinnvollen kämpft er für die Nachrüstung mit Raketen und für Marschflugkörper. Sie können mit Atomsprengköpfen bestückt werden – Pershing II und BGM 109 Tomahawk –, die eine Lücke in der atomaren Abschreckung ausgleichen sollen, die durch die sowjetische Aufrüstung entstanden ist.

Nun stehe ich also an der Wache – mir gegenüber die sich wild gebärdenden „Chaoten" auf der Alexanderstraße. In meinem Unterbewusstsein sind die Gräuel der RAF-Terroristen gespeichert und mich beschleicht plötzlich ein ungutes Gefühl: Ich denke an die Familien meiner Soldaten – und an meine eigene Familie. Eigenartigerweise beunruhigt mich da die Gefahr eines Atomkrieges weniger als die Gefahr, die für das Leben meiner Frau und meiner beiden Kinder von solchen marodierenden und die Gesellschaftsordnung der Bundesrepublik gefährdenden Gruppierungen ausgeht. Werde ich heute Abend, wenn ich nach Hause komme, eine ausgebrannte Wohnung vorfinden? Wenn „Macht kaputt, was euch kaputt macht" in die Tat umgesetzt wird, wenn schon Brandsätze durch die Fenster von Offiziersfamilien geworfen werden? Hilflos stelle ich fest, dass ich da ebenso wenig Vorsorge treffen kann wie vor einem nuklearen Schlagabtausch. Ich bin jedenfalls entschlossen, alles in meinen Kräften Stehende zu tun, um das eine wie das andere abzuwenden. Hier ist es mein Beruf, in dem ich mithelfe, so gut ich kann, das Schlimmste zu verhindern. Dort kann ich aufklären und versuchen, Auswüchse offenzulegen und einzudämmen, vor allem soweit ich selbst betroffen bin.

Ich nutze den Anlass, um in den nächsten Tagen eine noch intensivere Ausbildungseinheit anzusetzen für die Soldaten der ULS-Staffel (*Unteroffizier-, Lehr- und Sicherungsstaffel*). Sie sollen vor allem über den korrekten Umgang mit zivilen Demonstranten eingehend unterrichtet werden. Die Anwendung des 'Gesetz über den unmittelbaren Zwang bei Ausübung öffentlicher Gewalt' soll noch einmal an Beispielen erklärt und geübt werden. Ein bewaffneter Verteidiger des Vaterlandes hat ja keine anderen Rechte als ein normaler Staatsbürger. Gelegentlich scherze ich, dass ich ständig in meinem Amt mit einem Bein im Gefängnis stehe, und dass ich mich ohne meinen Rechtsberater nicht mehr aus dem Fliegerhorst auf die Straße traue.

Gegen die Gruppe von Demonstranten, die unerlaubt auf das Gelände des Fliegerhorsts gelangt waren, erstatte ich Anzeige wegen Hausfriedensbruchs. Eine Konsequenz meiner Anzeige ist, dass ich als Zeuge vor Gericht geladen werde. Gegen die der Polizei bekannten Rädelsführer dieser Demonstration vor dem Fliegerhorst ist vom Landgericht Oldenburg ein Verfahren eingeleitet worden.

Im Gerichtssaal kommt es zu einer Konfrontation mit den Rädelsführern, die vom Vorsitzenden nicht unterbunden wird. So kann ich meine Überzeugung anbringen: „Der Fanatismus war schon immer unter Ungebildeten und Halbgebildeten stärker als unter gebildeten Skeptikern." Und als der Rädelsführer aufbegehrt, füge ich hinzu, „Mit vernünftigen Menschen kann man über alles reden. Mit Fanatikern kann man gar nichts."

Eine diebische Freude bereitet es mir, die Extremisten mit Wahrheiten herauszufordern, die sie am meisten hassen müssen: nämlich der Unterlegenheit ihrer Ideologien gegenüber der Demokratie und ihrer Abhängigkeit – auch finanziell – von Staatsverbrechern wie Mao und den „realen Sozialisten" in der DDR.

Bedauern kann ich dann nur, dass ich nicht alles anbringen kann, was mir auf der Zunge brennt, zum Beispiel wodurch sich der wahre Charakter dieser Aufwiegler am deutlichsten manifestiert, und wer den meisten von ihnen noch alles als „Helden" dient: Simbabwes späterer Diktator Robert Mugabe zum Beispiel, Ugandas Idi Amin und der Massenmörder Pol Pot, der in Kambodscha bis zu zwei Millionen Menschenleben auf dem Gewissen hat. Nicht zu vergessen Stalin[5], der für den Tod von mehr als 20 Millionen seiner eigenen russischen bzw. sowjetischen Bürger vor dem Krieg verantwortlich gemacht wird. Aber Stalin ist tatsächlich bei vielen K-Gruppen nicht mehr so angesehen. Dafür finanzieren dessen Nachfolger und deren

Statthalter in Ostberlin umso mehr die K-Gruppen in Westdeutschland und unterwandern sie erfolgreich.

In der Bundeswehr wird nicht nur diesen „Kommunisten" gegenüber zu äußerster Wachsamkeit angehalten, sondern ganz allgemein immer wieder vor den Spitzeln, Spionen, Agenten und Zuträgern gewarnt, die in unserer demokratischen Gesellschaft im Dunkeln fischen. Die Geheimdienste haben eine Zahl in die Welt gesetzt, von der sie annehmen, dass sie der Wirklichkeit recht nahe kommt: Jeder zehnte Bürger in der Bundesrepublik sei in irgendeiner Weise mit der DDR oder anderen Staaten des Warschauer Paktes verbandelt, aktiv, als Sympathisant oder als Schläfer, der für einen bestimmten Moment „geparkt" worden sei.

Tatsächlich aber haben die Geheimdienste auf beiden Seiten des Eisernen Vorhangs das Planungsstadium bereits lange hinter sich gelassen. Der Warschauer Pakt nutzt zum Beispiel die wirtschaftlichen Beziehungen Polens zum Westen, um Speznas Offiziere – natürlich getarnt und in Zivil – als Fahrer auf LKWs einzusetzen. Speznas sind Elitetruppen, die als Kommandoeinheiten für besondere Einsätze ausgebildet werden. Die polnischen „LKW Fahrer" haben die Aufgabe bei ihren Fahrten durch die Bundesreplik, bei denen sie Güter bis nach Belgien und Holland hin oder her transportieren, genau das deutsche Straßennetz zu erkunden und die Tragekapazitäten der Brücken zu dokumentieren. Die eingesammelten Daten dienen der Vorbereitung der Angriffspläne für die sowjetischen Panzerarmeen.

Bekannt wurde auch, dass Speznas-Einheiten der Warschauer Pakt Staaten im Konfliktfall Einsätze in sogenannter Volltarnung vorbereiten. Das heißt, dass sie dann in Uniformen der Bundeswehr und anderer NATO-Streitkräfte im Hinterland der NATO-Armeen operieren, wichtige Objekte nehmen oder zerstören, Sabotageakte verüben und Attentate auf Schlüsselpersonen unternehmen.

Die Zusammenarbeit mit bereits im Westen befindlichen Agenten und „Schläfern" bei derartigen Operationen kann man voraussetzen.

Auf unserer Seite gehen deutsche Geheimdienste realistischer Weise davon aus, dass die sowjetischen Stoßarmeen unaufhaltsam sein und innerhalb weniger Tage den Rhein erreicht haben würden. Aber während der gesamten Dauer des Kalten Krieges in Deutschland bleibt völlig unentdeckt, dass die deutschen Geheimdienste ebenfalls nicht untätig bleiben. Sie bilden Partisanengruppen aus, die unter dem Stichwort „Stay behind" sich überrollen lassen sollen. Hinter der Front sollen sie dann Überfälle auf die sowjetischen Truppen und Sabotageakte auf wichtige Einrichtungen durchführen.

Diese Vorbereitungen konnten tatsächlich vor der Öffentlichkeit und der Presse völlig geheim gehalten werden.

24 Wirtschaftsfaktor Geschwader

Wirtschaft, 'Ökonomie', die Mechanismen der Marktwirtschaft betrachte ich als eines meiner Hobbies. Mich faszinieren erfolgreiche Manager, Kaufleute, Unternehmer und Wirtschaftsführer. Sie scheinen mir so verwandt zu sein mit erfolgreichen militärischen Führern. Ich sehe mich selbst auch immer als Unternehmer. Deshalb suche ich ihre Nähe.

Zwei Wege habe ich entdeckt, mich der Wirklichkeit der deutschen Wirtschaft zu nähern. Der eine führt über prominente Vertreter der Gesellschaft, die ich für „mein Unternehmen Fliegerhorst" interessiere. Der andere führt über persönliche Kontakte, die ich zu erfolgreichen Kaufleuten besonders im Oldenburger Land geknüpft habe.

Da ist zum Beispiel mein Freund Rolf Gerken. Der hat Seminare bei Dr. Reinhard Höhn besucht. Der Professor ist ein ehemaliger Generalstabsoffizier, der die Zeichen der Zeit erkannt hat. Er bietet sein „Harzburger Modell" an. Das verheißt Wirtschaftsführern in der Aufschwungphase nach dem Weltkrieg „Lernen von der erfolgreichen Stabsarbeit und Führungskultur der Wehrmacht" und führt ein in „Generalstabsmäßige Planung, Unternehmensführung mit 'Stab und Linie'". Rolli ist begeistert, aber er pflegt dennoch einen patriarchalischen Führungsstil, und für mich steht bei Rolli schnell fest: Trotz seines Erfolges – so nicht! Es sind noch andere erfolgreiche Unternehmer der Stadt, zum Beispiel Klaus Hüppe, Heinz Neumüller und Dieter Lehmkuhl, in deren Runde ich manchen Abend mit heißen Diskussionen verbringe.

Da ist auch dieses Großhandelsunternehmen mit seinen Bereichen „Food" und „Non-Food". Soweit ich das sehen kann, ein äußerst erfolgreiches Unternehmen. Die Firma hat sich auf einem Nachbargrundstück des Fliegerhorstes ausgebreitet und – das macht den Nachbarn noch attraktiver – beschwert sich nie über den Fluglärm. Für mich bieten die drei männlichen Firmenleiter auch einen kleinen Einblick in erfolgreichen Umgang mit der Parteipolitik der Bundesrepublik. Sie setzen nicht nur auf ein Pferd, sondern sie teilen sich die drei größten Parteien, in denen je einer Mitglied ist. Auf diesem Beziehungsgeflecht ruht sich die Firma jedoch nicht aus. Sie betreibt aktive Unternehmenspolitik und erfolgreichen Lobbyismus auch quer durch die Stadt. Dabei kann ein Geschwaderkommodore keinen nützlichen Beitrag leisten, er ist lediglich – und ich bin mir dessen lächelnd bewusst – eine willkommene Dekoration. Ein solcher Offizier trägt eine attraktive Uniform, er ist eine Autorität, zumindest in seinem Bereich, und er ist ein angesehener Mitbürger. Mit dem kann man sich auch gut unterhalten.

Eine andere Seite meiner Wahrnehmung ist, dass die brummende Wirtschaft den wesentlichen Faktor darstellt, der Deutschlands Bedeutung in der Welt sichern hilft. Das Militär ist es jedenfalls nicht. Nach und nach habe ich eine Reihe von 'Briefings' vorbereitet, die ich immer wieder mal vor ausgewählten Besuchern des Fliegerhorstes halte. „Die Aufgaben des Geschwaders" ist eines davon, oder „Der Fliegerhorst als Kampfanlage" oder auch „Die Luftwaffe in Oldenburg". Diesmal nutze ich eine Gelegenheit, als in der Stadt eine Veranstaltung mit hochrangigen Vertretern der deutschen Wirtschaft stattfindet, um den Fliegerhorst als einen 'Industriebetrieb' vorzuführen. Die Manager, die ich eingeladen habe, nahmen eben an meiner Führung durch den „Industriebetrieb Fliegerhorst" teil. Gerade habe ich im Offizierheim meinen Vortrag „Das Geschwader als Wirtschaftsfaktor" beendet. Nun sitzen die zehn Herren aus verschiedenen großen Unternehmen bei einem Glas Bier und besprechen, was sie gesehen und gehört haben.

„Sagen Sie mal, Herr Oberst, was verdienen Sie eigentlich so im Monat?" fragt mich ein sympathischer Teilnehmer – er kommt vom Konzern Haniel. Als ich dem Fragenden das Gehalt eines Obersten erläutere und – voller Stolz – auch auf meine Fliegerzulage für Strahlflugzeugführer von 250 Mark monatlich hinweise, spielt der den Entsetzten. „Was? Das ist ja lächerlich! Bei der Verantwortung, die Sie tragen? Bei dem Umfang des Betriebes und dem Budget, das sie verwalten – und der wirtschaftlichen Bedeutung des Unternehmens? Da würden Sie bei uns leicht mehr als das Zehnfache verdienen."

Ich lächle geschmeichelt, aber ich wehre ab. „So ist das nun mal beim Vater Staat. Schon immer wurde das Dienen für den Staat nur mit einem schmalen, aber gesicherten Gehalt abgefunden. Früher wurden Verdienste auch noch mit Ehrungen gewürdigt, bedeutend klingenden Titeln vor allem. Mir gefällt immer 'Herr Geheimrat' oder 'Geheimer Rat' wie bei Goethe zum Beispiel. Obwohl – in der Praxis hat das auch damals schon eigentlich keinerlei Bedeutung gehabt. Dazu fällt mir eine Anekdote ein, die von Friedrich dem Großen über die Bezahlung durch den Staat überliefert ist.

'Ein Hauptmann von Alten' bat auf Grund der Größe seiner Familie – er hatte vier Kinder – um eine Gehaltserhöhung. Da er auf einen Erfolg seines Antrags wirklich angewiesen war und wusste, dass Friedrich II. Verse liebte, tat er dieses sicherheitshalber in Versform. Der 'Alte Fritz' antwortete:

„An Hauptmann von Alten,
 bleibt alles beim alten,
 kann's Geld nicht scheißen,
 König von Preußen."

Dafür werde ich durch das Gelächter der Anwesenden belohnt. Ich erwähne nicht, dass einige Staatsdiener sogar in den Adelstand erhoben wurden. Generalfeldmarschall Helmuth Graf von Moltke[42] war für mich immer ein gutes Beispiel. Der hatte von Kaiser Wilhelm I. sogar ein Landgut erhalten.

Nachdem sich die Zuhörer wieder beruhigt haben, fahre fort:

„Das ist heute anders, denn auch diese Titel gibt es nicht mehr. Aber ich bin zufrieden. Für mich ist meine Verantwortung eine große Herausforderung – und sie macht mir Spaß. Ich freue mich, dass ich etwas bewegen kann, was für uns alle wichtig ist. Am meisten befriedigt es mich, wenn wir damit Erfolg haben."

Aber warum ist der Herr aus dem Aufsichtsrat des rheinländischen Konzerns so fassungslos gewesen? Was hat der Kommodore vorgetragen?

„Das Geschwader ist ein großer Industriebetrieb. Wir produzieren Flugstunden, 13.000 im Jahr. Und das, obwohl jeder Flug mit den Jagdbombern nur mit etwa einer Stunde kalkuliert werden kann." Ich habe zwar auch über den Einsatzauftrag des Geschwaders referiert, aber bewusst einen Schwerpunkt gelegt auf den 'Industriebetrieb', weil ich glaube, dass das die Herren sicher besonders interessiert.

„Nach den Kriterien der deutschen Wirtschaft wird unser Betrieb mit einem Anlagekapital von schätzungsweise 50 Millionen DM (etwa 25 Millionen Euro), darin enthalten ein Areal von mehreren Hundert Hektar Grundfläche, den Großbetrieben zugerechnet.

Nach anderen Unterscheidungsmerkmalen gibt es kapitalintensive und lohnintensive Betriebe. Kapitalintensive Betriebe arbeiten mit einem großen Aufwand an Kapital, entsprechenden Anlagen, rationalisiert und automatisiert, mit wenig Personal meist an der Fertigung oder Veredlung eines Produktes. Lohnintensive Betriebe hingegen haben aufgrund ihrer Struktur und ihrer Aufgaben viele Arbeitskräfte und müssen mit einem relativ hohen Umsatz ihren Gewinn erzielen. Aber wem erzähle ich das?" Ich lache und hebe meinen Bierkrug. „Das wissen Sie sicher besser als ich."

„Nun, das Geschwader ist beides. Schon durch das bewegliche Gerät, die Flugzeuge und den Kraftfahrzeugpark, mit einem Wert von über 175 Millionen DM, ist es äußerst kapitalintensiv und durch die im Laufe eines Jahres zu zahlenden Löhne und Gehälter in Höhe von 25 Millionen DM auch äußerst lohnintensiv.

Lohnintensive Betriebe sind immer Dienstleistungsbetriebe. Welches Ausmaß der Dienstleistungsbetrieb unseres Geschwaders hat, ist daran zu erkennen, dass unter anderem alle für den Flugbetrieb notwendigen Wartungs- und Instandsetzungsarbeiten auch hier bei uns gemacht werden können.

Zu den Dienstleistungen gehören alle Arbeiten für den jährlichen Flugbetrieb des Geschwaders von circa 13.000 Flugstunden genauso wie der erhebliche Verwaltungsaufwand.

Wie umfangreich beide sind, mögen ein paar Beispiele zeigen:

Eine 'periodische Inspektion', das ist eine routinemäßige Wartung an den Jagdbombern nach 100 Flugstunden, enthält einen Arbeitsaufwand von 420 Stunden. 111 periodische Inspektionen gab es allein im letzten Jahr. Das ergibt umgerechnet 1.110 Arbeitswochen zu 42 Stunden oder 22,2 Arbeitsjahre.

Im gleichen Zeitraum wurden vom Geschwader 118.000 Blatt weißes Schreibmaschinenpapier verbraucht." Die Zuhörer lachen.

„Wenn in allen diesen Bereichen auch noch keine Automation möglich ist, so lasse ich doch alle Arbeitsgänge einer permanenten Überwachung und Analyse unterziehen, um so rationell wie möglich zu arbeiten.

Eingesparte Zeit heißt hier nicht Geld, sondern wirkt sich in einer erhöhten Einsatzbereitschaft aus, die dem militärischen Auftrag des Geschwaders unmittelbar zugutekommt.

Die Personalstruktur des Geschwaders kann allerdings kaum mit der eines Industriebetriebes ähnlicher Größenordnung verglichen werden. Allein der Personalwechsel, hervorgerufen durch die Zusammensetzung mit Wehrpflichtigen, Zeit- und Berufssoldaten und deren Ausbildung, Beförderung, Versetzung, Entlassung und Zurruhesetzung, erreicht Ausmaße, die ein herkömmlicher Betrieb nicht kennt. Mit einem durchschnittlichen Zu- und Abgang von 350 Soldaten jährlich erneuert sich das Geschwader theoretisch etwa alle fünf Jahre.

Ebenfalls von industriellen Normen abweichend ist die Ausbildungsarbeit, die geleistet werden muss. Nur in seltenen Fällen kann in Zivilberufen erlerntes Wissen in der Bundeswehr direkt angewandt werden. Einweisung, Umschulung und eine meist vollkommen neue Ausbildung sind für die Erfüllung der Aufgaben notwendig.

So umfasst das jährliche Ausbildungsaufkommen im Durchschnitt 4245 Arbeitswochen in der Ausbildung am Arbeitsplatz und 1842 Arbeitswochen in Fachlehrgängen. Anders ausgedrückt: Theoretisch erhält jeder Angehörige des Geschwaders jährlich fünf Wochen irgendeine Ausbildung. Diese Schwierigkeiten versucht man mit der Soldatenlaufbahnverordnung zu mildern. Nach ihr können Soldaten bereits mit einem entsprechend höheren Dienstgrad eingestellt werden, wenn sie eine Gesellen- oder Meisterprüfung in einem für die Bundeswehr interessanten Beruf nachweisen. Das Geschwader nutzt diese Möglichkeit."

Ich mache eine Pause, um den Ordonnanzen die Möglichkeit zu geben, eine neue Runde Bier auszuteilen. Die Manager haben ihr Interesse noch nicht verloren, und so fahre ich fort.

„Nun noch ein paar Worte zur Bedeutung des Geschwaders für den Standort. Oldenburg ist heute der zweitgrößte Bundeswehrstandort in Deutschland. Unser Geschwader mit bis zu 2.000 Soldaten und Zivilbediensteten beschäftigt knapp 20 Prozent aller Soldaten und Zivilbediensteten der Bundeswehr hier am Ort und ist deshalb ein wichtiger Arbeitgeber für die Stadt und die Umgebung. Da fragt man sich, welchen Kaufkraftzufluss bringt das Geschwader für den Oldenburger Raum?

Das Jahreseinkommen dieses Personenkreises beläuft sich auf schätzungsweise 25 Millionen DM nach Abzug von Steuern und Sozialabgaben, die zum Teil durch den Gemeindeanteil an der Einkommenssteuer wieder dieser Region zufließen.

Das Geschwader wendet aber auch jedes Jahr erhebliche Beträge für die Verpflegung der Soldaten, für Erhaltung und Instandsetzung der Kasernenanlagen sowie der materiellen Güter und für die Neubaumaßnahmen auf. Dazu kommen die Liegenschaftsbewirtschaftung, die Kfz-Erhaltung und Ausgaben für Reinigung und Bekleidung. Wir haben ausgerechnet, dass das im vergangenen Haushaltjahr noch einmal 21 Millionen DM ausgemacht hat.

Erwähnen sollte ich wenigstens noch, dass weitere Ausgaben hinzukommen, die indirekt mit dem Geschwader zusammenhängen, weil sie alle Bundeswehreinrichtungen in Oldenburg gemeinsam betreffen. Also Ausgaben des Wehrbereichsverpflegungsamtes für die Vorratsversorgung, Gelder in Form von Bundesfinanzhilfen und Bundesdarlehen für öffentliche Einrichtungen, wie z. B. Kindergärten, Hallenbäder und für den Straßenbau. Und da diese neu geschaffenen Einrichtungen allen Bürgern zur Verfügung stehen, wird so auch die Qualität der Infrastruktur der Gemeinschaft in Oldenburg verbessert. Darüber hinaus fließen auch noch jährlich 15 Millionen DM an Gehältern und Löhnen der Angehörigen des Geschwaders in die Stadt.

Damit kann ich einen Bogen zurück schlagen zum Beginn meiner Ausführungen. Auch wenn das Geschwader kein echter Industriebetrieb ist, sind doch Vergleiche möglich. Vor allem ergeben sich Auswirkungen, als ob hier vor den Toren der Stadt ein großes Industriewerk zum Nutzen von Stadt und Bevölkerung arbeiten würde.

Das Geschwader nimmt nicht nur von der Gemeinde, nein, es gibt auch, und sein Anteil ist nicht gerade gering. Doch allein damit hätte das Geschwader natürlich keine Existenzberechtigung. Es ist ja nicht auf finanziellen Gewinn ausgerichtet. Dennoch wird intensiv produziert: nämlich Sicherheit für uns alle. Und diese Sicherheit ist eine Voraussetzung dafür, dass auch Sie Ihre Betriebe führen können. Damit sind wir auch Dienstleister für Sie."

Auch bei dieser Führung durch das Geschwader bleibt es nicht aus, dass ich gefragt werde, „Sind Sie auch schon einmal mit dem Schleudersitz ausgestiegen? Haben Sie auch schon gefährliche Situationen erlebt?"

Recht stolz erkläre ich dann, dass ich mein Flugzeug nie aufgegeben habe, immer habe ich es zum Platz zurückgebracht und bin damit gelandet, auch wenn es schon mal beschädigt gewesen ist. Aber ich nutze dann auch hier mal wieder die Gelegenheit, von einem Erlebnis zu erzählen, bei dem wenig fehlte und ich hätte doch mit dem Schleudersitz aussteigen müssen.

„Ich fliege von Oldenburg nach Sardinien, allein in meinem Jagdflugzeug, der F-86[12]. Ich war gerade Staffelkapitän geworden, und auf dem Weg zum deutsch-italienischen Schießplatz in Decimomannu. Flugzeugführer meiner Staffel führten dort ihre Schießausbildung durch. Ich bin für meine Leute verantwortlich und muss nach dem Rechten sehen. Außerdem qualifiziere ich mich wie jeder andere auch jedes Jahr wieder neu im Bombenwerfen, Raketenschießen und Kanonenschießen, um meinen Status als CR-Pilot zu erhalten, Combat Ready. Dafür benutzt das Geschwader einige Schießplätze: neben List auf Sylt, Nordhorn an der Ems, die Insel Terschelling in Holland eben auch Capo della Frasca auf Sardinien. Dahin fliegen die Piloten vom Flugplatz Decimomannu aus, der bei Cagliari liegt.

Also, ich bin auf dem Weg nach Sardinien. Zwischenlandung in Dijon in Frankreich zum Auftanken. Da platzt mir bei der Landung unglücklicherweise der Reifen des rechten Hauptfahrwerkes. Bin ich zu schnell gewesen? Oder habe ich zu stark gebremst? Egal, es ist passiert, und ich muss in Oldenburg anrufen und Hilfe herbeiholen, denn die Franzosen haben für mein Flugzeug keine Ersatzteile. Ich konnte mir sicher sein, einige Kameraden in Oldenburg und auch in Sardinien würden feixen: „Unserem Staffelkapitän ist in Frankreich ein Reifen bei der Landung geplatzt!" Aber klar ist auch, sie helfen mir.

Oberleutnant Peter Hofmann wird aus Oldenburg mit einem Jagdflugzeug losgeschickt. In einem der Munitionsschächte für die Kanonen verstaut er ein komplett montiertes neues rechtes Rad für die F-86.

In Dijon besorgen wir beiden Flugzeugführer uns einen dreibeinigen Bock, um das Flugzeug abzustützen und am nächsten Tag wechseln wir das

Rad aus. Ein freundlicher französischer Flugzeugmechaniker hilft mit Werkzeugen. Wir sind mächtig stolz auf unsere Leistung als Flugzeugmechaniker. Dann verabschiede ich mich von dem Kameraden, steige in das Flugzeug ein, schnalle mich an, starte das Triebwerk und rolle los. Mehr zufällig sehe ich noch einmal zurück und bemerke, wie der Oberleutnant wild gestikulierend hinter mir herrennt. Verzweifelt versucht er, meine Aufmerksamkeit zu erlangen. „Was hat der denn plötzlich?" Ich bringe das Flugzeug zum Stehen und öffne mein Kabinendach Der Oberleutnant springt auf die Tragfläche. „Was ist los?" Ich hebe den Helm etwas an. „Herr Hauptmann, wir haben das Rad verkehrt herum eingebaut!" brüllt er mir ins Ohr.

Von hinten hat er beim Wegrollen des Flugzeugs gesehen, dass an beiden Fahrwerkbeinen das Rad jeweils rechts außen angeschraubt ist. Da die Beine nach innen einfahren, kann das rechte Fahrwerk so unmöglich in den Fahrwerkschacht passen. Das Rad bliebe draußen und steht am Rumpf über. Die Abdeckklappe wäre dann von der Hydraulik oben drauf geknallt worden, aber sie hätte nicht zuschnappen können. Unweigerlich wäre sie wohl auch verbogen worden. Dann kann auch ein ordentliches *Ausfahren* des Fahrwerks nicht mehr erfolgen. Gleichzeitig wird dadurch eine Bauchlandung auf der Piste zu sehr riskant. Da bliebe nur noch der Schleudersitz.

Oberleutnant Hofmann hat den Flugunfall im letzten Moment verhindert. Also rolle ich wieder zurück, stelle das Triebwerk ab, und wir versuchen es noch einmal.

Als ich den Bericht schließe mit den Worten, „So viel zu Flugzeugführern, die sich als Flugzeugmechaniker versuchen!", kann ich sicher sein, dass ich einen Heiterkeitserfolg verbucht habe. – Heute wäre eine solche Geschichte undenkbar.

Ich hätte auch eine andere Story zum Besten geben können. Die hätte zwar wenig mit einer gefährlichen Situation beim Fliegen, sondern eher nach dem Fliegen zu tun gehabt, mehr aber noch mit Wirtschaft oder genauer mit Export-Import. Sie hätte die Wirtschaftsführer sicher amüsiert. Ich hütete mich aber, diese Geschichte auch noch zu verbreiten. Heute mache ich aber eine Ausnahme:

Auch ohne große NATO-weiten Übungen muss die Verlegung von Flugzeugen und die Erkundung fremder Flugplätze als Vorbereitung von Verlegungen ständig geübt werden. Also werden regelmäßig auch 'Überlandflüge' als Navigationsherausforderungen angeordnet. Dass auf diesen Überlandflügen auch „außergewöhnliche Gefahren" lauern können, erweist sich in „Machrihanish". Völlig überraschend für mich.

Verschiedentlich hatte ich schon die Piloten untereinander fragen gehört, „Bist du schon einmal in Machrihanish gewesen?" Und selten fällt die Antwort bei den Fliegern negativ aus. Dieser Flugplatz auf der vielbesungenen schottischen Halbinsel Kintyre, die wie ein Zeigefinger hinüber nach Nordirland zeigt, scheint eine besondere Faszination auf meine Piloten auszustrahlen, denke ich. Machrihanish erfreut sich offensichtlich einer besonderen Beliebtheit. Also entschließe ich mich eines Tages, Machrihanish ebenfalls in mein eigenes Navigations- und Überlandflug-Programm aufzunehmen. Ein Direktflug von Oldenburg nach Schottland ist in großer Höhe für die G-91 ohne weiteres möglich, aber ich wähle eine Route über Norwegen. „Wenn ich mich schon mal ein paar Tage vom Schreibtisch lösen kann, dann sollen wenigstens auch noch einige zusätzliche Flugstunden dabei heraus kommen", hoffe ich. „Die kann ich immer brauchen, um mein Jahressoll zu erfüllen."

Der Flug verläuft unaufgeregt über Norddeutschland und über Dänemark nach Bergen. Anders als in Süd- und Südosteuropa gibt es im Norden Europas keine Schwierigkeiten mit der Flugsicherung und mit der englischen Sprache.

In Bergen will ich mein Flugzeug auftanken lassen und nutze die Gelegenheit zu einem Bummel durch die Stadt.

Bergen, die alte Hansestadt am Ende eines Fjords, erscheint mir wie eine Perle an der Nordseeküste. Die über 200.000 Einwohner Bergens leben verstreut über sieben Berge rund um den Hafen, in Buchten, auf Inseln und Halbinseln. Das historische Bryggen mit seinen bunten Holzhäusern ist ein altes Händlerviertel der deutschen Hanse und hier kann man das typische Bergen am besten erleben.

Obwohl die zweitgrößte Stadt Norwegens einer der geschäftigsten Seehäfen Europas geworden ist, bleibt sie dennoch eine Augenweide in ihrer urtümlichen nordischen Provinzialität. Mich beeindrucken die Holzhäuser und der Reigen bunter spitzgiebeliger Handelshäuser entlang des Hafens, die von traditionellem Wohlstand zeugen. Und dann der Torge-Fischmarkt. Bei meinem Rundgang dominieren die Stimmen der Fischverkäufer. Zusammen klingen sie wie ein Jubelchor. Spät wird es bis zur Übernachtung auf dem Flugplatz.

Dann am nächsten Morgen der Flug über die Nordsee nach Schottland: An einem wolkenlosen Tag wird das zu einem einmaligen Erlebnis. In der Einsamkeit von ca. 14.000 Metern Flughöhe, ganz nah am wirklichen Himmel, am Rand der Troposphäre, sehe ich unter mir nichts weiter als immer nur Wasser. Plötzlich taucht auf dem Meer eine feurige Perlenkette auf. Sie zieht sich auf der Weite des Ozeans von Nord nach Süd quer zu meiner Flugrichtung über den ganzen Sichtkreis der Nordsee. Ganz klein unter mir. Das sind Ölplattformen, Bohrtürme mit winzigen Rauchfahnen und kleinen Flammen, die das Abfackeln des Gases nährt. Ein faszinierendes Bild. Eine Ewigkeit scheint es, bis die Küste Schottlands in Sicht kommt. Und schon bin ich in Lossiemouth im äußersten Norden Britanniens gelandet. Am nächsten Tag fliege ich von Lossiemouth nach Machrihanish weiter. In meinem Flugplan ist ein Tiefflugabschnitt eingearbeitet. Später behaupte ich gerne, dass ich auch das Monster von Loch Ness gesehen habe. Im Sturzflug bin ich auf den See zugestoßen. Ich habe meine Zielkamera eingeschaltet. Und tatsächlich zeigt der Film der Kamera nach der Auswertung zu Hause das Loch und ganz deutlich in seiner Mitte einen eigenartigen, länglichen Fleck. „Das ist es!" behaupte ich bei Freunden und Bekannten. „Das ist das Monster von Loch Ness." Weiter geht mein Flug entlang der Westküste Schottlands. Interessant finde ich, dass beim Anflug auf den Platz Machrihanish die irische Gegenküste zum Greifen nahe scheint. Die Royal Air Force Station Machrihanish ist nach einem kleinen Dorf benannt. Es ist ein verschlafenes Nest, nahe der Stadt Campbeltown. Das kann es doch nicht sein, denke ich, was meine Fighter-Jockeys anzieht und warum diese Flugroute so besonders oft geübt werden muss. Aber bald stelle ich fest, dass die Stadt alles andere als verschlafen ist. Und – hier wird ein hervorragender und landesweit berühmter schottischer „Single Malt Whisky" gebrannt. Und da man normalerweise mit der G-91 aus Deutschland kommend auch wieder direkt nach Deutschland zurückfliegend, den gekauften Whisky aus dem Land „ausführt", kann man ihn nicht nur unmittelbar in einer Distillery vor Ort recht preiswert erwerben, sondern auch noch zollfrei ausführen. Das wird es also sein! Ich genieße in der hübsch eingerichteten 'Officers Mess' den Whisky. „Ausgezeichneter Geschmack!" Und ich entschließe mich, zwei Flaschen des kostbaren Getränks in meinem 'Buko' mitzunehmen. Vielleicht hätte ich in die kleine Packtasche auch drei hineinzwängen können. Sonst ist sie für Rasierzeug, Zahnbürste und ein bisschen Unterwäsche gedacht. Man kann sie immer noch in einem Winkel des Cockpits verstauen. Die Tasche ist ohnehin einiges gewöhnt, sie hat schon Lachs und stachlige Eismeerkrabben aus Norwegen gesehen und Käse und Olivenöl aus Italien. Aber – immer noch habe ich die wahre Gefahr nicht erkannt, die von diesem ausgezeichneten schottischen Whisky ausgeht.

Es sollen erst noch ein paar Wochen vergehen, bis das Schicksal – oder besser der deutsche Zoll – zuschlägt – nicht bei mir. Und das trägt nicht nur dazu bei, dass die Überlandflüge nach Machrihanish versiegen, sondern auch, dass die Erwähnung des Namens 'Machrihanish' und des hervorragenden 'Single Malt Scotch Whisky' unangenehme Erinnerungen bei mir wecken.

Auf jedem deutschen Militärflugplatz gibt es auch einen Offizier, der mit Zollaufgaben betraut ist. Das Finanzministerium hat bestimmte Zollaufgaben an diesen „Zolloffizier" delegiert. Die aus dem Ausland zurückkehrenden Flieger haben sich – wie alle anderen Bürger auch – an die gesetzlichen Ein- und Ausfuhrbestimmungen zu halten.

Das geht normalerweise sehr korrekt zu, manchmal vielleicht etwas kameradschaftlich. Jedenfalls ist der Zolloffizier auf dem Fliegerhorst Oldenburg ein rechtschaffener Hauptfeldwebel und im Geschwader sind noch nie deswegen aufsehenerregende Zwischenfälle vorgekommen. Deshalb lassen sich die Zollbeamten der Stadt auf dem Fliegerhorst auch nicht blicken, es geht ja alles in Ordnung. Zuständig bleiben sie natürlich trotzdem.

Anders an diesem bewussten wunderschönen Tag im Monat Mai. Plötzlich erscheinen zwei Beamte der Oldenburger Zollbehörde in ihren grünen Uniformen an der Wache und verlangen zur Flugabfertigung durchgelassen zu werden. Kein Problem, das ist bald gemacht. Dort sehen sie sich freundlich um, und sie wollen wissen, wann denn die zwei Flugzeuge aus Schottland landen werden. Sofort schrillt beim diensthabenden Offizier in der Flugabfertigung die Alarmglocke. Er erteilt die gewünschte Auskunft, bringt es aber fertig, aus einem anderen Raum die Fluglotsen auf dem Kontrollturm zu warnen. „Hier sind zwei Zollbeamte aus der Stadt, die die aus Schottland zurückkehrenden Maschinen kontrollieren wollen!" Während die Zollbeamten warten, gibt es Kaffee gratis.

Auch die Flugsicherungsoffiziere auf dem Turm verstehen sofort die Brisanz des Besuches. Als sich die beiden aus Machrihanish zurückkehrenden Flugzeugführer über Funk beim Platz anmelden, weil sie sich auf die Landung vorbereiten, werden sie eindringlich von der auf dem Fliegerhorst wartenden Gefahr gewarnt. Sie werden förmlich genötigt, hier nicht zu landen: „Ausweichplätze sind Ahlhorn und Jever. Beide voll einsatzbereit. Das Wetter ist auch an diesen Plätzen uneingeschränkt VFR." 'VFR' sind 'Visual Flying Rules', das heißt herrliches Sichtflugwetter, also keine vorherige Anmeldung oder besondere Verfahren für eine Landung erforderlich, auch wenn sie unvorhergesehen ist.

Was mag in die beiden furchtlosen 'Tiger' gefahren sein, die der Heimat zustreben? Sie ignorieren die angebotene 'Notbremse' und landen frohgemut auf ihrem Heimatflughafen, in Oldenburg. Auch hier gäbe es sicher auf dem weitläufigen Flugplatz noch Möglichkeiten, an einem vom Kontrollturm weit entfernten Abstellplatz sich noch aller Beweisstücke aus Schottland zu entledigen. Aber, nein, sie rollen brav auf den Abstellplatz vor der Flugabfertigung, wo die beiden Zollbeamten schon geduldig warten.

Die Flieger werden freundlich empfangen. „Guten Tag, meine Herren. Haben Sie etwas zu verzollen?" „Wir sind Beamte des Zollamtes Oldenburg", stellen sich die Grünuniformierten noch unnötigerweise vor. „Zu verzollen? Nein. Wir kommen von einem Ausbildungsflug zurück." „Ja, das wissen wir. Aus Schottland." Oho! Woher wissen die das? Aber immer noch geht den Fliegern kein Licht auf.

Nach einigem Hin und Her beginnen die Zollbeamten das Flugzeug zu inspizieren. Sie schauen sich ganz intensiv im Cockpit um, aber sie finden nicht, was sie suchen. Nach einem weiteren Gespräch verlangen sie schließlich, dass sämtliche Klappen der Flugzeuge geöffnet werden. Und siehe da, ein Wunder geschieht, als die beiden Munitionsbehälter für die Geschosse der 30 Millimeter Kanonen auf der rechten und auf der linken Seite des Rumpfes entfernt werden. An Stelle der Geschosse finden sie in jedem Flugzeug jeweils 36 Flaschen „Single Malt Scotch Whisky" aus Machrihanish.

„Erhöhter Eigenbedarf", versucht einer der Piloten noch zu scherzen. Aber nun ist nicht nur das Erstaunen groß, sondern macht einem Entsetzen Platz. Die Flugzeugführer sind bei einem Vergehen erwischt worden! Und dann fragen sie sich – und dann auch wir alle, „Wie hat das geschehen können?" „Woher wussten die beiden Beamten so hervorragend Bescheid?"

Die Zollbeamten schließen in ihre Untersuchung „vor Ort" natürlich auch noch eine Hausdurchsuchung in den Wohnungen der beiden Piloten ein. Deshalb stellt sich bei der darauf auch noch folgenden disziplinarischen Untersuchung bald heraus, dass dieser Whisky-Flug nicht der erste gewesen sein kann, den diese beiden 'Fliegerasse' unternommen haben. Und die Untersuchung endet nicht nur mit einer Ermahnung, denn es sind ja nicht nur Zollbestimmungen verletzt worden. „Das Zollgut" wird eingezogen, und neben einer Zollstrafe muss der Vorfall 'natürlich' auch als Disziplinarfall 'gewürdigt' werden.

Aber, noch einmal die Frage, – wie ist es zu diesem 'Überfall' des deutschen Zolls auf den Fliegerhorst gekommen?

In Machrihanish haben die beiden Flieger so viel Whisky eingekauft, wie sie in den beiden Hohlräumen für die Munitionskästen unterbringen können. Wenn man die Munitionskästen zu Hause lässt – Großbritannien befindet sich gerade nicht im Krieg mit Deutschland und ein Waffeneinsatz ist nicht zu erwarten –, bleibt rechts und links hinter den Kanonen noch Platz für jede Menge Flaschen mit gutem schottischen Whisky.

Nun versieht auf dem schottischen Platz regelmäßig ein gestrenger 'Customs Officer of her Royal Majesty' in einer schönen blauen Uniform mit hohem blauem Bobby-Helm seinen Dienst. Seine Aufgabe ist es, sicherzustellen, dass der eingekaufte Whisky ordnungsgemäß die britische Insel verlässt, denn er ist ja zollfrei eingekauft. Wie viel da eingeladen wird und wohin er befördert wird, das interessiert ihn nicht – solange der Transport aus Großbritannien heraus erfolgt. Bis auf diesen schönen Tag im Mai. Da ist Her Majesty's Customs Officer 'on strike'. Das heißt, der Zolloffizier steht zwar wie gewöhnlich an seinem Platz am Rollfeld und beobachtet alles, sodass die beiden Flugzeugführer nichts Böses ahnen. Was sie aber nicht wissen: Er kann nun seine Pflicht nicht erfüllen, und deshalb nicht offiziell beurkunden, dass der Whisky wirklich 'ausgeführt' wird. Er ist „on strike", und deshalb ist er offiziell 'blind'.

Aber er ist ein loyaler Offizier Ihrer Majestät. Darum informiert er seine zuständigen Stellen, dass er nichts gesehen hat – telefonieren darf er offensichtlich – trotz des Streiks. Und seine Oberen unterrichten pflichtgemäß die deutschen Zollbehörden – und damit nimmt das Schicksal seinen Lauf.

Auch nach der disziplinarischen Würdigung ist der Vorfall für mich noch längere Zeit nicht abgeschlossen. Nicht nur im Geschwader habe ich einiges zu verändern. Auch meine Vorgesetzten, der Divisionskommandeur, der Kommandierende General bis hinauf zum Inspekteur der Luftwaffe, sie alle interessieren sich auf einmal brennend für Single Malt Scotch Whisky, und was es damit auf sich hat. „Wie hat es zu diesem Verstoß kommen können?" „Was ist denn in Ihrem Geschwader los?" „Ist da vielleicht sogar ein Mangel an Dienstaufsicht erkennbar?" „Ist das etwa schon öfter geschehen?" „Wie wollen Sie in Zukunft verfahren?"

Eine Zeit lang herrscht erhebliche Aufregung wegen des Single Malt Scotch Whisky. Aber am Ende beruhigt sich die Hierarchie und die Disziplinarvorgesetzten im Geschwader – der Kommodore eingeschlossen – überleben. Die beiden Piloten ebenfalls, allerdings mit ein paar Blessuren, da ihnen auch eine zusätzliche Disziplinarstrafe nicht erspart bleibt. Flüge nach Machrihanish haben allerdings seitdem erheblich an Beliebtheit eingebüßt.

Heute, wenn ich erfolgreiche Wirtschaftsführer mit meinem Geschwader vertraut zu machen versuche, fühle ich mich bei aller Vergleichbarkeit, die ich im Führen und in meiner Verantwortung erkenne, dennoch immer wieder mehr mit den Dirigenten großer Symphonieorchester auf einer Augenhöhe als mit den Managern des Wirtschaftswunders. Dieses subtile Führen eines vielköpfigen gerade noch überschaubaren Orchesters, das aus so vielen Könnern auf den unterschiedlichsten Musikinstrumenten zu einem harmonischen Klangkörper zusammengeführt werden muss, das ist auch mein Metier. Das ist es, was ich als meine Aufgabe ansehe. Es ist die Herausforderung, die es jeden Tag zu bestehen gilt.

Im Landestheater der Stadt findet wieder einmal ein Symphoniekonzert statt und ich habe – was ich selten versuche – Karten ergattert. Doch ich bin ein Bewunderer klassischer Musik. Und während ich mich den harmonischen Klängen hingebe, habe ich Muße, über mein Verhältnis zur Musik nachzudenken. Große Dirigenten faszinieren mich. Bruno Walter, Arturo Toscanini, Herbert von Karajan genieße ich – auf Schallplatten.

Ich denke, dass ich den Zugang zur klassischen Musik in Kanada gefunden habe. Am Heiligen Abend 1957 hat sie sich mir richtig erschlossen. Da habe ich auf der RCAF Station Penhold ganz allein im Musikzimmer der Messe den Nachmittag und die halbe Nacht bei der herrlichen Musik verbracht. Eine riesige Auswahl von Schallplatten wartete da auf mich – und niemand störte mich.

Einen Dirigenten habe ich aber eigentümlicher Weise nie auf den Fliegerhorst eingeladen, muss ich im Nachhinein feststellen. Es gibt im Geschwader jedoch immer wieder andere Kontakte mit Besuchern, die weder etwas mit der Wirtschaft noch mit der Musik zu tun haben, die zu kennen aber einfach Spaß macht.

Wilhelm Hillmann ist so einer. Als er mich besucht, ist er 93 Jahre alt, macht aber einen rüstigen Eindruck und ist an allem interessiert, was mit dem Fliegen zu tun hat. Die größte Freude kann ich ihm bereiten, als ich ihm helfe, sich in einen G-91 Jagdbomber zu setzen. Er will auf dem Schleudersitz angeschnallt werden und lässt sich alles erklären, was da an hundert Instrumenten, Lampen, Schaltern und Knöpfen um ihn herum zu sehen ist. Natürlich auch der Schleudersitz, seine Betätigung und die Überlebensausrüstung interessieren ihn brennend. Aus seinen klugen Fragen und Kommentaren wird bald ersichtlich, dass er etwas von der Sache versteht. Und richtig, es stellt sich heraus, er ist ein „Alter Adler".

Als *Alte Adler* werden die 817 Flugpioniere in Deutschland bezeichnet, die vor Ausbruch des Ersten Weltkriegs im August 1914 die Prüfung zum Flugzeugführer gemäß den Bestimmungen des Deutschen Luftfahrer-Verbandes bestanden hatten. 1927 wurde die Traditionsgemeinschaft der *Alten Adler Piloten* gegründet, die mit entsprechenden Lizenzen für ihre Tätigkeit oder als Autodidakten vor dem 1. Januar 1919 als Führer oder Besatzungsmitglied von Luftfahrzeugen jeder Art tätig waren.

Wilhelm Hillmann hatte seine Prüfung schon am 10. Oktober 1913 bestanden. Noch vor Ausbruch des Weltkrieges war er in England gewesen, um von den Erfahrungen der Engländer im Luftschiffbau zu lernen. Er war ein vielseitiger Flugpionier und hat sich auch um den deutschen Luftschiffbau und den Flugzeugbau verdient gemacht. Es ist ein Vergnügen, sich mit dem alten Herrn zu unterhalten, humorvoll und aufgeschlossen in einer Art, die sein Alter Lügen straft.

Klaus Daser ist ein anderes Beispiel. „Doktor Ingenieur", wer es genau wissen will. Meine Generation. Der hat allerdings etwas mit der Wirtschaft zu tun. Er ist ein Vertreter des Luft- und Raumfahrtunternehmens Dornier. Die Firma Dornier in Friedrichshafen betreut die Flugzeuge Fiat G-91 der Luftwaffe, führt in Oberpfaffenhofen die Industrie-Instandsetzung durch und begleitet die Flugzeuge logistisch. Dr. Daser ist ebenfalls ein Mann, den man gerne um sich hat, als Berater, als Fachmann und auch als Unterhalter. Absolut korrekt – auch so gekleidet – elegant und höflich ist er als Mensch so liebenswürdig, dass es leicht fällt, ihn als Freund zu betrachten. Während all der Jahre im Geschwader habe ich ihn immer wieder getroffen, denn in unregelmäßigen Abständen taucht er überraschend auf, verbreitet ein Gefühl der Harmonie und des professionellen Interesses, nimmt Anregungen oder auch Sorgen auf und verabschiedet sich wieder, unauffällig wie er gekommen ist.

Aber ich darf auch prominente Besucher empfangen, die mit dem Geschwader nichts zu tun haben. Politiker, die den Flugplatz nutzen, wenn sie im nördlichen Niedersachsen zu tun haben. Da der Kommodore der Hausherr des Platzes ist, lasse ich es mir nicht nehmen, sie persönlich zu begrüßen, wenn sie aus dem Flugzeug steigen. Dann begleite ich sie zu ihrem Wagen, der in der Nähe auf sie wartet. Auch als Kommandeur der Fliegenden Gruppe war mir das schon ein Anliegen, wenn ich den Kommodore vertrat. Manche Herren unterhalten sich sogar länger mit mir, wie zum Beispiel Verteidigungsminister Kai Uwe von Hassel, Helmut Kohl, als er noch Führer der Opposition ist, und Bundeskanzler Kurt Georg Kiesinger. Andere wollen so schnell wie möglich weiter, wie zum Beispiel Bundeskanzler Willi Brandt.

25 Geteilter Himmel

„**Am 30. Juni** werden die Armeen des kapitalistischen Angriffsbündnisses die friedliebende DDR überfallen. **Am 20. Juni** schlagen die Streitkräfte des Warschauer Paktes zurück."

Ist das ein Druckfehler in dem Drehbuch für die Beschreibung des Szenarios für eine Stabsrahmenübung in der Sowjetunion? Nein! „Da wir damit rechnen müssen, dass wir angegriffen werden, ist es unsere Pflicht rechtzeitig zurückzuschlagen!"

Das ist die paranoide Dialektik der Angst vor einem erneuten Überraschungsangriff! In der Praxis führt das dazu, dass die Luftstreitkräfte der Nationalen Volksarmee der DDR ständig in sehr hoher Alarmbereitschaft gehalten werden. Zum Beispiel wird kolportiert, dass es die Piloten des Jagdfliegergeschwaders 9 (Ehrenname *Heinrich Rau*[64]) in Peenemünde/Karlshagen schaffen, innerhalb von zwei Minuten nach Alarmauslösung in die Flugzeuge zu hüpfen und in der Luft zu sein. Angeschnallt wird erst komplett, nachdem das Flugzeug schon in der Luft ist. Blitzschnelle Reaktionen wie diese werden täglich geübt. In ständiger Erwartung des großen Schlages aus dem Westen wird Angst geschürt, Ausgehverbot für die Soldaten verhängt und Kasernenpflicht befohlen.

Generell stehen alle Luftverteidigungskräfte ständig in hoher Alarmbereitschaft. Alle Divisionen der LSK und ihre Führungsgefechtsstände müssen ständig besetzt sein, alle Einsatzgeschwader befinden sich in einer Bereitschaft, die drei Bereitschaftsstufen umfasst. Alles übrige Personal muss innerhalb von 24 Stunden einsatzbereit sein. Darüber hinaus bringen in den Geschwadern fünf Stufen eine bestimmte Anzahl von betankten und beladenen Flugzeugen mit ihren Flugzeugführern und aller notwendigen Unterstützung in einen ständigen Alarmstatus. Sie reicht von „Erster Start in 15 Minuten" bis zu „Flugzeug beladen und einsatzbereit".

Außerdem hat jedes Geschwader zwei voll einsatzbereite Flugzeuge plus eine Ersatzmaschine in unmittelbarer Bereitschaft zu halten, die sogenannten „Diensthabenden".

(*Etwas Ähnliches gibt es auch in der NATO bei den Jagern, die Alarmrotte QRA, den Quick Reaction Alert. Da werden zwei oder vier Abfangjäger in Alarmbereitschaft gehalten, aber nur für bestimmte Notfälle und um Verletzungen des deutschen Luftraums zu unterbinden.*)

Die im Westen hören von den Dauer-Alarmbereitschaften auf der anderen Seite. Und sie greifen sich an den Kopf. Es ist doch Frieden. Trotz der lauernden Bedrohung, der sich alle sehr wohl bewusst sind, befindet sich der Westen nicht in einem dauernden Kriegszustand wie die Soldaten in der DDR. Wachsamkeit zwar, aber eben Frieden. An Weihnachten sind die Kasernen in der Bundesrepublik praktisch leer: Weihnachtsdienstbefreiung für die eine Hälfte der Soldaten und die meisten anderen sind nur am Tage im Dienst. Die andere Hälfte hat dann Neujahrsdienstbefreiung. Und in der DDR feiern die Familien an Weihnachten (wenn sie denn feiern) und an Neujahr ohne ihre Väter, Brüder, Freunde und Verwandten, wenn sie Soldaten sind. Die sind in der Kaserne – in Alarmbereitschaft!

Dabei haben die Luftstreitkräfte der NVA und die GSTD, die Gruppe Sowjetischer Streitkräfte in Deutschland, eine erdrückende Übermacht in

Mitteleuropa. Die DDR selbst verfügt in sechs Jagdfliegergeschwadern über ungefähr 250 Abfangjäger und später 50 Jagdbomber in zwei Jagdbombenfliegergeschwadern. Aber die gesamten sowjetischen Luftstreitkräfte umfassen schätzungsweise 7000 Jäger, 2900 mittlere und schwere Bomber sowie 2700 Transportflugzeuge, insgesamt also 12500 Flugzeuge. Sie bestehen aus fünf Hauptelementen: Luftverteidigung, Langstreckenbomber, Frontkräfte, Transportflotten und Marineflieger. Westdeutschland gegenüber liegt die 16. sowjetische Frontluftarmee – und ein großer Teil dieser ungeheuren Anzahl an Flugzeugen ist von unmittelbarer Bedeutung für die NATO.

Dem hat das westliche Verteidigungsbündnis auch nicht annähernd etwas Gleichartiges entgegenzusetzen. Die Sowjetunion hat auch in der Luft eine etwa vierfache kräftemäßige Überlegenheit über die westlichen Luftstreitkräfte in Mitteleuropa geschaffen.

Bei uns versucht man sich die Lage damit schön zu reden, dass unsere Flieger glauben zu wissen, der Ausbildungsstand der sowjetischen Flieger sei denen im Westen bei weitem unterlegen. Sie können auch die Professionalität gar nicht besitzen, weil sie nur weniger als die Hälfte der eigenen jährlichen Flugstunden pro Pilot in ihren Einsatzgeschwadern fliegen dürfen, weiß man. Dazu kommt, dass die Leistungen der meisten Flugzeuge schwächer sind, vor allem was die Flugdauer betrifft, die Bewaffnung oder die Waffenzuladung.[65]

Dazu passend kursiert der abwertend gemeinte Spruch, „We built our planes like Swiss watches, they built theirs like tanks." (*Wir bauen unsere Flugzeuge wie Schweizer Uhren, sie bauen ihre wie Panzer*).

Unterscheiden sich die deutschen Piloten, die der NVA, von den russischen? Wir glauben, „Nein". Allerdings ist der Raum zur Entfaltung ihrer fliegerischen Selbständigkeit klein bemessen. Das ist so gewollt, nicht nur für das praktische Manövrieren im Luftkampf, sondern überhaupt. Schon im Cockpit der Flugzeuge ist nur das Allernotwendigste für den Flugzeugführer verfügbar. Nur was der Pilot für einen Auftrag braucht. Dieser Auftrag ist eng definiert, und die Ausrüstung dem angepasst. Ganz strikt gilt die Befehlstaktik, Eigeninitiative ist nicht gefragt. Da heißt es: „Flieg du dein Flugzeug. Im Übrigen sagen wir dir, was du tun sollst."

Die Einsatzphilosophie in den Luftstreitkräften der NVA ist somit eine völlig andere als die, die Piloten im Westen gewöhnt sind. Daraus resultierte ein eingeschränktes taktisches Situationsbewusstsein der NVA-Piloten.

Bei der Luftwaffe aber wird gelehrt: „Was du machst, ist deine Entscheidung, und für deine Entscheidung trägst du allein die Verantwortung." So ein Führungsdenken wie in der Bundeswehr wäre 'drüben' nicht denkbar.

Von einem Flugplatz zum anderen zu fliegen, von einem Land ins andere, das ist hier bei uns Normalfall. So ein 'Normalfall' ist im Osten nicht vorgesehen. Vorgesehen sind Start und Landung am selben Ort. Die Flieger sehen wenig von der Welt. Wenn sie mal einen anderen Flugplatz als den eigenen ansteuern dürfen, dann ist das eine halbe Staatsaktion. Für so wenig braucht man nicht viel. Die Funkausrüstung zum Beispiel: Es gibt nur ein paar fest programmierte Radiofrequenzen, die der Pilot mit einer Nummer wählen kann. Er selbst weiß nicht, welche Frequenz sich hinter der Nummer verbirgt.

Wenn in unserer Luftwaffe die Gina-Piloten von Oldenburg nach Decimomannu in Sardinien fliegen wollen, dann brauchen sie jede Menge Frequenzen. Für jede Frequenz stehen vier Zahlen, die der Pilot mit der Hand eingeben muss. Die hat er sich aufgeschrieben. Das gehört zu seinen Vorbereitungen, und die erledigt er selbst. Dafür hat er Karten, Checklisten, Diagramme, Flugsicherungsbücher, und die schleppt er immer mit sich herum. Und was er nicht bei sich tragen kann, das liest er vorher in diversen Flugsicherungshandbüchern nach und nutzt es für die Flugvorbereitung. Das alles gibt es für die Flugzeugführer im Osten nicht. Zudem ist für die Navigationsvorbereitungen ein eigener zuverlässiger Offizier zuständig, der den Piloten das eigene Planen abnimmt, der „Steuermann".

Für einen unbegrenzten Flugbetrieb fehlt es nicht nur an so manchem, wie das für eine Mangelwirtschaft typisch ist. Viel wichtiger: Das Vertrauen in die eigenen Leute ist einfach sehr begrenzt.

Deshalb spielt es ja auch schon beim Auswahlverfahren eine Rolle, ob der Flugschüler als politisch zuverlässig gilt oder nicht. Auch die Zuverlässigkeit der Familie wird in die Bewertung mit einbezogen. Gehört sie zur Arbeiterklasse oder ist der Vater ein Funktionär in der Partei, so wird das für den Sohn von Vorteil sein.[10] In seiner Gewichtung steht die politische Zuverlässigkeit sogar in Konkurrenz zu den fliegerischen Anlagen des Flugzeugführeranwärters. Sie kann sogar überwiegenden Einfluss haben.

Die Streitkräfte des Warschauer Paktes und des NATO-Bündnisses stehen sich in Mitteleuropa bis an die Zähne bewaffnet gegenüber. Und sie sind einsatzbereit – auf beiden Seiten! Nicht nur der Himmel ist geteilt, die Welt ist geteilt durch den Eisernen Vorhang. Obwohl es ja in Deutschland angeblich keine Teilung gibt. Denn da besteht die sogenannte „deutsche Friedensgrenze", wie die Führung der DDR nicht müde wird zu betonen.

Die Berechnungen, die unsere Nachrichtenoffiziere gemacht haben, sind dagegen alles andere als beruhigend: Sie nehmen eine der breitesten Stellen der Bundesrepublik, in der Pfalz, als Ausgangspunkt ihrer Überlegungen. Denn die Pfalz ist einer der „Flugzeugträger" für die Jetverbände der NATO. Dort haben die Amerikaner ihre Basen, die Franzosen sind nicht weit und gleich nebenan, in Metz ist lange Zeit die 1. kanadische Luftdivision stationiert. Sie alle können schnell auf die richtige Abfanghöhe kommen. Wenn Atombomber der Sowjets in 13.000 Meter Höhe in der Radarerkennungszone erfasst werden, haben sie bei einem Anflug auf Metz noch eine Flugzeit von 25 Minuten. Nun wird sich der gewaltige Apparat der Luftverteidigung in Bewegung setzen. Viereinhalb Minuten zur Identifizierung, zweieinhalb Minuten für den Alarmstart der Jäger, sieben Minuten für den Steigflug, vier Minuten für Kurskorrekturen bis zur Feindsicht des Düsenjägerpiloten. Jetzt – wenn alles gutgeht, sausen die Raketen in den Rumpf des Bombers. Aber der Atombomber steht in diesem Augenblick schon siebeneinhalb Minuten vor Metz. Hamburg, Hannover, Frankfurt – der Atomblitz hätte jede dieser Städte schon erreicht.

Nach der Stationierung der NIKE Flugabwehr-Raketen in einem Streifen von Nord nach Süd durch die gesamte Bundesrepublik sieht das allerdings nicht mehr ganz so düster aus.

Wie ernst die Lage am geteilten deutschen Himmel auch ohne dieses Horrorszenario ist, zeigen ein paar Beispiele. Während seit dem Vorfall mit der Sea-Hawk der Marine, den ich schon beschrieben habe, für die deutsche Luftwaffe die ADIZ geschaffen wurde, die AIR DEFENCE IDENTIFICATION ZONE, stellt der Eiserne Vorhang in Mitteleuropa für Flieger der amerikanischen Luftwaffe nicht unbedingt eine unüberwindliche Barriere dar – und die „Buffer Zone" schon gar nicht. In den 60er Jahren gibt es noch keine Stealth-Technik, die die Douglas RB-66 der USAF für Radar nur sehr schwer identifizierbar macht. Aber der Aufklärer verfügt über raffinierte elektronische Abwehreinrichtungen. Der zweistrahlige amerikanische Bomber dringt aus Frankreich kommend in nördlicher Richtung in den Luftraum der DDR ein. Absicht ist wohl, die Reaktion der sowjetischen Luftverteidigung zu testen. Außerdem findet in Sachsen-Anhalt in Flugrichtung ein großes Manöver sowjetischer Truppen statt, das es aufzuklären lohnt. Die Amerikaner haben einen Spionageauftrag stets vehement dementiert, aber es war wohl nicht das erste Mal, dass solche Flüge stattfanden. Diesmal geht etwas schief. Zwei Alarmrotten der sowjetischen Luftverteidigung, die sich wegen des Manövers in der Luft befinden, fangen das Flugzeug ab. Die MiG-19 beschießen den Aufklärer mit Bordkanonen und mit S-5 Raketen. Bei Gardelegen stürzt das Flugzeug ab. Die drei Besatzungsmitglieder können sich mit dem Fallschirm retten. Nach vier Wochen dürfen sie jedoch die DDR verlassen. Den Sowjets ist offensichtlich der Abschuss Selbstbestätigung genug.

Natürlich sind die sowjetischen Luftstreitkräfte im Kalten Krieg auch nicht untätig. Zum Beispiel patrouillieren viermotorige sowjetische Tupulew-Langstreckenbomber (*NATO-Code 'Bear'*) regelmäßig über der Nordsee in Richtung England und bis hinunter zur Biskaya, um ihrerseits Präsenz zu zeigen und aufzuklären. Allerdings vermeiden sie es, anders als die USAF, Hoheitsrechte zu verletzen.

Dann werden die Amerikaner ihre in 20.000 Metern Höhe fliegende SR-71 'Blackbird' nach England verlegen, um von der Ostsee aus weit hinein in das Gebiet des Warschauer Paktes Aufklärung zu betreiben. Der strategische Höhenaufklärer SR-71 fliegt mit dreifacher Schallgeschwindigkeit. Aber diesmal verletzen sie dabei keine Grenzen des Warschauer Paktes, denn die UdSSR bringt im Gegenzug ihre ähnlich starke MiG-25 in die DDR. Ein einsitziger Abfangjäger und Aufklärer, der erst in Finow stationiert wird, dann aber auch zu anderen Plätzen, unter anderem nach Werneuchen und nach Parchim wechselt. Die MiG-25 (*NATO Code Foxbat*) fliegt ebenfalls Mach 3 und wäre in der Lage gewesen, mit ihren Luft-Luft-Raketen selbst das Superflugzeug der USAF abzufangen.

Nicht nur das Land ist geteilt, es ist auch ein geteilter Himmel geworden über Deutschland und über Mitteleuropa. Aber offensichtlich suchen beide Seiten auch immer wieder heimlich nach Löchern.

F-86 auf der Jagd

F-104 Starfighter im Formationsflug

Fiat G-91 fliegen zum Einsatzgebiet

Jagdbombereinsatz mit scharfen Waffen

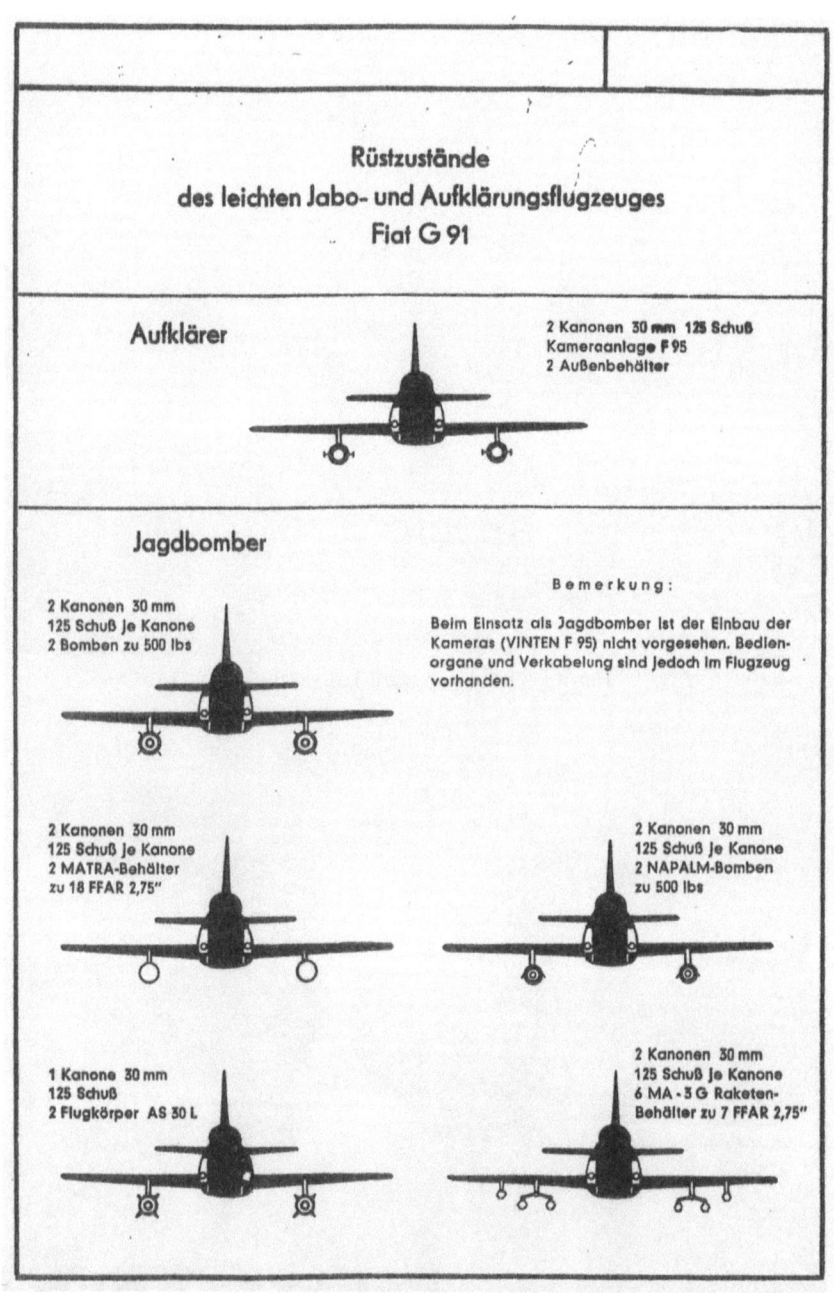

Rüstzustände Fiat G-91

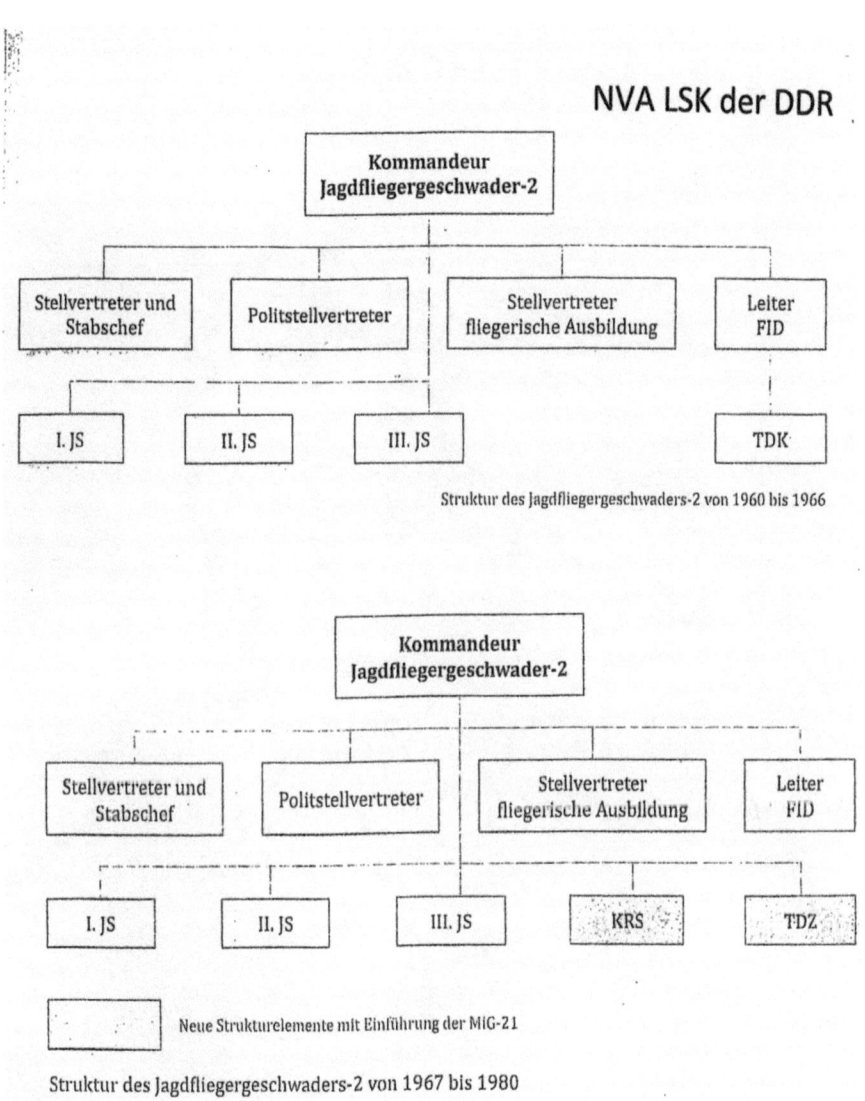

Gliederung Jagdfliegergeschwader-2 der NVA LSK

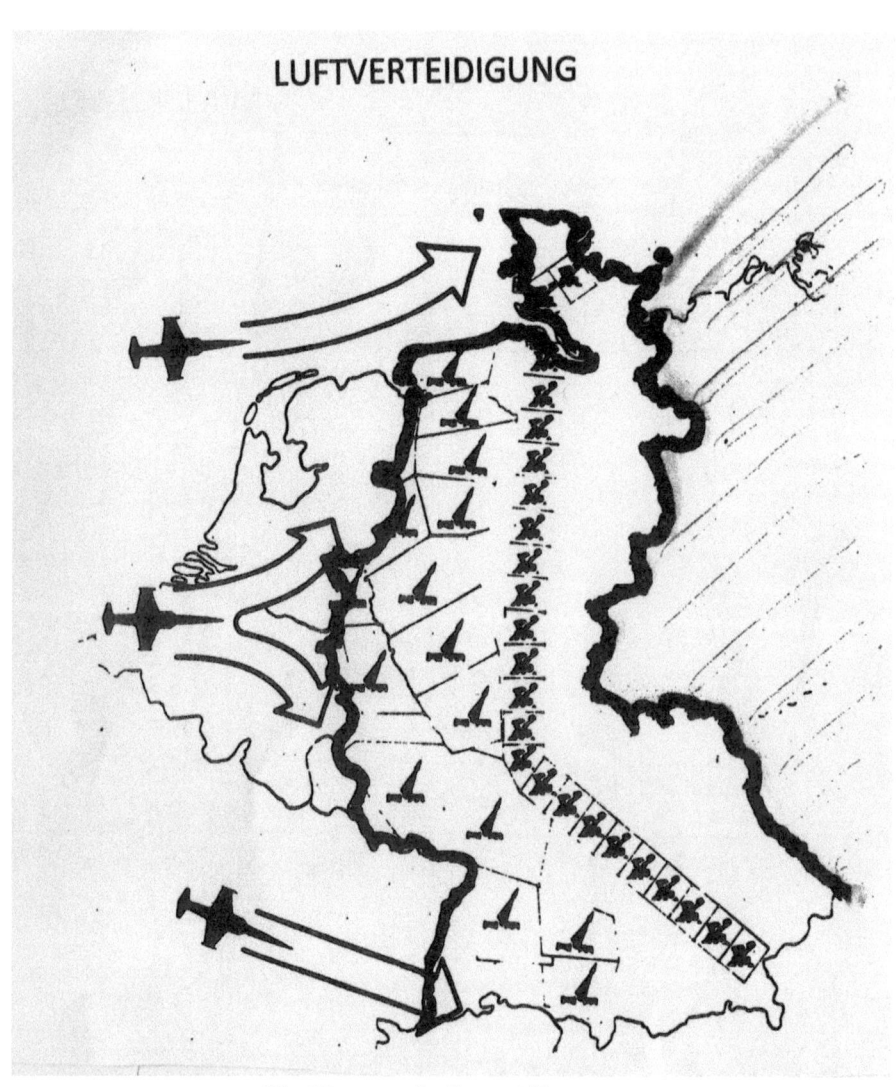

Ein Konzept Luftverteidigung

GLt Wehnelt und GLt Limberg mit Ehefrauen nach dem
Großen Zapfenstreich

Verabschiedung von Verteidigungsminister Georg Leber

"Geballte Kampfkraft" angetreten wie zum Appell

G-91 landet mit Bremsschirm

Alpha Jet vor Helgoland

Generalmajor Kallerhoff zeichnet Oberst Laube mit dem von Bundespräsident Walter Scheel verliehenen Bundesverdienstkreuz aus

Mit Generalleutnant Eimler und dem Chief of Staff USAF

26 Die Fiat G-91 und die TACTICAL EVALUATION – TAC EVAL

Das Leichte Kampfgeschwader 43 leistet einen substantiellen Beitrag zur Verteidigung in Mitteleuropa. Das Geschwader in Oldenburg ist mit Fiat G-91[15] ausgerüstet. Ein leichter Jagdbomber, der von der Bundesrepublik gekauft worden ist, von Fiat in Italien gebaut und in Deutschland von der Firma Dornier betreut wird. 20 Jahre lang wird es das wichtigste Erdkampfflugzeug der Luftwaffe zur Unterstützung des Heeres auf dem Gefechtsfeld sein – auch mit einer Aufklärungskomponente.

Die Luftwaffe hat außer dem Jagdbombergeschwader 43 noch vier andere Geschwader damit ausgerüstet. Die Waffenschule 50 fliegt ebenfalls die Fiat G-91 (*weitere Erläuterungen im Anhang 6*). Auch die Italiener fliegen das Flugzeug, von da stammt es ja, und die Portugiesen ebenfalls. Die portugiesische Luftwaffe ist jedoch die einzige, die ihre Fiat G-91 in wirkliche Kampfeinsätze schickte und zwar in ihren portugiesischen Kolonien in Afrika.

Das Waffensystem Fiat G-91 mit kurzer Reichweite, aber robuster konventioneller Bewaffnung, ist besonders für die Heeresunterstützung geeignet. Die Sortie-Rate, das ist die Einsatzfrequenz, ist mit bis zu 100 Starts eines Geschwaders pro Tag sehr hoch. Der Jagdbomber vermag sogar auf provisorisch befestigten Flächen zu starten und zu landen. Die Fiat G-91 ist solide und wartungsarm, erreicht immer hohe Klarstände.

Ich kenne das Flugzeug genau, und ich kenne es als sehr zuverlässig. Bereits über 1.200 Flugstunden damit habe ich bis jetzt in meinem Flugbuch stehen. Eine Stärke des Jagdbombers ist auch: Er ist nicht nur robust, sondern auch wendig, und er braucht keine Anlassgeräte. Das Triebwerk kann der Flugzeugführer jederzeit mit Pulverkartuschen selbst anlassen. So ist der Pilot in der Lage, das Flugzeug ohne Hilfe von außen nach einer Landung jederzeit wieder in die Luft bringen.

Die G-91 ist auch nicht kompliziert, sondern einfach zu fliegen. Ein aus großer Höhe angreifender Sturzkampfbomber – wie die legendäre Ju 87 – war mit der Entwicklung immer stärker werdender Luftabwehr nicht mehr wendig und schnell genug. Dieser neu entwickelte Jagdbomber, als leichtes, einsitziges Kampfflugzeug, kann seine Bewaffnung – Bomben, Raketen, Bordwaffen – im Tiefstflug präzise einsetzen, wo die Luftabwehr weniger bedrohlich sein wird.

Die 'Gina', so wird sie liebevoll genannt, ist auch allwettertauglich. Allerdings müssen für den Waffeneinsatz Sichtbedingungen herrschen, weil der Pilot das Ziel mit den Augen auffassen muss. Laser-gesteuerte und ferngelenkte Waffen sind noch Wunschdenken, als das Waffensystem G-91 im Geschwader geflogen wird.

Und die Nachteile oder 'shortcomings'? Das Flugzeug hat gerade im Tiefflug eine begrenzte Reichweite, besonders wenn es mit Waffen an den vier Aufhängevorrichtungen beladen ist. Eine Luftbetankung ist nicht vorgesehen. Die Piloten scherzen, „Die Reichweite ist eben wirklich für die Nahunterstützung ausgelegt. Der Feind muss sich nahe am Flugplatzrand aufhalten." Dann sind auch drei bis vier Missionen pro Flugzeug und Tag kein Problem.

Die Zuladung ist begrenzt. Bei konventioneller Bewaffnung, die für das Flugzeug bereitgehalten wird, bleiben damit die Wirksamkeit und der Einsatzerfolg begrenzt. Dazu kommt, dass das Visier, also die Zieleinrichtung des Flugzeugs, mehr an Weltkrieg II Standard erinnert als an eine moderne Technik.

General Walter Krupinski[26] ist kein Freund der G-91. Er ist einer der erfolgreichsten Jagdflieger im Weltkrieg, ein Fliegerass mit 197 Luftsiegen. Jetzt ist er Kommandierender General der Luftflotte, dem alle Einsatzverbände der Luftwaffe unterstehen. Er lässt kaum eine Gelegenheit vorübergehen, ohne unverblümt seine Meinung über den Jagdbomber zu verkünden. „Nicht geeignet für einen Krieg in Mitteleuropa und gegen die Sowjetunion", brandmarkt er das Flugzeug. Es erstaunt mich doch immer wieder, wenn es dem General offensichtlich gleichgültig ist, vor wem er seine Kritik äußert. Ob es sich um eine luftwaffeninterne Besprechung handelt, um nationale oder internationale Meetings oder einen öffentlichen Auftritt, für Krupinski ist die Fiat G-91 „in jeder Hinsicht ein glatter Fehlkauf, für den die Luftwaffe nicht verantwortlich ist." Für den General gibt es nur ein einziges Kampfflugzeug der Luftwaffe, das diesen Namen wirklich verdient, und das ist der Starfighter F-104 G. Wobei man sich natürlich schon fragen muss, ob der Starfighter, der ja als Abfangjäger konzipiert war und in dieser Rolle tatsächlich unübertroffen ist, auch für das gesamte Aufgabenspektrum, das die Luftwaffe ihm jetzt zugedacht hat, wirklich optimal geeignet ist. Zumindest für ihre Hauptrolle, die direkte Unterstützung des Heeres auf dem Gefechtsfeld, ist die 'Gina' nach meiner Erfahrung deutlich besser geeignet als der Starfighter.

Allerdings, auch gegenüber dem Standardjagdflugzeug des Warschauer Paktes, der MiG-21[66], weiß der Starfighter sich zu behaupten, während die FIAT G-91 gegen dieses Flugzeug tatsächlich keine Chance hätte. Die MiG-21 ist ein durchaus ernstzunehmender Gegner für alle westlichen Kampfflugzeuge.

Der Beitrag des LeKG 43 zum Luftkrieg in Mitteleuropa wird regelmäßig kritisch neu bewertet. Egal, ob es Urlaubs- und Reisezeit ist, oder ob Schnee, Regen und Nebel die Reiselust eines jeden Normalbürgers dämpfen, das hält sie nicht ab: Jedes Jahr reisen sie wieder an, die Spezialisten der NATO-Nationen in Mitteleuropa. 'Überprüfen der Einsatzbereitschaft des Geschwaders' lautet ihr Auftrag, der ultimative Stresstest. TAC EVAL (*Tactical Evaluation*) heißt das magische Wort für diese harte und allumfassende Überprüfung. ALLIED AIR FORCES CENTRAL EUROPE (*AAFCE*) bewerten mit ihrer TAC EVAL-Organisation die operationelle Effektivität ihrer Luftstreitkräfte. So steht auch das Oldenburger Geschwader alljährlich auf dem „Besuchsplan" dieses Prüfteams. Diese drei bis vier Tage jeweils 24 Stunden dauernde Überprüfung ist der absolute Höhepunkt von vielen Prüfungen, denen sich ein fliegender Verband im Lauf eines Jahres stellen muss. Das multinationale Team von bis zu 60 gut ausgebildeten, erfahrenen und geübten Spezialisten überprüft unangekündigt und ohne Vorwarnung die Fähigkeit des Verbandes, den Auftrag nach den Kriterien der integrierten NATO-Verteidigung zu erfüllen. Wie umfassend eine TAC EVAL ist, mögen die vier Überprüfungsabschnitte verdeutlichen:

Unter „Alarmbereitschaft und Reaktion" wird die Zeit gemessen, die es dauert, bis alle Mann von zuhause aufgeschreckt und an ihren Arbeitsplatz geeilt sind.

In der Regel wird der Alarm nämlich während der Nacht ausgelöst. Das Erreichen der tatsächlichen Einsatzbereitschaft anhand der hohen Forderung der NATO wird dann gemessen und bewertet. Der Verband muss dabei die Fähigkeit des geordneten Übergangs von Abschreckung zur Abwehr, von Friedens- zu Kriegseinsatz unter den kritischen Augen der Bewerter unter Beweis stellen. Wie schnell können die Flugzeuge mit voller Einsatzbeladung in der Luft sein? Wann steht die Verteidigung des Fliegerhorstes?

Der Ausbildungsstand der Soldaten, die Leistung und der Einsatz aller Angehörigen werden unter diesem Gesichtspunkt überprüft. Besonders bewertet werden die beiden fliegenden Staffeln und schwerpunktmäßig die Bereiche Versorgung und Technik für die Einsatzunterstützung. Wie viele „Sorties" können generiert werden? Wie sind die Schießergebnisse während der Überprüfung? Was ergibt die Auswertung der Einsätze? Ist die materielle und technische Einsatzbereitschaft unter kriegsmäßigen Bedingungen sichergestellt? Wird die Truppe im Einsatz schnell genug mit allem versorgt, was sie braucht? Werden trotz allem in der Hektik des Einsatzes die vielfältigen und detaillierten Vorschriften beachtet? Das wollen die Prüfer wissen, und sie lassen sich da nichts vormachen.

Schließlich wird die Fähigkeit des Verbandes bewertet, den Auftrag auch unter den schweren Bedingungen des Verteidigungsfalles zu erfüllen, also die „Überlebensfähigkeit". Nach einem realistischen Kriegsszenario werden dann von den Auswertern Einlagen eingespielt: Angriff durch einen Gegner auf der Erde; Sabotage, Feuer, Zerstörungen; Luftangriffe und ABC-Kampfmitteleinsatz (*atomarer, biologischer, chemischer*); Bergung von Verletzten. Besonders wichtig sind Entschärfung von Blindgängern und Schadensbehebung, also vor allem 'Runway Repair', das ist das Wiederherstellen einer brauchbaren Start- und Landebahn nach einem gegnerischen Angriff. Sie erfordern von den Soldaten schnelles und richtiges Reagieren. Dabei wird auf die Schutzmaßnahmen und die adäquate Ausstattung und Handhabung von Schutzbekleidung während der NBC Phase (*nuclear, biological, chemical*) besonderer Wert gelegt.

Der Zeitraum einer TAC EVAL ist dem Geschwader langfristig nicht bekannt, dennoch dringen oft kurzfristig vor der Überprüfung „heiße Gerüchte" durch. Aber eine derartige Überprüfung fordert in den drei bis vier Tagen von jedem Soldaten vollen persönlichen Einsatz, großes fachliches Können auf seinem Spezialgebiet und vor allem die Fähigkeit, in der Lage leben zu können, das heißt, die simulierte Situation zu beherrschen und entsprechend schnell und richtig zu handeln. Die Überprüfung ist sehr komplex und im zeitlichen Ablauf sowie den Einlagen nicht kalkulierbar. Um es im Soldatenjargon auszudrücken, gewünscht wird der mitdenkende Einzelkämpfer.

Nahezu alles Geschehen im Geschwader, das der Erfüllung des Einsatzauftrages dient, wird dann auf das TAC EVAL ausgerichtet. Die fliegenden Staffeln werden noch einer besonderen Überprüfung unterzogen, denn auf die Flieger und ihre Auftragserfüllung richtet sich naturgemäß immer ein besonderes Augenmerk.

Die Piloten hocken dann während des TAC EVAL lange im dunklen Bunker. Überall ist es eng, die Anspannung ist hoch. Sie bereiten ihre Flüge vor, ziehen lange schwarze Striche auf die Karten, legen das Kursdreieck an, berechnen Richtung, Zeit, Wendepunkte, Treibstoff. Dann nehmen sie ihre Schwimmwesten, ihre Fliegerhelme und auch die Stahlhelme, ABC-Schutzmasken, Kniebords, Karten und Taschenlampen, unterschreiben beim Dispatcher und fahren mit dem Line-Taxi, einem guten, alten, spartanisch ausgestatteten VW-Bulli, zum Flugzeug. Sie starten und sie landen bei schlechtem und bei gutem Wetter, am Tag und bei Nacht. Sie bringen ihre Waffen auf den Schießplätzen zum Einsatz. Und es wird doppelt und dreifach so viel geflogen wie sonst. Wenn sie zurückkommen, beobachten die

NATO- Offiziere die Auswertung des Einsatzes und notieren die Ergebnisse.

Das TAC EVAL Team kann aber auch einen Combat Ready Flugzeugführer aussuchen, mit dem eines der Team-Mitglieder einen Einsatz in einem Doppelsitzer mitfliegt, um Planung, Briefing, Auftragserfüllung und Debriefing zu überprüfen.

Vor einer dieser TAC EVAL-Überprüfung in meinem Geschwader erlebe ich auch einmal die nonchalante Gelassenheit eines kampferprobten Vertreters der Kriegsgeneration in diesen Übungsszenarien des Kalten Kriegs. In der Zeit ist Oberst Erich Hartmann Leiter der deutschen Delegation im NATO TAC EVAL Team. Da erscheint der deutsche nationale TAC EVAL Vertreter eines Abends gegen 21 Uhr in „Militärzivil" fröhlich an der Bar unseres Offizierheims. Hier halten immer noch einige unermüdliche Flugzeugführer „Nachbesprechungen" ab. Die freuen sich über den unerwarteten Besuch zu später Stunde. Bei ein oder auch zwei Bier ist der Oberst voller guter Stories. Er hätte ihnen gar nicht zu verkünden brauchen, „Zieht Euch warm an – heute Nacht!", um allen deutlich zu machen, dass er sich nicht in Oldenburg aufhält, weil er ein Quartier im Offizierheim sucht. Alle kennen seine Mission. Zudem ist es die „heiße Phase", in der das Geschwader eine Überprüfung erwartet. Und natürlich ruft einer der noch spät an der Bar Tagenden den Kommodore an, um ihn von dem bedeutungsvollen Besuch in Kenntnis zu setzen.

In den frühen Morgenstunden dieser Nacht wird dann auch der lang erwartete Alarm „überraschend" ausgelöst. Den unerwarteten Besuch einige Stunden vorher hat aber niemand verraten.

Das Verhalten von Hartmann war natürlich nicht korrekt. Ich führe es darauf zurück, das Hartmann einfach gegen Ende seiner Dienstzeit mit vielem abgeschlossen hatte. Die Luftwaffe hat ihn auch wahrlich nicht übermäßig gut behandelt. Trotz mancher seiner 'Eigenarten' hätte ich es dennoch für selbstverständlich gehalten, dass Erich Hartmann auch zum General befördert worden wäre. Das hätte sich – meiner Meinung nach – einfach gehört. Ich halte es für Kleinkariertheit einiger Leute, – und da bin ich mit meiner Meinung nicht ganz allein –, dass Hartmann mit dem Dienstgrad Oberst in den Ruhestand geschickt wurde. Meiner Meinung nach ist es eine Sache des nationalen Selbstbewusstseins, diesen verdienten Offizier auch wegen seines beispielhaften Verhaltens in der sowjetischen Gefangenschaft besonders zu ehren. Er war eine Stütze für seine mitgefangenen Kameraden und ein Vorbild – auch für sein Vaterland. Um die Luftwaffe der Bundesrepublik hat er sich ebenfalls verdient gemacht. Erich Hartmann war übrigens während seiner Gefangenschaft in der Sowjetunion, damals Major, von den

Machthabern in der DDR auch der Einstieg in die Luftstreitkräfte der NVA angeboten worden. Dort war das verbunden mit der sofortigen Beförderung zum Generalmajor. Allerdings hätte er seine Überzeugung verleugnen müssen, und das hat er abgelehnt.

Ich bin der Meinung, dass so manch andere hohe Beförderung ebenfalls sehr viel mit „nationalem Selbstbewusstsein" zu tun hatte – und das halte ich für richtig so. Beispiele sind für mich der weltberühmte amerikanische Flieger „Chuck" Yeager, der als erster Mensch die Schallmauer durchbrach, als Testpilot sein Leben riskierte und seinem Land Ruhm einbrachte. Dazu zähle ich auch die ersten deutschen Weltraumflieger und Fliegeroffiziere, den Kosmonauten Sigmund Jähn und den Astronauten Thomas Reiter. Als ich sie später alle persönlich kennenlernte, hat das meine Überzeugung nur bestärkt.

27 Jetzt landen wir auch auf der Autobahn! (1977)

Zwei Rollen sind für das Geschwader vorgesehen: Der Einsatz als Jagdbomber und der Einsatz als Aufklärer.

Im nuklearen Krieg sollen die Jagdbomber das gegnerische taktische Kernwaffenpotential im Rahmen des 'NATO Land-Battle-Program' bekämpfen.

Im nicht-nuklearen Krieg unterstützen sie die Landstreitkräfte auf dem Gefechtsfeld durch Luftangriffe gegen Erdziele (Air Fire Support). Sie können auch durch Abriegeln des Gefechtsfeldes (Interdiction) mittelbar unterstützend wirken. Und schließlich helfen sie auch den Seestreitkräften in ihrem Kampfraum durch Luftangriffe auf Seeziele.

Für den Einsatz als Aufklärer bedeutet das für die G-91 Geschwader, dass sie im nuklearen und im nicht-nuklearen Krieg in engem Zusammenwirken mit den Land- und Seestreitkräften die taktische Luftaufklärung des Kampfraumes mit dem Ziel durchführen, Bewegungen und Maßnahmen des Gegners zu erkennen, lohnende Ziele für den Einsatz eigener Mittel aufzufinden, Aufklärungsergebnisse der übrigen Teilstreitkräfte und der Luftwaffe zu ergänzen oder zu bestätigen und die Wirkung eigener und feindlicher Waffen aufzuklären. Lebenswichtig in dieser Zeit. Heute gibt es dafür auch Drohnen und Satelliten.

Das alles soll mit Start und Landung auch vom Fliegerhorst von Oldenburg aus erfolgen. Hier befinden sich die Flugzeugshelter, hier sind die Hallen, die Werkstätten, die Fernmeldeeinrichtungen, der Treibstoff, die Munitionsvorräte und der gesamte logistische Unterbau. Aber was machen wir, wenn der Fliegerhorst nicht mehr einsatzbereit ist?

Da hat die Luftwaffe ein Konzept von Ausweichplätzen entwickelt, das auf das Stichwort 'NLP' hört, das bedeutet 'Notlandeplatz'.

Crash! Da wurde gerade ein Jagdbomber im Moor versenkt. Ein kleines gefiedertes Geschoss, ein Vogel, hat der tief über die Wesermarsch mit einer Geschwindigkeit von 700 Kilometern in der Stunde fliegenden Fiat G-91 das Triebwerk zerlegt. Aber der Flugzeugführer reagiert schnell und richtig. Er rettet sich mit dem Schleudersitz. Zwar wird er durch den Ausschuss mit seinem raketengetriebenen Feuerstuhl leicht verletzt, aber der Rückenschaden sollte bald ausheilen. Alle sind heilfroh darüber.

„Vogelschlag" nennen die Piloten das, wenn ein gefiedertes Geschoß auf den Düsenjäger trifft. Wenn eben nicht nur die Außenhaut des Flugzeugs beschädigt wird, sondern die „Eingeweide", dann sieht die Sache sehr ernst aus. Nicht zu Unrecht wird der Schlund des Düsenjägers auch „Ansaugschacht" genannt.

Das so beschädigte Flugzeug verursacht auch nach seinem Abtauchen ins Moor der Wesermarsch noch einige Aufregung. Es soll geborgen werden, schon des Treibstoffs wegen, der in den moorigen Erdboden auszulaufen droht. Der erste Bergungsversuch des Heeres – „das Heer" ist immer unser Helfer, wenn es die Luftwaffe auf den Erdboden „verschlägt" – findet allerdings erst einmal ein vorzeitiges Ende: Die „Allzweckwaffe" Bergepanzer rutscht trotz seiner geschätzten vielseitigen Befähigung vom befestigten Damm ab und droht nun seinerseits ebenfalls im Moor zu versinken. Niemand wird verletzt. Aber jetzt muss das Heer erst einmal seinen eigenen Panzer retten. Im zweiten Anlauf gelingt dann die Bergung der abgestürzten Maschine.

Das alles geschieht nahe der Autobahn A 27 Bremen-Bremerhaven. Nun aber landen die Piloten mit Jagdbombern des Geschwaders nicht weit von dieser Absturzstelle auf dieser neuen Autobahn bei Hagen – zum Erstaunen vieler Schaulustiger! Die haben von der spektakulären Übung auf der noch nicht für den Verkehr freigegebenen Autobahn Wind bekommen.

Hinter der Übung stehen Konsequenzen, die die Alliierten aus den Erfahrungen gezogen haben, die sie aus den Kriegen im Nahen Osten zwischen den Arabern und den Israelis gewinnen konnten. „Wir müssen befürchten, dass die zahlenmäßig weit überlegenen sowjetischen Angriffskräfte in Mitteleuropa zuerst die fliegenden Verbände samt ihren Flugplätzen ausschalten wollen." Deshalb werden vorsorglich in der Bundesrepublik flächendeckend getarnte Ausweichflugplätze angelegt. Natürlich werden auch zivile Flugplätze in die Planungen mit eingeschlossen. Aber die sind dem Gegner genau so bekannt wie die militärischen. Und in Friedenszeiten darf die Luftwaffe auf ihnen nicht üben. Deshalb werden „Notlandeplätze", also die „NLPs" eingerichtet. Dazu gehören solche, die normalerweise von Segelfliegern oder Sportfluggruppen genutzt werden. Aber es gibt doch auch noch kilometerlange Autobahnen. Die eignen sich ebenfalls ausgezeichnet als Startbahnen. Vielleicht haben die Planer auch nach Schweden geschaut, wo schon Autobahnstreifen als Landebahnen genutzt werden. Man hätte sich auch an 1944/45 erinnern können. Da sind auch Me 262, die ersten deutsche Kampfjets, auf Autobahn-Teilabschnitten gestartet.

So wird nun aus der Autobahn ein 'Notlandeplatz'. Dieser Name ist eher eine Verharmlosung in einer Zeit, in der psychologische Kriegführung an die Stelle eines heißen Krieges getreten ist. Die ideologische Auseinandersetzung zwischen Ost und West findet überall statt, selbst auf den Straßen in Niedersachsen. Da wird auch mit solchen Begriffen jongliert – je weniger militärisch eine Bezeichnung klingt, umso besser scheint er geeignet für die Allgemeinheit zu sein. Daher also „Notlandeplatz".

Vom Fliegerhorst Oldenburg, der Heimatbasis des Jagdbombergeschwaders, starten heute die Jagdbomber zu ihrer Mission, und hierher sollen auch alle nach mehr oder weniger aufregenden Einsätzen wieder zurückkommen. Das Geschwader hat aber neben der Heimatbasis auch eine bestimmte Anzahl von Ausweichplätzen, die eigentlich nicht für Flugzeuge vorgesehen sind, sondern – normalerweise – von in- und ausländischen Autofahrern benutzt werden. Sie sind Bundesstraßen oder Autobahnabschnitte, die dafür am besten geeignet scheinen. Die wenigsten Autofahrer werden davon etwas ahnen, wenn sie darüber hinwegbrausen.

Für Eingeweihte sind sie allerdings leicht zu erkennen. Der sonst begrünte Mittelstreifen auf der Autobahn ist durchgehend betoniert. Die Leitplanken sind so konstruiert, dass sie von Soldaten leicht und schnell entfernt werden können. Außerdem haben diese langen, geraden Autobahnabschnitte jeweils Parkplätze am Anfang und am Ende mit einer eigenartigen Schleifenform, die aussehen wie große Ohren. Das ist für die Jets gedacht, die dort abgestellt sein werden und von dort auch zum Start rollen sollen – oder zur Tarnung in den Wald. Und das Autobahnstück ist natürlich frei von Brückenbauten.

Aufgrund politischer Vorgaben – nur kein Aufsehen erregen bei dem deutschen Bürger – ist in Friedenszeiten eine Sperrung einer Bundesfernstraße nicht möglich – oder zumindest nicht erwünscht. In diesen Jahren nach dem Krieg wird aber das Autobahnnetz in der Bundesrepublik gerade verstärkt ausgebaut. Und da bietet sich für einen kurzen Zeitraum zwischen der Fertigstellung und der Verkehrsfreigabe eines Neubauteilstückes einer Autobahn die Möglichkeit einer fliegerischen Erprobung, ohne dass ein allzu großes Aufsehen erregt wird.

In der Bundesrepublik ist diese Gelegenheit schon vor Jahren in kleinerem Rahmen auf einigen Neubaustrecken der Autobahnen genutzt worden. Seitdem haben mehrere solcher Übungen stattgefunden. Das Leichte Kampfgeschwader 41 aus Husum hat sogar in einer großen Übung eine ganze Staffel FIAT G-91 alarmmäßig verlegt. Die Husumer waren allerdings auf einem Flugplatz eingefallen. Er war jedoch noch nicht in Betrieb genommen worden, eine nackte Landebahn also. Es war der Militärflugplatz Hohn in Schleswig-Holstein.

Aber davon wissen die Oldenburger wenig und haben deshalb auch diese Erfahrung nicht nutzen können. So groß war damals noch die deutsche Luftwaffe! Oder woran kann es wohl sonst gelegen haben? Jedenfalls sind diese Erfahrungen wohl in verschiedenen Geschwadertagebüchern verschwunden oder irgendwo in den Aktenschränken der Stäbe. Aber eigentlich kommt es vor allem darauf an, dass die Oldenburger ebenfalls diese Einsatzmöglichkeit üben und eigene Erfahrungen sammeln.

1977 erhält das Geschwader also den Auftrag, eine Einsatzgruppe auf den 'NLP Hohenheide' zu verlegen, für die Oldenburger zum ersten Mal auf eine Autobahn. Ein simples gerades Stück Betonstraße zwischen Bremen und Bremerhaven, über das keine Brücke führt, und das noch nicht für den Verkehr freigegeben worden ist. Heute liegt es zwischen den Autobahnabfahrten Hagen und Uthlede. Bei dieser Großübung kommt es darauf an, dass das Geschwader an beiden Standorten, in Oldenburg und dem Autobahnflugplatz, jederzeit voll einsatzbereit bleibt.

Unter der aktuellen NATO-Strategie „Flexible Response" besteht der militär- und sicherheitspolitische Hintergrund darin, nachzuweisen, dass Teile der Luftstreitkräfte auch tatsächlich flexibel eingesetzt werden können und unter Gefechtsbedingungen verlegefähig sind. Die Soldaten wissen, wie wichtig das ist: „Der Osten" schaut jedes Mal sehr aufmerksam zu. Also wiederholt sich das Schauspiel vielerorts: Dem Gegner wird demonstriert, dass Geschwader, deren Flugzeuge „zu Hause" in Bunkern optimal geschützt sind, auch mobil von Behelfsflugplätzen aus einsatzfähig sind. Dafür ist die Fiat G-91 ideal geeignet.

Das ist Begründung und Antwort genug auf die Fragen: „Was machen die Jagdbomber, wenn ihr Platz nicht mehr benutzbar ist?" „Und – wenn sie nicht wieder rein kommen können – wo landen sie dann?" Und „Wie kommen sie dort voll beladen wieder raus?"

Außer der üblichen detaillierten und sorgfältigen Vorbereitung einer fliegerischen Großübung gilt es noch zu bedenken, dass eine solche militärische Übung vielleicht von Zivilisten behindert werden könnte. Es ist die Zeit, in der undisziplinierte Haufen ideologisch Fremdgesteuerter passende militärische Veranstaltungen schon mal als willkommenen Anlass sehen, zusammen mit Anhängern einer verträumten Weltvorstellung ärgerliche und zuweilen gefährliche Störungen zu provozieren. Deshalb haben wir vorher schon gezielt in Presse, Rundfunk und Fernsehen über die geplante „friedliche" Übung informiert. Natürlich ist die Presse auch zu der Übung selbst eingeladen. Eine Pressekonferenz gehört dazu, feldmäßig in einem getarnten Zelt. Und selbstverständlich ist auch für die Presse eine kleine Stärkung eingeschlossen, sprich Erbsensuppe aus der Gulaschkanone.

Dann kommt der große Tag. Nach einer Alarmierung verlegt die Einsatzgruppe aus Oldenburg auf dem Landweg auf den Notlandeplatz Hohenheide. Nach und nach werden auch die Jets vom Heimatfliegerhorst dorthin umgeleitet, wenn sie vom Einsatz zurückkommen.

Unser vielseitiger Jagdbomber vermag zwar auch auf provisorisch befestigten Flächen zu starten und zu landen, aber eine lange Betonpiste bietet natürlich ganz andere und sicherere Möglichkeiten für den Einsatzbetrieb. Im Grunde eine einfache Sache. Es müssen lediglich die Leitplanken zwischen den Fahrbahnen entfernt werden, und schon ist die Landebahn fertig. Dann ist nur noch dafür zu sorgen, dass die Flugzeuge von der Autobahn herunter rollen können, um sie schnell im Wald verschwinden zu lassen.

Na, ganz so einfach ist es auch wieder nicht. Schließlich brauchen wir auch ein paar Fernmeldeverbindungen, einen mobilen Kontrollturm für die Flugsicherung und ein 'bisschen' Bewachung des Ganzen. Und für das Betanken, das Aufmunitionieren der Flugzeuge sowie für eine einfache Wartung muss ebenfalls Vorsorge getroffen werden. Aber das alles lässt sich organisieren.

Im mobilen Gefechtsstand summt es schon wie in einem Bienenkorb, und die Staffel ist in kurzer Zeit einsatzbereit. Bald herrscht reger Flugbetrieb auf der Autobahn. Ich bin mit dem ersten Schwarm auf der Autobahn gelandet. „Kein Unterschied zu einer normalen Landung", stelle ich fest. „Ein bisschen schmaler ist die Piste, aber das ist auch schon alles."

Die Besatzungen beweisen in den folgenden Tagen, dass sie die Einsatzaufträge, die laufend von der NATO kommen, erfüllen können – so als wären sie auf ihrem Heimatflughafen. Zusätzlich zu Straßentransporten, die alles transportieren, was für den Flugbetrieb noch gebraucht wird, sorgen jetzt Verbindungsflüge zwischen dem Heimatflugplatz und dem Ausweichflugplatz für Nachschub. Bald starten und landen auch leichte Verbindungsflugzeuge, wie die einmotorige Do-27, und schwere Transportmaschinen auf der Autobahn, wie die Transall C-160 (*der Name 'Transall' steht für die deutsch-französische Arbeitsgemeinschaft 'Transporter Allianz'*).

Die Fliegende Staffel, zu der auch Teile der Fernmeldestaffel, der Geophysik, der Technischen Gruppe, der Fliegerhorstgruppe und der Flugsicherung gehören, hat mit Gefechtsstand, technischen Werkstätten, Wasserwagen, einer Fernmeldezentrale sowie vielen schweren Transportfahrzeugen für Nachschub und Waffen zur Autobahn verlegt. Tankfahrzeuge gehören natürlich dazu. Es gibt auch die berühmte Gulaschkanone und als Briefing- und Besprechungsraum für die Piloten dient eines der vielen Zelte. Schweres Bergegerät und Feuerwehr sichern den Flugbetrieb ab. Werkstatt-, Kantinen- und Speisezelte werden errichtet. Die Soldaten schlafen in Zelten, die Latrinen mit Balken bauen sie sich selbst.

Es ist Einsatz unter blauem Himmel, und es wird ein echtes Lagerleben. Die Leistungsbereitschaft der Männer ist riesig und sie sind kaum zu bremsen. Die Stimmung hätte, wie bei großen Manövern eigentlich immer, besser nicht sein können.

Über einen Zeitraum von zwei Wochen wird auf der Autobahn ein kompletter Notflughafen mit allen für den Betrieb notwendigen Einrichtungen unterhalten. Flugsicherungsanlagen, Flugplatzbefeuerung, Stromversorgung, Feuerwehr, Telefonzentrale, Sanitätszelt, Sicherungseinrichtungen, und, und, und. Die Soldaten der Sicherungsstaffel bewachen das alles – zusätzlich zu ihrer andauernden Verantwortung für den Fliegerhorst in Oldenburg. Zeitweilig sind bis zu 250 Soldaten auf dem improvisierten Flugplatz tätig.

Dieser Autobahnabschnitt entwickelt sich in diesen Tagen zu einem der verkehrsreichsten Flugplätze in Norddeutschland. Im Lauf der Übung nutzen auch Jaguar Jagdbomber der Royal Air Force aus Brügge die Gelegenheit. Über 1500 Flugbewegungen belegen, dass die Einsatzfrequenz pro Tag sehr hoch ist. Mit den mehr als 500.000 Litern Flugtreibstoff, die getankt werden, sind das Zahlen, die für sich sprechen.

Generalmajor Horst Kallerhoff[48], Kommandeur der 3. Luftwaffen-Division, macht sich selbst ein Bild. Er erläutert zusammen mit dem Kommodore den zahlreichen Pressevertretern das Geschehen, beantwortet deren Fragen und vermittelt einen Eindruck vom Ausmaß der Übung und deren Erfolg. Die hat wieder einmal die volle Mobilität des Waffensystems FIAT G-91 und seine Leistungsfähigkeit unter Einsatzbelastung nachgewiesen. Auch die anschließende Rückverlegung klappt reibungslos.

Selbst die üblichen Störaktionen von Liebhabern von Demonstrationen sind ausgeblieben. Dieser Teil der Wesermarsch liegt heute in den Landkreisen Cuxhaven und Osterholz – damals im Altkreis Wesermünde – , zu abseits für eine publikumswirksame Aktion, oder das Wetter ist ihnen zu unwirtlich.

Jedenfalls ist die Übung ein voller Erfolg. Sogar der Divisionskommandeur, der dafür bekannt ist, dass er recht impulsiv und manchmal unangenehm reagieren kann, ist voll des Lobes.

Es hat auch keine Schäden gegeben. Bei der großen Zahl von Flugbewegungen blieben die Einsätze unfallfrei. Sogar die in dieser Region zahlreichen und tief fliegenden gefiederten Konkurrenten im Luftraum sind rechtzeitig den Flugzeugen ausgewichen. Sie saßen wohl staunend in den Bäumen neben der Autobahn und begnügten sich diesmal zwitschernd mit einem – bewundernden, natürlich – Zuschauen. Oder waren sie auch einfach nur neidisch? Sie sind doch so klein, so viel langsamer und – so hoch können sie auch nicht fliegen. „Und Feuer unter dem Hintern haben sie auch nicht", scherzt ein Flugzeugmechaniker.

28 Flieger auf dem Boden

Das Schicksal ist mir wohlgesonnen. Oder ist es gar auch das Personalamt im Verteidigungsministerium? Ich habe mein Amt von einem Vorgänger übernommen, dem ein gesunder Ehrgeiz nicht besonders wichtig gewesen zu sein scheint. Bei der Einweisung in meine neue Aufgabe schockiert der mich mit dem Spruch, „Wer die Arbeit kennt und sich nicht drückt, der ist verrückt." Ich kann mir nicht vorstellen, dass eine solche Einstellung in dieser Führungsposition wirklich ernst gemeint sein könnte. Aber muss sie nicht auch Auswirkungen auf die Motivation der Männer im Geschwader haben – wenn sie bekannt wird? Falls er den Spruch nicht nur mir gegenüber los lässt.

Mit Genugtuung stelle ich fest, dass sich meine Männer darüber freuen, wenn ich klare Ziele vorgebe. Für mich ist das Bessere der Feind des Guten. „Ich verlange von Ihnen, dass sie jederzeit mitziehen."

Und ich habe Glück, die Männer sind durch die Bank leistungsbereit. Ich sehe meine Chance – und ich will sie nutzen.

Manchmal werde ich aber doch unsicher. Hat nicht stellenweise doch eine gewisse Laxheit Platz gegriffen? Steht nicht – um nur ein ganz kleines Beispiel zu nennen – im Offizierheim die dort vorgeschriebene Kleiderordnung nur noch auf dem Papier? Oder – was die Öffentlichkeitsarbeit angeht – wie ist das mit der 'Antilärmliga' in der Stadt? Wie kann es sein, dass sich diese 'Antilärmliga' genügend ermutigt fühlt zu glauben, ihren Kampf gegen den Flugplatz schon gewonnen zu haben? In die ganze Pyramide der Luftwaffenhierarchie bis hinauf zum Bundesministerium der Verteidigung sind die Protestierer schon vorgedrungen, und es ist ihnen gelungen, überall Unbehagen und Unruhe zu stiften.

Jedenfalls bin ich nicht bereit, auch nur Anzeichen von Schlendrian hinzunehmen. Ich fordere Leistung. Dem Geschwader soll ein guter Ruf vorausgehen, und alle sollen dazu beitragen. Und die Angehörigen des Geschwaders sollen stolz sein, dass sie gerade diesem Verband angehören. Auch beim Militär ist doch die positive Identität des Unternehmens die Basis dafür, dass sich die Angehörigen mit dem Unternehmen identifizieren.

Es ist gute Tradition geworden, in regelmäßigen Abständen gemeinsame Treffen mit Flugzeugführern der Nachbargeschwader abzuhalten. Das fördert nicht nur die Kameradschaft, sondern dient auch dem Erfahrungsaustausch. Sonst begegnen sich die Piloten zwar nahezu täglich in der Luft, aber wirklich „sehen" sie sich im Flugbetrieb hauptsächlich bei Landungen in den umliegenden Einsatzhorsten. Eine dieser Gelegenheiten, sich persönlich näher zu kommen und die Kameradschaft zu pflegen, ist das Austragen von Fußballwettbewerben. Einer nennt sich 'Red Barons Cup' und wird zwischen den Flugzeugführern aus Wittmund und denen aus Oldenburg gepflegt. Dann sind auch noch Flieger der Waffenschule 10 in Jever und die Radarleute aus dem CRC Brockzetel (*Combat Reporting Center*) hinzugekommen.

Solche Treffen enden – wenn sie in Oldenburg stattfinden – traditionell im repräsentativen Kasino. Und da kommt es bei solchen Veranstaltungen hin und wieder zu ungeahnten Höhepunkten. Bei dem ersten dieser Treffen unter meiner Regie als Kommodore geschieht im Offizierheim genau dieses.

Rechtzeitig vorher besorgen zwei Flieger auf eine Anzeige hin in der Stadt ein für das Fliegertreffen geeignetes Möbel, ein Klavier. Eine nette alte Dame will es verkaufen. Als sie sich von dem guten Stück trennt, schärft sie den beiden ein, „Passen Sie gut auf das Klavier auf, mein Mann hat immer so schön darauf gespielt". Das versprechen sie natürlich mit ernstem Gesicht.

Mitten auf dem frisch gebohnerten Parkett des wundervoll holzvertäfelten großen Speisesaals im Offizierheim findet es einen angemessenen Platz. „Paule" Seifert, ein begabter Hobbypianist, begleitet darauf das vielstimmige Absingen beliebter Fliegerlieder. Als es draußen dunkler wird und nach viel Bier, wird das Klavier feierlich angezündet. Das erhöht die romantische Stimmung. Das gut ausgetrocknete Holz des traditionsreichen Musikinstruments fängt tatsächlich Feuer und beginnt zu brennen. Nun unternehmen die verantwortungsbewussten Piloten unter dem Beifall aller Feiernden ein paar ritualisierte Versuche, das züngelnde Feuer mit Bier aus vollen Maßkrügen zu löschen. Aber heute bleibt das erfolglos, dieses Klavier ist betagt genug und brennt zu gut. Da versuchen ein paar mutige Hilfswillige, das brennende Klavier durch die Tür des Saales in den Garten zu schleppen, der das Offizierheim umgibt. Eile ist geboten. Aber – oh Graus – dieses Piano passt nicht durch die Tür! Niemand hat bedacht, dass die Tür, die zum Garten führt, dafür zu schmal ist. Die große Holzmaschine durch das gesamte Gebäude und den langen Gang zurück bis zum großen Eingang zu schleppen, durch den es hereingekommen ist, dafür ist es zu spät. Aber die Kampfbesatzungen sind schnelle und mutige Entscheidungen gewöhnt. Es gehört Mut und Kraft dazu, das brennende antike Musikinstrument nun in einer gemeinsamen Anstrengung durch eines der hohen Fenster des Speisesaals in den Garten zu werfen. Mit lautem Krachen verliert das Fenster einige Quer- und Längsstreben, und viel Glas geht zu Bruch. Ein Kollateralschaden, der in diesem Augenblick keine Rolle spielt. Er ist vielmehr ein Anlass zu weiteren Heiterkeitsausbrüchen. Die feuchtfröhliche Versammlung bejubelt den schwungvollen Erfolg der Aktion vielmehr und feiert munter weiter. Das kostbare Parkett bleibt unbeschädigt.

Die Fensterreparatur wird von den Verursachern am nächsten Tag umgehend in die Wege geleitet und auch die Rechnung von ihnen anstandslos und zügig beglichen. Natürlich hat niemand ein Interesse daran, das Geschehen an die Öffentlichkeit gelangen zu lassen, so dass auch der alten Dame eine Enttäuschung erspart bleibt.

Aber – es ist auch die letzte große Fliegerparty im Kasino gewesen. In der Woche darauf folgt eine „tiefschürfende und eindringliche Nachbesprechung" des Kommodore mit allen Beteiligten, und in Zukunft wird aus dem traditionellen Treffen sicherheitshalber eine 'Flightline-Party'. Sie findet nun in einem der großen Flugzeugbunker statt, die getarnt neben dem Rollfeld stehen. Für diese Veranstaltungen wird der Hangar leer geräumt und mit Stühlen und Tischen ausgestattet. Angemessene Bewirtung durch das Offizierheim ist problemlos sicherzustellen. Diese Partys sind nicht weniger erfolgreich und auch nicht weniger beliebt, aber sie sind weitaus weniger gefährlich. Selbst brennende Klaviere können keinerlei Schaden mehr anrichten – schließlich sind die Hangar-Tore groß genug für große Flugzeuge – und damit auch für kleine Klaviere.

Hier bietet sich mir eine gute Gelegenheit, ein Loblied auf das Management des Offizierheims und genau so auch auf das des Unteroffizierheims zu singen. Die OHG wie auch die UHG sind „no profit" Betriebe, deren exzellentes Management nicht nur konkurrenzlose Preise für Speisen und Getränke anbieten kann, sondern die auch eine stressfreie und kameradschaftlich gemütliche Atmosphäre schaffen. Sie werden von den Soldaten, aber auch den Familienangehörigen und deren Gästen gern genutzt.

Die Kosten für Bälle, den Salvatorabend und andere kameradschaftliche und gesellschaftliche Veranstaltungen werden hier über die Eintrittspreise und die Getränke finanziert. Wobei die beiden Heimgesellschaften für alle Geschwaderangehörigen selbstverständlich bei keiner Veranstaltung Eintrittspreise erheben.

Im Offizierheim ist Oberstleutnant „Mike" Michels der Verantwortliche für das kleine Team. Ein außergewöhnlich fähiger Offizier, den ich jahrelang für die Leitung des Offizierheims gewinnen kann. Eigentlich ist er der Chef der Flugbetriebsstaffel, und auch diese vielschichtige Einheit führt er zu meiner Freude tadellos.

Es gibt im Fliegerhorst auch gute, „harmlosere" Veranstaltungen als die Flightline-Parties. Gleich nachdem der erste Frost gekommen ist, beginnt die Kohl- und Pinkel-Zeit.

Pinkel ist eine geräucherte, grobkörnige Grützwurst, die besonders in der Gegend um Oldenburg und Bremen sowie in Friesland zu Grünkohl gegessen wird. Es gibt verschiedene Namensdeutungen für den Ausdruck Pinkel. Er bedeutete z.B. einen kurzen, dicken Gegenstand. Nach einem Wörterbuch von 1768 kommt Pinkel von Mastdarm, der traditionell bis heute als Wursthülle verwendet wird, und daher auch der Name der Wurst. Mit 'pinkeln' oder mit einem 'feinen Pinkel' hat das Ganze nichts zu tun.

Pinkel besteht im Wesentlichen aus Speck, Grütze von Hafer oder Gerste, Rindertalg, Schweineschmalz, Zwiebeln, Salz, Pfeffer und anderen Gewürzen. Die genaue Zusammensetzung der Rezeptur wird von den jeweiligen Schlachtern als Betriebsgeheimnis gehütet und ist von Dorf zu Dorf sogar unterschiedlich.

Die so genannten „Kohl-und-Pinkel-Touren" oder auch „Kohlfahrten" von Familien, Freunden und Bekannten sowie Belegschaften und Vereinen haben als winterliche Ausflüge zu Landgasthöfen Tradition. Nach der Tour kommt traditionell Grünkohl mit Pinkel auf den Tisch. Dabei handelt es sich um ein besonders nahrhaftes und fettes Gericht, zu dem auch weitere Zutaten wie Kochwürste, fetter gestreifter Speck und Kassler gereicht werden. Auf Salzkartoffeln kann ich auch verzichten.

Im Geschwader brechen die einzelnen Staffeln an Wochenenden im Januar und im Februar immer wieder zu den Kohlfahrten auf. Im Offizierheim wie auch im Unteroffizierheim kommt es öfter vor, dass der eigentliche Kohlgang, also der Fußmarsch mit Bollerwagen über mehrere Kilometer, eingespart wird. Da beginnen die Männer dann gleich mit dem Essen und Trinken. Dabei kommt dem Trinken eine große Bedeutung zu, denn es wird nicht nur dem Bier reichlich zugesprochen, sondern auch dem „Oldenburger Landwein", dem Korn. Hartnäckig hält sich das Gerücht, dass die Verdauung des fetten Essens sehr gefördert wird, wenn man reichlich Korn dazu trinkt. Das wird immer wieder in der Praxis bestätigt – rein medizinisch natürlich.

Bei jeder Kohlfahrt wird auch ein Kohlkönig gewählt, der von der versammelten Kohlgemeinde mit Mehrheitsbeschluss „ausgeguckt" wird. Das ist häufig der, der am meisten zugelangt hat. Eine schön gemalte Urkunde ehrt den Vielfraß.

Eine besondere Variante des Kohlessens ist das Auswiegen des Kohlkönigs. Dazu wird eine Liste angelegt, auf der das Gewicht jedes Teilnehmers vor Beginn des Essens eingetragen wird. Zum Abschluss der Veranstaltung wird jeder noch einmal gewogen. Sieger wird dadurch im Allgemeinen allerdings nicht derjenige, der am meisten gegessen, sondern der am meisten Bier getrunken hat.

Obwohl ich wacker mithalte, schaffe ich es nie – weder auf die eine noch auf die andere Variante, Kohlkönig zu werden.

Zum Auftreten in der Öffentlichkeit und zur Selbstdarstellung dienen auch Bälle und Empfänge. 'Der Ball auf dem Fliegerhorst' hat da eine lange Tradition. Er ist gleich nach der Übernahme des Fliegerhorsts von der Royal Air Force vom damaligen Kommandeur der Waffenschule, Oberstleutnant Wehnelt, schon im Jahr 1958 eingeführt und zu einer stilvollen Veranstaltung entwickelt worden. Als junger Leutnant und frisch gebackener Jagdflieger habe ich schon während meiner Zeit an der Waffenschule daran teilgenommen. Ich war nicht nur beeindruckt von dem gesellschaftlichen Höhepunkt. Ich habe auch bemerkt, wie gut die festliche Veranstaltung bei den Oldenburger Bürgern und Repräsentanten ankam. Der Ball wurde ein Erfolg, und der 'Fliegerball' entwickelte sich im Lauf der Jahre zum „Ball Nummer Eins" in Oldenburg. Als Kommodore führe ich diese Tradition mit großem Enthusiasmus fort.

Im festlich dekorierten Offizierheim empfange ich Repräsentanten des öffentlichen Lebens, der Wirtschaft, der Verwaltung und benachbarter Verbände der Bundeswehr zum Ball. Auch die Presse vergesse ich nie einzuladen. Und die enthusiastischen Berichte über das Fest ziehen Kreise.

Wesentlich trägt natürlich die flotte Musik einer fleißigen Kapelle dazu bei, zu der reichlich und gern getanzt wird. Und das reichhaltige, schmackhafte Büfet erfreut und labt die Gäste. Die Köche des Geschwaders sind exzellent ausgebildet und schaffen auch eine vielfältige Augenweide.

„Öffentlichkeitsarbeit" ist die Bezeichnung in trockenem Amtsdeutsch, wenn man nicht hingerissen ist vom Glamour des Festes, den reizend anzusehenden Damen in ihren farbenfrohen Ballkleidern, den schicken Uniformen der Soldaten oder den neuesten Smokings der Herren. Eine Atmosphäre der fröhlichen Entspannung bestimmt das gemeinsame Erlebnis. Freundschaften sind aufgefrischt, neue Bekanntschaften geschlossen, und im Arbeitsalltag und im gesellschaftlichen Leben am Standort kann darauf hervorragend aufgebaut werden.

Bis zum letzten Tag brüte ich über der Tischordnung. Persönlich besetze ich mit viel Umsicht die Sitzplätze an jedem einzelnen Tisch. Aber es wird zusehends schwieriger, dem Verlangen der Oldenburger Gesellschaft gerecht zu werden, auch eine Einladung zu erhalten. Schönheitsfehler bei Organisation und Umsetzung stecke ich gerne weg, solange sie den Gästen nicht auffallen.

Da inzwischen der als Ballsaal genutzte repräsentative große Speisesaal des Offizierheims nicht mehr ausreicht, habe ich mich entschlossen, einen etwas kleineren Saal gleich nebenan in das Ballgeschehen einzubeziehen. Aber wie kann ich diesen Saal so attraktiv gestalten, dass sich niemand dorthin 'verbannt' fühlt? Meistens gelingt mir das mit einer gesunden Mischung wichtiger Oldenburger und Führungspersonal des Geschwaders an den Tischen. Auch wechsele ich selbst wiederholt in den kleinen Saal. Die Gäste zeigen Verständnis und freuen sich einfach, dass sie dabei sein können. Aber es gibt auch Ausnahmen.

Länger beschäftigt mich ein ehrenwerter Gast, der sich durch die Tischordnung nicht genügend gewürdigt fühlt. Er ist der Leiter einer örtlichen Behörde, die auch für den Fliegerhorst zuständig ist. Ich habe ihn diesmal in den Nebensaal platziert. Als der Herr nun mit seiner Frau Gemahlin im Kasino erscheint und auf der großen Tafel die Sitzordnung studiert, richtet er seine Empörung über diesen „Affront" gegen den Kommodore. Dann stürmt er unter Protest mit seiner ungnädigen Gattin aus dem Offizierheim. Der Ärger der beiden muss sehr groß gewesen sein: Sie haben danach an keiner weiteren gesellschaftlichen Veranstaltung auf dem Fliegerhorst mehr teilgenommen. Bis der Beamte aus Oldenburg wegversetzt wird, bleibt das ansonsten traditionell hervorragende Verhältnis zu seiner Behörde etwas gespannt.

Mein Bestreben, dem Ball jedes Jahr wieder eine besondere Note zu geben, ist nicht immer von Erfolg gekrönt. In einem Jahr versuche ich, den erfolgreichen Sänger Reinhard Mey als besondere Einlage für unseren Fliegerball zu interessieren. Mich hat schon lange seine Fliegerhymne „Über den Wolken muss die Freiheit wohl grenzenlos sein" fasziniert. Die Verhandlungen über einen Auftritt Reinhard Meys finden allerdings sehr schnell ein Ende. Der Sänger verlangt für einen kurzen Auftritt beim Fliegerball die kleine Summe von 20.000 Mark. Der 'Repräsentationsfond' des Kommodore, aus dem ich alle repräsentativen Veranstaltungen *im ganzen Jahr* zu begleichen habe, beträgt allerdings nur ganze 900,- Mark. Das passt dann doch nicht so ganz . . .

Der Fliegerball ist dennoch immer ein großer Erfolg. Nicht unerheblich mit dazu bei trägt sicher auch das Ausschmücken des Ballsaales. Mir liegt das von Anfang an besonders am Herzen – und dazu gehören vor allem Blumen. Der Ball findet jetzt traditionell zu Beginn eines neuen Jahres statt. Aber Blumen im Winter sind teuer. Auf einem der regelmäßigen Navigationsflüge vom Luft-Boden-Schießplatz in Sardinien zurück nach Oldenburg darf deshalb ein Jet einen besonderen Transport ausführen. Herrliche farbenprächtige Nelken aus Italien geben dem Offizierheim im kalten unfreundlichen Februar einen außergewöhnlichen und opulenten Hauch von Frühling. Und das zu einem vertretbaren Preis, der in Sardinien in dieser Zeit problemlos ausgehandelt werden kann.

Ein weiteres dekoratives Prunkstück wäre im Ballsaal ein kinderwagengroßer maßstabsgerecht nachgebauter Jagdbomber, denke ich, um den Bezug zur Fliegerei deutlich zu machen. Den könnte ich in den Werkstätten des Geschwaders „für Ausbildungszwecke" bauen lassen. Von Anfang an habe ich allerdings im Hinterkopf an den Winterball gedacht, und wie ich damit die Ballgäste beeindrucken würde.

Vielleicht könnte die Technische Gruppe mit ihren vielen Werkstätten solch ein Modell bauen, hoffe ich. Ich weiß zwar, was die Technik zu bewerkstelligen in der Lage ist, jedoch bezieht sich alles auf den Flugdienst, auf die Überprüfung, Pflege und Wartung der Flugzeuge, den Austausch von Teilen, gegebenenfalls die Reparatur von und an den Kampfflugzeugen des Geschwaders.

Also richte ich an den Chef der Instandsetzungsstaffel die Frage, „Ist die Technik im Stande, ein Modell des im Verband geflogenen Einsatzflugzeuges Fiat G-91 zu bauen?" Groß genug soll es sein, dass es auch im Kasino Eindruck machen würde, wesentlich größer auf jeden Fall als die dienstlich gelieferten kleinen Modelle.

Major Gerhard Tresbach[67] sagt zu. Er will prüfen, ob in der Instandsetzungsstaffel jemand zu finden sei, der sich den Bau eines Flugzeugmodells zutraut. Zu seiner eigenen Überraschung muss er nicht allzu lange suchen. Ein junger Oberleutnant, Uwe Friede, erklärte sich bereit, das Projekt „Bau eines Flugzeugmodells" in Angriff zu nehmen. Er gewinnt als Ausführenden den Meister der Teileinheit Tischlerei, Herrn Tippelt, sowie einige andere Helfer. So wird in dieser Werkstatt in langer Arbeit der Wunsch des Kommodore in die Tat umgesetzt. Am Ende verlässt bei einem feierlichen Roll-Out ein Prachtstück im Maßstab 1:3 die Werkstatt, lackiert und mit funktionierender Beleuchtung wie sein echtes und großes Vorbild. Zusatztanks hängen unter den Tragflächen und ebenso Pylone mit Schlössern zur Aufnahme von Außenlasten, im Cockpit sitzt sogar ein kleiner Pilot.

Der große Tag der Bewährung kommt dann beim Winterball im Kasino, für den ich mir das Prachtstück „ausgeliehen" habe. Es schwebt an der Decke in der Mitte des großen Saales. Die G-91 blinkt beim Eintreffen der Gäste wie bei einem Nachtflug. In den Außenlastenträgern, dort, wo sich unter den Tragflächen die Schlösser für die Bomben befinden, sind je eine Magnum-Sektflasche als Außenlast eingeklinkt, beide mit einer langen Fangleine an der Decke des Saales befestigt. Die Sektflaschen sind außerdem mit je einem Kabel gesichert. Unter dem Flugzeug habe ich zwei Offiziere postiert. Nun begrüße ich feierlich die Ballteilnehmer. Dabei eröffne ich den Ball durch „Abwurf" der Sektflaschen mit meiner Fernsteuerung – und die Bombenschlösser des Jets öffnen sich. In beeindruckendem Schwung fallen die beiden Sektbomben nach unten und pendeln dann wie vorgesehen genau auf mich zu. Die beiden Offiziere fangen sie auf. Abfangen, öffnen, die Sektkorken fliegen mit lautem Knall zur Decke, bevor die Offiziere den Inhalt in die Gläser der Gäste an den Tischen leeren. „Prosit!" Nun kann das Fest mit dem viel bejubelten Gag und einem „Herzlich Willkommen-Toast" beginnen.

Was niemand im Saal weiß – selbst ich eingeschlossen, dem das erst hinterher „gestanden" wird: Nicht ich habe die Sektflaschen „abgeworfen", obwohl es doch so aussah. Denn folgendes ging dem großen Auftritt voraus: Während der Erprobung in der Tischlerei stellte sich heraus, dass die Signale der Fernsteuerung zu schwach sind, um die Schlösser an den Außenlasten zu öffnen. Deshalb bezieht beim Ball ein junger Leutnant auf dem staubigen Dachboden direkt über dem Ballsaal und dem aufgehängten Flugzeug seinen Posten. Bewaffnet mit einem Empfangsgerät für das Fernsteuersignal und einer starken Autobatterie wartet er auf seinen wirkungsvollen, aber verborgenen Einsatz. Ich bediene die Fernsteuerung, die Anzeige am Empfangsgerät des Leutnants schlägt aus. Blitzschnell legt der seinerseits den Schalter der Autobatterie um und alles nimmt wie vorgesehen seinen Lauf. Der unter dem einsamen Leutnant auf dem Dachboden im Ballsaal aufbrausende Beifall ist die positive Rückmeldung für den gelungenen Abschluss des Projekts „Bau eines Flugzeugmodells".

Das G-91 Modell hat sich noch zur Ausbildung und in vielen weiteren Einsätzen bewährt. Heute steht die G-91 übrigens immer noch vielbestaunt im Ausstellungsraum der Traditionsgemeinschaft JaboG 43, die seit 1993 im ehemaligen Simulatorgebäude auf dem Oldenburger Fliegerhorst die Erinnerung an das inzwischen aufgelöste Geschwader bewahrt.

Meinen Antrag, für meinen Gefechtsstandbunker ein Periskop zu bekommen, mit dem ich bei Alarm auch 'draußen' etwas sehen kann, habe ich nicht vergessen. Ich will mir immer noch gerne selbst ein Bild machen von dem, was draußen vor sich geht, wenn ich im Alarmfall unter die Erde verbannt bin, um das Geschwader zu führen. Immer wieder hake ich nach, damit mein Anliegen nicht vergessen wird oder unbemerkt in einer Schublade verschwindet. Das Gesuch habe ich direkt an das Marineamt in Wilhelmshaven geschickt. „Der direkte Weg ist oft der erfolgreichere, auch wenn er nicht unbedingt der korrekte ist", weiß ich.

Das Marineamt mag sich über den Antrag amüsiert haben, aber die Marineoffiziere sehen das Ansinnen offensichtlich locker. Schließlich bekomme ich eine Antwort, die mich erfreut. „Ein ausgemustertes U-Boot-Periskop ist verfügbar. Es kann dem Geschwader zur Verfügung gestellt werden. Die Abholung ist durch das Geschwader zu organisieren. Der übliche Dienstweg für den Materialausgleich ist einzuhalten."

„Der übliche Dienstweg!" Das stimmt bedenklich.

Jetzt muss ich notgedrungen auch meine vorgesetzten Dienststellen einschalten, und das ist auch ein Knackpunkt. Die Korrespondenz für die Genehmigung durch die gar nicht Betroffenen geht eine Weile hin und her. Als sie schließlich das Verteidigungsministerium erreicht, kommt es, wie es kommen muss: „Der Antrag wird abgelehnt."

Ich vermute, dass sich das ablehnende Referat nur mit Mühe der Bemerkung enthalten hat, „Ohne uns. Da könnte ja jeder kommen!" Eine sachliche Widerlegung meiner Überlegungen erhalte ich jedenfalls nicht.

Das Ganze erinnert mich an eine Geschichte aus dem schon älteren Buch 'Mein General' von Karl Ludwig Opitz. Dort erhält der nicht sehr nachahmenswert dargestellte General einen neuen Fahrer. Der bemüht sich um eine Verbesserung der Fahrsicherheit des schon etwas betagten Fahrzeugs. Er baut zwei Nebelscheinwerfer an. Der General fragt, was 'die Dinger' bewirken sollen. Als der Fahrer ihm erläutert, dass dadurch die Sichtbedingungen für den Fahrer erheblich verbessert würden, zischt er, „Die Dinger kommen ab. Wenn Nebel ist, reißen Sie Ihre Augen gefälligst auf."

In den fliegenden Geschwadern gibt es eine Einrichtung, an der ein kameradschaftliches Miteinander herrscht, das jeder Hierarchie überlegen ist: Die Flieger-Bar. Sie könnte ein Zentrum der 'Inneren Führung' sein. Deren Bedeutung habe ich von meinen Ziehvätern gelernt. Als Oberleutnant im Geschwader von „Bubi" Hartmann[13] hatte ich den Eindruck gehabt, dass die Flieger-Bar sein eigentliches Führungsinstrument war. Die Bar steht dem gesamten fliegenden Personal und auch den Offizieren der Bodendienste offen. Dort wird offen diskutiert, auch in Gegenwart des Kommodore und auch über seine Entscheidungen. Wenn die Flieger nach einem nervenaufreibenden, sie bis zum letzten fordernden Flugtag, der manchmal auch lebensbedrohliche Erlebnisse einschließt, an der Bar Entspannung suchen und die Seele baumeln lassen, dann kann der Vorgesetzte Dinge oft weitaus besser ins Lot rücken oder regeln als von seinem Schreibtisch aus. Vor allem aber ist hier der Ort für den Kommodore, um zuzuhören.

Es gibt im Sommer auch schon mal Kameradschaftsabende der Staffeln. Gerne nehme ich daran teil – wenn ich eingeladen werde. Am Lagerfeuer geht es ebenso unbefangen zu wie an der Flieger-Bar – und diskutiert wird auf gleicher Augenhöhe.

Ich liebe den Widerspruch nicht gerade, aber ich verstehe seine Notwendigkeit und seine Bedeutung für das Seelenleben – nicht nur – der Soldaten, sondern auch für meine Führungstätigkeit. Oft fordere ich ihn sogar heraus. Und es gelingt mir – fast immer –, nichts persönlich zu nehmen. „Du brauchst Kritiker, solltest aber trotzdem nicht auf alle hören", hatte schon Niccoló Machiavelli geraten, der geniale Florentiner.

Welche Früchte diese Abende oder eben auch ein Bier an der Flieger-Bar tragen, bei denen ich auch aus entlegenen Winkeln und Ebenen meines Fliegerhorstes allerlei Interessantes vernehme, zeigt sich oft erst Tage später, wenn stillschweigend bestimmte Anweisungen herausgegeben werden und andere von den schwarzen Brettern verschwinden.

Deshalb sollte die Bar wohl der eigentliche Arbeitsplatz des Fliegerarztes sein, denke ich mehr als einmal. Der nimmt in jedem Geschwader eine besondere Stellung ein. Er ist nicht nur der Mediziner, der die Flieger gesund erhalten soll, er ist auch Psychologe, Psychiater, Beichtvater und natürlich auch Arzt. Eigentümlicherweise hat keiner der Militärpfarrer, denen ich in meinem Fliegerleben begegnet bin, zu meinem persönlichen Bedauern eine solche Rolle spielen können.

Der Inspekteur der Luftwaffe, Generalleutnant Gerhard Limberg[35], hat angekündigt, dass er dem Geschwader in Oldenburg einen Besuch abstatten will. Ich kenne ihn schon länger, und die Zusammenarbeit war stets erfreulich. Deshalb bin ich nun sehr erfreut über die Absicht des Inspekteurs.

Es ist ein wunderschöner Sommertag im Monat Juli. Natürlich habe ich ein kleines Ehrenspalier antreten lassen. Ich will besonders korrekt sein, es ist schließlich das erste Mal, dass General Limberg als Inspekteur mein Geschwader besucht. Ernsthaft habe ich überlegt, ob ich meinen Soldaten großer Dienstanzug mit Stahlhelm zumuten kann. Denn die Sonne brennt herab, und es wird ein heißer Tag. Schließlich entscheide ich mich aber doch dafür, weil ich meine, das sei korrekter. Da es aber so heiß ist, lasse ich die Feuerwehr immer wieder den Antreteplatz „wässern" und damit abkühlen, bevor der Inspekteur landet, um nicht zu riskieren, dass einer der Soldaten einen Hitzschlag bekommt oder einfach umfällt. Die Soldaten dürfen auch den Helm abnehmen, bis das Flugzeug mit dem Inspekteur heran rollt.

Gegen Mittag, also in der größten Hitze, landet der Hansa-Jet HFB 320 der Flugbereitschaft der Bundeswehr, die auch Mitglieder der Bundesregierung fliegt, und rollt vor dem Kontrollturm aus. Der Inspekteur ist noch gar nicht richtig aus der Tür des Flugzeugs heraus, da fängt er schon an zu brüllen. „Sind Sie von allen guten Geistern verlassen, ...!" Es folgen noch ein paar unschöne Beschuldigungen, die alle Anwesenden gut mithören können. Jedenfalls macht der General seinem Unverständnis mehr als deutlich Luft, dass ich für die Soldaten nicht die luftige Sommeruniform befohlen habe, also ein kurzärmliges Hemd und ohne Jacke und auch keinen Helm.

Nun ist natürlich meine euphorische Stimmung verflogen. Ich habe das Missfallen meines obersten Chefs so sehr erregt, dass der mich vor versammelter Mannschaft empört anschreit.

„Er hat ja Recht!", muss ich mir auch noch eingestehen, aber ich hatte diese Möglichkeit nach reiflicher Überlegung verworfen, und nun ist es zu spät.

Während des gesamten Besuchs bleibe ich recht bedrückt. Obwohl – danach alles Weitere bei dem Besuch gut verläuft – und umgefallen ist von den Soldaten des Ehrenspaliers ebenfalls keiner.

Hätte das einer Bestätigung bedurft, dass der Inspekteur seinen Zorn vom vergangenen Sommer vergessen hatte, dann wäre sie im Februar des folgenden Jahres erfolgt. 1978 beauftragt General Limberg das Geschwader, Bundesverteidigungsminister Georg Leber[36] mit einem Truppenappell zu ehren. Der scheidende Minister soll damit von der Luftwaffe verabschiedet werden. Ich habe die Verabschiedung zu gestalten. Bei allem Stress, den das mit sich bringt, ist das auch eine Ehre. Ich werte das dann auch als den Friedensschluss mit dem Inspekteur.

Wieder gebe ich mir große Mühe, alles so zu organisieren, dass es eine bleibende und gute Erinnerung für den Minister wird und ein vorzeigbares und repräsentatives Ereignis für die Luftwaffe – und damit natürlich auch für das Geschwader. Diesmal klappt alles gut.

„Schorsch" Leber ist gelernter Kaufmann und hat nach dem Krieg als Maurer gearbeitet. Er ist ein Vollblutgewerkschafter. Bei den Soldaten ist er beliebt. Ich weiß, dass der Inspekteur und der Minister ein besonders vertrautes Verhältnis miteinander haben. Der Inspekteur hat das einmal angedeutet, und da ich gut zuhören kann, ist das bei mir hängen geblieben.

Vielleicht liegt es daran, dass Limberg den Minister richtig zu nehmen weiß, oder auch daran, dass Leber als Unteroffizier der Wehrmacht in einem Geschwader der Luftwaffe gedient hat und offensichtlich nicht ungern daran zurückdenkt. Wie auch immer, die beiden verstehen sich gut. Deshalb liegt mir am Herzen, die Veranstaltung auch in dieser Hinsicht über den offiziellen Appell hinaus besonders persönlich zu gestalten.

Eine nicht alltägliche Aufgabe. Das gesamte Geschwader wird in Appellstimmung gebracht. Auf dem weiträumigen Hallenvorfeld werden an die 50 Jagdbomber im Halbkreis aufgestellt, flankiert von schwerem Gerät aus dem Fuhrpark des Geschwaders und zwei Flugabwehrgeschützen. Das lässt sich in Oldenburg gut machen, denn das Hallenvorfeld ist schon halbkreisförmig angelegt. Dazu ist dort das gesamte Personal des Fliegerhorstes – fast 2000 Menschen – in einem offenen Viereck angetreten. Ein imposantes Bild.

Nach dem Appell soll es im Offizierheim einen Empfang geben, den der Inspekteur der Luftwaffe mit seinen Generalen und einer Reihe von Ehrengästen gibt. Der Imbiss ist die leichteste Übung für das Geschwader. Denn mit dem Personal im Offizierheim verfüge ich über ein eingespieltes Team.

Die offizielle Verabschiedung aus der Luftwaffe rührt den scheidenden Minister sichtlich. Aber die Tränen in seinen Augen beim Abschreiten der Paradeaufstellung werden allgemein dem kalten Wind zugeschrieben, der an diesem Tag von Osten blast.

Eine zusätzliche Genugtuung bereitet es mir, als ich bemerke, wie den Minister das Abschiedsgeschenk der Luftwaffe rührt. Ich habe vorgeschlagen, einen kleinen Findling, den es in der Norddeutschen Tiefebene häufig als Überbleibsel aus der letzten Eiszeit gibt, mit ein paar Metallaufsätzen zu einer Sonnenuhr zu gestalten. Der Vorschlag wird akzeptiert. Die Instandsetzungsstaffel des Geschwaders mit ihren Werkstätten und die aus vielen Handwerkern mit Meisterprüfung bestehende Allround-Fliegerhorst-Feuerwehr machen es möglich. Es ist die Zeit, als die Fliegerhorstfeuerwehr noch klaglos Tag und Nacht im Dienst ist oder in Bereitschaft liegt. Die felsige Sonnenuhr sieht wirklich gut aus, und der Minister nimmt sie freudestrahlend entgegen. Für den Transport des Felsbrockens nach Oberbayern, wo der Minister sein Häuschen und seinen Ruhesitz hat, muss ich nicht mehr sorgen.

Die Verabschiedung eines Verteidigungsministers bleibt ein außergewöhnliches Ereignis, als solches recht selten, aber doch auch eine Facette im Leben des Geschwaders, wenn auch eine etwas exotischere. Aber es dominiert die andere, entscheidende Seite, die durch den Auftrag vorgegeben ist, und die ist die alltägliche. Es ist das immer wieder neue Erlebnis des Fliegens. Eine ständige, wunderbare Herausforderung, die keine Nachlässigkeit duldet.

Jede Sekunde muss der Pilot voll konzentriert sein, sonst kann es ihn ganz fürchterlich erschrecken – bestenfalls.

Ich fliege in einer weiten 4 Ship-Battle-Formation als Nummer 4. Das ist in diesem Flug eine Position wie der kleine Finger an der gespreizten rechten Hand (*den Daumen zählt man nicht mit*). Gerne überlasse ich die Flug- und Angriffsplanung und auch die detaillierte Navigation dem Hauptmann 'Pit' Berthmann[58]. Ein sympathischer und im Kameradenkreis beliebter Offizier, einer meiner äußerst erfahrenen Schwarmführer. Außerdem fliegt man rechts hinten auch etwas entspannter, denke ich. Es herrscht herrliches Wetter, keinerlei Beeinträchtigungen dadurch. Wir kommen nach einer Tiefflugmission aus dem Weserbergland. Über den Teutoburger Wald fliegen wir tief in das Tal der Westfälischen Werra hinein. In einer weiten linken Kurve weiter nach Norden dem flachen Land zu. Links oben über dem Tal erhebt sich mehr als 100 Meter über unserer Formation stolz Hermann auf seinem säulenumstandenen Pavillon. Der Cherusker reckt siegesbewusst sein langes Schwert senkrecht zum Himmel und schaut interessiert herab auf die vier Jagdbomber unter ihm. Da die anderen drei Schwarmkameraden links von mir fliegen, kann ich sie im Auge behalten und habe dennoch gute Gelegenheit, den germanischen Helden auf dem bewaldeten Höhenzug genau zu betrachten. Dabei entgeht mir, wie nahe sich auch rechts von mir ein Bergrücken auftürmt. Erschrocken wird mir plötzlich gewahr, dass ich in der linken Kurve unmerklich etwas zu weit nach rechts aus der Formation herausgeglitten bin – sehr, sehr nahe an den rechten Höhenzug heran. Zu sehr habe ich mich vom Recken faszinieren lassen. Gefährlich nahe erhebt sich der bewaldete Kamm dicht neben mir und noch ein gutes Stück oberhalb meiner Flugbahn. Abrupt ziehe ich den Jagdbomber hoch und nach links – und atme tief durch. – „Verdammt! So 'entspannt' solltest du auch als Nummer Vier nicht fliegen", schelte ich mich, und, „Noch mal gut gegangen." Schnell schließe ich wieder zur Formation auf. Noch mal gut gegangen … .

29 Intermezzo

Der 'Salvatorabend' ist eines der nicht-fliegerischen Ereignisse, das sich großer Beliebtheit in der Oldenburger Gesellschaft erfreut.

Der Starkbierausschank zur Fastenzeit lässt sich auf eine Ordensregel der im Kloster Neudeck ob der Au ansässigen Paulanermönche zurückführen, die in ihrer Klosterbrauerei spätestens ab 1634 Bier brauten. Sie mussten sich generell sehr karg ernähren und brauchten daher vor allem während der noch strengen Fastenzeit zur Stärkung 'flüssiges Brot'. Das brach das Fasten nicht, wussten sie. Zu Ehren des Gründers des Paulaner-Ordens wurde dann jedes Jahr im Frühling eine besonders starke Biersorte ausgeschenkt, das „Sankt-Vater-Bier", der spätere „Salvator". Das Fastenbier galt früher dann als stark genug, wenn eine Bank, über die das Bier verschüttet worden war, beim Aufstehen an der Lederhose kleben blieb.

Das Salvator-Starkbierfest wird jedes Jahr während der Fastenzeit veranstaltet. Als 'die Starkbierzeit' ist es den Münchnern zu einer 'Fünften Jahreszeit' geworden. Es steht in der Tradition des 'Heilig-Vater-Festes', wo des heiligen Franz von Paola gedacht wird, des Ordengründers.

In München beginnt die Veranstaltung mit der eigentlichen Bierprobe. Die erste Maß, die früher dem Kurfürsten zustand, wird dem bayrischen Ministerpräsidenten gereicht mit den Worten: „Salve pater patriae! Bibas, princeps optimae!" (*Sei gegrüßt, Vater des Vaterlands! Trinke, bester Fürst!*)

Seit seiner Einführung in Oldenburg im Jahre 1964 hat sich dieses „Bayrische Fest im hohen Norden" als festes Datum auch im Oldenburger Veranstaltungskalender etabliert.

Weitgehend wird sowohl im Unteroffizierheim als auch im Offizierheim der bayrischen Tradition gefolgt – allerdings ohne die Lederhosenprobe. Wir haben das nie probiert, für uns war trinken wichtiger.

Im Rahmen der Nachbarschaftshilfe fliegt dafür, das in Ahlhorn stationierte Transportgeschwader die 'Spezialität aus München', das originale Festbier ein. Das Bier hat 7,9 Prozent Alkohol, ist „unfiltriert, kastanienfarben und kräftig, malzaromatisch im Geschmack".

Für mich wird der Anstich des ersten Fasses beim Oldenburger Salvatorabend auf dem Fliegerhorst jedes Mal zu einer großen Herausforderung. Es gilt allgemein als ein Versagen, wenn ich – mit einer zünftigen langen Brauerschürze bekleidet – mehr als drei Schläge mit dem Holzhammer brauche, oder wenn gar das kostbare Bier neben „dem Wechsel" herausgespritzt wäre, bevor der Zapfhahn fest im Fass sitzt. Aus leidvoller Erfahrung kenne ich das Geheimnis: Man muss auch da üben, üben, üben – genauso wie beim Fliegen – aber beim Anzapfen vorher.

Mehr als 400 Herren – nur Herren damals – folgen im Februar oder März der Einladung des Kommodore. Das traditionelle Treffen aktiver Soldaten und Reservisten mit Gästen aus Politik, Wirtschaft, Verwaltung und anderen Bereichen des öffentlichen Lebens zum Starkbieranstich nach bayrischem Vorbild hat eine Eigendynamik entwickelt, die sich sogar als stärker erweisen sollte als der Wandel Oldenburgs zur zweitgrößten Garnisonsstadt Deutschlands. Ja, der Salvatorabend sollte sogar das Geschwader selbst überdauern und auch nach seiner Auflösung fortgeführt werden.

Besonderen Reiz gewinnt die Veranstaltung aus der entspannten Atmosphäre, in der Erinnerungen belebt und Gedanken zu aktuellen Fragen ausgetauscht werden. Im Vordergrund stehen zwischenmenschliche Kontakte. Ein Beispiel dafür, dass Geselligkeit noch nie einer Begründung bedurfte, zumal wenn sie als Rahmen für anregende Gespräche dient. Regierungspräsident Dr. Joseph Schweer und Oberbürgermeister Hans Fleischer zuerst, dann Dieter Holzapfel, sind selbstverständliche Teilnehmer zusammen mit den meisten der Oldenburger Stadträte. Man sitzt bei dem aus München eingeführten Salvator-Bier und bei Schweinshaxen, Sauerkraut, Brezen, Bier – und Bier – und Bier – oft bis zum frühen Morgen zusammen. Auch wenn nicht alle immer nur dem süffigen Bier zusprechen. Es bleibt kein Geheimnis für mich, wer in diesen Stunden von den Ordonanzen lieber Cola in seinen Bierkrug hat füllen lassen. Dazu bin ich zu gut in den Informationsfluss meiner Männer eingebunden.

Ist die Beliebtheit des Salvatorabends ein Zeichen für die Integration der Soldaten in die Stadt? Oder werden die Soldaten einfach nur so hingenommen und das Fest ist ein Fest wie jedes andere – wie ein Schützenfest etwa?

Abends verlassen die Soldaten den Fliegerhorst und gehen in ihre Wohnungen. Aber gehören sie wirklich zu den Bürgern der Stadt? Besonders, wenn sie – vor allem die Offiziere – immer wieder versetzt werden, sobald sie in der Stadt „warm geworden" sind?

Doch, in Oldenburg mag das wohl schon etwas anders sein. Da gibt es zum Beispiel den Stabsfeldwebel Paul Dieter Reck[68], der wieder in den Stadtrat gewählt worden ist. Auch andere Soldaten sind in der Stadt in vielfältiger Weise in der Politik, in Ehrenämtern und in Vereinen aktiv. Und ich bemühe mich um die Presse, damit die Arbeit der Soldaten auch „draußen" gesehen wird.

Dabei ist Oldenburg traditionell schon immer eine soldatenfreundliche Stadt gewesen. Jetzt ist sie auch noch der zweitgrößte Bundeswehrstandort in Deutschland. Nicht erst seit den Zeiten des Kaisers dient der Pferdemarkt als ein Aufmarschplatz für die Soldaten. Die Oldenburger haben sich das „Schauspiel" ihrer Soldaten immer gerne angeschaut. Aber das ist Vergangenheit. Die Zeiten ändern sich auch hier. Jetzt wird der Pferdemarkt umgebaut zu einem anonymen Verkehrsknotenpunkt. An die lange Tradition erinnert nur noch eine eigenartige, urweltlich anmutende Gruppe verschachtelter Steinplatten mitten auf dem Platz. Das sind übergroße Symbole von vier Pferden, die sich über den um sie herum brandenden Verkehr wundern. Für Nostalgie bleibt kein Platz mehr. Inzwischen ist es auch gar nicht mehr einfach über den Platz hindurch zu finden, wenn man mit dem Auto unterwegs ist. "Fliegen ist leichter", denke ich dann manchmal.

Das Geschwader hatte immer ein gutes Verhältnis zu den Oldenburgern. Dennoch interessiert mich die Frage, was wohl davon reines Zweckinteresse ist. Oder verhält es sich in Oldenburg doch anders als in der Bevölkerungsmehrheit der Bundesrepublik insgesamt? Die betrachtet nämlich die Bundeswehr mehr oder weniger mit freundlichem Desinteresse oder sogar nur als ein notwendiges Übel.

Im Dezember 1974, dem Jahr, als ich das Geschwader übernehme, hat eine Allensbach-Umfrage herausgefunden, dass lediglich 34 Prozent der Westdeutschen die Bundeswehr überhaupt für notwendig halten.

Also, wie verhält es sich jetzt hier? Sind zum Beispiel die Stadträte der Stadt Oldenburg wirklich interessiert an den Soldaten des Fliegerhorstes? Ich hätte mir mehr Engagement auch vieler anderer gewünscht, denn das Geschwader ist ja nicht nur ein großer Wirtschaftsfaktor, sondern da gibt es auch viele Wähler, die nur darauf warten, staatstragend mit zu helfen.

Oder sind viele Repräsentanten der Gesellschaft einfach nur klug genug, ein Minimum an Anteilnahme zu zeigen, um es sich mit den Soldaten – auch als potentielle Wähler – nicht zu verderben? Und wie macht sich das Interesse der Bürger der Stadt für die Soldaten bemerkbar? Interessiert sich jemand für das Sicherheitskonzept der Bundeswehr? Oder, „Können wir vielleicht auch etwas für die Soldaten tun?"

Zu selten habe ich den Eindruck, dass dies Fragen sind, die viele bewegen. Die Fragen, die die Bürger zu interessieren scheinen, sind simpler. „Wie viel Sprit verbrauchen die Düsenjäger?" „Müsst ihr immer diesen Lärm machen!" „Wann ist der nächste Ball? „Mein Freund xyz möchte auch gerne zum nächsten Salvatorabend eingeladen werden." Auf jeden Fall hat dieses Interesse recht wenig mit dem Selbstverständnis der Soldaten zu tun und mit ihrer Aufgabe, von der die Soldaten meinen, sie zum Wohle und im Auftrag aller, im Auftrag des ganzen Volkes zu erfüllen.

Manchmal kann auch ein Zufall dem Geschwader eine langandauernde wohlwollende Aufmerksamkeit in der Öffentlichkeit verschaffen. Und das geschieht auf eine ungeplante und völlig unerwartete Weise, die mit meinem Auftrag absolut nichts zu tun hat.

In einer der wöchentlichen Chef-Besprechungen, die der Kommandeur der Technischen Gruppe abhält, wird beschlossen, ein großes Hallenfest mit Musik und Tanz vorzubereiten. Die Technische Gruppe will damit nicht nur sich selbst feiern, sondern auch den ganzen Fliegerhorst unterhalten. Einer spontanen Idee nachgebend fragt Major Gerhard Tresbach[67], der Chef der

Instandsetzungsstaffel, seinen Kommandeur Oberstleutnant Andries Schlieper, ob die Staffeln eigene Beiträge zur Auflockerung des Festes beisteuern könnten. „Was schwebt Ihnen denn so vor?" ist die prompte Rückfrage. Auf ein Stück Papier zeichnet Tresbach, was ihm vorschwebt. Da entsteht ein Mann, der um seine Hüften – nicht die Schultern – ein Jackett geschlungen hat. Auf seinen nackten Oberkörper malt er ein großes Gesicht und seinen Kopf, seine Schultern und seine Arme verbirgt er unter einem riesigen Hut. Mit dem musikalischen Hit „I was Kaiser Bill's Batman" soll er seinen Bauch bewegen, und der durch diese Verkleidung jetzt optisch sehr kleine Mann soll den Eindruck erwecken, er pfeife diesen Ohrwurm selber. Etwas Ähnliches hat der Staffelchef vor Jahren schon einmal gesehen, und es hatte ihm damals viel Spaß bereitet. Aber das Gemälde und die damit einhergehenden Erläuterungen sind nicht sehr überzeugend. Dennoch bekommt er schließlich grünes Licht für die Umsetzung.

Nun beginnt eine Suche nach geeigneten und freiwilligen Darstellern, die diesen Scherz mitmachen würden. Als ersten gewinnt er einen vollschlanken Hauptfeldwebel der Instandsetzungsstaffel, der zudem auch willens ist, seinerseits seine Kameraden zu überzeugen, bei dem Auftritt während des Festes mitzuwirken.

Es gelingt jedoch erst, nachdem sie einen Soldaten in der beschriebenen Weise eingekleidet, geschminkt und unter einen überdimensionalen Hut versteckt haben. Niemand kann so erkennen, wer sich unter dem riesigen, schwarzen Zylinder verbirgt. Unter dieser Bedingung können sie jetzt zehn Freiwillige für die Veranstaltung gewinnen, die sich nunmehr vorbereiten und einige Tanzschritte für den Auftritt einstudieren.

Während des Festes am Abend kommt der große Auftritt. Die Truppe zieht sich in einem der Seitenräume der großen Flugzeugwerft um und schminkt sich. Major Tresbach ist mit großer Wahrscheinlichkeit der einzige Chef in der Luftwaffe, der seinen Portepee-Unteroffizieren mit Lippenstift und Eyelinern den Bauch bemalt. Dann erfolgte der Einmarsch. Um einen eigenen Eindruck zu bekommen, mischt sich der Staffelchef unter die Zuschauer und beobachtet den Ablauf. Nun kann man nicht erwarten, zehn Unteroffiziere in wenigen Wochen zu Turniertänzern auszubilden, aber was auf der Tanzfläche geboten wird, ist hervorragend.

Unter den Zuschauern breitet sich Verblüffung, Erstaunen, Erkennen und großes Gelächter aus. Ganz in der Nähe fragt eine Zuschauerin sogar ihren Mann „Wo haben die denn so viele kleine Männer her"?

Die Überraschung ist perfekt gelungen und mit anhaltendem Applaus werden die Darsteller verabschiedet.

Alle sind froh, davongekommen zu sein mit diesem „einzigen Auftritt". Es sollte aber ganz anders kommen.

Noch am gleichen Abend werden sie von einem Kameraden, der damals der 'Friedensreiter der Stadt Münster'[66] war, eingeladen, im nächsten Karneval in Münster aufzutreten.

Zuvor aber hagelt es eine Fülle von Einladungen in der Stadt Oldenburg und im Umland, bei Dorffesten, Sportvereinen und Firmenveranstaltungen aufzutreten. Da findet ein Vorschlag Zustimmung, für die Auftritte Geld zu verlangen und diese Einspielungen sozialen Zwecken, wie z.B. dem Soldatenhilfswerk oder auch örtlichen sozialen Einrichtungen, zuzuführen. Auch die Einladung nach Münster wird angenommen. Der Auftritt im Karnevalsverein von Münster sollte von weitreichender Bedeutung werden. Dort nämlich liegt der Grundstein für die jahrzehntelange Karriere dieser bis dahin noch namenlosen Truppe, die sich als Soldaten aus dem Fliegerhorst Oldenburg vorstellen. Eine Dame des Karnevalvereins verspricht, die Truppe in einer am folgenden Tag stattfindenden Veranstaltung in der Münsterlandhalle auftreten zu lassen. Der Regisseur der Veranstaltung, die vom WDR aufgezeichnet werden soll, ist bereit, die Soldaten in das Programm aufzunehmen, und fragt, unter welchem Namen die Truppe anzukündigen sei. Und plötzlich hat die Truppe ein Problem, denn ohne Namen kein Auftritt. Ratloses Grübeln wird von eben jener Dame des Karnevalvereins beendet mit der Bemerkung, es dürfe doch nicht so schwer sein, für diese 'Schrumpfgermanen' einen Namen zu finden. Schrumpfgermanen? Ja doch, 'Schrumpfgermanen'! „Wir sind 'die Oldenburger Schrumpfgermanen'"

Noch vor Ende des Jahres 1978 wird auch Generalleutnant Limberg[35] in den Ruhestand verabschiedet. Sein Nachfolger als Inspekteur der Luftwaffe wird Generalleutnant Friedrich Obleser[25]. Ich kenne auch ihn seit Jahren recht gut. „Es ist immer ganz gut, wenn deine Vorgesetzten mit dir gut zurecht gekommen sind", denke ich, „selbst wenn sie nicht unmittelbar für dich zuständig sind".

30 Mit einer Nelke im Gewehr

Ich bin überzeugt, dass es keinen Winkel im Geschwader gibt, den ich nicht kenne. In jeder der neun Staffeln, der drei Gruppenstäbe und im Stab des Geschwaders selbst gehe ich ein und aus, nach einem Motto aus China, das ich besonders gut finde: „Das Auge des Herrn düngt die Saat".

Auch die zivilen Dienststellen, die Truppenverwaltung und die Wetterleute, oder wie sie richtig hießen, die Geophysikalische Beratungsleitstelle

Nord-West, schließe ich regelmäßig in meine Dienstaufsicht ein. Da gibt es schon mal Überraschungen für mich, auch positiv können sie sein. Denn meine Absicht ist ja, mich unangemeldet und unkompliziert immer wieder selbst vor Ort ohne den Filter der Hierarchie zu informieren, wie meine Leute arbeiten. Und meine Männer sollen wissen, dass ich mich für jeden von ihnen und seine Arbeit wirklich interessiere.

So betrete ich auch die Schreibstube der ULS-Staffel, der Unteroffizier-Lehr- und Sicherungsstaffel. Die Aufgabe dieser Einheit ist es unter anderem, den Fliegerhorst zu bewachen. Hauptmann Rudolf Luers, der Staffelchef, meldet. Eine normale Schreibstube mit Schreibtischen, Aktenschränken und Ablagen, wie sie wahrscheinlich hundert Mal überall ähnlich aussehen. Ich danke, begrüße den Offizier mit Handschlag, unterhalte mich mit ihm. Wie gewohnt sehe ich mich um und folge ihm dann in sein wie üblich karg eingerichtetes Dienstzimmer. Aber was ist das dort? Überrascht trete ich näher. Ein großformatiges, gedrucktes Bild – einen Meter mal anderthalb groß etwa – prangt dort an der Wand.

Ein schönes Poster eines senkrecht stehenden sauberen Infanteriegewehrs, aus dessen Lauf eine rote Nelke ragt. Die Inschrift verherrlicht die kommunistische Revolution in Portugal. Die portugiesische Nelkenrevolution hat mein Geschwader erreicht!

„Was soll das denn hier, Herr Hauptmann? Diese Revolution, die kommunistische Nelkenrevolution, wie sie genannt wird, ob sie nun wirklich kommunistisch ist oder nicht, hier bei uns? Auf jeden Fall ein Putsch des Militärs. Wollen Sie die verherrlichen?"

Der junge Hauptmann ist gar nicht geknickt oder kleinlaut. Er sagt, das sei ein sehr schönes Poster. Es gefalle ihm, und er finde die Revolution in Portugal auch sehr interessant. Das Volk habe sich auf diese Weise eine neue Regierung gegeben.

Beide wissen wir, was in Portugal geschah: Der Umsturz der Armee in Portugal vom 25. April 1974, die sogenannte „Nelkenrevolution" beendete eine der ältesten Diktaturen des Westens. Eine oppositionelle Offiziersgruppe 'Bewegung der Streitkräfte' (*Movimento das Forcas Armadas, MFA*) hatte in einem unblutigen Staatsstreich den Sturz des Regimes herbeigeführt.

Es ist eher ein Putsch gewesen, ein durchaus populärer Putsch allerdings, ein Putsch gegen eine Diktatur, der am Ende eine demokratische Perspektive eröffnen sollte. Eine gemeinsame Vorstellung, wie ein neues Portugal aussehen soll, politisch, wirtschaftlich, haben die Offiziere nicht. Was sie eint, ist allein ihre Entschlossenheit, den portugiesischen Krieg in Afrika zu beenden. Sie halten ihn für verloren, und er droht den Staat auch finanziell in den Ruin zu treiben. Dabei setzten die Offiziere vor allem auf die Unabhängigkeit der afrikanischen Kolonien in Angola, Guinea-Bissau und Mozambique. Doch gerade in diesem Punkt treten schon am Tag nach der Nelkenrevolution recht gegensätzliche Vorstellungen klar zu Tage.

Erst einmal liegen sich in Lissabon die Menschen in den Armen, feiern die Soldaten. Der Umsturz geht in ein Volksfest über. Eine Kellnerin, die von der Arbeit kommt, steckt einem Soldaten eine Nelke in den Gewehrlauf. Ein Fotograf hält die Szene fest. Sie wird zum Symbol des friedlichen Umsturzes. In Portugal wehen überall die roten Fahnen. Im Kreml horcht man auf. Die sowjetische staatliche Fluggesellschaft Aeroflot richtet hoffnungsfroh eine Linie Moskau–Lissabon–Havanna ein, und auf den Demonstrationen in der portugiesischen Hauptstadt verkünden Spruchbänder tatsächlich auf Deutsch: „Portugal darf nicht das Chile Europas werden" oder: „Gegen Nato, Ford und Schmidt – revolutionärer Kampf!" Lissabon wird zum Mekka von Revolutionstouristen aus ganz Europa.

Es folgen Jahre politischer Wirren mit Putschversuchen rivalisierender politischer und militärischer Gruppierungen. Die Disziplin in der Armee nimmt rapide ab. Portugal steht am Rand eines revolutionären Umbruchs oder am Rand eines Bürgerkriegs. Die Kommunisten erkennen ihre Chance. Als aber die Gefahr einer kommunistischen Machtübernahme in Armee und Staat immer größer wird, setzen sich Ende 1975 im Revolutionsrat die Gemäßigten durch. Ein von extrem linken Gruppen unternommener weiterer Putschversuch schlägt fehl.

Zwischen Hauptmann Luers und mir entspinnt sich eine längere Diskussion, in der ich dem Offizier klar mache, dass in meinem Fliegerhorst keine Propaganda für Revolutionen gemacht wird. Am Ende verlange ich die unverzügliche Entfernung des Posters. Mit etwas säuerlichem Gesicht nimmt der Hauptmann das Poster ab.

Das Vertrauensverhältnis, das ich zu meinen Offizieren habe und schätze, ist hier nun doch etwas angekratzt. Dabei habe ich gar nicht mitbekommen, dass unten auf dem Poster des Hauptmanns auch noch ein Emblem mit Hammer und Sichel angebracht gewesen war, dass der aber schnell entfernen konnte, als er den Kommodore eintreten sah. Da hat selbst der doch recht naive Offizier vermutet, dass das Ärger geben könnte.

Als ich einige Tage später bei einer gesellschaftlichen Veranstaltung in der Stadt mit einem Stadtrat, der der SPD angehört, ins Gespräch komme, muss ich mir Erstaunliches anhören. „Wissen Sie eigentlich, was in ihrem Geschwader vor sich geht?" Ich bin überrascht über den Ton dieser Rede. „Sie haben ja einen Offizier in ihrem Geschwader, der ist ein Kommunist." Und diese Behauptung bekomme ich dann auch noch mit Namen und Dienstgrad belegt. Obwohl ich – aus Überzeugung – erwidere, „ Der ist kein

Kommunist, das können Sie mir glauben", wird mein Verhältnis zu dem jungen Offizier doch einer weiteren Prüfung unterzogen.

Für mich ist diese Erfahrung natürlich Anlass, mit dem Kommandeur der Fliegerhorstgruppe ein längeres Gespräch über seine Dienstaufsicht und den jungen Hauptmann und seine zukünftige Verwendung zu führen. „In seiner Unerfahrenheit fehlgeleitet", „besser informieren und aufklären", „mehr fürsorglich unter die Fittiche nehmen" sind Begriffe, die das Gespräch – wohlwollend – beherrschen.

Viel später wird mir berichtet, dass der Hauptmann sich in seiner aktiven Zeit in der Luftwaffe doch recht erfolgreich bewährt hat. Er hat sogar promoviert und es während seiner aktiven Zeit bis zum Dienstgrad Major gebracht. Als Reserveoffizier ist er noch weiter aufgestiegen. Mit dem Kommunismus hat er wohl weder davor noch danach etwas im Sinn gehabt. Daran hatte ich eigentlich auch nicht gezweifelt.

Die Revolution der Nelken läuft sich ab Ende 1976 tot. Im Zeitraum von mehreren Jahren ziehen langsam – mit verschiedenen Wahlen zur Nationalversammlung – wieder geordnete und demokratische Verhältnisse in Portugal ein. Nun gilt es für die NATO, das Land wieder in das atlantische Bündnis zu integrieren – auch militärisch. Da erreicht mich im Jahr 1979 ein Wort des Verteidigungsministers: „Wir wollen die Portugiesen zurückholen in die NATO."

Der Divisionskommandeur übermittelt den Satz des Ministers. Nun ist es ein Auftrag: „Sie sollen die Portugiesen in die NATO zurückholen!"

Gemeint ist natürlich nur eine neue Kontaktaufnahme mit den Kameraden der portugiesischen Luftwaffe, die diese politische Absicht unterstützen soll. Ziel für mich und das Geschwader sind die G-91 Verbände der Portugiesen. Die G-91 Flieger aus Oldenburg sollen den G-91 Fliegern der Portugiesen kameradschaftlich die Hand reichen. Gedacht ist daran, fliegerische Kontakte wieder aufzunehmen und gemeinsame Übungen abzuhalten. Da bietet sich die 301. Staffel der portugiesischen Luftwaffe an, die in Montijo bei Lissabon stationiert ist. Unsere beiden Verbände verfügen über das gleiche Waffensystem, beide sogar über die *deutsche* Version der G-91 Jagdbomber. Vor der Nelkenrevolution war nämlich schon zwischen Deutschland und Portugal die Übernahme deutscher G-91 aus den Beständen des Leichten Kampfgeschwaders 42 vereinbart worden, wohl um die portugiesischen Verluste in Afrika auszugleichen. Und das LeKG 42 musste seine G-91 los werden, da es auf die F-4 Phantom umrüsten sollte.

Jetzt mache ich mich also in einer G-91 auf den Weg nach Montijo. Ich habe mich entschieden, Major Herbert Bartscher auf diese Mission mitzunehmen. Ihn schätze ich auch als besonnenen, professionellen Flugzeugführer. Keine Probleme für unseren Flug. Frankreich, Spanien, Portugal, Lissabon und dann Montijo. Die Portugiesen beherrschen auch die englische Sprache und mit der G-91 kennen sie sich natürlich ebenfalls aus. Sie besitzen sogar als Einzige echte Kampferfahrung im Einsatz mit dem Jagdbomber. Mehrere Jahre lang haben sie in den portugiesischen Kolonien in Afrika mit einer erstaunlich geringen Zahl von Flugzeugen Einsätze gegen Aufständische geflogen.

Erst einmal werden die Deutschen mit aller Höflichkeit und großer Gastfreundschaft aufgenommen. Hausherr und Geschwaderkommodore ist Oberstleutnant Moreis de Silva. So heißen viele in Portugal. Deshalb folgen dem ersten Namen immer noch fünf bis zehn andere Namen, die den Mann dann doch genauer identifizieren. Aber mit diesem Oberstleutnant Moreis de Silva hat es eine eigene Bewandtnis. Da reichen schon diese drei Worte und sein Dienstgrad, und niemand wird ihn mehr verwechseln.

Mich erwartet eine Überraschung, die mein Wissen über Revolutionen erheblich erweitert. Ich erfahre nun von ihm, wie so eine Revolution ablaufen kann – ob nur die Nelkenrevolution in Portugal oder vielleicht doch überall, bleibt ungeklärt.

Und es bestätigt sich wieder einmal, dass zuerst jeweils diejenigen die Oberhand gewinnen, die einfach nur dagegen sind – meistens gegen alles, wenn die Zustände immer unhaltbarer werden. Da aber jemand, der '*gegen* alles' ist, folgerichtig keine tragfähige Politik machen kann '*für*' etwas, ist das Chaos vorprogrammiert. Irgendwann gewinnen die jeweils stärkeren Kräfte letztendlich doch noch die Oberhand. Hier muss es auch so gewesen sein.

Oberstleutnant Moreis de Silva erzählt mir seine Geschichte. Er hatte in der portugiesischen Luftwaffe schon vor der Nelkenrevolution den Dienstgrad Oberstleutnant gehabt. Dann kam der Umbruch und die neuen Machthaber suchten nach neuem Führungspersonal, das sie als „unbelastet" von der Vergangenheit empfanden. Da bot sich offensichtlich Oberstleutnant Moreis da Silva an, denn er hatte sich politisch nicht bemerkbar gemacht. Und – „schwupps" – wurde er zum Generalleutnant befördert (*das sind vier Stufen nach oben auf einen Schlag*). Gleichzeitig wurde er zum Oberbefehlshaber der portugiesischen Luftwaffe ernannt. Atemberaubend muss das gewesen sein! Aber offensichtlich ist es ihm nicht zu Kopf gestiegen. Es ließ ihn wohl recht kalt, und er machte sich nicht irgendeiner schrägen Sache schuldig. Und das war gut so, wie sich nach nicht allzu langer Zeit herausstellte. Denn der Putsch verlief sich ja langsam im Sand der Atlantik-Küste.

Als ich Oberstleutnant Moreis de Silva kennenlerne, ist er seine höchste Stellung in der portugiesischen Luftwaffe und den fantastischen Dienstgrad schon wieder los. Die neue, demokratische Regierung hat – neben vielem anderen – auch diese Personalentscheidung der Putschisten rückgängig gemacht. Wie bereits vor der Revolution ist Morais de Silva wieder Oberstleutnant und ein geachteter Geschwaderkommodore in der portugiesischen Luftwaffe.

Nach meinem Besuch entwickelt sich eine richtige Freundschaft zwischen unseren Geschwadern und auch zwischen uns. Einige gegenseitige Besuche und fliegerische Übungen sowie „Staffelaustausche" zwischen Oldenburg und Montijo tragen ebenfalls dazu bei und vertiefen die Verbindung.

„Auftrag ausgeführt!" kann ich meinem Divisionskommandeur melden.

„Staffelaustausch"! „Was ist das denn?", mag man fragen. Ein Tauschgeschäft? Oder Treffen sich da Fliegerkameraden aus verschiedenen Nationen, nur um gemeinsam einen zu trinken? Nein, weder noch.

Beim Staffelaustausch handelt es sich um eine regelrechte Übung zwischen zwei fliegenden Einheiten unterschiedlicher Nationen, die im amtlichen Übungskalender aufgeführt wird und jedes Mal bürokratischer Anlass zu einer mehrseitigen Übungsanweisung ist. So können Flieger aus anderen Ländern unter den Bedingungen der Gastnation in einer ihnen unbekannten Umgebung gemeinsam für ihren Einsatzauftrag trainieren. Also ein offizieller Hintergrund, der aber auch eine kameradschaftliche Verbindung zwischen den beteiligten Fliegern fördert. Das Schönste daran ist, dass die Übung lebendiger in der mündlichen Überlieferung als im obligatorischen Erfahrungsbericht ihren Niederschlag findet. Und sie ist nicht nur fliegerisch immer wieder ein Erlebnis, denn jeder Staffelaustausch ist anders.

Nicht immer findet ein solch großer Bahnhof statt, wie er zur Begrüßung „unserer" Portugiesen veranstaltet wird, als die Piloten das erste Mal in Oldenburg landen.

Ein „Beer Call" garniert mit „Oldenburger Landwein" (*Doornkaat oder einfach Weizenkorn*) löst schnell die Zungen und beseitigt Sprachschwierigkeiten. Obwohl – die Portugiesen – wie auch die Italiener übrigens – sprechen diesen deutschen Getränken nur sehr bedacht zu. Deshalb ist ein solcher Staffelaustausch anders zu organisieren als zum Beispiel mit einer norwegischen Staffel.

Der anschließende gemeinsame Wochenendausflug mit den Portugiesen nach Hamburg ist als Lehr- wie als Vergnügungsreise gleich wertvoll. Durch diesen Besuch werden wohl nicht nur der Hamburger Hafen, sondern auch die Reeperbahn mit ihrem Nachtleben ein wenig mehr an Berühmtheit über die deutschen Grenzen hinaus gewinnen.

Nach anfänglichen Schwierigkeiten mit dem Wetter in Oldenburg können die portugiesischen und die deutschen Piloten zu gemeinsamen Einsatzaufträgen starten. Zum Glück haben die portugiesischen Gäste Gelegenheit, Norddeutschland bei schönem Wetter im Tiefflug kennenzulernen.

Als die Piloten aus Montijo ihre Maschinen zum Heimflug besteigen, kann man ihrem „até a vista!" entnehmen, dass es ihnen gefallen hat.

Und wenige Wochen später starten zweimal vier Flugzeuge aus Oldenburg gen Süden, um den Besuch aus Montijo zu erwidern.

Die Portugiesen haben ihre eigenen ausgezeichneten 'Gunnery Ranges', Schießplätze für die Jagdbomber, das müssen sie in Deutschland nicht üben. Die Piloten des Jagdbombergeschwaders fliegen jedoch von Oldenburg aus regelmäßig zu den Schießplätzen. Das ist schließlich der Zweck des ganzen Aufwandes: Die Waffen ins Ziel zu bringen.

Eine Viererformation G-91 fliegt im Tiefflug zum Schießen nach Holland zur westfriesischen Insel Terschelling. 'Strafing', also Feuern mit den beiden schweren Maschinengewehren (*Kaliber 30 Millimeter*) und 'Skip-Bombing' ist auf dem abgesperrten Teil der Insel geplant. Skip-Bombing nennen wir den Bombenwurf im Tiefstflug, bei dem die Bombe nach einem Aufprall ins Ziel schießt.

Der holländische Range-Control-Offizier auf dem Kontrollturm des Schießplatzes gibt Feuererlaubnis. Einer nach dem anderen fliegen die vier Piloten nach einer Platzrunde in etwa 500 Metern mehrmals in gehörigem Abstand hintereinander Angriffe mit ihren Kanonen. Zwischen zwei großen Pfosten ist das Ziel aufgestellt, ein 15 mal 15 Fuß (*knapp fünf mal fünf Meter*) großes „elektrisch geladenes" Tuch, das im Kontrollturm die Treffer der Geschosse anzeigt. Sorgfältig achten nicht nur die Piloten sondern auch der Tower auf den richtigen Abstand zwischen den vier Fliegern. Denn keiner will seinem Vordermann beim Feuern von hinten zu nahe kommen. Vor allem aber achten die Männer im Kontrollturm darauf, dass die Flieger die Mindesthöhe von 250 Fuß (*76 Meter*) über dem Ziel beim Abfangen nicht unterschreiten. Eine lebenswichtige Sicherheitsmaßnahme, sind es doch nur Zehntelsekunden, die der Pilot für die einzelnen Schritte zur Verfügung hat. In 1.500 Fuß nach rechts in Richtung Ziel einrollen, das Flugzeug stabilisieren, Ziel auffassen, zielen, kurz feuern zwischen 600 und 500 Metern vom Ziel, wieder abfangen, steil hochziehen. Alles bei einer Geschwindigkeit von etwa 400 Knoten, also etwa 750 Stundenkilometern.

Wenn die Salve sich löst, schießen die Geschosse dem Flugzeug voraus, schlagen ein – im Ziel oder auch daneben – und bleiben im Dünensand von Terschelling stecken – normalerweise. Hoffentlich!

„Lead ('*Schwarmführer*')! Nummer 2, ich glaube, ich bin getroffen worden."

Ein gefürchteter Augenblick. Wenn die großkalibrigen Geschosse nicht im Sandboden stecken bleiben, sondern abprallen, sind sie immer noch schneller als das Flugzeug und können es einholen, während es wieder Höhe gewinnt und aus der Gefahrenzone wegzukommen versucht. Meistens sind es Querschläger, die an Steinen abprallen, selten sind es Steinbrocken, die hochgeschleudert werden. Je nachdem, wo sie das Flugzeug von hinten erwischen, können sie erhebliche Schäden anrichten, oder sie verursachen sogar einen Absturz. Deshalb ist es zwingend, nach dem Feuern so steil wie möglich das Flugzeug hochzuziehen.

Diesmal hat die Nummer 2 Pech gehabt. Ein Querschläger hat das Flugzeug erwischt. Der 'Lead' bricht die Mission ab und befiehlt Kurs auf Oldenburg zu nehmen. Die zweite, nicht direkt betroffene Rotte, schickt er nach Hause. Er selbst steigt mit der Nummer 2 auf eine Höhe von 5.000 Fuß. Dabei fliegt er dicht an die Nummer 2 heran und sucht das Flugzeug mit den Augen ab, ob er Schäden feststellen kann. „Ich kann nicht wirklich etwas erkennen", berichtet er das Ergebnis seiner Kontrolle. „Aber du könntest unten an der Rumpfunterseite ein Loch haben." Die Nummer 2 meldet aber, dass er keinerlei Schwierigkeiten mit dem Steuern des Flugzeugs hat. Sonst wäre wohl eine Notlandung auf einem nahen holländischen Platz richtig gewesen. Dann verlangsamt die Nummer 2 noch in dieser Höhe das Flugzeug auf Landegeschwindigkeit und versucht mit ausgefahrenem Fahrwerk Kurs und Höhe zu halten. Aber alles fühlt sich normal an. „Keinerlei Probleme. Das Flugzeug reagiert völlig normal", meldet er. „Also, ab nach Hause!" Auch diese beiden fliegen nun nach Oldenburg zurück. Auf dem Heimatfliegerhorst begleitet der Schwarmführer die Nummer 2 zur Landung. Sie setzt wohlbehalten auf der Bahn auf und rollt zum Abstellplatz.

Jetzt untersuchen die Mechaniker das Flugzeug genau. Sofort stellen sie fest, dass an der Rumpfunterseite tatsächlich ein recht beachtliches Loch klafft. Ein Einschlag hat die Außenhaut aufgerissen. Aber lebenswichtige Eingeweide des Jagdbombers sind offensichtlich nicht beschädigt worden. Fliegerglück!

Vor allem portugiesische und italienische, aber auch norwegische Flieger sind Gäste auf dem Fliegerhorst. Einmal erscheint sogar eine Anzahl Saab Jet-Trainer, das sind kleine, wie Tonnen aussehende Flugzeuge, auf dem Fliegerhorst. Es handelt sich um einen Lehrgang der schwedischen Offizierschule, der eine 'Europa-Orientation' zum Lehrgangsabschluss durchführt. Immer wieder gibt es jedoch auch andere Besucher. Auch Verteidigungsattachés der Verbündeten sowie kleine und größere Gruppen ausländischer Gäste sind zu betreuen und mit den Aufgaben des Kampfgeschwaders vertraut zu machen. Und sie kommen, wie die Schweden auch, nicht nur aus NATO Staaten. Die exotischsten Besucher, die ich als Kommodore betreuen darf, sind Pakistaner. Sie haben jedoch ihre Kampfflugzeuge zu Hause gelassen, und fliegen in einem Hercules-Transportflugzeug der pakistanischen Luftwaffe ein. Gleich zu Beginn beeindrucken sie mit ihrem ausgezeichneten gepflegten britischen Englisch.

Es ist ein Generalstabslehrgang der pakistanischen Führungsakademie, der in Oldenburg landet. Die Offiziere werden von General Ayaz Ahmad Khan angeführt und – so wie es sich gehört – vom Geschwader aufmerksam und professionell betreut.

Der General revanchiert sich für die gute und offene Einweisung seiner Offiziere in den Jagdbomberverband und die Betreuung bei einem festlichen Dinner, indem er den Kommodore in seine Akademie und nach Islamabad einlädt. „Sowohl mit als auch ohne eine Delegation des Geschwaders sind Sie uns herzlich willkommen", wiederholt er auch noch einmal beim Abschied. Obwohl ich fest entschlossen bin, der Einladung Folge zu leisten, ist es nie dazu gekommen. Pakistan ist eben doch etwas weit weg.

In der deutschen Gesellschaft ist in diesen Jahren eine tiefe Spaltung zu spüren: In ihrer Einstellung zum Wehrdienst, zum Dienst mit der Waffe und zur Verteidigung des Vaterlandes. Sie greift sogar auf die Militärpfarrer über. Immerhin gibt es seit 1957 zwischen dem Bund und der Kirche einen Seelsorgevertrag. Aber in der Evangelischen Kirche Deutschland (EKD) ist der Status der 150 Militärpfarrer umstritten. Viele Gegner des Militärseelsorgevertrages lehnen die Bundeswehr einfach ab. Sie vertreten eine „Theologie der Befreiung". Diese „Theologie" beinhaltet eine Verbindung von kommunistischer Ideologie und christlicher Sozialethik. Das fängt sogar einige 'Seelsorger' ein, die die EKD als Militärpfarrer für die Bundeswehr ausgesucht hat – und erreicht schließlich auch den Fliegerhorst.

Ein solcher evangelischer Militärpfarrer ist für den Fliegerhorst zuständig. Er scheint sich jedoch vor allem als Verteidiger und Sprecher der Wehrdienstverweigerer zu betrachten, weniger als Seelsorger und Stütze für alle Soldaten. Ich versuche wiederholt, dem Pfarrer ins Gewissen zu reden. Auch der für das Geschwader zuständige katholische Pfarrer ist nicht in der Lage, den Schaden wieder gut zu machen, den sein evangelischer Amtsbruder anrichtet.

Nach meiner Erfahrung werden die katholischen Militärpfarrer eigentlich geschickter von ihrer Kirche ausgesucht. Sie kümmern sich um alle ihre Schäfchen, sind kameradschaftlich, nehmen auch an geselligen Aktivitäten teil und entziehen sich keiner Herausforderung. Diese Militärpfarrer gehen ihren Dienst mit einer gewissen Leichtigkeit an, die in anderer Position vielleicht nicht so angebracht gewesen wäre, bei den Soldaten aber gut ankommt. Vor allem stellen sie den Dienst mit der Waffe zur Verteidigung des Vaterlandes nicht in Frage.

Wenn den Soldaten suggeriert wird, dass sie sich nicht wirklich in Einklang mit Gott befinden, wenn sie ihren Auftrag im Kampf ausführen, dann – ginge es nach solchen Vertretern des evangelischen Gefühlspazifismus – wird ganz viel geredet und geholfen, statt im Ernstfall geschossen und gekämpft. Wäre diesen Theologen am liebsten eine Armee, die sich in einem Prozess der permanenten Selbstauflösung in eine Art Technisches Hilfswerk verwandelt? Oder gleich ein Deutschland ganz ohne Bundeswehr? Leider scheitert diese schöne Idee doch regelmäßig am Direktkontakt mit Leuten, die lieber Bomben auf Marktplätzen zünden als sich an der Demokratisierung des Landes zu beteiligen. Wichtiger für den Soldaten – und zum Überleben weit vorteilhafter – ist die zuvor erworbene Fähigkeit, sich unerschrocken seiner Haut zu erwehren.

Aber mit dem Pfarrer, der jetzt bei uns ist, zu reden, hilft wenig. Zu jung und zu unerfahren wird er sein, denke ich, um zu ermessen, was er da verdirbt. Aber die, die ihn für dieses Amt ausgesucht haben, hätten erkennen müssen, was sie da anrichten.

Schließlich bin ich so frustriert, dass ich überlege, ob ich nicht aus der Kirche austreten soll. Vielleicht kann ich ein Signal setzen. Für mich ist die Kirche eine Institution, die für die Gläubigen eine Hilfe sein und die Zuflucht gewähren soll, wie ein Haus, das Schutz gewährt. Als Christ fühle ich mich den Werten und den Tugenden verbunden, die das Christentum auf dieser Erde vertritt. Wenn in dem Gebäude der Kirche aber ein Klima herrscht, in dem Einseitigkeit, Ungehorsam und Inkompetenz geduldet werden, dann will ich darin nicht leben.

Ich schreibe einen Brief an den evangelischen Militärbischof, um meine Sorgen und meinen Entschluss mitzuteilen.

„ . . . mit meinem Glauben an Gott hat das nichts zu tun, auch nicht mit der Bibel und schon gar nicht mit Martin Luther. . . . Aber ich kann diese Kirche nicht länger unterstützen – und mit meinem Austritt möchte ich das unzweideutig zum Ausdruck bringen –, die in erheblichen Teilen die Seelsorge für unsere deutschen Soldaten als etwas Zweifelhaftes, gar Abzulehnendes betrachtet und die Soldaten zu Objekten von Kirchenpolitik verkommen lässt.

Ich erwarte von meiner Kirche eine klare, eindeutige Stellungnahme für unseren demokratischen Staat und für seine demokratisch legitimierten

Streitkräfte. Ich erwarte auch, dass die Seelsorger, die sie in ihren Reihen duldet und auch noch bezahlt, nicht nur Militärpfarrer heißen, sondern diesen Standpunkt auch vertreten und damit ihre Pflicht tun. Wenn Sie und die EKD nicht in der Lage sind, Seelsorge für alle unsere Soldaten ohne Wenn und Aber in den Vordergrund zu stellen, dann möchte ich dieser Kirche nicht angehören."

Ich rege mich fürchterlich über diesen Pfarrer auf. Aber am Ende beruhige ich mich doch etwas – und nach reiflicher Überlegung schicke ich den Brief nicht ab. Denn mein Aufbegehren ist nicht ganz erfolglos geblieben. Der evangelische Pfarrer wird schließlich abgezogen.

Für die Nachfolge des Pfarrers trifft das evangelische Kirchenamt eine glücklichere Wahl. Der neue Militärpfarrer heißt Nils Müller-Haye[28]. Er nimmt seinen Auftrag ernst, er ist für alle Soldaten da, ist ein Seelsorger. Er ist mit dieser Aufgabe nicht überfordert. Mit ihm kann ich gut zusammenarbeiten. Nach einer Weile betrachte ich den neuen Pastor sogar als so etwas wie meinen Freund. Von ihm lerne ich auch manches, was zum besseren Verständnis „guter Militärseelsorge" beitragen wird.

„Der Leitspruch der Evangelischen Militärseelsorge stammt aus dem Römerbrief des Apostels Paulus: Wir leben oder sterben, so sind wir des Herrn" (*Römer 14,8*), und so wird er in der Militärseelsorge verwandt: DOMINI SUMUS. Im Deutschen kann man das übersetzen mit: "Wir sind des Herrn".

Dieser Leitspruch ist die zentrale Aussage für den Dienst bei der Bundeswehr. „Wir sind des Herrn! – wer diese Losung auf seiner geistigen/geistlichen inneren Festplatte eingebrannt hat, der ist jeder Anforderung gewachsen."

Ein „Heiliger" Abend sah dann auch für diesen Militärpfarrer nicht unähnlich aus wie der einiger engagierter Disziplinarvorgesetzter im Geschwader.

Originalton Pastor Müller-Haye: „'Heilig-Abend' gibt es für jeden von uns im Jahr eigentlich nur einen. In meinem ersten Dienstjahr auf dem Fliegerhorst hatte ich davon 14 (!). Der Pfarrhelfer hatte munter überall meinen Besuch angekündigt: Einheiten, Feuerwehr, Wachdienste, Krankenhaus und Westerscheps mit seinen Wachtürmen. Die Militärseelsorge bringt – damals wie heute – den sehr guten „Soldatenkalender" heraus, der wegen seiner Bilder und Texte sehr begehrt ist. Das ist unser Geschenk an die Truppe, und ich habe nie einen davon im Papierkorb landen gesehen, aber zahlreiche Nachbestellungen auf der Dienststelle gehabt. Den Kofferraum voller Kalender jagt nun der ESAK (*Evangelische Sünden-Abwehr-Kanone. Das Gegenstück ist der KSAK*) von einer „besinnlichen Stunde" zur anderen, wünscht „Fröhliche Weihnachten!", und alle sind froh. Bloß ich nicht", schreibt Pastor Müller-Haye. „Um 22:45 Uhr zu Hause angekommen wurde die kleine Tochter aus dem Bett geholt. Es gab Tränen ..."

31 Chancen

Dr. Manfred Wörner[69] ist zu dieser Zeit noch der Schatten-Verteidigungsminister der CDU-Opposition im Bundestag. Eines Tages hält er sich zu einer Veranstaltung in der Stadt Oldenburg auf. Da lässt er dem Kommodore ausrichten, dass er ihn am nächsten Abend zu einem Gespräch in den Etzhorner Krug einladen möchte. Ich sage zu und freue mich auf das Gespräch. Ich schätze den sympathischen Politiker, der ja auch Oberstleutnant der Reserve und begeisterter Jet-Pilot ist. Ich kenne ihn schon länger persönlich, denn ich habe zusammen mit Wörner 1966 auf dem Fliegerhorst Fürstenfeldbruck auf das Waffensystem Fiat G-91 umgeschult. Wir sind während des Kurses auch miteinander geflogen.

Dennoch bin ich sehr gespannt, was der Politiker wohl von mir will. Pünktlich erscheine ich in dem hübschen Gasthaus, das auch ein bekanntes Hotel ist. Wörner begrüßt mich herzlich und ich nehme an seinem Tisch Platz, an dem auch schon zwei andere Herren einen Platz haben, deren Namen mir nichts sagen. Ich kenne sie nicht. Wörner ist am Geschwader interessiert, dem Flugbetrieb mit der 'Gina', an der Stimmung in der Truppe und an meiner Meinung zu einigen gerade aktuellen tagespolitischen Themen. Nach ein paar Bier und einer recht entspannten, kameradschaftlichen Unterhaltung fragt Wörner plötzlich: „Herr Oberst (tatsächlich sagt er „Herr Oberst"), ich habe in meinem persönlichen Beraterstab noch eine Stelle für einen Mitarbeiter. Die möchte ich gerne mit einem Luftwaffenoffizier besetzen. Ich habe an Sie gedacht. Was halten Sie davon?"

Die Überraschung ist geglückt. Das Gehirn rast und ich versuche schnell meine Lage zu beurteilen – und zu einem Entschluss zu kommen. Ist das jetzt die Chance meines Lebens? Oder werde ich in den Mühlen der Politik zermahlen werden? Erstaunlich, das Angebot! Ich bin ja nicht einmal Mitglied in einer Partei. Was wird aus dem Fliegen werden? Mit meiner jetzigen Arbeit und meiner Position als Geschwaderkommodore bin ich doch sehr zufrieden.

Es entspinnt sich ein längeres Gespräch, in dem Wörner auch die zukünftige Arbeit und die Position, die ich haben würde, skizziert. Besonders interessant ist für mich im Augenblick eigentlich, dass ich meinen Dienstgrad als Oberst behalten und dass mein Dienstort Bonn sein würde. Und natürlich – viel Arbeit würde auf mich zukommen. Aber das wäre nichts neues, das bin ich gewöhnt.

Am Ende erbitte ich mir einen Tag Bedenkzeit und der Abend endet, wie er begonnen hat, sehr freundschaftlich und recht entspannt.

Zuhause angekommen, bespreche ich das Angebot mit meiner Frau. Es entspinnt sich ein langes und zum Teil emotionales Gespräch, das sich aber kaum um den dienstlichen Aspekt dreht, sondern um die Familie und um die Kinder. Der Sohn würde in die Prima kommen, die Tochter hat nach dem Abitur eine Lehre bei der Oldenburgischen Landesbank begonnen. Der Umzug würde der zehnte in achtzehn Jahren sein. Dabei scheint Umzug eigentlich gar nicht eine erstrebenswerte Option zu sein, denn der zu erwartende Dienst nahe am Tagesablauf des ambitionierten Abgeordneten lässt eigentlich gar nicht erwarten, dass ich auch in Bonn viel zuhause sein würde. Aber nicht umziehen und getrennt sein, ist für meine Frau ebenfalls nicht wünschenswert.

Nach reiflicher Überlegung fällt die Entscheidung. Ich entschließe mich, nicht ganz glücklich, aber meiner Familie zuliebe, auf diese offensichtliche Chance zu verzichten. Schon einmal hatte ich das getan, als mir in Husum ein Auslandseinsatz in Portugal angeboten wurde.

Am nächsten Tag lehne ich das Angebot aus familiären Gründen ab. Kurze Zeit danach erfahre ich, dass Wörner sich für einen Heeresoffizier entschieden hat. Ob anstelle meiner oder nicht, weiß ich nicht. Später, als ich Oberst Jörg Schönbohms[70] außergewöhnliche Karriere verfolge, frage ich mich doch, was wohl aus meiner eigenen Laufbahn geworden wäre, wenn ich Manfred Wörner eine positive Antwort gegeben hätte.

Eine andere Art Chance kann sich auch im täglichen Flugbetrieb ergeben. Nur da ist das Ergebnis in der Regel recht vorhersehbar.

Der Fliegerhorst Ahlhorn im Oldenburgischen ist immer ein beliebter und sehr praktischer Ausweichplatz für das Geschwader gewesen. Der Flugplatz ist mir sehr vertraut. Dort habe ich beim Jagdgeschwader 71 Richthofen schon als Oberleutnant fliegerische Erfahrung gesammelt. Ahlhorn wird aber nicht nur als naher Ausweichplatz genutzt, sondern kommt ganz selbstverständlich immer als Zwischenlösung in Frage, wenn die Landebahn in Oldenburg repariert werden muss, oder eine neue Teerdecke fällig ist.

In Ahlhorn ist inzwischen das HTG 64 (*Hubschraubertransportgeschwader*) stationiert. Ausgerüstet ist der Verband mit dem Hubschrauber Bell UH 1 D. Ein Mehrzweckhubschrauber mit nur einem Triebwerk, den die Piloten liebevoll 'Huey' nennen, oder weniger schmeichelhaft auch 'Teppichklopfer', wegen seines charakteristischen Fluggeräusches. Die Verbandsführer kennen sich gut. Es geht unbürokratisch zu. Dahin verlegt dann das Geschwader mehrmals mit allem, was für den Flugdienst erforderlich ist. Die Reparaturen in Oldenburg können bis zu drei Monate dauern. Wer dann von den Männern nicht Tag und Nacht dort bleiben muss, der wird jeden Morgen von Oldenburg in das 35 Kilometer entfernte Ahlhorn gekarrt und am Abend oder in der Nacht wieder zurück.

Wieder einmal ist es erforderlich, den Flugbetrieb nach Ahlhorn zu verlagern. In Oldenburg muss die Auffangvorrichtung an den Enden der Landebahn grundlegend instandgesetzt werden. Diesmal dauert es nur ein paar Tage. Aber da die Einsatzbereitschaft des Geschwaders jederzeit aufrechterhalten werden muss, ist auch diese Verlegung nicht zu umgehen.

Da ereignet sich in Ahlhorn ein Zwischenfall, der mir bestätigt, welch wunderbare Spitzenflieger meine Piloten sind. Major Prinz von Hessen, allen als 'PvH' – Pevauha – oder auch nur als 'Hermann' bekannt, ist es diesmal, der das beweist. Er ist der bescheidenste Mensch, den man sich denken kann. Fliegen bedeutet ihm alles, und er ist ein ausgezeichneter und mutiger Pilot. Manchmal auch recht wagemutig.

Bei der Rückkehr zum Platz nach einem Werkstattflug erklärt PvH „Luftnotlage". Seine Fahrwerksanzeige will vor der geplanten Landung partout nicht „grün" werden. Das Fahrwerk fährt also nicht richtig aus. Um sicherzustellen, dass es nicht nur die Anzeige ist, die nicht funktioniert, fliegt er zweimal tief am Tower vorbei. Aber die Männer auf dem Kontrollturm können nur bestätigen: „Das Fahrwerk ist nicht zu sehen!" Es ist im Rumpf verriegelt geblieben. „Ich werde trotzdem landen!" Hier nutzt er die Chance eine G-91 zu retten.

Ein Schwarm von Rettungsfahrzeugen mit Fliegerarzt und Technikern, umblitzt von Gelblicht und Blaulicht rast zur Runway. Die Männer der Feuerwehr legen in kurzer Zeit einen Schaumteppich auf die Landebahn. Jetzt schwebt der Prinz heran. Perfekt positioniert – 'abgeleint' heißt das auf neudeutsch bei den Fliegern (*lined up*). Er landet. Sachte setzt er die Maschine auf, die Nase senkt sich, das Flugzeug gleitet schnurgerade auf der besprühten Landebahn dahin. Funken sprühen, und plötzlich ein Knall – und dann noch einer. Die beiden Zusatztanks unter den Tragflächen sind explodiert. Aber es gelingt PevauHa, den Jet noch geradeaus auf der Bahn zu halten. Zum Glück sind die Tanks leer. Der Prinz ist so lange in Platznähe geflogen, bis selbst in den internen Tanks kaum noch Sprit geblieben ist. Aber das Luft-Gasgemisch hat sich in den Außentanks durch die enorme Reibungshitze entzündet. Sie schrumpfen zu zwei langen Blechflächen zusammen und lassen das Flugzeug fast wie auf Skiern gleiten. Immer noch hält PvH das Flugzeug perfekt gerade auf der Landebahn. Dann kommt er zum Stehen.

Feuerwehr und Fliegerarzt rasen zur Unglücksstelle, aber es gibt nichts zu retten. Lachend öffnet der Pilot das Kabinendach. Außer den zerstörten Tanks ist das Flugzeug praktisch nicht beschädigt worden und immer noch lachend klettert PvH heraus.

Allseitige Erleichterung mischt sich mit anerkennendem Schulterklopfen – auch vom Kommodore. „Eine Bilderbuchlandung! Gut gemacht, Prinz!" lobe ich ihn.

32 Erfolge des Geschwaders

Die langwierigen Verhandlungen in engem Kontakt mit allen zu beteiligenden Flugbetriebsstellen im Land sind erfolgreich gewesen. Zu meiner großen Freude ist es mir gelungen, Änderungen des An- und des Abflugverfahrens für den Flugbetrieb des Fliegerhorstes genehmigt zu bekommen. Unter Einhaltung der Sicherheitskriterien für Start und Landung und für unfallfreies Fliegen wird dem Geschwader erlaubt, den An- und Abflugkorridor für die Kampfflugzeuge noch ein paar Grad mehr vom Stadtkern wegzudrehen. Der nun ideale An- und Abflugwinkel wird die Anwohner weniger mit Fluglärm treffen, dadurch kann natürlich der gesamte Fluglärm im Abflugsektor reduziert werden.

Dann trifft endlich auch das Ergebnis der Lärmmessung ein, das ich beantragt hatte.

Der Schalldruckpegel, der das menschliche Ohr trifft, wird in Dezibel gemessen. Man geht davon aus, dass 60 Dezibel der normalen Sprache entsprechen, 70 Dezibel dem Lärm eines Staubsaugers. Laute Beatmusik in einer Disco beträgt etwa 100, die Schmerzgrenze liegt bei 130 Dezibel.

Mit Befriedigung lese ich, dass die Dezibel-Werte meiner Flugzeuge über diesem Teil der Stadt damals schon, beim Antrag der Lärmmessung, überall unterhalb der gesetzlich erlaubten Grenzwerte geblieben sind. Das liegt natürlich auch mit daran, dass das Triebwerk der Fiat G-91 zu den leiseren gehört und Anflüge oder Landungen der lärmintensiveren Jets wie F-104 Starfighter oder F-4 Phantom in Oldenburg nicht erlaubt werden.

Dem Kommodore wird auch mitgeteilt, dass die Frequenz der Zugbewegungen auf der Bahnstrecke an den Messpunkten im Korridor erheblich über denen der Flugbewegungen liegt. „Schon mal nicht schlecht!" freue ich mich. Und es kommt noch besser! Das für mich wichtigste Ergebnis des Gutachtens übertrifft meine Erwartungen: Während im Abflugsektor die Höchstwerte immer noch unter 60 Dezibel liegen, ergeben die Messwerte für die Jets an dem Häuschen des Anführers der Anti-Lärm-Liga nicht nur eine Lärmbelastung, die weit unter den Werten des Abflugsektors liegt, auch der durch die vorbeirasenden Züge der Bundesbahn verursachte Dezibel-Wert fällt erheblich höher aus als der durch den Lärm der an- und abfliegenden Flugzeuge. Er liegt teilweise bei über 80 Dezibel.

Ich atme tief durch und weiß sofort, wie ich diese Erkenntnis wirkungsvoll gegen die Anti-Lärm-Liga nutzen werde. Und ich werde auch die Presse nicht vergessen.

Es bedarf noch einiger Besuche und Vorträge bei Veranstaltungen der Liga, aber von da an dauert es nicht mehr lange, bis ich mein Ziel erreicht habe: Die Anti-Lärm-Liga ist ruhiggestellt. Die Anzahl der Lärmbeschwerden, die dann immer noch mal eintröpfeln, hält sich auf einem Niveau, das man einfach erwarten muss. Und auch die Form des Protestes bleibt von da an akzeptabel.

Die patriotischen Amerikaner nennen die Triebwerkgeräusche ihrer Kampfflugzeuge „The sound of freedom", „Der Klang der Freiheit", für mich heißt das „Das ist der Preis der Freiheit". „Könnten wir doch so viel staatsbürgerliche Einsicht in Deutschland auch von unseren Bürgern erwarten!", denke ich. Ich bin überzeugt, dass – bei aller Belästigung durch den Lärm und aller verständlichen Unzufriedenheit damit – es eine Sache der Einstellung zu der Lärmquelle ist, ob man damit zurechtkommen kann – oder will – oder eben nicht. Es scheint mir nur natürlich zu sein, dass die Menschen Fluglärm bedrohlicher empfinden als Straßenlärm. Ich habe aber auch von einer Studie gelesen, die herausgefunden hat, dass zum Beispiel *Gegner* von Flughäfen schlechter schlafen als Menschen, die *eine positive Einstellung* gegenüber dem Flughafen haben.

Wer würdigt eigentlich die Belastung der Flieger, die von diesem Unverständnis direkt betroffen werden, obwohl sie einfach ihre Pflicht tun? Sie setzen ohne jede Einschränkung ihr Leben ein, auch für diejenigen, die sich gegen sie auflehnen.

Im Ministerium, im Führungsstab der Luftwaffe jedenfalls, ist man angenehm überrascht. Denn sogar bis dorthin hatte die Oldenburger Anti-Lärm-Liga Wellen geschlagen. Und plötzlich herrscht unerwartet Ruhe!

Völlig untergegangen ist in all dieser Aufregung um den Fluglärm der Jagdbomber, dass auf dem Fliegerhorst inzwischen noch eine weitere 'Lärmquelle' 'Unterschlupf' gefunden hat. Ich freue mich, dass ich die 2. Hubschrauberstaffel der niedersächsischen Polizei unter der Führung von Polizeihauptkommissar Peter Feßner willkommen heißen kann. Ich habe einen großen Bahnhof vorbereiten lassen. Sogar Dr. Joseph Schweer, Regierungspräsident des Oldenburger Regierungsbezirks, und Oberstadtdirektor Heiko Wandscher, der oberste Verwaltungsbeamte Oldenburgs mit seinem Stadtbaurat Hans-Martin Schutte sind gekommen. Auch sie wollen die Alouette III und Gazelle Hubschrauber mit ihren Besatzungen an ihrem neuen Standort begrüßen. Selbstverständlich begleitet der Chef der Schutzpolizei im Regierungsbezirk Weser-Ems und nächst höhere Vorgesetzte der Hubschrauber, Leitender Polizeidirektor Günter Schnupp, die Zeremonie mit wohlwollendem Lächeln. Und dann findet die Ankunft der fliegenden Polizisten in Oldenburg sogar ein positives Echo in der Regionalzeitung, der Nordwest-Zeitung.

Wie wichtig die Polizeihubschrauber für die ganze Region wirklich sind, wird im Februar des Jahres 1979 deutlich. In der großen Schneekatastrophe, die über Norddeutschland hereinbricht, stellen sie es eindrucksvoll unter Beweis. Im Geschwader ist an einen geregelten Dienstbetrieb im nahezu aussichtslosen Kampf gegen die gewaltigen Schneemassen nicht mehr zu denken. Auf dem Fliegerhorst packen jedoch alle mit an, um ihrer Herr zu werden. Im gesamten norddeutschen Raum kommt der Verkehr zum Erliegen, und vielfach herrscht Not bei den Eingeschneiten. Unermüdlich können jedoch die Piloten der Polizei starten – wie ihre Bundeswehr-Kollegen in Ahlhorn mit ihren Hubschraubern auch, sobald der Schneesturm es zulässt. Sie bringen Hilfe, soweit es die Reichweite ihrer Hubschrauber erlaubt.

Als auf dem Fliegerhorst der Schnee dann wegtaut, vermag die Kanalisation der Wassermassen nicht Herr zu werden, und auf dem Rollfeld bleibt eine große Überschwemmung zurück. An einen Flugbetrieb mit den Kampfbombern ist vorerst noch nicht zu denken. Aber nichts geht über eine humorvolle Bewältigung jeder Schwierigkeit. Oberleutnant 'Schorsch' Demling schießt den Vogel ab. Aus dem Fallschirmlager der Nachschubstaffel besorgt er sich ein 'Dinghi', also ein Schlauchboot. Es ist ein Teil aus dem 'Seatpack', der Überlebensausrüstung des Piloten in der Wanne seines Schleudersitzes. Lachend überlässt Hauptfeldwebel Gerd Gauder, der in der Staffel für Fliegersonderbekleidung verantwortlich ist, dem Piloten das Schlauchboot. Damit paddelt der Flieger dann zur Gaudi vieler Zuschauer auf dem dort entstandenen flugplatzweiten See von einem Hangar zu einem anderen der vielen Flugzeugschutzbauten.

Während der fünf Jahre, die ich als Kommodore das Geschwader führe, habe ich mehrfach die Genugtuung, dass meine Arbeit und die Leistungen der Männer und Frauen des Geschwaders nicht nur wahrgenommen, sondern dass sie auch anerkannt und gewürdigt werden. Es beginnt nach dem zweiten Jahr, als ich für das Geschwader den Flugsicherheitspreis entgegennehmen darf.

'Sicherheit im Flugbetrieb' ist eines der wichtigsten Ausbildungskriterien im Geschwader. Alles andere hat sich dem unterzuordnen. Lange Zeit gab es keinen Flugunfall. Das heißt, keine Maschine ging verloren und niemand wurde verletzt. 'Zwischenfälle', also 'unangenehme Störungen,' gibt es dennoch hin und wieder. Aber auch die halten sich in Grenzen. Sie zählen bei der Vergabe des Preises mit, wenn Schäden auftreten. Am Jahresende wird 'Kasse gemacht'. Nicht nur im Geschwader, sondern bei den höheren Kommandobehörden und im Ministerium.

Der Inspekteur der Luftwaffe vergibt den Flugsicherheitspreis für erfolgreiche Flugsicherheitsarbeit. Vor angetretener Mannschaft darf der Kommodore aus den Händen des Kommandierenden Generals der Luftflotte, Generalleutnant Walter Krupinski[26,] in Anwesenheit zahlreicher Vertreter der Öffentlichkeit den Flugsicherheitspokal der Luftwaffe entgegennehmen. Damit wird das Zusammenwirken aller am Flugbetrieb Beteiligten für das unfallfreie Jahr gewürdigt. „Mit 9388 unfallfreien Flugstunden im letzten Jahr steht das Geschwader an der Spitze aller Jetverbände der Luftwaffe", kann der General verkünden.

Kleine persönliche fliegerische Leistungen tragen mit dazu bei, dass ich mich immer wieder auch über meine eigenen Erfolge freuen kann. Da ist meine 2500. Flugstunde, die ich bisher unfallfrei auf Jetflugzeugen geflogen bin, und auf der Fiat G-91 habe ich inzwischen die 1000. Flugstunde in meinem Flugbuch eingetragen. Auch über meine immer noch vorzeigbaren Trefferergebnisse freue ich mich, die ich in den unterschiedlichen Waffeneinsatzarten beim Luftbodenschießen erziele. Da brauche ich mich vor meinen Line-Pilots nicht zu verstecken. Aber Luft- Luft- Schießen, das ich so geliebt habe, ist nicht mehr. Schließlich sind wir ja jetzt Jagdbomber!

Wie wir schon gesehen haben, steht das Geschwader alljährlich auf dem »Besuchsplan« des Prüfteams der NATO-Nationen in Mitteleuropa. „Überprüfen der Einsatzbereitschaft des Geschwaders" lautet ihr Auftrag, der ultimative Stresstest, das TAC EVAL (*Tactical Evaluation*).

Diese drei bis vier Tage dauernde Überprüfung ist der absolute Höhepunkt von vielen Prüfungen, denen sich ein fliegender Verband im Lauf eines Jahres stellen muss.

Im Jahr 1976 gelingt es dem Leichten Kampfgeschwader 43, wie es eigentlich jetzt heißt, erstmals mit seinen Leistungen eine *sehr gute* Bewertung zu erzielen. Das bringt eine Reihe besonderer Anerkennungen ein. Nicht nur General USAF R.H. Ellis, Commander Headquarters Allied Air Forces Central Europe (*AAFCE*), gratuliert, sondern auch Air Chief Marshal Royal Air Force Sir Peter leCheminant übersendet eine "**Scrolls of Honour**":

„The Commander-in-Chief Allied Forces Central Europe Comments the 43 Fighter Bomber Wing, GEAF on the results obtained in the Tactical

Evaluation completed on 24 September 1976 which merits this award for superior Unit Performance." (*mehr dazu im Anhang 5*).

Auch der Inspekteur der Luftwaffe, Generalleutnant Gerhard Limberg freut sich über das Ergebnis und schreibt unter anderem, „ .... Ich beglückwünsche Sie zu diesem Erfolg, den ich als Ergebnis tatkräftigen Zusammenwirkens aller Geschwaderangehörigen unter zielstrebiger Verbandsführung sehe. .... ."

Aufgrund dieser Leistungen werden also das Geschwader sowie die beiden fliegenden Staffeln in die Ehrentafel der Alliierten Luftstreitkräfte Europas aufgenommen und mit entsprechenden Urkunden ausgezeichnet. Damit gehört das Geschwader nicht nur zu den besten in der Luftwaffe, sondern auch in Europa.

Wieder einmal freue ich mich. Meine Arbeit und mein Einsatz haben sich gelohnt. Sehr wohl bin ich mir bewusst, dass dies das Ergebnis von Teamwork ist. Ich genieße es – und ich nehme mir vor, so weiter zu machen.

Tatsächlich soll es dem Geschwader gelingen, bei dem nächsten Stresstest im September 1977 es erneut zu schaffen. Inzwischen haben wir ebenfalls die vielfältigen und wohldurchdachten Verteidigungsanlagen des Fliegerhorstes noch besser zu einem großen Widerstandsnest ausgebaut. Es kann jetzt sowohl zentral aus dem Gefechtsstandbunker als auch dezentral geführt werden. Das verfehlt seinen Eindruck auf das NATO-Team nicht. Zumal es vorzüglich die beachtlichen fliegerischen Leistungen des Geschwaders ergänzt.

Das Geschwader ist wirklich ein Team, in dem jeder Ehrgeiz hat und zu höchsten Leistungen bereit ist. Es ist mir gemeinsam mit ihnen gelungen, allen ein „Wir"-Gefühl einzupflanzen.

Das TAC EVAL kann wieder mit einer Bestnote abgeschlossen werden, die in der NATO selten ist. Deshalb bleiben auch wortreiche Belobigungen und höchste Würdigungen nicht aus. General USAF William J. Evans, Commander Headquarters Allied Air Forces Central Europe (HQ AAFCE), schreibt unter anderem:

"As requested by the Deputy Commander in Chief Allied Forces Central Europe, I am forwarding to you the enclosed **Scrolls of Honour**, awarded to the personnel of your wing and 431 and 432 Squadrons for their excellent performance during the 1977 tactical evaluation of your Unit. ..." (*mehr dazu auch im Anhang 5*).

Generalleutnant Ernst-Dieter Bernhard[22], Deputy Commander HQ AAFCE, schreibt beispielsweise: „... Dies gibt mir Gelegenheit, Ihnen zu sagen, wie sehr ich mich über Ihre enorme Leistung beim diesjährigen TAC EVAL gefreut habe. Sie haben es tatsächlich fertig gebracht, die Leistungen des Verbandes nochmals zu steigern. Damit haben Sie nicht nur mir, sondern allen Angehörigen im HQ AAFCE imponiert... . Das Geschwader kann sehr stolz sein... ."

Und stolz sind wirklich alle Angehörigen des Geschwaders – ohne jede Ausnahme.

1978 honoriert auch der Kommandeur der 3. Luftwaffendivision, Generalmajor Horst Kallerhoff, die Leistungen des Geschwaders mit dem Bestpreis der 3. Luftwaffendivision, einem Wanderpreis in Form eines silbernen Wappentellers.

Ich lasse im Rahmen eines Geschwader-Appells eine Auswahl besonders verdienter Soldaten aus allen Bereichen vortreten. Zusammen mit ihnen nehme ich die silberne Schale aus der Hand des Generals entgegen.

In seiner Rede betont der Divisionskommandeur: „Das Geschwader hat sich den Preis ehrlich erarbeitet. In vielen Bereichen steht der Verband an erster Stelle. In keinem einzigen Bereich sind Mängel festzustellen, die der Verband zu verantworten hat."

Und: „Das Jagdbombergeschwader wies im vergangenen Jahr unter den vier Luftwaffenverbänden, die mit den Düsenmaschinen Fiat G-91 ausgerüstet sind, die beste Einzelleistung und die wenigsten Flugzwischenfälle auf."

In seiner Ansprache weist er auch noch einmal darauf hin: Bei dem hohen Maß an Flugsicherheit dürfe die Anerkennung aber nicht allein den Piloten gelten; es sei vielmehr die Summe einer großen Zahl von Einzelleistungen, die nicht zuletzt das Bodenpersonal für sich in Anspruch nehmen könne.

Und dann haben wir diese Leistung mit allen gebührend gefeiert.

33 Die Hoffnung stirbt zuletzt (1979)

Inzwischen hat auch der Aufbruch in die neue Ära des 'Alpha Jets'[52] begonnen. Das Nachfolgemuster für die Fiat G-91, sowohl als Trainer als auch als Jagdbomber für die Gefechtsfeldunterstützung, stammt von Dassault-Breguet und wird in Deutschland von der Firma Dornier betreut. Es ist sowohl für Tag- als auch für Nachtangriffe geeignet, 1038 km in der Stunde schnell, also Mach 0,89, und es kann bis auf 14.600 Meter steigen. Dort beträgt die Überführungsreichweite des Flugzeugs über 2000 Kilometer. Bei einem Combat-Radius von 390 Kilometern können am Alpha Jet an fünf Stationen mehr als 75 Bewaffnungskonfigurationen geladen werden.

Für die geplante Umrüstung von der Fiat G-91 auf das Nachfolgemuster Alpha-Jet werden mehrjährige Baumaßnahmen nötig. Das Fernmeldenetz wird erweitert, die Tele-Briefanlage – eine Standardverbindung zwischen Gefechtsstand und Flugzeugschutzbauten – wird installiert, für neue Kabel werden viele Kilometer Gräben gezogen. Rollflächen und Hallenvorfeld werden erneuert und erweitert. Auch im Kasernenbereich stehen viele Baumaßnahmen an. Der Fliegerhorst ist zu einer riesigen Baustelle geworden.

Im Hinblick auf die anstehende Umrüstung überlegen wir in der Runde der Kommandeure schon, wie die Ära G-91 auf dem Fliegerhorst lebendig erhalten werden könnte. Gemeinsam wird beschlossen, neben der F-86 Sabre eine ausgesonderte G-91 auf einem Betonsockel als Denkmal auf dem kleinen Platz vor dem Stabsgebäude des Geschwaders aufzustellen. Ich beauftrage die Technische Gruppe mit der Durchführung. Und die Ingenieure machen sich zielstrebig an die Arbeit. Das Innenleben des Flugzeugs wird ausgebaut, aber immer noch wiegt die Hülle 3000 Kilo.

„Die Berechnung der Eisenträger haben das zu berücksichtigen", trägt der Kommandeur der Technischen Gruppe vor. „Bei einem Anstellwinkel des Flugzeugs auf dem Ständer von 30 Grad müssen wir bei einer maximal zu erwartenden Windgeschwindigkeit von 180 Stundenkilometern eine Windkraft von 48500 Newton berücksichtigen." Mir sagen die vielen Zahlen wenig, aber ich bin beeindruckt. Und – für die Offiziere der Technischen Gruppe, von denen viele Ingenieure sind, werden das lösbare Aufgaben sein, bin ich überzeugt.

Bald steht das Flugzeug tatsächlich vor dem Stabsgebäude. Es sieht aus, als würde es gerade abfliegen. Aufmerksamkeit heischend beherrscht es die Einfahrtsstraße des Fliegerhorstes.

Inzwischen geht der Flugbetrieb mit der 'Gina' ohne Pause weiter. Wirklich zum Erliegen kommt er nur, wenn extreme Wetterbedingungen das verhindern. Dichter Nebel ist eine solche Erscheinung und lang andauernder Schneefall. Aber auch das darf die Einsatzbereitschaft nicht wirklich gefährden.

Auch wenn der Fliegerhorst im Schnee zu versinken droht, muss die Start- und Landebahn von Schnee und Eis befreit werden. Neben dem Schneefall ist auch überfrierende Nässe gefährlich für Flugzeuge und für Fahrzeuge.

Mit Roll- und Abstellflächen kommen insgesamt etwa 300 000 Quadratmeter zusammen, die geräumt werden müssen. Für solche Flächen können nur Spezialgeräte wie die sogenannten Kehr-Blas-Geräte eingesetzt werden. Sie verfügen über einen acht Meter breiten Räumschild. Gleichzeitig befördert ein Gebläse den Schnee seitlich weg von der Piste, und ein Rollbesen säubert den Boden.

Hauptfeldwebel Günther Schmuhl ist am Morgen der erste und am Abend der letzte, der das sicherstellt. Er fährt die Kehr-Blas-Geräte, die mit der Heißluft eine schnelle und effektive 'Enteisung' der Startbahn gewährleisten. Eine chemische 'Nachbehandlung' mit 'Urea' stellt sicher, dass der Kehreffekt auch bei hohen Minustemperaturen eine Weile anhält. In den Anfangsjahren der Luftwaffe wurden Orenda-Jet-Triebwerke verwendet, die nicht mehr für die F86 Verwendung fanden. Sie waren auf Lastwagen montiert und befreiten mit ihrem Abgasstrahl die Bahn von Eis. Dieser Jet-Strahl hatte aber immer Schäden an der Landebahn zur Folge. Deshalb gibt es solche ungewöhnliche Lösungen heute nicht mehr. Mit den modernen Kehr-Blas-Geräten wird das weitgehend vermieden. Jetzt setzen die Soldaten gegen überfrierende Nässe prophylaktisch die Bläser ein und versuchen so, die Piste von der Mitte aus trocken zu bekommen.

Eine weitere delikate Arbeit kommt auf den Hauptfeldwebel zu, wenn der gesamte Fliegerhorst in gleichmäßig winterliches Weiß gehüllt bleibt und nur die enteiste Landebahn sich in pechschwarzem Glanz spiegelt. „Eine offene Wasserfläche!", denken die so nahe an der Küste immer präsenten Möwen. Im Sturzflug versuchen sie in das vermeintliche Wasser zu tauchen – und sterben. Wenn die Temperaturen tief genug sind, frieren sie auf der Landebahn fest und der Hauptfeldwebel hat auch noch die Aufgabe, die Vogelkadaver vom Asphalt abzukratzen.

Nebel ist die andere meteorologische Herausforderung in Oldenburg. Besonders im November eines jeden Jahres liegt er oft wochenlang über der Stadt – und dem Flugplatz.

Ein Journalist der regionalen Oldenburger Nordwestzeitung bittet mich um ein Interview. Wieder ist die Stadt an diesem milchigen feuchten Novembertag von dickem Nebel eingehüllt. Man kann kaum die Hand vor den Augen sehen. Als der Journalist bei mir erscheint, erzähle ich, „Ich bin gerade von einem Flug mit einem unserer Jagdbomber zurückgekommen." „Wie war's da oben?" fragt der Zeitungsmann. Das ist die richtige Frage. Nun berichte ich voller Begeisterung über das wundervolle Erlebnis in zehntausend Metern über der Erde. „Ich bin allein geflogen. Es war wunderbar. Alles Wettergeschehen habe ich unter mir gelassen. Mit sanftem Rauschen des Triebwerks glitt das Flugzeug über der unendlichen weißen Wolkendecke dahin. Überall nur Sonne! Nur von Sonnenschein war ich umgeben und von einem strahlend blauen Himmel über mir. Ein tief bewegendes Erlebnis war das wieder einmal."

Dann wiederhole ich in dem Interview alles, was ich schon so oft über die Aufgaben des Geschwaders gesagt habe, über seinen Beitrag zur Verteidigung der Freiheit in unserem westlichen Bündnis und über meine Sorge und mein ständiges Bemühen auch für das Wohl und Wehe der Bürger Oldenburgs. Nicht zu vergessen natürlich das Bemühen aller, den Fluglärm soweit wie möglich in Grenzen zu halten.

Der Journalist hat sich seinen Weg zum Fliegerhorst bahnen müssen durch diesen trüben Novembertag, der eben typisch ist für die norddeutsche Tiefebene zur Nordsee hin. Und auch der Besucher vermisst natürlich die Sonne. Und nun schwärme ich von der Sonne. Ganz offensichtlich ist der Zeitungsmann beeindruckt.

Am nächsten Tag hat das Interview mit dem Kommodore einen prominenten Platz auf der Seite 1 der Nordwest-Zeitung bekommen. Aber nichts von dem, was mir so am Herzen liegt, hat ihn besonders beeindruckt. Überrascht lese ich die Überschrift, die sicherlich eine Ermutigung für alle Oldenburger sein soll, die wochenlang nur Nebel gesehen haben:

„Oberst Laube sagt: Die Sonne ist noch da!"

Das 20jährige Bestehen des Geschwaders soll gebührend gefeiert werden. Der Verband ist von Oldenburg nach Leck verlegt worden und von Leck wieder nach Oldenburg zurück. Aber die Tradition hat dadurch keinen Bruch bekommen. Obwohl es den Namen zweimal ändern musste und seine Rolle sich änderte, und obwohl auch das Aufklärungsgeschwader 54 in den Verband integriert worden ist. Auch das Wappen des Geschwaders hat seine verbindende Kraft behalten – trotz der Verlegungen. Ich habe mich immer dafür eingesetzt, denn ich empfinde das Wappen als symbolhaft für den Geist, der den Verband prägt: Auf blauem Grund steigen zwei goldene Pfeile auf über dem silbernen Bug eines Wikingerschiffs, mit dem NATO-Stern quasi als Leitstern für die Fahrt. Eine Festschrift für das Jubiläum ist schon in Arbeit, Generalleutnant Friedrich Obleser[25], der Inspekteur, hat die Schirmherrschaft für die Veranstaltung übernommen. Und – was mich besonders freut, der Verband soll seinen alten Namen wieder erhalten, den er hatte abgeben müssen. Mit der Erweiterung des Aufgabenbereichs zusätzlich zum Jagdbombereinsatz erhielt er auch Aufklärungsaufgaben und eine erweiterte Verlegefähigkeit. Deshalb war er vom 10. April 1967 bis zum 30.09.1979 Leichtes Kampfgeschwader 43. Nun sollte es wieder das Jagdbombergeschwader 43 werden.

Im Zusammenhang mit den Feierlichkeiten für das 20jährige Jubiläum des Geschwaders sollte ein denkwürdiges Ereignis der Besuch eines „hot Pilots" der befreundeten portugiesischen Luftwaffe mit einer F-86[12] Sabre werden. In Oldenburg war zur F-86 immer eine emotionale nostalgische

Beziehung gepflegt worden. Und das hat sich auch nicht geändert, solange es noch von ihr begeisterte Jagdflieger gab. Sie war ein beliebtes, ein „gutes" Flugzeug gewesen, ein ausgezeichneter Jäger und der erste Kampfjet des Geschwaders. Nun gibt es in der Luftwaffe keine Sabre mehr. Aber – die portugiesische Luftwaffe hat noch einige im Flugbetrieb. Also bemüht sich das Geschwader, zu seinem Jubiläum eine solche „Jubiläumsmaschine" auf den Platz zu bekommen.

Vorgesehen ist unter anderem ein Fly-In aus allen Teilen der NATO. Angesagt ist nun auch eine F-86 Sabre der portugiesischen Luftwaffe. „Eine F-86 Sabre! Das Flugzeug, das für viele alte Oldenburger nahezu Kultstatus besitzt!"

Für diese F-86 wird alles vorbereitet. Alle auf dem Flugfeld Versammelten warten auf den Anflug. Hauptfeldwebel Hans Lauferweiler hat eigens eine Girlande und eine Gebetsbank an der Parkposition vorbereitet.

Das Ganze geschieht jedoch zu der Zeit, als der Kommodore schon aus Lärmschutzgründen in Platznähe in Oldenburg fast alles verboten hat, was den Flugsicherungsoffizieren und den Fliegern Spaß macht. So wissen alle auch „no Practice Approaches", und „only Full Stop Landings". Also lärmerzeugende Überflüge und der von allen Fighter-Pilots und auch den Flugsicherern favorisierte 'Battle Break' sind ebenfalls verboten. Das ist ein aus den Erfahrungen des Weltkrieges entwickeltes überlebenswichtiges Landemanöver, das aber spektakulär anzusehen ist, eine Hochgeschwindigkeitsanflugsverringerungskurve. Nur noch 'Formation Straight In Approaches', geradeausführende langsame Landeanflüge: „Dröge wie an einem Zivilflugplatz!"

Oberstleutnant 'Mike' Michels, der Staffelchef der Flugsicherungsstaffel, ruft auf dem Kontrollturm an, vergattert den diensthabenden Offizier auf dem Kontrollturm und sagt: „Ich kenne Euch Brüder. Macht mir keinen Scheiß mit der 86."[71]

Auch der Kommandeur Fliegende Gruppe verbittet sich im Auftrag des Kommodore alle Besonderheiten hinsichtlich der F-86: "Straight in Approach, Full Stop landing only. Nothing Else. (*Landeanflug gerade aus und Landung. Nichts sonst.*) Ich habe mich doch klar ausgedrückt?!" Er kennt seine Pappenheimer. Meint er!

Die Towercontroller wissen aber schon weit im Vorfeld, woher eine F-86 kommen soll und natürlich wissen sie auch, wie die Geschwaderführung agieren würde. Deshalb nehmen sie schon vorher mit dem verantwortlichen Flugzeugführer in Portugal Kontakt auf. In einigen wenigen Telefongesprächen räumen sie die Problematik in ihrem Sinne aus – nämlich doch einen Überflug im Tiefflug zustande zu bringen, ohne dass jemandem Unbotmäßigkeit nachgewiesen werden kann. Das Anflugverfahren der Sabre wird „präzisiert".

Sinngemäßer Funksprechverkehr in Oldenburg am Tag des Happenings, als der portugiesische Pilot landen will:

Mission XYZ: Oldy Tower, Mission XYZ request Landing info. (*Erbitte Landeinformationen*)
Oldy Tower:Roger XYZ. QHN 1012, Runway 28, for straight in approach, report 3 miles, gear down. (*Anflug nur geradeaus und Fahrwerk ausgefahren melden*)
Mission XYZ: Rwy 28, 3 miles, wilco. (*mach ich*)
Mission XYZ: Oldy Tower, I have unsafe gear down indication. Request check by tower. (*Ich habe keine gesicherte Fahrwerkanzeige. Der Kontrollturm soll mein Fahrwerk überprüfen.*)
Oldy Tower: Mission XYZ , flyby Tower for gear check is approved. (*Flug am Kontrollturm vorbei für Fahrwerkkontrolle ist genehmigt*)

Also kommt es, wie es kommen musste bzw. sollte: Die F-86 fliegt in 50 Fuß über dem Vorfeld am Tower vorbei, lässt ihr – natürlich – sicher ausgefahrenes Fahrwerk überprüfen und röhrt dann mit 'rocking wings' über die voll geparkte Flightline – und alle am Boden sind begeistert – bis auf einige wenige – vielleicht.

Und vom Kontrollturm hört der Pilot ein zufriedenes „Mission XYZ, gear seems to be down and in proper place." (*Das Fahrwerk scheint ordnungsgemäß ausgefahren zu sein*).

Danach kann jedoch niemandem nachgewiesen werden, dass dieser Überflug unbotmäßig gewesen ist, obwohl es so viele „Wissende" gibt.

Bei der üblichen „Nachbesprechung" im Kasino geht es hoch her. Es wird reichlich angestoßen und als Clou wird „Friesenfeuer" serviert – wie bei besonderen Anlässen üblich: ein hochprozentiger, aber brennender Korn. Die kleine bläuliche Flamme sieht man bei Tageslicht nicht. Der portugiesische Pilot der F-86 muss auch etwas falsch verstanden haben. Er will den brennenden Korn in einem Zug austrinken. Ergebnis: Verbrennungen um Mund und Hals, die so stark sind, dass er ärztlich behandelt werden muss und für lange Zeit flugunfähig wird. Ein Ersatzpilot muss eingeflogen werden, um die F-86 nach Portugal zurückzubringen.

Aber meine Zeit als Kommodore mit diesem Team, einem Kampfgeschwader der deutschen Luftwaffe, 'meinem Geschwader', geht für mich unaufhaltsam zu Ende. Es ist eine wunderbare, eine erfüllte Zeit gewesen.

Das Geschwader ist mehrfach ausgezeichnet worden, und – wofür ich dem Schicksal immer wieder dankbar bleibe – während dieser ganzen Zeit hat das Geschwader keinen einzigen Flugzeugführer verloren.

Mich selbst hat der Divisionskommandeur vor Offizieren des international zusammengesetzten TAC EVAL Teams mit dem Bundesverdienstkreuz am Bande ausgezeichnet. Ich bin stolz darauf: für die Leistungen, die ich mit dem gesamten Geschwader erzielt habe.

Aber erinnert hat mich die Ehrung auch an eine alte preußische Tradition. Auch damals entledigte sich der Staat seiner Dankbarkeit mit Orden und mit Titeln. Und schon ist mir wieder der Vorstand des Haniel Konzerns in den Sinn gekommen, der meine bescheidene Besoldung – im Verhältnis zu meiner Verantwortung – belächelt hatte.

Dann kommen unaufhaltsam die letzten Tage und der Abschied. Und vieles geht mir noch einmal durch den Kopf. Die Jahre 1974 bis 1979 sind einmalig gewesen für mich. Ich bin meinen Vorgängern im Amt und auch den Kameraden, die mit ihnen in anderen Aufgabenstellungen des Geschwaders gedient haben, dankbar für ihre Vorarbeit. Ich habe den Höhepunkt der „kalten" Ost-West-Konfrontation erlebt, aber mir ist eine heiße Auseinandersetzung mit Waffen erspart geblieben. Entspannung? Ja, natürlich, das ist meine Vision gewesen. „Aber bis dahin wollen wir eine glaubhafte militärische Stärke demonstrieren. Und wir sind uns unserer Sache ja sicher!", habe ich immer gesagt.

Tatsächlich scheint sich jedoch jetzt schon am fernen Horizont eine neue Zeit abzuzeichnen, sowohl in der Bundesrepublik als auch im internationalen Raum.

Noch – im Grunde während meiner gesamten Zeit als Kommodore – ist jedoch die Sicherheitslage in Deutschland selbst nicht viel anders geworden, als ich sie mit meinen eigenen Erlebnissen mit den K-Gruppen in der Stadt Oldenburg empfunden habe: „unsicher"!

Während dieser Zeit ist die RAF verantwortlich für 34 Morde an Führungskräften in Politik, Wirtschaft und Verwaltung, deren Fahrern, an Polizisten, Zollbeamten und amerikanischen Soldaten sowie mehrere Entführungen, Banküberfälle und Sprengstoffattentate mit über 200 Verletzten.

Aber ich kann unverdrossen hoffen, dass nun wirklich nach all den Jahren des Unfriedens und der Unsicherheit etwas Ruhe im Innenleben der Bundesrepublik einkehren wird.

Dann wird 1978 auch ein neuer Papst gewählt. Da empfinde ich die Wahl des polnischen Kardinals Karol Wojtyla wie ein Zeichen. Johannes-

Paul II.⁷² ist der erste nicht-italienische Papst seit dem 16. Jahrhundert und der erste Slawe auf dem Papstthron.

Sein Episkopat in Krakau war vor allem durch eine „sanfte" Konfrontation mit dem kommunistischen Regime Polens geprägt gewesen. Ihm wird dann auch eine maßgebliche Rolle bei der Beendigung des Sozialismus in seinem Heimatland Polen zugeschrieben. Seine Predigten, in denen er oft die freie Ausübung der Religion für alle Polen forderte, zeigen ihn als unerschrockenen Antikommunisten.

1965 war er maßgeblich an dem Hirtenbrief der polnischen Bischöfe an ihre deutschen Amtsbrüder beteiligt, in dem die katholischen Bischöfe und der Polnische Ökumenische Rat (PRE) in einem Brief um die Vergebung polnischer Schuld bitten und sie für die deutsche Schuld gewähren. Aber auch dies machte Wojtila zum Objekt scharfer Attacken der kommunistischen Machthaber. (*Kurze Zeit vorher brachte die Evangelische Kirche in Deutschland (EKD) mit der 'Ostdenkschrift' „Die Lage der Vertriebenen und das Verhältnis des deutschen Volkes zu seinen östlichen Nachbarn" den Willen zur Versöhnung zwischen Deutschland und Polen in einer Weise zum Ausdruck, dass die Denkschrift als Wegbereiter zu einer politischen Aussöhnung zwischen Deutschland und Polen gilt.*)

Das sind hoffnungsvolle Zeichen, die für den Willen zur Übernahme von Verantwortung und für Versöhnung zwischen den beiden Völkern stehen. Vielen, nicht nur mir erscheint Johannes Paul II. wie ein Symbol im Kampf gegen den Kommunismus. Der Papst, ein moderner Kreuzritterkommandeur, der den Kampf gegen das sowjetisch-kommunistische System in Europa anführt! Und können wir nicht jede Unterstützung zur Verteidigung unserer Freiheit und unserer Sicherheit nur zu gut brauchen?

Dass Frieden erhalten bleibt, muss man natürlich auch der sensiblen Wahrnehmung aller Hierarchien in der NATO und im Warschauer Pakt zuschreiben. Trotz ihrer aggressiven Rhetorik verstanden diese Führer sowohl im Osten wie auch im Westen sehr wohl die Vernunft von 'peaceful co-existence' und die fatalen Konsequenzen eines totalen Atom-Krieges. Sie wussten, dass jede Seite die andere auslöschen konnte in einem massiven Austausch strategischer Nuklearwaffen, in „Guaranteed Mutual Destruction". Auf jeden Fall war es den Deutschen auf beiden Seiten des Eisernen Vorhangs klar, dass das dann der dritte Weltkrieg sein würde, und dass er in ihrem geteilten Land ausgetragen würde – wenn alles andere versagt hätte. Das ist der Grund, warum eine glaubhafte „Abschreckung" so ungeheuer wichtig gewesen ist.

Diese Abschreckung bestand aus vielen Facetten. Und auch die Flieger der sich gegenüber stehenden taktischen Luftstreitkräfte haben dazu wesentlich beigetragen.

Der 30. September 1979 ist mein letzter Tag im Geschwader. Ich danke allen, die mit mir zusammen die vergangenen Jahre zu erfolgreichen Jahren gemacht haben. Und ich gedenke zuerst in Ehrfurcht der Kameraden, die der Verband verloren hat. Dem Geschwader aber, seinen Angehörigen und ihren Familien bleibt mir nur noch, alle Zeit Hals- und Beinbruch zu wünschen. Was mich auch nach diesen Jahren immer noch oft mit Genugtuung erfüllen wird, ist die Erinnerung, dass man in der damaligen Zeit die Probleme, die es in solch einem dynamischen fliegenden Verband gibt, noch weitgehend selbst lösen konnte – ja oft auch einfach musste.

Am 30. September 1979 ist der Himmel über Deutschland immer noch geteilt. Ich habe den Oldenburger Beitrag zur Abschreckung und den Luftkrieg in andere Hände gelegt.

Rückblickend sage ich heute: „Wir verfügten immer über eine große Zahl einsatzbereiter Flugzeuge, und wir durften damit auch fliegen, in unserer Welt, der westlichen, nahezu grenzenlos fliegen. Das gab uns immer wieder neuen Schwung und neue Kraft, alles mit frischem Mut neu anzupacken, was immer zu tun anliegen mochte. Wie glücklich konnten wir doch sein – auch gegenüber denjenigen, die uns nachfolgten."

Und dann lächle ich in einer Gewissheit, die mich mit großer Zufriedenheit erfüllt: „Doch wir haben den Gegner in unserem Himmel überlebt. Unsere Generation hat den Kalten Krieg gewonnen und sie hat Deutschland und Europa vereint."

In dieser Nacht liege ich noch lange wach und denke über die Jahre nach, in denen ich mich mit großem Enthusiasmus dem Fliegen widmen konnte. „Nostalgie pur!" Dann erinnere ich mich wieder, wie ich das erste Mal flog, und ich erlebe noch einmal, wie ich dann zum ersten Mal „solo" ging. Und ich schmunzle. „Dieter Wasserkordt", denke ich, „mein erster Fluglehrer".

Es war noch in der ersten Woche meines „Screening" in Hangelar bei Bonn. „Screening", die fliegerische Vorauswahl für den Fähnrich der Luftwaffe. Ich stehe vor einer 'De Havilland D.H.82 Tiger Moth', ein betagtes einmotoriges Doppeldecker-Schulflugzeug, das von der Royal Air Force schon seit den 30er Jahren benutzt wird und das Generationen von Flugschülern in guter Erinnerung ist. Ich stelle sicher, dass die Bremsklötze vor den Rädern liegen, damit das Flugzeug nicht losrollt, wenn ich es anlasse. „Ins Cockpit langen, Zündung einschalten, dann wieder nach vorne eilen, den Propeller mehrmals schwungvoll durchdrehen." Wenn der Motor anspringt und der Propeller richtig loslegt, rechtzeitig zurückspringen, damit ich nicht von ihm erschlagen werde. Und dann wieder nach vorn zum Cockpit und – auf den Fluglehrer warten.

Dieter Wasserkordt ist Jagdflieger im Weltkrieg gewesen. Mit seiner Fluglehrertätigkeit an der Sportfliegerschule bleibt er der Fliegerei verbunden und kann seinem Hobby nachgehen. Die Luftwaffe verfügte noch nicht über eine eigene fliegerische Ausbildungseinrichtung.

Wasserkordt will heute mit mir „Forced Landings" üben. Das sind simulierte Notlandungen im freien Gelände. Wir steigen gemeinsam ein und schnallen uns fest. Haube stramm aufsetzen, es ist zugig in dem offenen Cockpit.

Wir starten und gewinnen Höhe. Wasserkordt zeigt mir, wie man im Flug aus ein paar hundert Metern Höhe erkennen kann, wo eine Notlandung möglich sein könnte. Das Flugzeug soll dabei nicht zu Bruch gehen, weil vielleicht ein Graben, ein Wall, ein Zaun oder ein paar Vertiefungen in der Landschaft die Maschine zu einem Überschlag verführen werden oder auch nur das Fahrwerk abbricht.

Plötzlich reißt der Lehrer den Gashebel zurück. „Wo wollen Sie landen?" ruft er. Weit und breit kein Flugplatz. Blitzschnell muss der Flugschüler sich entscheiden, wo er nach dem Ausfall des Triebwerks das Flugzeug hinsetzen möchte.

Der „Lehrling" tut ein paar Mal sein Bestes. Zum Abschluss führt der Fluglehrer mir noch einmal vor, wie man das perfekt macht. Und er beeindruckt mich, denn er rasiert nach steilem Gleitflug quasi den Rasen auf einer schmalen Wiese. Ich meine, er hätte sogar Bodenberührung gehabt. Aber der Fluglehrer weiß, was er tut. Er schiebt rechtzeitig den Gashebel wieder auf Vollgas und die Tiger-Moth gewinnt mühelos Höhe, damit wir weiter fliegen können – zurück nach Hangelar.

So beenden wir unseren Flug und landen auf dem kleinen Flugplatz. Als wir uns beide dann das Flugzeug noch einmal genau ansehen, finden wir ein Rebhuhn, das in den Fahrwerksverstrebungen hängt. Es hat den 'Tiefflugangriff' nicht überlebt. „Hatte kein Fliegerglück", erklärt Dieter Wasserkordt lachend. „Eine gehörige Portion Fliegerglück, das müssen Sie haben – auch in der Luftwaffe."

Nachwort (Rom 1984)

Nachdem mir 1979 die Führung der Truppendienstlichen Fachschule der Luftwaffe in Iserlohn anvertraut worden war, hatte ich zum Jahreswechsel 1981/1982 im Verteidigungsministerium in Bonn als Referatsleiter die Verantwortung für die Fachausbildung der Luftwaffe übernommen. Im August 1983 wurde ich freigestellt und nach Rom kommandiert. Ich studierte jetzt gemeinsam mit Offizieren und Spitzenbeamten anderer Nationen am NATO Defense College in Rom, das ist die oberste Verteidigungsakademie der NATO. Es war im Februar 1984, Oberst i. G. Werner Lottermoser, ein alter Bekannter aus den Tagen beim Jagdgeschwader 72, hatte die deutschen Offiziere in seine Villa eingeladen. Oberst Lottermoser war Verteidigungsattaché der Deutschen Botschaft in Rom. Er verstand sein Geschäft – und es sollte wieder eine schöne Party werden.

Zu später Stunde – die Stimmung der Gäste näherte sich dem Höhepunkt – überraschte der Verteidigungsattaché seinen Gast mit der Nachricht, er habe eben die neuesten Beförderungsmitteilungen aus Bonn vom Verteidigungsministerium erhalten.

„Sie werden am 1. April zum Brigadegeneral befördert werden."

„Zum 1. April? Ja, klar, schöner Aprilscherz, nicht wahr?", versuchte ich nüchtern zu bleiben. „Von wegen", entgegnete Werner Lottermoser, „Das ist offiziell. Darauf müssen wir jetzt anstoßen, Fliegergeneral!"

So erfuhr ich, dass meine militärische Laufbahn einen Höhepunkt erreicht hatte. Es war *der* Höhepunkt meiner militärischen wie auch meiner fliegerischen Karriere. Aber – diese Beförderung würde auch das 'Aus' bedeuten für mein Fliegen auf Strahlflugzeugen. Nur Propellerflugzeuge würde der Inspekteur mir noch gönnen.

Doch mein Schmerz hielt sich in Grenzen. Ich dachte an die wunderbare Zeit, die ich gehabt hatte. Und – die schönste und die erfüllteste Zeit meines Berufs als Offizier und meines Lebens überhaupt würde die Zeit bleiben, in der ich als Kommodore ein Kampfgeschwader der deutschen Luftwaffe führen konnte. Das war in einer Zeit, als der Kalte Krieg auf einem Höhepunkt angelangt, Deutschlands Himmel geteilt und der Gegner in unserem Himmel stets in greifbarer Nähe war:

Es waren fünf Jahre als Kommodore eines Geschwaders der Luftwaffe in der traditionsreichen Residenzstadt Oldenburg.

ANMERKUNGEN

1 Ludvik Svoboda. Tschechischer General und Politiker, (1895-1979). März 1968 zum Staatspräsidenten gewählt. Betonte nach dem Einmarsch der Truppen des Warschauer Paktes die Unabhängigkeit des Landes.

2 Alexander Dubc'ek. Slowake, (1921-1992). Als 1. Sekretär der tschechoslowakischen KPC, Träger und Symbolfigur des „Prager Frühlings". Nach dem Einmarsch von Truppen des Warschauer Pakts isoliert, dann abgesetzt, aus allen Ämtern gedrängt, schließlich aus der Partei ausgeschlossen.

*3 Leonid Iljitsch Breschnew, *6. 2. 1906 in Kamenskoje (heute Ukraine); † 10. 11. 1982 in Moskau; von 1964 bis 1982 Parteichef der KPdSU, Staatschef und vierfacher Held der Sowjetunion.*

*4 Adolf Hitler, *20. April 1889 in Braunau am Inn in Oberösterreich; †30. April 1945 in Berlin. 1933 bis 1945 Diktator des Deutschen Reiches. Von Reichspräsident Paul von Hindenburg zum deutschen Reichskanzler ernannt. Löste mit dem Befehl zum Überfall auf Polen im September 1939 den Zweiten Weltkrieg in Europa aus. Am 22. Juni 1941 eröffnete er den Krieg gegen die Sowjetunion.*

*5 Josef Wissarionowitsch 'Stalin', *1878 in Gori, heute Georgien; † 5. 3. 1953 in Kunzewo bei Moskau, Sowjetunion.Politiker und Diktator. Geboren als Iossif Wissarionowitsch Dschugaschwili. 1922 bis 1953 Generalsekretär des Zentralkomitees der Kommunistischen Partei der Sowjetunion (KPdSU), ab 1941 Vorsitzender des Rates der Volkskommissare, ab 1946 Vorsitzender des Ministerrats der UdSSR, 1941 bis 1945 Oberster Befehlshaber der Roten Armee – „Generalissimus".*

6 Alfons Goppel, Politiker, Jurist, CSU. 1905-1991. 1962-1978 Ministerpräsident von Bayern.

7 Sir Winston Leonhard Spencer Churchill. (1874-1965). Britischer Politiker, 1940-1945 und 1951-1955 Premierminister Großbritanniens. Auch Maler, Historiker und Schriftsteller. Für seine vielfältigen Schriften, besonders für sein großes historisches sechsbändiges Werk "The Second World War" erhält er 1953 den Nobelpreis für Literatur.

8 Roderich Cescotti, in der Bundeswehr u.a. Kommodore des Aufklärungsgeschwader 52, Verteidigungsattaché in London, Chief of Staff 2. ATAF und als Generalmajor Commander Allied Air Forces Baltic Approaches. Siehe auch Roderich Cescotti und Kurt Braatz: Langstreckenflug. Moosburg, NeunundzwanzigSechs Verlag, 2012, in dem er auch viel über seine Reisen mit seiner Familie erzählt.

9 Lockheed T-33, T-33, T-Bird, ein einstrahliges, doppelsitziges Trainingsflugzeug des US-amerikanischen Herstellers Lockheed. Siehe auch Anhang 6, die fliegenden Waffensystem

10 Siehe dazu auch „Ich werde Kandidat der SED" des MiG-21 Piloten Oberst Rainer Langener im Anhang 7.

11 Rudolf Erlemann, Staffelkapitän, Gruppenkommandeur, Kommodore Jagdgeschwader 74 Mölders, Luftwaffenattaché in Washington, Kommandeur SOC. Brigadegeneral.

12 Canadair F-86 Sabre, Tag-Abfangjäger (single engine, single seater fighter). In den 50er Jahren das Standardjagdflugzeug der USAF. Einsatz in vielen NATO Staaten. Etwa 6000 in 5 Ländern produziert. Siehe auch Anlage 6, Die fliegenden Waffensysteme.

13 Oberst Erich Hartmann, genannt 'Bubi' (1922-1993). Der höchstdekorierte und erfolgreichste Jagdflieger im Weltkrieg. Brillanten zum Ritterkreuz mit Eichenlaub und Schwertern. 352 Abschüsse. In der Bundeswehr u.a. Kommodore Jagdgeschwader 71 'Richthofen'. Siehe auch Raymond F. Toliver und Trevor J. Constable: Holt Hartmann vom Himmel. Stuttgart, Motorbuch Verlag 1971.

14 Lockheed F-104 „Starfighter", Interceptor, Abfangjäger. Die unterschiedlichen Kennzeichen (D, G, TF) bezeichnen die verschiedenen Typenausführungen der F-104. die Bundeswehr beschaffte insgesamt 916 Starfighter F-104-G und TF. siehe auch Anhang 6, die fliegenden Waffensysteme.

15 Fiat G-91 (Fiat/Dornier), für 20 Jahre das wichtigste Erdkampf- und Aufklärungsflugzeug der Luftwaffe. Gefechtsfeld-Unterstützung des Heeres. Landet auf unbefestigten Feldflugplätzen und sogenannten NLPs (Notlandeplätzen). Siehe auch Anhang 6, Die fliegenden Waffensysteme.

16 Dr. Jürgen Haacke. * 1937, Oberst a.D., Studium in Moskau. Hochschullehrer an der Militärakademie Friedrich-Engels in Dresden, Jagdflieger MiG-15, MiG-17 und MiG-21. Naturwissenschaftler. Leiter einer Baufirma.

17 Werner Mölders, Oberst. Jagdflieger. Inspekteur der Jagdflieger. 101 Abschüsse. Erster Träger der Brillanten zum Ritterkreuz mit Eichenlaub und Schwertern.

18 Adolf Galland, Jagdflieger. Legion Condor im spanischen Bürgerkrieg. General der Jagdflieger 104 Luftsiege. Brillanten zum Ritterkreuz mit Eichenlaub mit Schwertern. Generalleutnant. Stellt 1945 Jagdverband 44 auf, der mit Me 262 ausgerüstet war. Nach 1945 Militärberater der argentinischen Luftwaffe. Siehe auch Autobiographie Adolf Galland: Die Ersten und die Letzten. Darmstadt, Franz Schneekluth, 1953.

19 Gerhard (Gerd) Barkhorn, Jagdflieger. (1919-1983). Kommandeur im JG 52. Flog bei Kriegsende beim JV 44, dem Düsenjagdverband von Adolf Galland. Mit 301 Luftsiegen der zweiterfolgreichste Jagdflieger des Weltkrieges. Ritterkreuz mit Eichenlaub und Schwertern. In der Bundeswehr u.a. Kommodore Jagdbombergeschwader 31 Bölke, Chef des Stabes 4. ATAF und Chef des Stabes 2. ATAF. Generalmajor

20 Juri Alexejewitsch Gagarin. *9. 03.1934 Kluschino, Russische SFSR; † 27. 03. 1968 bei Nowosjolowo, Oblast Wladimir, Russische SFSR. Sowjetischer Kosmonaut. Er war der erste Mensch im Weltraum, Held der Sowjetunion und Oberst der sowjetischen Luftstreitkräfte.

21 Herbert Wehnelt Jagdflieger. (1918-2007). Jagdflieger. Bei Kriegsende Kommodore des JG 106. In der Bundeswehr u.a. Kommandeur Waffenschule 10. Divisionskommandeur. Chief of Staff 2. ATAF. Kommandierender General Luftflottenkommando. Deputy Commander Allied Air Forces Central Europe. Generalleutnant.

22 Ernst-Dieter Bernhard, Jagdflieger. In der Bundeswehr u.a. Staffelkapitän, Kommandeur Fliegende Gruppe, Divisionskommandeur, Amtschef Luftwaffenamt, Stellvertretender Befehlshaber

der Alliierten Luftstreitkräfte Europa-Mitte, deutscher militärischer Vertreter im NATO-Militärausschuss. Generalleutnant.

23 Horst Hennig gehörte zu einer Studentengruppe, die an der Universität Halle 1950 wegen Einforderung demokratischer Verhältnisse festgenommen wurde. Die Studenten wurden durch ein sowjetisches Militärtribunal zu 25 Jahren Zwangsarbeit verurteilt und anschließend in das Arbeitslager Workuta am Polarkreis zur Kohleförderung verbracht. Hennig nahm dort am Aufstand vom 01.08.1953 teil, bei dem 62 seiner Kameraden erschossen und weitere 123 schwer verwundet wurden. Nach Bundeskanzlers Adenauers Moskau Besuch 1955 mit den letzten Kriegsgefangenen entlassen. Setzte sein Medizinstudium in Köln fort und schloss sein Staatsexamen und seine Promotion ab. In der Bundeswehr zuletzt Generalarzt.

24 Günther Rall, Jagdflieger. Kommodore Jagdgeschwader 300. 275 Luftsiege, Ritterkreuz mit Eichenlaub und Schwertern. In der Bundeswehr u.a. Kommodore , Divisionskommandeur, Chef d. Stabes 4. ATAF, Kommandierender General Luftflotte, Inspekteur Luftwaffe. Ständiger Vertreter im Militärausschuss der NATO. Generalleutnant. Siehe auch Braatz Kurt: Mein Flugbuch. Erinnerungen 1938-2004. NeunundzwanzigSechs Verlag 2004.

25 Friedrich Obleser (1923-2004), Jagdflieger, 120 Luftsiege, Ritterkreuz. In der Bundeswehr u.a. Kommodore Jagdgeschwader 72 und Jagdbombergeschwader 33, Divisionskommandeur, Amtschef Luftwaffenamt, Kommandierender General Luftwaffenunterstützungskommando, 1978-1983 Inspekteur Luftwaffe. Generalleutnant. Großes Bundesverdienstkreuz mit Stern.

26 Walter Krupinski, Jagdflieger. 197 Abschüsse. Ritterkreuz mit Eichenlaub. Kommodore Jagdbombergeschwader 33, Chief of Staff 2. ATAF, Kommandierender General Luftflottenkommando. Siehe auch Braatz, Kurt: Walter Krupinski. Jagdflieger, Geheimagent, General. NeunundzwanzigSechs Verlag. Moosburg 2010.

27 Johannes Steinhoff, Staffelkapitän, Kommodore. 172 Luftsiege, Ritterkreuz mit Eichenlaub und Schwertern. Eintritt in die Bundeswehr als Oberst. Deutscher Militärischer Vertreter beim NATO-Militärausschuss. Divisionskommandeur. Generalleutnant. Inspekteur der Luftwaffe. General. Vorsitzender des NATO Militärausschusses. Großes Bundesverdienstkreuz des Verdienstordens der Bundesrepublik Deutschland mit Stern und Schulterband .

28 Nils Müller-Haye, Pastor. Stipendiat des World Council of Churches/Geneva zum Klinikseelsorger in San Franzisco/Cal. Seelsorger im evangelischen Krankenhaus und Militärpfarrer. U.a. NATO Einsatz im 2. Zerstörergeschwader im Mittelmeer und bei SHAPE.

29 Mohammad Reza Schah Pahlavi Schahanschah,* 26. Oktober 1919 in Teheran; † 27. Juli 1980 in Kairo. Trat als ältester Sohn von Reza Schah Pahlavi am 17. September 1941 die Nachfolge seines Vaters als Schah des Irans an. Mohammad Reza Schah Pahlavi verließ den Iran aufgrund der Islamischen Revolution am 18. Januar 1979.

30 Wir wussten natürlich nicht, dass etwa zur gleichen Zeit der Frachter MS Billetal der Firma Merex AG den Suezkanal ansteuerte und am 23.07.1966 in Cochin/Indien ankam Er hatte 28 noch komplette Sea Hawks der Marine und auch die Reste der 1962 in Ahlhorn auf dem Bauch gelandeten Sea Hawk für die indische Marine an Bord. Ihre Überreste waren von der bundeseigenen Verwertungsagentur Vebeg verkauft worden. Die bundesdeutschen Sea Hawks kämpften dann auf indischer Seite im indisch-pakistanischen Krieg gegen die bundesdeutschen Sabre-Jets auf pakistanischer Seite, die wir nach Persien überführt hatten.

31 Eberhard Eimler, *1930, war Adjutant des Inspekteurs Luftwaffe Generalleutnant Johannes Steinhoff. Nach Kommandeur Fliegende Gruppe in Oldenburg Kommodore Leichtes Kampfgeschwaders 42. Abteilungsleiter Luftflottenkommando. 1976 Brigadegeneral (der erste General der Bundesluftwaffe, der nicht in der Wehrmacht gedient hatte). Kommandeur 2. Luftwaffendivision. Stellvertretender Kommandierender General Luftflottenkommando. Stellvertretender Befehlshaber Alliierte Luftstreitkräfte Mitteleuropa (AAFCE). Inspekteur Luftwaffe. General, Stellvertreter des Oberbefehlshabers NATO-Streitkräfte Europa.

32 Andreas Baader und Ulrike Meinhof: Baader-Meinhof-Bande, Bezeichnung für die Rote Armee Fraktion, RAF. Sie wollte seit 1968-1970 nach den Methoden der Stadtguerilla (v.a. durch Attentate und Überfälle) die Staatsgewalt und die Gesellschaftsordnung der Bundesrepublik gewaltsam umstoßen. 1972 wurde der harte Kern (neben Baader und Meinhof auch Gudrun Ensslin, Jan-Carl Raspe und Holger Meins) verhaftet und 1974 vor Gericht gestellt.

33 Ulrike Maria Meinhof engagierte sich in der Westdeutschen Studentenbewegung der 1960er Jahre und später radikalisierte sie zur Terroristin. Sie war Gründungsmitglied und Führungsperson der 1970 gegründeten Rote Armee Fraktion (RAF), deren ideologisches Konzept sie maßgeblich mit verfasste. 1970 war sie an der Baader-Befreiung und 1972 an fünf Sprengstoffanschlägen mit insgesamt vier Todesopfern beteiligt. 1972 wurde sie verhaftet. Nach ihrer ersten Verurteilung war sie ab 1975 Mitangeklagte im Stammheim-Prozess.

34 Venezuela: Jahrzehnte später erinnere ich mich hin und wieder an unser „Venezuela Szenario" in USA, als der „arabische Frühling" „passiert" und Staaten wie Tunesien, Libyen, Irak und Syrien ins Chaos gestürzt werden, obwohl da eben noch stabile Regie-

rungen das Land unter Kontrolle hatten. Die angeblichen „chemischen- und die Massen-Vernichtungswaffen" im Irak kommen mir dann auch noch in den Sinn. Und ich habe ernsthafte Zweifel, wie unbeteiligt die USA und Russland an den Ereignissen tun.

35 Gerhard Limberg, (1920-2006). Jagdflieger, Staffelkapitän im Krieg. Als Hauptmann bin ich Gerhard Limberg (der Kommodore im Leichten Kampfgeschwader 41 war)zuerst begegnet. Als ich Stellv. Kommodore LeKG 41 war, ist er mein Divisionskommandeur. Als Dezernatsleiter in Ramstein ist Limberg Deputy Commander 4th Allied Tactical Air Force(Stellvertreter des Befehlshabers). 1974-1978 Inspekteur Luftwaffe. Generalleutnant.

36 Georg Leber. Maurer (1920-2012). Hatte im Zweiten Weltkrieg als Unteroffizier in der Luftwaffe gedient. Gewerkschaftsführer und Politiker in der SPD. U.a. Bundesverkehrsminister. 1972-1978 Bundesverteidigungsminister.

37 Bruno Loosen, Fernaufklärer. In der Bundeswehr u.a. Kommodore, General Flugsicherheit Bw, Divisionskommandeur, Kommandierender General Luftflotte. Generalleutnant.

38 James R. Schlesinger. US-amerikanischer Politiker. Unter Präsident Richard Nixon und Gerald Ford Verteidigungsminister. Propagiert 1974 eine neue Strategie von „views on mutual assured destruction"(Betrachtungen über gegenseitige garantierte Zerstörung) hin zu einem „nuclear targeting with selected strikes" (nukleare Zielauswahl mit selektiven Schlägen).

39 Armin Zimmermann. Seeoffizier. In der Bundeswehr u.a. Marineattaché, Befehlshaber Seestreitkräfte Nordsee, Befehlshaber der Flotte. 1972-1976 Generalinspekteur. Admiral

40 Zapfenstreich ist der Schlag auf den Zapfen, der ursprünglich in den Lagern der Landsknechtheere durch den Profoß vorgenommen und mit dem der Ausschank beendet wurde. Ab 17. Jahrhundert ein militärisches Signal. In der Bundeswehr hat sich „Zapfenstreich" auch als 'befehlsmäßiges' Ende des Ausgangs erhalten. In Deutschland ist er das höchste militärische Zeremoniell der Bundeswehr. Heute insbesondere zur Ehrung von Persönlichkeiten, vereinzelt bei öffentlichen Gelöbnissen, bei Jubiläen sowie zum Abschluss großer Manöver abgehalten. Grundsätzlichen Anspruch auf eine Verabschiedung durch einen 'Großen Zapfenstreich' haben der Bundespräsident, der Bundeskanzler, der Bundesminister der Verteidigung und alle Militärs im Range eines Generals oder Generalleutnants (bzw. Admirals oder Vizeadmirals) ebenfalls bei ihrem Ausscheiden aus dem aktiven Dienst.

41 Manfred Freiherr von Richthofen, Rittmeister. Der „rote Baron" nach der Farbe seines Fokker Dreidecker. Erfolgreichster deutscher Jagdflieger im Ersten Weltkrieg. Pour le Mérite. 80 Abschüsse.

42 Graf Helmuth von Moltke, Preußischer Generalfeldmarschall. Chef des Großen Generalstabs. Betrachtet die Strategie eines Krieges als ein „System von Aushilfen". Lehrte die Auftragstaktik. Konnte alle Kriege erfolgreich beenden.

43 Erich Hohagen, Jagdflieger. Ritterkreuz des Eisernen Kreuzes. In der Bundeswehr u.a. Kommodore Jagdgeschwader 72. Kommandeur deutsches Luftwaffenausbildungskommando USA. Brigadegeneral.

44 Günther Josten, Jagdflieger. Eichenlaub zum Ritterkreuz. 178 Abschüsse. In der Bundeswehr u.a. Kommodore Jagdgeschwader 71. Als Oberst i.G. Stellv. Divisionskommandeur. Siehe auch Kurt Braatz, Wilhelm Göbel: Gefechtsbericht. Günther Josten. Moosburg, NeunundzwanzigSechs Verlag 2011.

45 Frau Gerlinde Merkel, Ehefrau des Brigadegenerals a.D. Dipl. Ing. Hubert Merkel, schreibt mir über Pilotenfamilien in dieser Zeit: „Wir haben drei Söhne großgezogen. Aus unserer Familie sind drei junge Familien entstanden. Wir haben von Anfang an erlebt, wie groß der Unterschied bei ihnen zu unserer eigenen damaligen Familiensituation war, nur bedingt durch den Beruf unserer Männer. Klassenkameraden und zivile Freunde haben ebenfalls ganz anderes gelebt. Die vielen Umzüge (17), verschiedenen Schulen (14), keine Kindergärten, keine Eltern in der Nähe, Bereitschaften des Vaters, keine Telefonanschlüsse, keine Kontakte mit unseren Männern bei Auslandsflügen, usw. Wenn wir alten Pilotenfrauen von irgendwelchen Pannen oder Vorfällen mit Kindern oder Haushalt aus der Vergangenheit erzählen, fängt jede erst einmal an: 'Mein Mann war irgendwo und nicht erreichbar.' Wir waren doch eine sehr isolierte und angefeindete Gruppe."

46 Georg Füreder, Jagdflieger, Staffelkapitän. Auch in der Bundeswehr Staffelkapitän; Gruppenkommandeur. Ging als Oberst in den Ruhestand.

47 Karl (Charly) Gratz, Jagdflieger. 138 Luftsiege. Ritterkreuz. In der Bundeswehr u.a. Staffelkapitän im Jagdgeschwader 72. Oberstleutnant.

48 Horst Kallerhoff, Jagdflieger. In der Bundeswehr u.a. Gruppenkommandeur im Jagdgeschwader 72, Kommodore Jagdgeschwader71 Richthofen, General Flugsicherheit, Divisionskommandeur, Befehlshaber im Wehrbereich. Generalmajor, Großes Bundesverdienstkreuz.

49 Das Amt Blank war von Oktober 1950 bis 1955 die Vorgängerinstitution des BMVg. Die offizielle Bezeichnung lautete Dienststelle des Bevollmächtigten des Bundeskanzlers für die mit der Vermehrung der alliierten Truppen zusammenhängenden Fragen. Behördenleiter war zunächst Theodor Blank, der von 1955 bis 1956 auch Bundesverteidigungsminister war.

50 Rolf Portz, U.a. Gruppenkommandeur, Kommodore Jagdbombergeschwader 49, KG Luftwaffenkommando Nord, Stellvertreter Inspekteur Luftwaffe und Inspekteur Luftwaffe. Generalleutnant.

51 Uwe Vieth, U.a. Kommodore Jagdbombergeschwader 43, Divisionskommandeur, Stv.KG Luftflotte. Generalmajor.

52 Dornier/Dassault-Breguet Alpha Jet, Trainer, Jagdbomber, Gefechtsfeldunterstützung, Tag/Nachtangriff, Anti-shipping strike. Siehe auch Anhang 6, Die fliegenden Waffensysteme.
53 Carl von Ossietzky, (1889 – 1938). Journalist, Schriftsteller und Pazifist. Erhielt 1936 rückwirkend den Friedensnobelpreis für das Jahr 1935, dessen persönliche Entgegennahme ihm jedoch von der nationalsozialistischen Regierung untersagt wurde.
54 Paul Ludwig Hans Anton von Beneckendorff und von Hindenburg (* 2. Oktober 1847 in Posen; † 2. August 1934 auf Gut Neudeck, Ostpreußen), Militär und Politiker. Stieg im Ersten Weltkrieg zum Generalfeldmarschall auf. 1925 zum zweiten Reichspräsidenten der Weimarer Republik gewählt. Nach seiner Wiederwahl 1932 ernannte er am 30. Januar 1933 Adolf Hitler zum Reichskanzler.
55 Graf Anton Günther von Oldenburg und Delmenhorst (1583-1667) aus dem Haus Oldenburg. Absolutistischer Landesherr und Reichsgraf von Oldenburg (1603–1667) und Delmenhorst (1647–1667) innerhalb des Heiligen Römischen Reichs Deutscher Nation. Als Liebhaber und Züchter schöner Pferde begründete er im Lande die Oldenburger Pferdezucht. Deswegen wurde er spöttisch als der „Stallmeister des Heiligen Römischen Reiches" tituliert. Im Jahr 1608 erließ Graf Anton Günther zur Belebung des Handels die „Verordnung wegen der Oldenburger Krahmer-Marckte". Seitdem ist der „Kramermarkt" zu einem der größten norddeutschen Jahrmärkte geworden.
56 Group Captain Peter Wooldridge Townsend (1914-1995). Kammerherr von König Georg VI. und von Königin Elisabeth II. Jagdflieger und Staffelkapitän im Weltkrieg. 9 Abschüsse, 2 wahrscheinliche. CVO, DSO, DFC und Bar. Townsend war zweimal verheiratet. Nach der Scheidung von seiner ersten Frau hatte er die Romanze mit Princess Margaret.
57 Her Royal Highness Princess Margaret Rose of York. (1930-2002). Die jüngere Schwester der Königin Elisabeth II. stand auf Rang zwei der Thronfolge. Heiratete 1960 den Fotografen Antony Armstrong Jones. Dann Princess Margaret, Countess of Snowdon.
58 Peter Berthmann, Flugzeugführer auf T-33, F-86, G-91 und Alpha Jet. Major d.R. Dann Fluglehrer auf P-149D, Checkpilot auf Do-28 im Auftrag des LBA. Ab 2000 auf Do-28 in Ghana und Elfenbeinküste Personen- und Materialtransport und VIP Flüge. 2005 Schulung eritreischer Piloten auf Do-28. Überwachungsflüge an Grenze Eritrea-Äthiopien. 7.200 Flugstunden.
59 Königin Elizabeth II., Elizabeth the Second, by the Grace of God, of the United Kingdom of Great Britain and Northern Ireland and of Her other realms and territories, Queen, Head of the Commonwealth, Defender of the Faith
60 Walter „Icke" Schmitz, Kommodore, General Flugsicherheit Bw, Kdr Deutsches Lw AusbildungsKdo USA, Divisionskommandeur, Befehlshaber 4. ATAF, Amtschef Lw Amt, Kommandierender General Luftflotte. Generalleutnant.

61 Benno Ohnesorg war ein West-Berliner Student. Durch seinen gewaltsamen Tod während einer Demonstration gegen den Besuch des Schahs von Persien deutschlandweit bekannt. Der West-Berliner Polizist Karl-Heinz Kurras traf den 26-jährigen mit einem Pistolenschuss aus kurzer Distanz tödlich in den Hinterkopf. Ohnesorgs Erschießung trug zur Ausbreitung und Radikalisierung der westdeutschen Studentenbewegung der 1960er Jahre bei. 2009 wurde bekannt, dass Kurras inoffizieller Mitarbeiter des DDR-Ministeriums für Staatssicherheit gewesen war. Ermittlungen ergaben, dass er unbedrängt und wahrscheinlich gezielt geschossen hatte. Er wurde dennoch nicht erneut angeklagt.

62 Rudolf „Rudi" Dutschke, Studentenführer, Mitglied des Sozialistischen Deutschen Studentenbundes und führender Kopf der außerparlamentarischen Opposition (APO). Forderte mit „einem langen Marsch durch die Institutionen", das gesellschaftliche und politische System in der Bundesrepublik zu verändern. Wurde 1986 durch ein Attentat schwer verletzt.

63 Hermann Hagena, Dr. jur. utr., Jagdflieger, u.a. Stellvertretender Kommandeur der Führungsakademie der Bundeswehr in Hamburg. Brigadegeneral. Schriftsteller, Historiker und Ökonom.

64 Heinrich Rau, *2. April 1899 in Feuerbach bei Stuttgart; † 23. März 1961 in Berlin. Mitglied des Politbüros des Zentralkomitees der SED, Vorsitzender der Staatlichen Plankommission der DDR sowie Minister für Maschinenbau und für Außenhandel und Innerdeutschen Handel. Vorher war er im Spanischen Bürgerkrieg zeitweise Brigadekommandeur der XI. Internationalen Brigaden.

65 Das begann sich erst zu ändern, als die russische Führung sich wenige Jahre später entschloss, auch die Luftstreitkräfte der NVA und der Volksmarine mit dem Jagdbomber Suchoi SU 22 Fitter und dem Jagdflugzeug Mikojan-Gurewitsch MiG-29 Fulcrum auszurüsten.

66 Das Jagdflugzeug MiG-21 (NATO-Code 'Fishbed') fliegen die Luftstreitkräfte/Luftverteidigung (LSK/LV) der NVA seit 1967 in unterschiedlichen Modifikationen und Rüstzuständen mit über 500 Maschinen. Siehe auch Anhang 6, Die fliegenden Waffensysteme.

67 Gerhard Tresbach, LfzTOffz, u.a. Studium Luft- und Raumfahrttechnik an HTSLw. Hörsaal Leiter OSLw, Neubiberg. Chef InstStff leKG 43, Oldenburg, StvKdr TechnGrp/leKG43 Oldenburg. Oberstleutnant. 1983 UniBw Hamburg Leiter StudFBereich MB. 1994-2003 UniBw Hamburg Wissenschaftlicher Mitarbeiter Fachbereich Maschinenbau.

68 Stabsfeldwebel a.D. Paul Dieter Reck ist der 'Friedensreiter der Stadt Münster'. Seit 1976 der Leiter und Organisator der Oldenburger Schrumpfgermanen. Der erste Auftritt in Münster wurde im Regionalprogramm des WDR ausgestrahlt. Dort verpflichtete ein Veranstaltungsagent die Oldenburger Schrumpfgermanen für den Kölner Karneval. In all den Jahren seit 1976 haben die „Schrumpfis" an vielen Orten Freude bereitet. So u. a.:

Zürich Kloten: Eröffnung einer Flugabfertigungshalle; Hamburg: Schmitz Theater, Reeperbahn; Beja Portugal: Truppenbetreuung; Aachen: Karneval; Berlin; Frankfurt (Oder); Stralsund u.v.a. .Die dabei (bis 2014) eingespielten Gagen (ca. 200.000 €) wurden ausnahmslos sozialen Einrichtungen übergeben.

69 Manfred Wörner, Politiker, CDU, (1934-1994). Oberst der Reserve der Luftwaffe, MdB, 1976-1980 Vorsitzender des Verteidigungsausschusses des Bundestags, verteidigungspolitischer Sprecher der CDU-Opposition. 1882-1988 Bundesminister der Verteidigung, bis 1994 Generalsekretär der NATO.

70 Jörg Schönbohm, * 1937. Artillerieoffizier, Bataillonskommandeur, Brigadekommandeur, Divisionskommandeur, Adjutant des Verteidigungsministers, Stellvertretender Leiter und Leiter Planungsstab im BMVg. CDU Mitglied. Generalleutnant. Inspekteur des Heeres. Nach seiner Pensionierung 1991 beamteter Staatssekretär im BMVg. 1996-1999 Innensenator in Berlin. 1999-2009 Innenminister des Landes Brandenburg und Stellvertretender Ministerpräsident.

71 Helmut Friz, Flugsicherungsoffizier und Hauptman. Von ihm stammt die Story. Später Staffelchef Flugbetriebsstaffel. Amt für Flugsicherung, Referent BMVg. Oberstleutnant.

72 Johannes Paul II., bürgerlicher Name Karol Józef Wojtyła. *18. Mai 1920 in Wadowice, Polen; †2. April 2005 in der Vatikanstadt. Vom 16.10. 1978 bis zu seinem Tod 26 Jahre und 5 Monate lang Papst der römisch-katholischen Kirche. Am 1. Mai 2011 spricht Benedikt XVI. ihn selig. Am 27. April 2014, wird Johannes Paul II. gemeinsam mit Johannes XXIII. von Papst Franziskus heiliggesprochen.

ANHANG 1
Begleitwort
von Generalleutnant a.D. Ernst-Dieter Bernhard

1976 – 1980   Stellvertretender Befehlshaber der Alliierten Luftstreitkräfte Europa Mitte
1980 – 1984   Deutscher Militärischer Vertreter im Militärausschuss der NATO

Mit nuklearen Sprengsätzen ausgerüstete Interkontinentalraketen und gleichzeitig mit einem gewaltigen Aufmarsch militärischer Streitkräfte auf beiden Seiten des Eisernen Vorhangs war in der 80er Jahren des letzten Jahrhunderts ein Gleichgewicht des Schreckens erzielt worden. In Mitteleuropa standen sich die mit der Bundesrepublik Deutschland in der NATO verbündeten Nationen und die im Warschauer Pakt zusammengeschlossenen Länder des kommunistischen Blocks mit ihren Land- und Luftstreitkräften bis an die Zähne bewaffnet gegenüber. Nur wenn es dem Westen gelang, eine glaubhafte und überzeugende Abschreckung zu demonstrieren, die die Sowjetunion von jeder Versuchung abhalten würde, einen Angriff zu wagen, um auch Westeuropa mit der kommunistischen Ideologie zu überziehen, konnte der Kalte Krieg tatsächlich ein kalter bleiben.

Diese Aufgabe war das Ziel aller Verteidigungsanstrengungen des Westens und sie fiel in Mitteleuropa zuerst den flexiblen Luftstreitkräften zu mit ihrer Fähigkeit zu einer schnellen, unmittelbaren und vernichtenden Reaktion auf jeden Angriff aus dem Osten.

Das Jagdbombergeschwader 43 stand hier in vorderster Reihe mit den anderen Jagd-, Aufklärungs- und Jagdbomberverbänden der deutschen Luftwaffe. Eine ständige hohe Einsatzbereitschaft, die nachgewiesene Professionalität seiner Männer und ihr beispielhafter Opfermut machten die Abschreckung glaubhaft und erfolgreich.

Viel zu wenig ist sich die deutsche Öffentlichkeit heute noch bewusst, was wir den Männern und ihrem unermüdlichen täglichen Einsatz verdanken, dass die Abschreckung wirksam war und dass wir damals von einem heißen Krieg verschont geblieben sind. Er wäre nicht nur für Deutschland eine unabsehbare Katastrophe geworden.

Darüber ist bisher kaum berichtet worden. Deshalb begrüße ich ausdrücklich, dass es Brigadegeneral a.D. Heinz Laube am Beispiel des Jagdbombergeschwader 43 unternimmt, uns die Leistungen dieser Männer und auch ihrer Familien in Erinnerung zu rufen, die für den Erhalt des Friedens in dieser Zeit ihren großen Beitrag geleistet haben.

Seine lebendige Schilderung des Geschwaderlebens in dieser Zeit gewinnt durch den Einblick, den er auch den Luftstreitkräften auf der anderen Seite des Eisernen Vorhangs widmet. Die abenteuerlichen Erlebnisse eines erfüllten Fliegerlebens sorgen für Abwechslung und bereichern die Erzählung.

Seeon, 2016 *Ernst-Dieter Bernhard*

ANHANG 2
Militärische Laufbahn

Von bis	Dienstgrad	Einheit	Verwendung
03.09.1956 – 30.11.1956	Flieger	LwAb Rgt, Uetersen	Flieger/Rekrut
01.12.1956 – 31.05.1957	Fahnenjunker	OSLw Fassberg	Offz Anwärter
Juli 1957 – Aug. 1957	Fähnrich	Sportflieger Schule Hangelar	Flugschüler
01.09.1957 – 30.09.1957	Fähnrich	LwAusb Rgt Uetersen	Sprachschule
01.10.1957 – Nov. 1957	Fähnrich	RCAF Station London, Ont. Kanada	Flugschüler
Dez 1957 – Juli 1958	Leutnant	FTS Penhold, Alberta	Propausbildung
Aug 1958 – Okt 1958	Leutnant	AFS Portage la Prairie, Man.	Jetausbildung
Nov 1958 – Feb 1959	Leutnant	WS 50 Fürsty	Europäisierung
März 1959 – Sept 1959	Leutnant	WS 10 Oldenburg	Jagdflugzgf Ausb.
Okt 1959 – Feb 1960	Leutnant	JG 72 Leck	Jagdflugzgführer
Feb 1960 – März 1963	Oberleutnant	JG 71 „R" Ahlhorn	Jagdflugzgführer
Jan 1961 – Apr 1961	Oberleutnant	FWI School Chatham, NB	Fighter Weapons Instr.
Juli 1962 – Sept 1962	Oberleutnant	4443 Sqd George AFB, Cal	F 104 Umschul. Apr 1963
– 31.03.1964	Hauptmann	JG 71 „R" Wittmund	Waff. Einsatzoffizier
01.04. 1964 – Juli 1964	Hauptmann	JG 72 Leck	Staffelkapitän

Aug 1964 – Mai 1966	Hauptmann	Jabo G 43 Oldenburg	Staffelkapitän
01.05. 1966 – 30.09.1970	Major	Jabo G 43/leKG 43	Kdr Flg Grp
01.10.1970 – 31.03.1973	Oberstleutnant	leKG 41 Husum	Stv Kommodore
Juli 1972 – Feb. 1973	Oberstleutnant	Armed Force Staff College, Norfolk, VA, USA	
01.04.1973 – 30.09.1974	Oberstleutnant i.G.	4. ATAF Ramstein	Dezernatsleiter
01.10.1974 – 31.09.1979	Oberst	leKG 43 Oldenburg	Kommodore
01.10.1979 – 30.01.1981	Oberst	TrdFSch Iserlohn	Kommandeur
01.02.1981 – 31.03.1984	Oberst i.G.	BMVg FüL I 6	Referatsleiter
Juli 1983 – Feb. 1984	Oberst i.G	NATO Def. Col, Rom	Lehrgangsteilnehmer
01.04.1984 – 31.12.1986	Brigadegeneral	LwUGrp Nord Münster	Stv. Div. Kdr

ANHANG 3
Geflogene Flugzeugmuster

Flugzeug	Einweisungsjahr	Einweisungsort
Piper L-4	1957	Bonn-Hangelar
Piper L-18	1957	Bonn- Hangelar
De Havilland D.H.82 Tiger Moth	1957	Bonn-Hangelar
Focke-Wulf Fw 44 Stieglitz	1957	Bonn-Hangelar
Mora	1957	Bonn-Hangelar
de Havilland Chipmunk	1957	Centralia, Ont, Kanada
Havard MK II und MK IV	1958	Penhold, Alberta, Kanada
Lockheed Silverstar	1958	Portage la Prairie, Manitoba
Lockheed T-33 A	1958	Fürstenfeldbruck
Canadair Sabre Mk V	1959	Oldenburg
Canadair Sabre Mk VI	1959	Oldenburg
de Havilland Vampire	1959	Westerland, Sylt
Hawker Hunter, T 7	1960	Westerland, Sylt
Lockheed F-104 C Starfighter	1962	George AFB, Californien, USA
Piaggio Pi-149	1962	Ahlhorn
Lockheed F-104 G/TF Starfighter	1964	Wittmund
Fiat G-91	1966	Fürstenfeldbruck
MacDonnells Douglas F-4 Phantom	1978	Hopsten
Alpha Jet	1979	Oldenburg
Cessna T-37	1981	Randolph, AFB, Texas, USA

Northrop T-38	1982	ENJJPT Sheppard, Texas, USA
FAN Trainer, Rhein-Flugzeugbau	1983	Mönchen-Gladbach
Dornier Do-28	1984	Wunstorf

(nur im Simulator, obwohl für die deutsche Ausbildung zuständig)

Tornado	1984	TTTE Cottesmore, GB
Eurofighter	2011	JG 74 Neuburg, Donau (nur im Simulator)

Flugstunden Prop:	387
Flugstunden Jet:	2.589
Gesamtflugstunden:	2.976

ANHANG 4
Führungspersonal des Geschwaders

Kommodore Jagdbombergeschwader 43
Oberstleutnant Benno Schmieder	1964 – 1966
Oberst Günther Kuring	1966 – 1967

Kommodore Leichtes Kampfgeschwader 43
Oberst Heinz-Günther Kuring	1967 – 1969
Oberst Walter Bugl	1969 – 1974
Oberst Heinz Laube	1974 – 1979
Oberst Uwe Vieth	1979 – 1981
Oberst Dieter Krah	1981 – 1986
Oberst Hans-Jürgen Merkle	1986 – 1988
Oberst Rüdiger Schad	1988 – 1991
Oberst Volkhard Dessau	1991 – 1993

Weiteres Führungspersonal des Geschwaders in den Jahren 1974 – 1979

Stellvertreter des Kommodore
Oberstleutnant Dieter Jenny	1972 – 1975
Oberstleutnant Karl-Josef Krusenotto	1975 – 1979
Oberstleutnant Manfred Michen	1979 – 1983

Kommandeur Fliegende Gruppe
Oberstleutnant Dieter Krah	1973 – 1975
Oberstleutnant Uwe Vieth	1975 – 1977
Oberstleutnant Friedrich Morgenstern	1977 – 1979
Oberstleutnant Rolf Portz	1979 – 1980

Stellvertreter
Oberstleutnant Uwe Vieth	1974 – 1975
Oberstleutnant Siegfried Thormann	1975 – 1977
Oberstleutnant Rolf Portz	1977 – 1979

Kommandeur Technische Gruppe
Oberstleutnant Ingo Hamann	1972 – 1974
Oberstleutnant Andries Schlieper	1974 – 1977
Oberstleutnant Georg Kohlmann	1977 – 1981

Stellvertreter
Major Johannes Egberts	1972 – 1974
Major Dieter Hahn	1974 – 1978
Oberstleutnant Gerhard Tresbach	1978 – 1983

Kommandeur Fliegerhorst Gruppe
Oberstleutnant Hans-Georg Brehme	1970 – 1975
Oberstleutnant Ernst Ullo Ditmar-Trauth	1975 – 1978
Oberstleutnant Karl-Walter Warning	1978 – 1981

Stellvertreter
Major Backens	1973 – 1975
Major von Samson-Himmelsstjerna	1975 – 1978
Major Schmidt	1978 – 1981

Staffelkapitän 431. Staffel
Oberstleutnant Helmut Ruppert	1973 – 1976
Oberstleutnant Volkhard Dessau	1976 – 1978
Oberstleutnant Hubert Simon	1978 – 1980

Staffelkapitän 432. Staffel
Major Werner Kreutz	1970 – 1974
Major Kurt Ames	1974 – 1976
Major Dieter Fischer	1976 – 1979

ANHANG 5
Einige Anerkennungen der Leistungen des Geschwaders

Nach dem **TAC EVAL 1976** gratuliert General, USAF, R.H. Ellis, Commander Headquarters Allied Air Forces Central Europe (HQ AAFCE) und Air Chief Marshal Royal Air Force Sir Peter le Cheminant übersendet eine "Scrolls of Honour".

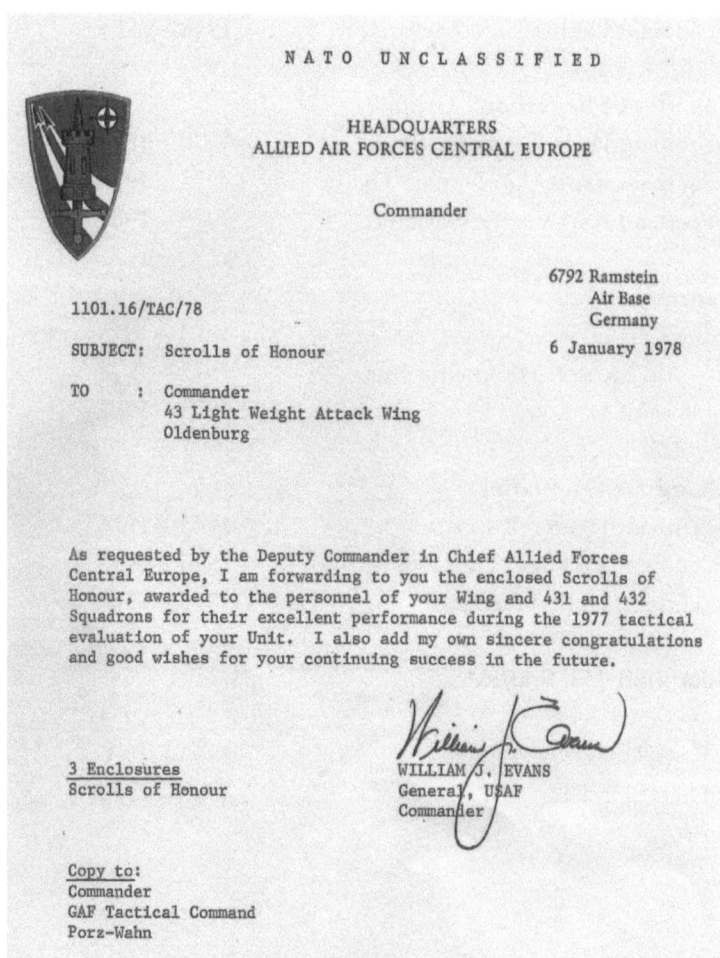

In dem Dokument des Air Chief Marshal Royal Air Force Sir Peter le Cheminant heißt es:

The Commander-in-Chief
Allied Forces Central Europe

Commends the 43rd Fighter Bomber Wing, GEAF on the results obtained in the Tactical Evaluation completed on 24 September 1976 which merited this award for superior Unit Performance.

These evaluations are designed to test a unit's capability to execute its assigned wartime mission. The achievement of Sacour's requirements are the ultimate goal for all units; however, Unit Performance is a test of how efficiently a unit utilizes its personnel and equipment.

The superior performance in unit efficiency, initiative and esprit de corps warrants this special approbation which is duly symbolised through this commendation.

Peter le Cheminant
Air Chief Marshal
Royal Air Force
Deputy Commander-in-Chief

Air Marshal Sir Michael Beetham, Commander Second Allied Tactical Air Force schreibt sehr persönlich: "Dear Herr Oberst Laube,

AIR MARSHAL SIR MICHAEL BEETHAM KCB CBE DFC AFC RAF

HEADQUARTERS
SECOND ALLIED TACTICAL AIR FORCE
4050 MÜNCHENGLADBACH 5
RHEINDAHLEN 2
WEST GERMANY

COMMANDER

3 December 1976

Herrn Oberst H Laube
Leichtes Kampfgeschwader 43
Alexander Strasse 461
2900 Oldenburg

Dear Herr Oberst Laube,

    I was very pleased to note the results your Wing attained during the Annual TACEVAL this year, and the accolade of being amongst the best Squadrons in Central Region you obtained from HQ AAFCE.

    I wish to congratulate you and all your personnel for this very high standard of performance.

Yours sincerely
Michael Beetham

Der Inspekteur der Luftwaffe, Generalleutnant Gerhard Limberg schreibt unter anderem, „ … Ich beglückwünsche Sie zu diesem Erfolg, den ich als Ergebnis tatkräftigen Zusammenwirkens aller Geschwaderangehörigen unter zielstrebiger Verbandsführung sehe. ……"

Nach der Überprüfung des Geschwaders im **TAC EVAL im September 1977** schreibt General, USAF, William J. Evans, Commander Headquarters Allied Air Forces Central Europe (HQ AAFCE):

The Commander - in - Chief
Allied Forces Central Europe

Commends the 43 Light Weight Attack Wing, GEAF on the results obtained in the Tactical Evaluation completed on 1 September 1977 which merited this award for superior Unit Performance.
These evaluations are designed to test a unit's capability to execute its assigned wartime mission. The achievement of Sacceur's requirements are the ultimate goal for all units; however, Unit Performance is a test of how efficiently a unit utilizes its personnel and equipment.

The superior performance in unit efficiency, initiative and esprit de corps warrants this special approbation which is duly symbolised through this commendation.

Air Chief Marshal
Royal Air Force
Deputy Commander - in - Chief

Dem schließt sich Generalleutnant Ernst-Dieter Bernhard, Deputy Commander HQ AAFCE mit folgendem Schreiben an:

„… Dies gibt mir Gelegenheit, Ihnen zu sagen, wie sehr ich mich über Ihre enorme Leistung beim diesjährigen TAC EVAL gefreut habe. Sie haben es tatsächlich fertig gebracht, die Leistungen des Verbandes nochmals zu steigern. Damit haben Sie nicht nur mir sondern allen Angehörigen im HQ AAFCE imponiert. ….. Das Geschwader kann sehr stolz sein. ….."

Auch der Inspekteur der Luftwaffe, Generalleutnant Gerhard Limberg lässt nicht lange auf ein Schreiben warten:

„Das Geschwader hat bei der Taktischen Überprüfung vom 29.08. bis 02.09. 1977 erneut hervorragende Leistungen gezeigt.

Die Luftwaffe ist stolz darauf, eines ihrer Geschwader zu den besten im NATO Bündnis zählen zu dürfen.

Bitte übermitteln Sie allen Angehörigen Ihres Verbandes meine Anerkennung für das glänzende Ergebnis und meinen Dank für den damit unter Beweis gestellten Einsatzwillen und das große Engagement, mit dem jeder einzelne seine Aufgabe erfüllt hat."

Der Bestpreis der 3. Luftwaffendivision

1978 honoriert der Kommandeur der 3. Luftwaffendivision, Generalmajor Horst Kallerhoff die Leistungen des Geschwaders mit dem Bestpreis der 3. Luftwaffendivision, einem Wanderpreis in Form eines silbernen Wappentellers.

Es ist eine Anerkennung für die überragenden Ergebnisse der TAC EVALs und für die kontinuierlich guten Leistungen des Geschwaders.

In seiner Rede betont der General: „Das Geschwader hat sich den Preis ehrlich erarbeitet. In vielen Bereichen steht der Verband an erster Stelle. In keinem einzigen Bereich sind Mängel festzustellen, die der Verband zu verantworten hat."

Und, „Das Jagdbombergeschwader wies im vergangenen Jahr unter den vier Luftwaffenverbänden, die mit dem Düsenmaschinen Fiat G-91 ausgerüstet sind, die beste Einzelleistung und die wenigsten Flugzwischenfälle auf."

Bei dem hohen Maß an Flugsicherheit dürfe die Anerkennung aber nicht allein den Piloten gelten; es sei vielmehr die Summe einer großen Zahl von Einzelleistungen, die nicht zuletzt das Bodenpersonal für sich in Anspruch nehmen könne.

ANHANG 6
Die G-91 Geschwader und die F-86 Geschwader

mit Schwerpunkt auf Verbände, in denen ich gedient habe, also JG 71 R, JG 72, JaboG 43, LeKG 43, LeKG 41 und hauptsächlich auf meine Zeit als Kommodore.

Das Leichte Kampfgeschwader 43 in Oldenburg
wurde nicht als einziger mit Fiat G-91 R/3 ausgerüsteter Jagdbomberverband der Luftwaffe aufgestellt. Recht gleichmäßig von Norden nach Süden über die Bundesrepublik verteilt haben noch vier andere Verbände einen fast gleichen Einsatzauftrag wie die Oldenburger. Nur das LeKG 41 in Husum ist noch zusätzlich mit dem Auftrag „Seezielbekämpfung" betraut. Die Waffenschule der Luftwaffe 50 in Fürstenfeldbruck übernimmt zudem für alle die Ausbildung und Umschulung der Flugzeugführer auf das Waffensystem Fiat G-91.

Außerdem wird auch **das Aufklärungsgeschwader 54** mit Fiat G-91 ausgerüstet. Es wird in Erding aufgestellt und dann nach Oldenburg verlegt, wo es 1964 aufgelöst und in das Jagdgeschwader 72 integriert wird.

Außer dem leKG 43 sind da also noch das LeKG 41, das LeKG 42, das LeKG 44 und die Waffenschule 50 (WS Lw 50).

Das JaboG 41/ LeKG 41 (1966 bis 1980)
hat seinen Einsatzfliegerhorst am Rand der hübschen nordfriesischen Stadt Husum, der grauen Stadt am grauen Meer, wie Theodor Storm sie nennt. Das Geschwader erhält bereits 1966 diesen Namen und wird von dem schweren Jagdbomber Republic F-84 F Thunderstreak auf die G-91 umgerüstet. Die Flugzeugführer dieses Geschwaders verfügen in den G-91-Verbänden über einen großen Erfahrungsschatz im Tiefflug und als Jagdbomberpiloten. Zum Einsatzauftrag des Geschwaders gehören zusätzlich die Aufklärung über See und die Seezielbekämpfung mit entsprechender Bewaffnung. In der Kommandostruktur der NATO untersteht das Geschwader für den Einsatz dem Oberkommando AIRBALTAP, Allied Air Forces Baltic Approaches in Karup in Dänemark, und in der Luftwaffe der 4. Luftwaffendivision.

Kommodore
Oberst Gerhard Limberg   1966 – 1968
Oberst Dieter Hein   1968 – 1974

Oberst Christmuth Eberlein	1974 – 1977
Oberst Reinhard Mesch	1977 – 1982

Das JaboG 42/LeKG 42 (1967 bis 1975)
stationiert in der Mitte Deutschlands, in Pferdsfeld/Sobernheim. Ein idyllischer Standort in der weinreichen Pfalz nahe Bad Kreuznach, bei den Fliegern beliebt. Unterstellt für den Einsatz ist das Geschwader AAFCE, Allied Air Forces Central Europe in Ramstein, und in der Luftwaffe der 2. Luftwaffendivision.

Der Verband verlegt 1961 mit F-86 von Oldenburg nach Pferdsfeld/Sobernheim. Er rüstet 1964 auf Fiat G-91 um und wird JaboG 42, 1967 LeKG 42.

Kommodores in dieser Zeit:

Oberst Lothar Maretzke	1966 – 1971
Oberst Eberhard Eimler	1971 – 1973
Oberst Peter Haarhaus	1973 – 1977

Das JaboG 43
Kommodore

Oberstleutnant Benno Schmieder	1964 – 1966
Oberst Günther Kuring	1966 – 1967

Das LeKG 43

Oberst Heinz-Günther Kuring	1967 – 1969
Oberst Walter Bugl	1969 – 1974
Oberst Heinz Laube	1974 – 1979
Oberst Uwe Vieth	1979 – 1981

Aufklärungsgeschwader 54
Das AG 54 wird 1962 in Erding in Dienst gestellt, verlegt nach Oldenburg und wird 1964 aufgelöst.
Kommodore

Oberst Werner Dedekind	1962 – 1964

Das LeKG 44 (1965 bis 1975)
wird als erster G-91 Verband (als Aufklärungsgeschwader 53) aufgestellt. Durch die Verlegung nach Leipheim hat es im Donaumoos einen unglücklichen Standort erwischt. Dort bei Günzburg liegt das Donautal einen Großteil des Jahres über in einem richtigen Nebelloch, das den Flugbetrieb des Geschwaders erheblich beeinträchtigt. Der Verband gehört ebenfalls zum Kommandobereich von AAFCE, aber in der Luftwaffe zur 1. Luftwaffendivision. 1965 wird das Geschwader in LeKG 44 umbenannt. Am 30. Juni 1975 wird es aufgelöst.

Kommodore

Oberst Herbert Spohr	1965 – 1970
Oberstleutnant Fetzer	1970
Oberst Horst Jungkurth	1970 – 1974
Oberstleutnant Arno Urbschat	1974 –1975

Die Waffenschule der Luftwaffe 50
erfüllt seit 1960 in der „Wiege der Luftwaffe", dem schönen Fürstenfeldbruck ganz in der Nähe der Landeshauptstadt München, einem der schönsten Standorte überhaupt, ihren Auftrag. Ab 1971 wäre aus der Waffenschule der Luftwaffe 50 im Verteidigungsfall das Leichte Kampfgeschwader 49 hervorgegangen. 1978 wird die Waffenschule auch in Jagdbombergeschwader 49 umbenannt. Gleichzeitig wird man dem Doppelauftrag, Schule und Einsatzverband, durch eine verbandsinterne Umgliederung gerecht. Zusätzliche Aufgaben der Waffenschule der Luftwaffe 50 sind ab April 1964 die Ausbildung von Fliegerleitoffizieren in der Lehrgruppe Luftunterstützung und ab 1972 die Eignungsfeststellung für Anwärter des fliegerischen Dienstes. Bis 1978 ist die Wetterberatungseinheit der FFS „B" Teil der Fliegerhorstgruppe. Das Geschwader untersteht der 1. Luftwaffendivision. Ab 1979 wird der Verband auf Alpha Jet umgerüstet.

Schulkommandeur

Oberst Dietrich Hrabak (FFS B)	1956 – 1960
Oberst Günter Proll	1958– 1963
Oberst Hermann Schmidt	1960 – 1965
Oberst Walter Grasemann	1965 – 1970
Oberst Heinz-Günter Kuring	1970 – 1974
Oberst Dieter Hein	1974 – 1977
Oberst Wolfgang Sauer	1977 – 1978
Oberst Wolfgang Sauer als Kommodore JaboG49	1978 – 1982

Zwischen den fünf Geschwadern, die mit dem Jagdbomber Fiat G-91 ausgerüstet sind, findet nicht nur im „täglichen Dienstbetrieb" ein intensiver fliegerischer, taktischer und kameradschaftlicher Erfahrungsaustausch statt. Besonders kommt dabei den Flugzeugführern auch zugute, dass nahezu jeder jeden persönlich kennt.

Die Jagdgeschwader

Die Luftwaffe hat vier Jagdgeschwader und eine Waffenschule mit F-86 Sabre von Canadair aufgestellt.

Waffenschule 10	Oldenburg, später Verlegung nach Nörvenich, dann Jever
JG 71 Richthofen	Oldenburg, dann Ahlhorn, später Wittmund, Ostfriesland
JG 72	Oldenburg, dann Leck, später Verlegung nach Oldenburg
JG 73	Oldenburg, später Pferdsfeld
JG 74	Oldenburg, später Neuburg, Donau

Waffenschule 10

wird 1957 in Nörvenich in Dienst gestellt und verlegt noch im selben Jahr auf den Fliegerhorst Oldenburg in der Niederdeutschen Tiefebene. Ihre Aufgabe ist es, Jet-Piloten auf Jagdflugzeugen auszubilden. Dafür stehen der WS 10 die Jagdflugzeuge F-86 Sabre Mk 5 und Sabre Mk 6 zur Verfügung. Sämtliche vier Jagdgeschwader der Luftwaffe werden hier aufgestellt und verlegen dann in ihre Standorte. Sie werden geführt von Major Erich Hartmann, Major Erich Hohagen, Oberstleutnant Fritz Schröter und Oberstleutnant Fritz Wegner.

1960 verlegt die Waffenschule mit einer Staffel für die F-104 Ausbildung nach Nörvenich. Ab 1962 verlegen die anderen Staffeln nach Jever in Friesland, wo 1964 alle Staffeln wieder zusammengeführt werden.

Kommandeure

Oberst Herbert Wehnelt	1957 – 1962
Oberst Erich Hohagen	1962 – 1967
Oberst Ulrich Pieper	1967 – 1970
Oberst Enno Schumacher	1970 – 1972
Oberst Hans Klaffenbach	1972 – 1983

Jagdgeschwader 71 Richthofen

Nach der Verlegung von Oldenburg nach Ahlhorn (beides Niedersachsen) erstes Jagdgeschwader, das der NATO zur Assignierung für den Einsatz zur Verfügung gestellt wird. Für die Umrüstung auf F-104 Verlegung auf den neu erbauten Flugplatz in Wittmundhafen, Ostfriesland.

Kommodore

Oberst Erich Hartmann	1957 – 1962
Oberst Günther Josten	1962 – 1967
Oberst Horst-Dieter Kallerhoff	1967 – 1970
Oberst Ulrich Pieper	1970 – 1972
Oberst Hans-Jürgen Rentel	1972 – 1976
Oberst Erwin Willing	1976 – 1979
Oberst Lothar Kompch	1979 – 1983

Jagdgeschwader 72

Wie alle Jagdgeschwader in Oldenburg aufgestellt (1979). Noch im selben Jahr Verlegung nach Leck, Schleswig-Holstein. Assignierung und Unterstellung AIR BALTAP. 1964 Rückverlegung nach Oldenburg. Nach Umrüstung auf Fiat-G-91 erst Jagdbombergeschwader 43, dann Leichtes Kampfgeschwader 43 und 1979 wieder Jagdbombergeschwader 43.

Kommodore

Oberstleutnant Erich Hohagen	1959 – 1962
Oberstleutnant Friedrich Obleser	1961 – 1963
Oberstleutnant Benno Schmieder	1963 – 1964

Jagdgeschwader 73

Nach Aufstellung 1959/1960 in Ahlhorn und Oldenburg verlegt 1961 nach Pferdsfeld/Sobernheim. Rüstet 1964 auf Fiat G-91 und wird JaboG 42, 1967 umbenannt in LeKG 42. 1975 erneut Umrüstung auf F-4 Phantom und Umbenennung in JaboG 35.

Kommodore in dieser Zeit:

Oberst Fritz Schröter	1959 – 1966

Jagdgeschwader 74

Als Jagdgeschwader 75 in Oldenburg 1960 aufgestellt und nach Leipheim verlegt. Ab 1961 als JG 74 in Neuburg an der Donau, nahe Ingolstadt. Ausgerüstet mit dem Allwetterjäger Interceptor Sabre F-86 K. Im Jahr 1966 Umrüstung auf F-104 und 1974 auf F-4 Phantom.

Kommodore

Oberst Fritz Wegner	1961 – 1968
Oberst Gerhard Mohrdieck	1968 – 1972
Oberst Rudolf Erlemann	1972 – 1975
Oberst Walter Schmitz	1975 – 1977
Oberst Michael Estendorfer	1977 – 1980

ANHANG 7

Die fliegenden Waffensysteme

Fiat G-91 (Fiat/Dornier) „Gina"

Die G-91 war das erste strahlgetriebene Flugzeug, das nach dem zweiten Weltkrieg in Deutschland hergestellt wurde. Es entstand in Lizenz der Fiat Avio bei der Messerschmidt-Flugzeug-Union Süd in Zusammenarbeit mit den Dornier-Werken. Dank hoher Fertigungsqualität und guter Beherrschbarkeit gab es in den fünf Geschwadern nur wenige Abstürze. Die Luftwaffe verlor 70 Maschinen hauptsächlich wegen Triebwerkversagens. Es gab Versionen als leichte Bomber (Luftnahunterstützer), Aufklärer und Trainer. Von den insgesamt 344 gefertigten G-91R/3 wurden 270 in der Bundesrepublik hergestellt. Der Jungfernflug der ersten bei Dornier gefertigten G.91R/3 erfolgte am 20. Juli 1961, die Produktion endete im Mai 1966. Hinzu kamen 50 G-91R/4 sowie 66 Trainer/Doppelsitzer G-91T/3 von denen 22 bei Dornier gebaut wurden. Die letzten Maschinen wurden 1982 bei der Bundesluftwaffe ausgemustert. Nachfolger wurde die französisch-deutsche Entwicklung Alpha-Jet.

Für 20 Jahre das wichtigste Erdkampf- und Aufklärungsflugzeug der Luftwaffe. Gefechtsfeld-Unterstützung des Heeres. Landet auch auf unbefestigten Feldflugplätzen und NLP. Fünf deutsche Geschwader.
1.085 km/h, 13.000 m,
1.000/1900 km Reichweite.
ca. 1 Std 40 Min maximal
2 DEFA 30 mm Kanonen,
und 454 kg Bomben und/oder
2,75 Inch Raketen in zwei Pots
3 Kameras.
Die Daten im Flughandbuch sagen:
1.085 km/h Höchstgeschwindigkeit, 13.000 Meter Dienstgipfelhöhe, 1.000/1900 Kilometer Reichweite. Flugdauer 1 Stunde 40 Minuten maximal.
Bewaffnung 2 DEFA 30 mm Kanonen und 454 kg Bomben und/oder 2,75 Inch Raketen in zwei Pots. Dazu verfügt es über 3 Kameras in der Flugzeugnase.
In 7 Rumpfbehältern können 1.600 Liter JP 4 Treibstoff mitgeführt werden, mit 2 Pylontanks mit 500 Litern, kommt man insgesamt auf 2.100 Liter.

Lockheed F-104 „Starfighter" Interceptor, Abfangjäger.

Die Bundeswehr beschaffte insgesamt 916 Starfighter (30 F-104F, 586 F-104G, 163 RF-104G und 137 TF-104G, davon 35 in den USA). Sie flogen von Sommer 1960 bis zur Ausmusterung am 22. Mai 1991. 269 dieser Flugzeuge gingen durch Abstürze verloren. 116 Piloten verunglückten tödlich (108 Deutsche und acht US-Amerikaner). Bei der Bundeswehr war der Starfighter als Jäger (G), Jagdbomber (G), als Aufklärer (RF) und als Trainer (TF) in der Luftwaffe und in der Marine im Einsatz. In Europa wurde die Maschine in Lizenz von mehreren Arbeitsgemeinschaften in Deutschland, den Niederlanden und Belgien als F-104 G (für Germany – deutsche Version) und von Fiat/Italien als F-104 S gebaut. Mach 2,2; 18.300 m (NASA NF 104 A 36.320 m); 3.100 km mit Tanks.

Canadair F-86 Sabre Mk 6 (North American F-86)

Die F-86 Sabre (transsonic jet, single engine, single seater fighter) war in den 50er Jahren das Standardjagdflugzeug der USAF. Sie kam in vielen NATO Staaten zum Einsatz. Mehr als 6000 wurden in 5 Ländern produziert, 2000 in Lizenz bei Canadair Ltd. Montreal. Aus diesem Werk stammen auch die 225 Maschinen des Typs Sabre Mk 6, die von 1957 bis 1966 bei der Luftwaffe als Tag-Abfangjäger eingesetzt wurden.

Der Jetfighter wurde im Koreakrieg berühmt.

Die Luftwaffe bestellte 225 Sabre MK VI (mit Vorflügeln) und erhielt 75 Sabre MK V als Geschenk zur Waffenschulung. Die Ausbildung wurde im November 1957 an der Waffenschule 10 in Oldenburg aufgenommen.

Als erstes von drei Jagdgeschwadern erhielt das JG 71 „Richthofen" die Sabre und gab sie als letztes ab. 1965 überführten die Sabre-Piloten 90 Sabre VI in den Iran, wohin sie verkauft worden waren.

Spannweite:	11,30
Länge:	11,45
Höhe:	4,27
Flügelfläche:	26,75 qm
Leergewicht:	4577 kg
Höchstgeschwindigkeit:	1130 km/h (Mach 1 im Sturzflug)
Dienstgipfelhöhe:	14.400 m
Reichweite:	1.960 km
Bewaffnung:	6 Maschinengewehre Colt Browning M3 (12,7 mm); 32 Raketen

127 mm oder 400 kg GP Bomben.

Die North American F-86 K war eine Allwetter-Version der Sabre mit einer Radom-Nase und einem Nachbrenner.

Dornier/Dassault-Breguet Alpha Jet
Trainer, Jagdbomber, Gefechtsfeldunterstützung, Tag/Nachtangriff, Antishipping strike
48.000 ft (14.600 m), Mach 0,89 Sea Level = 1038 km/h, ca. 390 km Combat Radius, über 1000 km Überführungsreichweite.
An 5 Stationen mehr als 75 Bewaffnungskonfigurationen.

Mikoyan MIG-21 (Fishbed)
Das einstrahlige Kampfflugzeug ist 1960 in der Sowjetunion in Dienst gestellt worden, und letztlich haben fast alle östlichen Streitkräfte den Mach 2 schnellen Jäger im Einsatz, so auch die NVA.

Seit 1967 fliegen die Luftstreitkräfte/Luftverteidigung (LSK/LV) der NVA in unterschiedlichen Modifikationen und Rüstzuständen über 500 Maschinen des Jagdflugzeugs. Die sowjetische Frontluftarmee in der DDR ist ebenfalls mit der MIG-21 als Standardjäger ausgerüstet. Die MIG-21 ist ein einsitziges, einstrahliges Überschalljagdflugzeug mit beschränkten Allwetterfähigkeiten. Das Flugzeug mit Raketen-, Kanonen- und Bombenbewaffnung wird von einem Strahltriebwerk mit Nachbrenner angetrieben. Die maximale Geschwindigkeit in 13.000 m Höhe beträgt Mach 2,1 (2230 km/h). Sie erreicht eine dynamische Gipfelhöhe von 23.000 m (statische 17.300 m) und eine maximale Flugdauer in 10.000 m Höhe von 1 h 41 m. Die Überführungsreichweite liegt bei 1716 km.

Die MIG-21 kann taktische Atombomben mit einem Gesamtgewicht von ca. 450 kg und einer Sprengkraft von 5-20 kg TNT-Äquivalent zum Einsatz bringen. Voraussetzung für den Kernwaffeneinsatz ist die Fernschärfung durch ein kodiertes Funksignal, das von befugten Stäben ausgelöst werden kann.

Mit 11.000 gebauten Exemplaren ist die MIG-21 bis heute eines der meistgebauten Kampfflugzeuge der Welt.

Lockheed T-33 T-Bird,
einstrahliges, Trainingsflugzeug des US-amerikanischen Herstellers Lockheed. Die T-33 wurde als zweisitzige Version des Jagdbombers Lockheed F-80 C entwickelt. Die F-80 flog erstmals am 8. Januar 1944 und wurde das erste einsatzfähige Kampfflugzeug mit Strahltriebwerk der USA.

In den Rumpf der F-80C wurde eine 97,8 cm lange Sektion eingefügt, um im Cockpit Raum für einen zweiten Sitz, die entsprechenden Steuerungseinrichtungen sowie Instrumente zu schaffen. Ferner wurde die T-33 mit zwei mittig angebrachten Zusatztanks an den Tragflächenenden ausgerüstet. Der Erstflug der T-33 fand am 22. März 1948 statt.

Lockheed produzierte von 1948 bis 1957 5691 Exemplare der T-33. Canadair fertigte 656 T-33 als CT-133 „Silver Star" in Lizenz, von Kawasaki wurden 210 Maschinen gefertigt, sodass insgesamt 6557 T-33 gebaut wurden. Zwar wurde die T-33 offiziell wie die F-80 als „Shooting Star" bezeichnet, bekannter war jedoch ihr inoffizieller Name „T-Bird".

Etwa 30 Staaten nutzten die T-33. Die United States Air Force nutzte die T-33 etwa 20 Jahre als Standardtrainer, die letzte Maschine wurde bei der Air National Guard jedoch erst 1994 ausgemustert.

Die Bundesluftwaffe erhielt von 1956 bis 1959 192 T-33A. Die Maschinen erreichten bei der Luftwaffe bis zu ihrer Außerdienststellung 1976 fast 200.000 Flugstunden, bevor sie zum Teil an Griechenland und die Türkei weitergegeben wurden. In Kanada wurde die letzte T-33 erst 2005 ausgemustert.

Republic F-84 „Thunderstreak":
Von der F-84 wurde ab 1957 rund 450 Jagdbomber F-84F und 108 Aufklärer RF-84F an die Luftwaffe geliefert. Bis Mitte der 60er-Jahre wurden die Maschinen durch die F-104 oder die G-91 ersetzt und an ausländische Luftstreitkräfte abgegeben.

Lockheed F-4 „Phantom"
Die Luftwaffe schaffte von 1973 bis 1975 insgesamt 175 F-4F und RF-4F an. Diese wurden seither immer wieder tiefgreifend modernisiert. Das Flugzeug ist bis zum Jahr 2013 im Einsatz – zuletzt beim Jagdgeschwader 71 „Richthofen". Nachfolger sind der Tornado und der Eurofighter.

ANHANG 8
„Ich werde Kandidat der SED"

Auszug aus 'Meine Jahre auf dem Schleudersitz' von Oberst Rainer Langener. Helios Verlags- und Buchvertriebsgesellschaft Aachen 2012.

„Am 11. April 1961, genau einen Tag nach Gagarins Flug, erfolgte meine Aufnahme als Kandidat der SED. Ich hatte mich mit diesem Schritt nicht übereilt, denn mit ihm waren schon schwerwiegende Pflichten verbunden.

Sowohl Programm als auch Statut der Partei waren darauf ausgerichtet, eine klare Friedenspolitik zu betreiben und dafür zu sorgen, dass von deutschem Boden nie wieder ein Krieg ausgehen würde. Mit diesem Ziel konnte ich mich vollinhaltlich identifizieren. Auch an der Schaffung einer neuen deutschen Gesellschaftsform ohne Arbeitslosigkeit, ohne Allmacht gieriger Banken und gewissenloser Manager, dafür aber mit einem hohen Grad an sozialer Gerechtigkeit, Zusammenhalt und gegenseitiger Unterstützung wollte ich mich beteiligen. ...

Zunächst scheute ich mich doch etwas, bei jeder möglicherweise fehlerhaften Handlung sofort in die Kritik der Parteiversammlung zu geraten und vor der Grundorganisation Stellung nehmen und Selbstkritik üben zu müssen. ...

Eine zweite Überlegung stellte ich dahingehend an, dass von jedem Parteimitglied ein vorbildliches Verhalten abverlangt wurde. ...

Also legte ich zwei Bürgschaften vor, eine von meinem ehemaligen Klassenlehrer auf der EOS, die zweite von einem Bekannten. Dann fand die Versammlung statt, auf der mir eine ganze Reihe von Fragen gestellt wurde, die ich offensichtlich zur Zufriedenheit der Anwesenden beantworten konnte, denn mein Aufnahmeantrag wurde einstimmig angenommen. Nun lag eine zweijährige Kandidatenzeit vor mir, denn, obwohl ich einer Arbeiterfamilie entstammte, war ich als Abiturient in die Kategorie Intelligenz eingestuft und musste nach dem geltenden Statut ein Jahr länger Kandidat sein, als meine Kameraden, die ein Facharbeiterzeugnis besaßen. Das störte mich wenig, aber ich musste in der Kandidatenzeit auf mein Stimmrecht verzichten."

ANHANG 9
Erläuterungen einiger Begriffe

Für diejenigen, die nicht jeden Tag mit der Luftwaffe zu tun haben, möchte ich einige grundlegende Begriffe in diesem Buch erklären.

Kommodore ist in der Luftwaffe die Funktionsbezeichnung für den Kommandeur eines Fliegergeschwaders im Rang eines Oberst. Er führt das Geschwader, ist der Herr eines Fliegerhorstes der Luftwaffe und selbst ein Einsatzflugzeugführer.

Die Luftwaffe bezeichnet die fliegenden Einsatzverbände als **Fliegergeschwader**. Die Flugabwehrraketenverbände sind Flugabwehrraketengeschwader. Deren oberster Führer ist ein Kommandeur.

Die Luftwaffe verfügt in den von mir beschriebenen Jahren unter anderem über **Jagdgeschwader, Jagdbombergeschwader, Aufklärungsgeschwader und Lufttransportgeschwader.**

Ein Geschwader der Luftwaffe ist ein Einsatzverband mit bis zu 60 Flugzeugen, dessen Personalstärke zwischen 1.500 und über 2.500 (Dienstposten im Verteidigungsfall) Mann beträgt.

In der Bundeswehr-Hierarchie steht oberhalb des Geschwaders die **Luftwaffendivision**, darüber die **Luftflotte** und ganz oben der **Inspekteur der Luftwaffe**, der zu dieser Zeit noch im Verteidigungsministerium angesiedelt ist.

Die Fliegende Gruppe (FlgGrp), die Technische Gruppe (TGrp) und die Fliegerhorst- Gruppe (FlgHGrp) sind Untergliederungen im Geschwader, die von einem Kommandeur geführt werden, und die für den Flugbetrieb und den Betrieb des Fliegerhorstes notwendig sind.

Zu einer Fliegenden Gruppe gehören **zwei fliegende Staffeln** mit bis zu 50 Flugzeugführern, dem Kern des Einsatzverbandes. Außerdem untersteht ihr die **Flugbetriebsstaffel.** Sie ist unter anderem für die Flugsicherung mit Platz- und Anflugkontrolldienst und Flugberatung, die Elektronikunterstützung sowie die Fernmeldeelektronik zuständig und für das Fernmeldezentrum. Zur Fliegenden Gruppe gehört außerdem noch die **Fliegerhorstfeuerwehr** und die **Geophysikalische Beratungsstelle**.

Die Technische Gruppe ist für die Bereitstellung und Wartung der Luftfahrzeuge, für die Instandhaltung und Instandsetzung zuständig. Zusätzlich werden hier logistische Aufgaben wahrgenommen. Das sind also die **Wartungs- und Waffenstaffel,** die **Instandsetzungsstaffel und** die **Nachschubstaffel.**

Die Fliegerhorst-Gruppe ist für die Sicherheit des Fliegerhorstes verantwortlich. Zu ihr gehören u.a. die **Unteroffizierlehr-und Sicherungsstaffel mit einer Hundestaffel, die Kraftfahrzeugstaffel, die Luftwaffensanitätsstaffel** und als Geräteeinheiten eine **Flugabwehrkanonenbatterie** und eine **Startbahninstandsetzungsstaffel.**

Anhang 10
Literatur

Prof. Dr. Reinhard Höhn: Scharnhorsts Vermächtnis. Athenäum Verlag, Bonn, 1952.

Adolf Galland: Die Ersten und die Letzten. Darmstadt, Franz Schneekluth, 1953

Raymond F. Toliver und Trevor J. Constable: Holt Hartmann vom Himmel. Stuttgart, Motorbbuch Verlag 1971.

Hermann Lübbing: Oldenburg. Eine feine Stadt am Wasser der Hunte. Oldenburg, Heinz Holzberg 1973.

Ulrich de Maiziére: Führen im Frieden. München, Bernard & Graefe Verlag, 1974.

Gerhard von Seemen: Die Ritterkreuzträger. Podzun-Pallas Verlag 1976.

A.I. Pokryschkin, Marschall der Luftstreitkräfte der Sowjetunion: Himmel des Krieges. Moskau 1970, Wojenisdat. 4. Auflage 1987, Militärverlag der Deutschen Demokratischen Republik.

Kurt Braatz: Mein Flugbuch. Erinnerungen 1938-2004. Moosburg, NeunundzwanzigSechs Verlag 2004.

Dieter F. Kilian: Elite im Halbschatten. Generale und Admirale der Bundeswehr. Bielefeld- Bonn, Osning Verlag 2005.

Gregory A. Freeman: THE FORGOTTEN 500. Penguin Books Ltd, London, England 2008.

Jörg A. Bahnemann: Parlamentsarmee? Bundeswehr braucht Führung. Aachen, Helios Verlags- und Buchvertriebsgesellschaft 2010.

Kurt Braatz: Walter Krupinski. Jagdflieger, Geheimagent, General. Moosburg, NeunundzwanzigSechs Verlag 2010.

Dr. Kurt Braatz, Wilhelm Göbel: Gefechtsbericht. Günther Josten. Moosburg, NeunundzwanzigSechs Verlag 2011.

Roderich Cescotti und Dr. Kurt Braatz: Langstreckenflug. Roderich Cescotti. Moosburg, NeunundzwanzigSechs Verlag 2012.

Group Captain Nigel Walpole OBE BEA: Thinking The Unthinkable. The lives of Royal Air Force and East German Fast-jet pilots in the Cold War. Great Britain, Aston Bridge Publishing 2012.

Alexander Schrepfer-Proskurjakow: SPEZNAS Russlands legendäre Spezialeinheiten. Motorbuch Verlag, Stuttgart, 2012.

Rainer Langener: Meine Jahre auf dem Schleudersitz. Helios Verlags- und Buchvertriebsgesellschaft, Aachen 2012.

Günter Harzbecher, Dipl.-Ing. Hans Joachim Hardt, Karl-Erich Hauschildt: 30 Jahre Starten und Landen Neubrandenburg, Berlin 2013.

Fliegerstammtisch Strausberg: Fliegergeschichten. Vom Start bis zur Landung. MediaScript GbR, Strausberg, Berlin 2013.

Adam Makos with Larry Alexander: A HIGHER CALL. Penguin Group New York, USA, 2013.

Handbuch der Bundeswehr und der Verteidigungsindustrie. Koblenz und Bonn, Bernard & Graefe Verlag, verschiedene Jahrgänge.

Veröffentlichungen des Jagdbombergeschwaders 43 und der *Traditionsgemeinschaft Jagdbombergeschwader 43*, an denen ich zum Teil selbst mitgewirkt habe.

Wikipedia zu einigen zeitgeschichtlichen Details

Zum Autor:

H.S. Laube, geboren am Fuße des Riesengebirges in Niederschlesien, ist aufgewachsen in Oberfranken, in Bayern. In Coburg besuchte er das Gymnasium Casimirianum.

Er schlug die Offizierslaufbahn in der deutschen Luftwaffe ein. Am Armed Forces Staff College in USA, in der Führungsakademie der Bundeswehr in Hamburg und am NATO Defense College in Rom hat er studiert. Ein begeisterter Jagdflieger, der in vier Kontinenten im Einsatz war und bis zum Fliegergeneral aufstieg. Seit seiner Pensionierung hat er bereits mehrere historische Romane aus der Zeit des Stauferkaisers Friedrich II. veröffentlicht. Heute ist der Autor wieder in Bayern zu Hause, er lebt und arbeitet im Raume München.

Ebenfalls vom Autor erschienen:
DER FALKE
    Ein Roman aus der Stauferzeit
    1997 by Schneekluth.
    1999 Bastei-Lübbe-Taschenbuch.

DIE ERBEN DES STAUFERS
    Historischer Roman
    1999 by Schneekluth Verlag GmbH, München.

WANDAS VERMÄCHTNIS
    Ein Roman aus der Stauferzeit
    Mai 2005 BUCH&media GmbH, München.

SIGMUND, DU SCHAFFST ES
    Roman
    Juli 2008 Mirapuri-Verlag, Gauting

AUFRUHR IM ISARTAL
    Geschichten aus der Stauferzeit
    Juli 2012 BUCH&media GmbH, München

Noch nicht erschienen:
DIE BUHLE DES STAUFERS
    Ein Roman aus der Stauferzeit

Danksagung

Viele Anregungen von Kameraden, Freunden und wohlwollenden Interessierten haben mir geholfen, meine Erlebnisse einer bewegten Zeit aufzuarbeiten und niederzuschreiben.

Eine Reihe von Fachleuten haben meiner Erzählung eine solide Verankerung gegeben: Mein verehrter Generalleutnant Ernst-Dieter Bernhard, zuletzt Deputy Commander Allied Forces Central Europe, mein Freund Oberst Dr. Jürgen Haacke, MiG 21 Pilot und Lehrer an der Militärakademie Friedrich-Engels in Dresden. Ihre langjährige Erfahrung und ihre professionellen fliegerischen und militärischen Einsichten waren mir wertvoll, besonders da mir nicht nur der fachliche, sondern auch der menschliche Aspekt der Erzählung auf beiden Seiten des Eisernen Vorhangs ein Anliegen war.

Tom Richter, langjähriger erfahrener Auslandsjournalist und Schriftkundiger und ein weiterer Journalist und Redakteur einer überregionalen Tageszeitung, mein Sohn Harald, haben mit geübtem Blick nicht nur jeden grammatikalischen Lapsus in einer Phase des Entstehens der Story ausgemerzt, sondern auch aus ihrer nicht-militärischen Sicht das Manuskript einer gründlichen Prüfung unterzogen und es professionell journalistisch aufgelockert.

Oberstleutnnant Dr. Heiner Möllers vom Zentrum für Militärgeschichte in Potsdam hat das Manuskript schließlich noch im Auftrag des Leiters des Zentrums, Oberst Dr. Hans-Hubertus Mack, durchgearbeitet.
Alle haben sie sich mit dem Manuskript ernsthaft auseinandergesetzt und meine Gedanken auf die richtige Reihe gebracht – jeder auf seine Art.

Auch Kameraden der Traditionsgemeinschaft Jagdbomber Geschwader 43 in Oldenburg haben Beiträge beigesteuert. Besonders erwähnen möchte ich Peter Berthmann und Gerhard Tresbach. Keinesfalls vergessen darf ich die wertvollen Beiträge von Pastor Nils Müler-Haye, Helmut Friz, Frau Gerlinde Merkel und Klaus Kropf mit seinem erstaunlichen Archiv. Sie haben wesentlich auch an der Lebendigkeit meiner Story mitgewirkt.

Ihnen allen möchte ich hier danken für die große Mühe, die sie sich gemacht haben. Ohne ihren Rat und ihre Hilfe wäre dieses zeitgeschichtliche Werk so nicht zustande gekommen.

Manche Anregungen, die in die Erzählung mit eingeflossen sind, habe ich aus unterschiedlichen Schriften gewonnen, die im Anhang aufgeführt sind.

Die Veröffentlichung hat mit gewinnender Freundlichkeit Frau Carola Hartmann vom Miles-Verlag erst möglich gemacht.

Carola Hartmann Miles-Verlag

Politik, Gesellschaft, Militär

Uwe Hartmann, *Innere Führung. Erfolge und Defizite der Führungsphilosophie für die Bundeswehr,* Berlin 2007.

Hans-Christian Beck, Christian Singer (Hrsg.), *Entscheiden – Führen – Verantworten. Soldatsein im 21. Jahrhundert,* Berlin 2011.

Reiner Pommerin (ed.), *Clausewitz goes global. Carl von Clausewitz in the 21st Century,* Berlin 2011.

Eberhard Birk, Winfried Heinemann, Sven Lange (Hrsg.), *Tradition für die Bundeswehr. Neue Aspekte einer alten Debatte,* Berlin 2012.

Holger Müller, *Clausewitz' Verständnis von Strategie im Spiegel der Spieltheorie,* Berlin 2012.

Angelika Dörfler-Dierken, *Führung in der Bundeswehr,* Berlin 2013.

Wolf Graf von Baudissin, *Grundwert Frieden in Politik – Strategie – Führung von Streitkräften,* hrsg. von Claus von Rosen, Berlin 2014.

Marcel Bohnert, Lukas J. Reitstetter (Hrsg.), *Armee im Aufbruch. Zur Gedankenwelt junger Offiziere in den Kampftruppen der Bundeswehr,* Berlin 2014.

Arjan Kozica, Kai Prüter, Hannes Wendroth (Hrsg.), *Unternehmen Bundeswehr? Theorie und Praxis (militärischer) Führung,* Berlin 2014.

Angelika Dörfler-Dierken, Robert Kramer, *Innere Führung in Zahlen. Streitkräftebefragung 2013,* Berlin 2014.

Phil C. Langer, Gerhard Kümmel (Hrsg.), *„Wir sind Bundeswehr." Wie viel Vielfalt benötigen/vertragen die Streitkräfte?,* Berlin 2015.

Dirk Freudenberg, *Counterinsurgency. Aufstandsbekämpfung als Phase zur Überwindung schwacher Staatlichkeit und zur Etablierung des Aufbaus einer stabilen Nachkriegsordnung?,* Berlin 2016.

Alois Bach, Walter Sauer (Hrsg.), *Schützen.Retten.Kämpfen. Dienen für Deutschland,* Berlin 2016.

Marcel Bohnert, Björn Schreiber (Hrsg.), *Die unsichtbaren Veteranen. Kriegsheimkehrer in der deutschen Gesellschaft,* Berlin 2016.

Alessandro Rappazzo, *Vorsprung durch Leadership. Modernes Leadership in der Armee,* Berlin 2017.

Wolfgang Peischel (Hrsg.): *Wiener Strategie-Konferenz 2016 – Strategie neu denken,* Berlin 2017.

Oliver Schmidt, *Deutsche Außenpolitik und die Zukunft der nuklearen Teilhabe in der NATO,* Berlin 2017.

Dirk Freudenberg, *Theorie des Irregulären, 3 Bde.,* Berlin 2017.

Donald Abenheim and Carolyn Halladay, *Soldiers, War, Knowledge and Citizenship: German-American Essays on Civil-Military Relations,* Berlin 2017.

Jahrbuch Innere Führung

Uwe Hartmann, Claus von Rosen, Christian Walther (Hrsg.), *Jahrbuch Innere Führung 2009. Die Rückkehr des Soldatischen,* Eschede 2009.

Helmut R. Hammerich, Uwe Hartmann, Claus von Rosen (Hrsg.), *Jahrbuch Innere Führung 2010. Die Grenzen des Militärischen,* Berlin 2010.

Uwe Hartmann, Claus von Rosen, Christian Walther (Hrsg.), *Jahrbuch Innere Führung 2011. Ethik als geistige Rüstung für Soldaten,* Berlin 2011.

Uwe Hartmann, Claus von Rosen, Christian Walther (Hrsg.), *Jahrbuch Innere Führung 2012. Der Soldatenberuf zwischen gesellschaftlicher Integration und suis generis-Ansprüchen,* Berlin 2012.

Uwe Hartmann, Claus von Rosen (Hrsg.), *Jahrbuch Innere Führung 2013. Wissenschaften und ihre Relevanz für die Bundeswehr als Armee im Einsatz,* Berlin 2013.

Uwe Hartmann, Claus von Rosen (Hrsg.), *Jahrbuch Innere Führung 2014. Drohnen, Roboter und Cyborgs – Der Soldat im Angesicht neuer Militärtechnologien,* Berlin 2014.

Uwe Hartmann, Claus von Rosen (Hrsg.), *Jahrbuch Innere Führung 2015. Neue Denkwege angesichts der Gleichzeitigkeit unterschiedlicher Krisen, Konflikte und Kriege,* Berlin 2015.

Uwe Hartmann, Claus von Rosen (Hrsg.), *Jahrbuch Innere Führung 2016. Innere Führung als kritische Instanz,* Berlin 2016.

Uwe Hartmann, Claus von Rosen (Hrsg.), *Jahrbuch Innere Führung 2017. Die Wiederkehr der Verteidigung in Europa und die Zukunft der Bundeswehr*, Berlin 2017.

Einsatzerfahrungen

Kay Kuhlen, *Um des lieben Friedens willen. Als Peacekeeper im Kosovo*, Eschede 2009.

Sascha Brinkmann, Joachim Hoppe (Hrsg.), *Generation Einsatz, Fallschirmjäger berichten ihre Erfahrungen aus Afghanistan*, Berlin 2010.

Artur Schwitalla, *Afghanistan, jetzt weiß ich erst… Gedanken aus meiner Zeit als Kommandeur des Provincial Reconstruction Team FEYZABAD*, Berlin 2010.

Uwe Hartmann, *War without Fighting? The Reintegration of Former Combatants in Afghanistan seen through the Lens of Strategic Thought*, Berlin 2014.

Rainer Buske, *KUNDUZ. Ein Erlebnisbericht über einen militärischen Einsatz der Bundeswehr in AFGHANISTAN im Jahre 2008*, Berlin ²2016.

Militärgeschichte

Eberhard Kliem, Kathrin Orth, *"Wir wurden wie blödsinnig vom Feind beschossen". Menschen und Schiffe in der Skagerrakschlacht 1916*, Berlin 2016.

Eberhard Birk, *"Auf Euch ruht das Heil meines theuern Württemberg!". Das Gefecht bei Tauberbischofsheim am 24. Juli 1866 im Spiegel der württembergischen Heeresgeschichte des 19. Jahrhunderts*, Berlin 2016.

Eckhard Lisec, *Der Unabhängigkeitskrieg und die Gründung der Türkei 1919–1923*, Berlin 2016.

Hans Frank, Norbert Rath, *Kommodore Rudolf Petersen. Führer der Schnellboote 1942–1945. Ein Leben in Licht und Schatten unteilbarer Verantwortung*, Berlin 2016.

Eckhard Lisec, *Der Völkermord an den Armeniern im 1. Weltkrieg – Deutsche Offiziere beteiligt?*, Berlin 2017.

Ingo Pfeiffer, *Heinz Neukirchen. Marinekarriere an wechselnden Fronten*, Berlin 2017.

Siegfried Lautsch, *Grundzüge des operativen Denkens in der NATO. Ein zeitgeschichtlicher Rückblick auf die 1980er Jahre,* Berlin 2017.
Viktor Toyka, *Dienst in Zeiten des Wandels. Erinnerungen aus 40 Jahren Dienst als Marineoffizier 1966-2006,* Berlin 2017.
Eckhard Lisec, *Die Türkische Armee – Von Mete Han (209 v. Chr.) über Atatürk zur Gegenwart,* Berlin 2018.
Joachim Welz, *Erfolgsstory oder Trauma – die Übernahme von Armeen. Lehren aus der Übernahme des österreichischen Bundesheeres in die Wehrmacht 1938 und der Reste der NVA in die Bundewehr 1990,* Berlin 2018.

Schriften zur Geschichte der Deutschen Luftwaffe
Eberhard Birk, Heiner Möllers, Wolfgang Schmidt (Hrsg.), *Die Luftwaffe zwischen Politik und Technik,* Bd. 2, Berlin 2012.
Eberhard Birk, Heiner Möllers (Hrsg.), *Luftwaffe und Luftkrieg,* Bd. 3, Berlin 2015.
Claas Siano, *Die Luftwaffe und der Starfighter. Rüstung im Spannungsfeld von Politik, Wirtschaft und Militär,* Bd. 4, Berlin 2016.
Eberhard Birk, Peter Andreas Popp (Hrsg.), *Luftwaffenoffizier 21. Das Selbstverständnis des Luftwaffenoffiziers zu Beginn des 21. Jahrhunderts,* Bd. 5, Berlin 2016.
Eberhard Birk, Heiner Möllers (Hrsg.), *Luftwaffe und Luftverteidigung,* Bd. 6, Berlin 2017.
Dirk Schreiber, *Die Luftwaffe und ihre Doktrin. Einsatzkonzeptionen bis 1971,* Bd. 7, Berlin 2018.

Standpunkte und Orientierungen
Daniel Giese, *Militärische Führung im Internetzeitalter – Die Bedeutung von Strategischer Kommunikation und Social Media für Entscheidungsprozesse, Organisationsstrukturen und Führerausbildung in der Bundeswehr,* Berlin 2014.
Dirk Freudenberg, *Auftragstaktik und Innere Führung. Feststellungen und Anmerkungen zur Frage nach Bedeutung und Verhältnis des inneren Gefüges und der Auftragstaktik unter den Bedingungen des Einsatzes der Deutschen Bundeswehr,* Berlin 2014.
Uwe Hartmann (Hrsg.), *Lernen von Afghanistan. Innovative Mittel und Wege für Auslandseinsätze,* Berlin 2015.

Fouzieh Melanie Alamir, *Vernetzte Sicherheit – Quo Vadis?*, Berlin 2015.

Hartwig von Schubert, *Integrative Militärethik. Ethische Urteilsbildung in der militärischen Führung*, Berlin 2015.

Uwe Hartmann, *Hybrider Krieg als neue Bedrohung von Freiheit und Frieden. Zur Relevanz der Inneren Führung in Politik, Gesellschaft und Streitkräften*, Berlin 2015.

Klaus Beckmann, *Treue.Bürgermut.Ungehorsam. Anstöße zur Führungskultur und zum beruflichen Selbstverständnis in der Bundeswehr*, Berlin 2015.

Florian Beerenkämper, Marcel Bohnert, Anja Buresch, Sandra Matuszewski, *Der innerafghanische Friedens- und Aussöhnungsprozess*, Berlin 2016.

Martin Sebaldt, *Nicht abwehrbereit. Die Kardinalprobleme der deutschen Streitkräfte, der Offenbarungseid des Weißbuchs und die Wege aus der Gefahr*, Berlin 2017.

Christian J. Grothaus, *Der "hybride Krieg" vor dem Hintergrund der kollektiven Gedächtnisse Estlands, Lettlands und Litauens*, Berlin 2017.

Uwe Hartmann, *Der gute Soldat. Politische Kultur und soldatisches Selbstverständnis heute*, Berlin 2018.

Monterey Studies

Marc A. Walther, *HAMAS between Violence and Pragmatism*, Berlin 2010.

Frank Hagemann, *Strategy Making in the European Union*, Berlin 2010.

Ralf Hammerstein, *Deliberalization in Jordan: the Roles of Islamists and U.S.-EU Assistance in stalled Democratization*, Berlin 2011.

Jochen Wittmann, *Auftragstaktik*, Berlin 2012.

Michael Hanisch, *On German Foreign und Security Policy. Determinants of German Military Engagement in Africa since 2011*, Berlin 2015.

Grégoire Monnet, *The Evolution of Strategic Thought Since September 11, 2001*, Berlin 2016.

Stefan Klein, *America First? Isolationism in U.S. Foreign Policy from the 19th to the 21st Century*, Berlin 2017.